Sandra T. Brandt

(Hrsg.)

Lehren und Lernen im Unterricht

PROFESSIONSWISSEN
FÜR LEHRERINNEN UND LEHRER

Hans-Ulrich Grunder
Katja Kansteiner-Schänzlin
Heinz Moser (Hrsg.)

Band 2

Umschlag: PE-Mediendesign, Elke Boscher,
88521 Ertingen

Coverbild: Mathematikunterricht © Woodapple – fotolia.com

Gedruckt auf umweltfreundlichem Papier (chlor- und säurefrei hergestellt).

Bibliografische Information der Deutschen Nationalbibliothek

Die Deutsche Nationalbibliothek verzeichnet diese Publikation in der Deutschen Nationalbibliografie; detaillierte bibliografische Daten sind im Internet über ›http://dnb.d-nb.de‹ abrufbar.

Professionswissen für Lehrerinnen und Lehrer

	Deutschland	Schweiz
Band 1–10 **zusammen**:	ISBN 978-3-8340-0900-5	978-3-03755-120-2
Band 1: Sozialisation u. Entwicklung	ISBN 978-3-8340-0901-2	978-3-03755-121-9
Band 2: Lehren und Lernen	**ISBN 978-3-8340-0902-9**	**978-3-03755-122-6**
Band 3: Heterogenität und Differenz	ISBN 978-3-8340-0903-6	978-3-03755-123-3
Band 4: Diagnose und Beurteilung	ISBN 978-3-8340-0904-3	978-3-03755-124-0
Band 5: Gesellschaftl. Spannungsfeld	ISBN 978-3-8340-0905-0	978-3-03755-125-7
Band 6: Trends u. Perspektiven	ISBN 978-3-8340-0906-7	978-3-03755-126-4
Band 7: Schulentwicklung	ISBN 978-3-8340-0907-4	978-3-03755-127-1
Band 8: Lehrer-Identität …	ISBN 978-3-8340-0908-1	978-3-03755-128-8
Band 9: Aus der Geschichte lernen	ISBN 978-3-8340-0909-8	978-3-03755-129-5
Band 10: Forschung	ISBN 978-3-8340-0910-4	978-3-03755-130-1

Schneider Verlag Hohengehren, Wilhelmstr. 13, 73666 Baltmannsweiler
Hompage: www.paedagogik.de

Verlag Pestalozzianum, Zürich
www.verlagpestalozzianum.ch

Das Werk und seine Teile sind urheberrechtlich geschützt. Jede Verwertung in anderen als den gesetzlich zugelassenen Fällen bedarf der vorherigen schriftlichen Einwilligung des Verlages. Hinweis zu § 52 a UrhG: Weder das Werk noch seine Teile dürfen ohne vorherige schriftliche Einwilligung des Verlages öffentlich zugänglich gemacht werden. Dies gilt auch bei einer entsprechenden Nutzung für Unterrichtszwecke!

© Schneider Verlag Hohengehren, 73666 Baltmannsweiler 2011
Printed in Germany – Druckerei Djurcic, Schorndorf

Inhaltsverzeichnis

Vorwort der Herausgeberin 7

Basiswissen

Ulrich Schiefele / Ellen Schaffner
1. Lernmotivation 11

Rolf Dubs
2. Unterrichtsformen und guter Unterricht 41

Titus Guldimann
3. Eigenständiges Lernen 69

Brennpunkte

Jürg Rüedi
4. Disziplin im Unterricht 101

Tina Hascher / Gerda Hagenauer
5. Emotionale Aspekte des Lehrens und Lernens 127

Gottfried Biewer
6. Inklusive Pädagogik als Umgestaltungsprozess des
   Lehrens und Lernens 149

Henning Pätzold
7. Verantwortungsdidaktik 165

Perspektiven

Diethelm Wahl
8. Der Advance Organizer: Einstieg in eine Lernumgebung . . . 185

Markus Lermen
9. Nutzung von Medien in der Schule: Notwendigkeit und
   Möglichkeiten 203

Sandra Brandt
10. Geschlechtersensibles Lehren und Lernen:
    Anregungen für den Mathematikunterricht 219

Die Autorinnen und Autoren 235

Vorwort der Herausgeberin

Lehren und Lernen, das Arrangieren von Lehr- und Lernprozessen und erzieherische Bedingungen stellen den Kern der professionellen Arbeit von Lehrerinnen und Lehrern dar. Thematisiert werden diese Fragen in allgemein- und fachdidaktischen, sowie in lehr-lerntheoretisch orientierten Diskussionszusammenhängen. Neben der theoretischen Diskussion ist für die berufliche Professionalität auch die Ebene der Instrumente und des methodischen Könnens bedeutsam. Der vorliegende Band gibt einen Überblick über Konzepte der Didaktik und Planung von Unterricht sowie Lehren und Lernen zur Realisierung von 'gutem Unterricht'. Er enthält Arbeitstechniken und methodische Konzepte. In weiteren Beiträgen beschäftigen sich die Autorinnen und Autoren mit Themen des eigenständigen Lernens, der Disziplin sowie der Inklusiven Pädagogik. Der Band wird von drei praxisbezogenen Beiträgen, die Perspektiven für den Unterricht zeigen und für den Unterricht wichtig sind, abgeschlossen.

Den Reigen der zehn Beiträge eröffnen Ellen Schaffner und Ulrich Schiefele mit Reflexionen zur Lernmotivation. Sie zeigen in ihrem Beitrag, welche Bedeutung die Lernmotivation fürs Lehren und Lernen hat und wie sie im Unterricht gefördert werden kann. Im Anschluss daran untersucht Rolf Dubs den Zusammenhang zwischen Unterrichtsformen und gutem Unterricht. Hintergrund ist dabei die Annahme, dass Methodenvielfalt die Motivation der Schülerinnen und Schüler steigert und der Unterricht dadurch eine bessere Qualität erfährt. Danach beschäftigt sich Titus Guldimann mit dem eigenständigen Lernen. Es gibt bei dieser Lernform Qualitätsmerkmale, die darin bestehen, wie die Schülerinnen und Schüler mit einem Lerngegenstand umgehen, welche Ergebnisse sie dabei gewinnen und ob für sie daraus eine tragfähige und überzeugende Lösung entstanden ist.

Mit dem Artikel Disziplin im Unterricht greift Jürg Rüedi auf einen Brennpunkt im Unterrichtswesen zurück. Er schildert Strategien für Klassenführung und Disziplinmanagement. Klassenmanagement, welches der Autor als Führungshandeln zwischen Lenkung und Beziehung beurteilt, ist ein wichtiger Handlungsfaktor einer Lehrperson im Unterricht.

Tina Hascher und Gerda Hagenauer fokussieren in ihrem Beitrag auf die emotionalen Aspekte des Lernens und Lehrens im Unterricht. Entlang des Begriffs der Emotion analysieren sie die Bedeutung für den Unterricht und deren Folgen für den Lernprozess bei den Schülerinnen und Schülern.

In einem weiteren Brennpunktthema gibt Henning Pätzold in seinem Beitrag zum Thema 'Verantwortungsdidaktik' eine kompakte Zusammenfassung didaktischer Entwicklungen und Bedeutung von Verantwortung. Er orientiert sich dabei an Theorien und Dimensionen der Verantwortung. Anhand eines Beispiels, in dem Verantwortungsdidaktik fokussiert wird, zeigt der Autor Chancen für die Veränderbarkeit eines erfolgreichen Unterrichtens.

Gottfried Biewer setzt sich mit der Inklusiven Pädagogik als Umgestaltungsprozess des Lehrens und Lernen auseinander. In seinem Beitrag verweist er auf die Herausforderung sowie die Grenzen für Schulsystem und Lehrpersonen.

Die drei letzten Beiträge beschäftigen sich mit Perspektiven im Unterrichtswesen. Diethelm Wahl dokumentiert und interpretiert Ergebnisse des Advance Organizers, über den die verbreitete Auffassung herrscht, damit lasse sich das Interesse der Schülerin und des Schülers fördern. Markus Lermen und Sandra Brandt untersuchen aufgrund eines Perspektivenwechsels die Mitverantwortung der Lehrperson im Prozess des Lernens bei den Schülerinnen und Schülern. Markus Lermen zeichnet in seinem Beitrag die Entwicklung der Mediendidaktik nach. Ausgehend von einer kurzen Skizze lerntheoretischer Grundlagen mediendidaktischer Ansätze beschreibt der Autor Möglichkeiten des Lernens mit Unterrichtsmedien. Sandra Brandt setzt sich mit der Bedeutung der Genderkompetenz bei Lehrpersonen und im gendersensiblen Mathematikunterricht auseinander. Sie diskutiert die geschlechtsspezifischen Verhaltensweisen von Lehrpersonen, geht auf die Selbstkonzepte von Mädchen und Jungen in Mathematik ein und stellt konkrete Beispiele für gendersensiblen Unterricht dar.

Sandra T. Brandt, St. Gallen / Schweiz

Basiswissen

Ulrich Schiefele / Ellen Schaffner

1. Lernmotivation

Die Bedeutung der Motivation für Lernen und Leistung gehört zu jenen Forschungsfragen, die trotz der Fülle an Studien und Befunden nicht leicht zu beantworten ist. So findet man auch unter den wissenschaftlichen Expertinnen und Experten sehr unterschiedliche Auffassungen über das Gewicht der Motivation im Lern- und Leistungsgeschehen. Während einige Autorinnen und Autoren die Motivation als einen entscheidenden Faktor ansehen, gehen andere von einer sehr geringen Bedeutung aus. Tatsächlich stützen die vorhandenen Befunde beide Extrempositionen. Es wird daher darauf ankommen zu zeigen, unter welchen Bedingungen mit eher grossen oder geringen Motivationseffekten gerechnet werden kann. Insbesondere ist davon auszugehen, dass bestimmte Formen der Lernmotivation günstigere Wirkungen zeitigen als andere. Darüber hinaus besteht auch eine Abhängigkeit der Motivationsmerkmale von den jeweils untersuchten Lern- bzw. Leistungskriterien. Während z.B. einige Motivationsformen das schulische Wahlverhalten (z.B. Wahl eines Leistungskurses) beeinflussen, scheinen andere Motivationsformen eher für Prüfungsleistungen bedeutsam zu sein.
Die Bedeutung der Motivation ergibt sich jedoch nicht nur aus ihrer Wirkung auf leistungsbezogenes Verhalten. Vielmehr sind hoch motivierte Schülerinnen und Schüler auch deshalb wünschenswert, weil der Unterricht mit ihnen konfliktfreier, reibungsloser und effizienter abläuft. Die daraus resultierende Erhöhung von Lernzeit und Erlebensqualität kann wiederum den Lernerfolg begünstigen.
Schliesslich sind Motivation und (vor allem) Interesse wichtig, weil sie dafür sorgen, dass Schülerinnen und Schüler auch langfristig danach streben, sich mit bestimmten Fächern auseinanderzusetzen (z.B. in Studium und Beruf). In Übereinstimmung mit dieser Sichtweise hat die neuere, konstruktivistische Instruktionsforschung (siehe unten) motivationale Variablen zunehmend als wichtige Kriterien erfolgreichen Unterrichts berücksichtigt.
In diesem Beitrag versuchen wir, die unterschiedlichen motivationalen Konstrukte, die gegenwärtig die Diskussion beherrschen, voneinander abzugrenzen und ihre Bezüge zueinander zu thematisieren. Im Anschluss an die Darstellung der Theorien und Konstrukte wird auf die Bedeutung der Motivation für Lernen und Leistung eingegangen. Im letzten Teil behandeln wir dann die Entwicklungsverläufe ausgewählter motivationaler Merkmale und Ansätze zu ihrer Förderung.

1.1 Aktuelle und überdauernde Lernmotivation

Motivation gilt als zentrales Konstrukt der Verhaltenserklärung. Sie wird als 'psychische Kraft' bzw. Verhaltensbereitschaft verstanden, die insbesondere die Zielrichtung (z.B. Prüfungsvorbereitung vs. Freunde treffen), die Ausdauer (z.B. zeitliche Erstreckung der Prüfungsvorbereitung) und die Intensität des Verhaltens (z.B. Ausmass der Konzentration beim Lernen) beeinflusst (z.B. Rheinberg 2006c, Schunk, Pintrich, Meece 2008). Die Definition der Motivation als psychischer Kraft legt nahe, dass Motivation einen aktuellen bzw. vorübergehenden Zustand darstellt. Demgemäss versteht Rheinberg (2006c, S. 15) die Motivation als eine 'aktivierende Ausrichtung des momentanen Lebensvollzugs auf einen positiv bewerteten Zielzustand'.

Neben der Motivation als aktuellem Zustand sind jedoch auch überdauernde motivationale Personenmerkmale anzunehmen. In diesem Zusammenhang spielt der Begriff des *Motivs* eine zentrale Rolle. Nach Rheinberg (2006c, S. 15) sind Motive als *überdauernde Bewertungsvorlieben* aufzufassen, d.h. als stabile Präferenzen für das Erleben spezifischer Zustände. Aufgrund biologisch-evolutionärer Überlegungen wird von einer relativ geringen Zahl von Motiven ausgegangen (Schneider, Schmalt 2000). Davon ist für den Lernbereich neben dem Neugier- und dem Anschlussmotiv vor allem das *Leistungsmotiv* relevant. Für Personen mit stark ausgeprägtem Leistungsmotiv ist dabei das Erleben eigener Kompetenz und Tüchtigkeit besonders kennzeichnend. Motive tragen zur Entstehung aktueller Motivation bei. Sie werden durch bestimmte Situationsmerkmale (z.B. Wettbewerb) angeregt bzw. aktiviert und führen dann, in Abhängigkeit von handlungsbezogenen Erwartungs- und Wertkognitionen (s.u.), zu einer entsprechenden Motivation.

Motive stellen nicht die einzige Form überdauernder Motivation dar. Vielmehr sind in der Forschung noch weitere überdauernde Motivationsmerkmale unterschieden worden, insbesondere Zielorientierungen, Interesse, Selbstkonzepte eigener Fähigkeit und Formen überdauernder extrinsischer bzw. intrinsischer Motivation (s.u.). Dabei ist zwischen habituellen und dispositionalen Motivationsmerkmalen zu unterscheiden. Unter *habitueller Motivation* versteht man das wiederholte bzw. gewohnheitsmässige Auftreten einer spezifischen aktuellen Motivation (Pekrun 1988). Berichtet z.B. eine Schülerin, dass sie häufig deshalb zum Lernen motiviert sei, weil sie ein Lob ihres Lehrers erwartet, dann kann ihr eine hohe Ausprägung habitueller sozial-lehrerbezogener Motivation unterstellt werden. In der Regel sind vor allem überdauernde Formen der extrinsischen und intrinsischen Motivation als habituelle Merkmale operationalisiert worden (Schiefele 1996, s.u.).

Dispositionale Motivationskonstrukte kennzeichnen im Unterschied zu habituellen Merkmalen eine benennbare psychische Struktur (Pekrun 1988). Dies trifft etwa für das Interesse einer Person an einem Gegenstand zu, da für das Interesse angenommen wird, dass es aus Wertüberzeugungen besteht, die im Gedächtnis gespeichert sind und mithilfe von Befragungen erhoben werden können (z.B. Schiefele 1996, 2009). Ähnliches gilt für Zielorientierungen, die als mental repräsentierte Zielvorstellungen konzeptualisiert sind (z.B. Elliot 2005, Spinath, Schöne 2003).

Auch das Leistungsmotiv wird üblicherweise als Disposition aufgefasst, obwohl in diesem Fall die Benennung zugrundeliegender Strukturen noch weitgehend ungeklärt ist.

Die Unterscheidung von habituellen und dispositionalen Motivationsmerkmalen ist nicht zuletzt deshalb wichtig, weil dispositionale Merkmale kausal betrachtet eine vorrangige Position einnehmen, d.h. dispositionale Merkmale stellen potenzielle antezedente Bedingungen habitueller (und aktueller) Motivation dar. So kann etwa ein starkes fachliches Interesse dazu führen, dass eine Schülerin oder ein Schüler im Unterricht wiederholt bzw. habituell intrinsisch motiviert ist, d.h. sich aus Interesse an Lerntätigkeiten beteiligt und diese emotional positiv erlebt. Diese Art der Motivation kann dann ihrerseits z.B. die Verwendung tiefergehender Lernstrategien und eine intensivere Informationsverarbeitung bedingen.

1.2 Erwartungs-Wert-Modell der Lernmotivation

Erwartungs-Wert-Modelle der Motivation (Heckhausen 1989, Weiner 1986) führen das Entstehen einer konkreten Motivation (z.B. die Absicht, eine bestimmte Aufgabe zu bearbeiten) auf zwei Komponenten zurück:
(a) die Erwartung (bzw. Wahrscheinlichkeit), die in Frage stehende Handlung erfolgreich durchführen zu können, und
(b) den Wert (bzw. die subjektive Bedeutsamkeit), der der Handlung und ihren Folgen zugemessen wird.

Während Atkinson (1957) ursprünglich nur die Erwartung und den Wert von Erfolg bei einer Aufgabe als motivationsbestimmend erachtet hat, sind später insbesondere zusätzliche Wertkomponenten unterschieden worden. In der Pädagogischen Psychologie hat sich dabei das Modell von Eccles (1983, 2005, Wigfield, Eccles 2000) als sehr einflussreich erwiesen. In diesem Modell werden leistungsbezogene Entscheidungen und Lernleistungen unmittelbar durch die Erfolgserwartung und aufgabenbezogene Wertüberzeugungen vorhergesagt. Eccles differenziert dabei vier Wertkomponenten:
(a) die Wichtigkeit einer guten Leistung bzw. die Relevanz der Aufgabe für wichtige Aspekte des Selbst (z.B. für die wahrgenommene Geschlechtsrolle),
(b) das Interesse an der Aufgabe bzw. das Vergnügen bei der Aufgabenbearbeitung,
(c) die Nützlichkeit der Aufgabenbewältigung für das Erreichen künftiger Ziele (z.B. berufliche Karriere),
(d) die Kosten der Aufgabenbearbeitung (z.B. das Ausmass an Anstrengung).

Erwartung und Wertüberzeugungen sind ihrerseits von den Zielen einer Person, ihrem Selbstkonzept und vom emotionalen Gehalt leistungsbezogener Erfahrungen abhängig. Darüber hinaus werden Einflüsse der sozialen und schulischen Umwelt in dem Modell berücksichtigt, die vor allem erklären sollen, wie – vermittelt über die subjektive Wahrnehmung – leistungsförderliche Ziele, Selbstkonzepte und emotionale Repräsentationen entstehen (s.a. Anderman, Kaplan 2008).

1.3 Extrinsische und intrinsische Lernmotivation

Lernmotivation wird als Absicht verstanden, spezifische Inhalte oder Fertigkeiten zu lernen, um damit bestimmte Ziele bzw. Zielzustände zu erreichen. Diese allgemeine Begriffsbestimmung lässt offen, welche Ziele jeweils im Einzelnen verfolgt werden. Es lassen sich zwei übergeordnete Kategorien von Zielen unterscheiden: die Konsequenzen, die auf eine Handlung folgen (z. B. soziale Anerkennung) und die Erlebenszustände, die bereits während der Handlungsausführung eintreten (z. B. Anregung, Kompetenzgefühle). Im ersten Fall liegen die angestrebten Zielzustände *ausserhalb der Handlung* und man spricht deshalb von *extrinsischer* Lernmotivation. Im zweiten Fall liegen die angestrebten Zielzustände *innerhalb der Handlung* und die entsprechende Lernmotivation ist *intrinsischer* Natur. Folglich versteht man unter extrinsischer Lernmotivation die Absicht, eine Lernhandlung durchzuführen, weil damit positive Konsequenzen herbeigeführt oder negative Konsequenzen vermieden werden. *Dagegen bezeichnet* intrinsische Lernmotivation die Absicht, eine bestimmte Lernhandlung durchzuführen, weil die Handlung selbst von positiven Erlebenszuständen begleitet wird (Schiefele 1996).

1.3.1 Extrinsische Lernmotivation

Leistungsbezogene Lernmotivation. Im Bereich schulischen Lernens sind gute Leistungen das wichtigste Handlungsergebnis. Übereinstimmend damit existiert zur Leistungsmotivation bzw. zur leistungsbezogenen Lernmotivation eine grosse Zahl von Forschungsarbeiten (Brunstein, Heckhausen 2006, Wigfield, Eccles, Schiefele, Roeser, Davis-Kean 2006). Die leistungsbezogene Lernmotivation äussert sich darin, dass die betreffende Person eine Lernhandlung durchführen möchte, um später im Rahmen einer Leistungssituation (z. B. in einer Prüfung) eine gute Leistung erbringen zu können bzw. einen für sie verbindlichen Gütemassstab zu erreichen oder zu übertreffen. Dabei ist zu beachten, dass gute Leistungen nach Heckhausen (1989) nicht um ihrer selbst willen angestrebt werden, sondern wegen ihrer (instrumentellen) Verbindung mit Folgen, die den eigentlichen Anreizwert einer Leistung darstellen. (Die Leistung selbst resultiert direkt aus der Lernhandlung und wird daher als Handlungs*ergebnis* bezeichnet.) Als relevante Folgen kommen die Selbstbewertung (z. B. Stolz), die Fremdbewertung (z. B. soziale Anerkennung durch die Lehrperson) und die Annäherung an Oberziele (z. B. Ausüben eines bestimmten Berufs) in Frage. Die leistungsbezogene Lernmotivation richtet sich also auf Sachverhalte, die prinzipiell ausserhalb der Lernhandlung liegen bzw. auf sie folgen. Sie stellt daher eine Form der extrinsischen Lernmotivation dar (s. a. Schneider 1996). Theoretisch gesehen kann in einem konkreten Fall die Leistungsmotivation auf eine der drei genannten Konsequenzen oder aber auf beliebige Kombinationen dieser Konsequenzen gerichtet sein.
Bezugsnormorientierung. Eine wichtige Differenzierung der leistungsbezogenen Lernmotivation ergibt sich aus dem *Konzept der Bezugsnormen* von Rheinberg (1980, 2006a). Rheinberg unterscheidet bei der Leistungsbeurteilung zwischen

einer individuellen, einer sozialen und einer sachlichen Bezugsnorm. Im Fall der individuellen Bezugsnorm ist der zu erreichende Gütemassstab durch die eigene frühere Leistung der Lernerin oder des Lerners bestimmt, bei der sozialen Bezugsnorm dagegen durch das Leistungsniveau einer bestimmten Bezugsgruppe (z. B. der Schulklasse) und bei der sachlichen Bezugsnorm durch ein aus sachlichen (bzw. curricularen) Erwägungen abgeleitetes Leistungs- bzw. Lernziel. Die Forschung hat sich zum einen mit den Auswirkungen der Bezugsnormorientierung von Lehrpersonen auf Motivation und Leistung der Schülerinnen und Schüler befasst. Zum anderen wurden die Auswirkungen der schülerseitigen Bezugsnormorientierung auf Lernleistungen untersucht (Rheinberg 2006a, 2006c). In beiden Fällen standen die Unterschiede zwischen individuellen und sozialen Bezugsnormen im Vordergrund. Aus der Sicht der klassischen Leistungsmotivationstheorie (z. B. Atkinson 1957) erscheint leistungsmotiviertes Verhalten, das u. a. als Folge *subjektiver* Erfolgswahrscheinlichkeiten konzipiert ist, vor allem an individuellen Massstäben orientiert. Diese Form der Motivation lässt sich daher als Leistungsmotivation im engeren Sinne oder als *kompetenzbezogene Leistungsmotivation* bezeichnen. Sie richtet sich auf die Steigerung der eigenen Kompetenz und ist insofern mit dem Konzept der *Lernzielorientierung* (s.u.) weitgehend deckungsgleich. Wenn die handelnde Person jedoch danach strebt, soziale Bezugsnormen zu übertreffen, dann könnte man von *wettbewerbsbezogener Leistungsmotivation* bzw. *Leistungszielorientierung* sprechen (Dweck 1991, Elliot 1999, s. u.).

Formen extrinsischer Lernmotivation. Aus den obigen Ausführungen ergibt sich die Differenzierung mehrerer Formen von extrinsischer Lernmotivation. Auf der einen Seite unterscheiden wir zwei Formen der *leistungsbezogenen* Lernmotivation. In diesen Fällen wird vor allem deshalb gelernt, um gute Leistungen zu erzielen. Dabei mag einerseits der individuelle Kompetenzgewinn im Vordergrund stehen oder andererseits das überlegene Abschneiden im Vergleich mit anderen. Bei beiden Formen der Leistungsmotivation spielen die Handlungsfolgen Selbst- und Fremdbewertung sowie Annäherung an Oberziele eine wichtige Rolle, denn sie sorgen für den Anreizwert einer Leistung.

Aufgrund empirischer Befunde (vgl. Schiefele 1996) wird eine dritte Form der leistungsbezogenen Lernmotivation nahegelegt, nämlich eine auf *Leistungsrückmeldung* zielende Form der Lernmotivation, bei der weder die Kompetenzerweiterung noch der Wettbewerb im Vordergrund stehen (Amabile, Hill, Hennessey, Tighe 1994). Eine entsprechend motivierte Person lernt vor allem, um in einer Leistungs- oder Testsituation ein gutes Resultat bzw. eine positive Bewertung ihrer Leistung (insbesondere im Sinn von Noten, nicht im Sinn sozialer Anerkennung) zu erreichen.

Auf der anderen Seite lassen sich zumindest theoretisch Formen unterscheiden, die nicht direkt oder vordergründig auf Leistung abzielen. Dies sind insbesondere die soziale Lernmotivation, die selbstbewertungsbasierte Lernmotivation und die oberzielorientierte Lernmotivation. Prototypisch betrachtet könnte man demnach Schülerinnen und Schüler unterscheiden, die beim Lernen vor allem danach streben, von wichtigen Bezugspersonen gelobt bzw. anerkannt zu werden, auf die

Ergebnisse ihrer Lernhandlungen (z. B. erledigte Hausaufgaben) mit positiver Selbstbewertung zu reagieren (z. B. Stolz, Freude) und/oder wichtige persönliche Ziele (z. B. ein bestimmtes Ausbildungsniveau) zu erreichen. Je nachdem, welche dieser Motivationsquellen für das Lernverhalten einer Schülerin oder eines Schülers ausschlaggebend ist, könnte man auch unterschiedliche Effekte auf das Lernverhalten (z. B. Wahl von Lernstrategien) oder die Lernleistung erwarten. Hat ein Schüler beispielsweise den für den Wunschberuf erforderlichen Notenschnitt bereits vor der letzten Klassenarbeit sicher erreicht, kann er sich in der letzten Arbeit auch mit einer schlechten Note zufrieden geben und entsprechend weniger Anstrengung aufwenden. Strebt eine Schülerin in derselben Situation demgegenüber nach positiver Selbstbewertung, sollte sie die Anstrengung auch in dieser letzten Klassenarbeit aufrechterhalten. Allerdings zeigt die Forschung (vgl. Schiefele 1996), dass eine rein selbstbewertungsbasierte Lernmotivation sehr unwahrscheinlich ist. Dagegen ergaben sich Anhaltspunkte für eine Differenzierung in beruflich-materielle und beruflich-inhaltliche Oberziele. Zusammenfassend sind somit die folgenden Komponenten der extrinsischen Lernmotivation (ELM) zu unterscheiden:

(a) Lernen, um positive Leistungsrückmeldungen (z. B. Noten) zu erhalten (*rückmeldungsbezogene* ELM),
(b) Lernen, um die eigene Kompetenz zu erweitern (*kompetenzbezogene* ELM),
(c) Lernen, um andere zu übertreffen bzw. um die eigene überlegene Fähigkeit zu demonstrieren (*wettbewerbsbezogene* ELM),
(d) Lernen, um soziale Anerkennung zu erhalten (*soziale* ELM),
(e) Lernen, um beruflich-materielle Ziele zu erreichen (Prestige, Gehalt) (*beruflich-materielle* ELM),
(f) Lernen, um eine angestrebte berufliche Tätigkeit ausüben zu können (*beruflich-inhaltliche* ELM).

Wenngleich die Unterscheidung der genannten Komponenten aus analytischen Gründen gerechtfertigt und notwendig ist, gilt es zu berücksichtigen, dass sie in der Regel nicht unabhängig voneinander auftreten. Dabei kann die Interdependenz der Komponenten etwa daher rühren, dass sie von dem gleichen übergeordneten motivationalen Persönlichkeitsmerkmal (z. B. dem Leistungsmotiv) beeinflusst werden. Auf der anderen Seite sind jedoch auch kausale Beziehungen zwischen den Komponenten der extrinsischen Lernmotivation denkbar: So könnte die kompetenzbezogene Lernmotivation z. B. durch das Verfolgen beruflich-inhaltlicher Ziele verstärkt werden.

1.3.2 Intrinsische Motivation

Die Selbstbestimmungstheorie von Deci und Ryan. Das Konstrukt der intrinsischen Motivation entwickelte sich im Zusammenhang mit Versuchen, eine motivationale Basis des Explorations- und Neugierverhaltens zu finden (Deci, Moller 2005, Deci, Ryan 1985, Schiefele, Streblow 2005). Einen Meilenstein dieser Entwicklung stellt die *Selbstbestimmungstheorie* von Deci und Ryan (1985, 2002) dar. Basis dieser

Theorie ist die Annahme der Grundbedürfnisse nach Kompetenz und Selbstbestimmung. Nach Deci und Ryan kann das Kompetenzbedürfnis als angeborenes psychologisches Bedürfnis des Menschen definiert werden, das darauf abzielt, die Anforderungen der Umwelt wirksam zu bewältigen. Die biologische Funktion dieses Bedürfnisses besteht im Überleben des Organismus'. Im bewussten Erleben einer Person zeigt sich das Wirksamkeitsbedürfnis als Ziel, sich in der Interaktion mit der Umwelt effektiv und kompetent zu fühlen. Gefühle der Kompetenz stellen daher die 'Belohnung' für kompetenzmotiviertes Verhalten dar. Nach Deci und Ryan führt das Wirksamkeits- bzw. Kompetenzbedürfnis dazu, dass Individuen Herausforderungen aufsuchen und bewältigen, die optimal für ihre Fähigkeiten sind. Nur herausfordernde Aufgaben (die weder zu leicht noch zu schwer sind) erlauben eine Steigerung der eigenen Kompetenz.

Deci und Ryan (1985, 2002) betonen, dass die Annahme eines Kompetenzbedürfnisses nicht ausreiche, um intrinsisch motiviertes Verhalten zu erklären. Es gibt eine Vielzahl von Handlungen, die zwar kompetenzmotiviert sind, aber dennoch nicht um ihrer selbst willen durchgeführt werden (z.B. Teilnahme an einer Weiterbildung). Um intrinsisch motiviert zu sein, muss die Person sich frei von äusserem Druck fühlen. Deci und Ryan gehen deshalb davon aus, dass intrinsisch motiviertes Verhalten auch auf dem Bedürfnis des Menschen nach Selbstbestimmung beruht. Dieses Bedürfnis bildet zusammen mit dem Kompetenzbedürfnis die gemeinsame Grundlage für das Auftreten intrinsisch motivierten Verhaltens.

Die psychologischen Grundbedürfnisse sind als 'Nährstoffe' zu verstehen, die für eine gesunde Entwicklung wesentlich sind (Deci, Moller 2005). Folglich ist zu erwarten, dass Kontextfaktoren, die zur Befriedigung der Grundbedürfnisse beitragen, die psychische Gesundheit fördern. Dagegen sollten Kontextfaktoren, die die Grundbedürfnisse einschränken, negative Konsequenzen haben. Intrinsische Motivation wird in diesem Zusammenhang als Ausdruck der menschlichen Natur verstanden. Wenn Menschen nicht daran gehindert werden, wenden sie sich aktiv ihrer physischen und sozialen Umwelt zu, folgen ihren Interessen und versuchen die Anforderungen der Welt, in der sie leben, zu bewältigen. Nach Deci und Ryan (1985, 2002) müssen die Grundbedürfnisse nach Kompetenz und Autonomie befriedigt werden, um intrinsische Motivation zu fördern oder aufrechtzuerhalten.

Tätigkeits- vs. gegenstandszentrierte intrinsische Lernmotivation. Lernhandlungen, deren Anreize wesentlich auf der Qualität des Erlebens während der Handlungsausführung beruhen, können als intrinsisch motiviert gelten. Als solche Anreize kommen neben den von Deci und Ryan (1985, 2002) postulierten Kompetenz- und Selbstbestimmungsgefühlen auch das Flow-Erleben (s.u.) und bestimmte handlungsbegleitende Emotionen (z.B. Freude, situationales Interesse) in Frage. Dabei ist die Frage zu stellen, ob die beim Lernen auftretenden Erlebenszustände eher auf den Charakter der Lernhandlung selbst zurückgehen oder eher durch den Gegenstand der Lernhandlung bedingt sind (Schiefele 1996, Schiefele, Streblow 2005). Im ersten Fall spricht man von einer *tätigkeitszentrierten intrinsischen Lernmotivation.* Sie tritt ein, wenn eine Lernerin oder ein Lerner unabhängig vom Lerngegenstand bestimmte Handlungsformen (z.B. Gruppenarbeit, prakti-

sches Experimentieren) bevorzugt. Im zweiten Fall spricht man von einer *gegenstandszentrierten intrinsischen Lernmotivation*. Diese kennzeichnet eine lernende Person, die sich unabhängig von der jeweils durchgeführten Tätigkeitsform für bestimmte Inhalte interessiert und deshalb positive Gefühle während des Lernens erlebt. Individuelle Interessen der Lernerin oder des Lerners stellen daher eine wichtige Bedingung des Auftretens intrinsischer Lernmotivation dar. Es ist zu vermuten, dass die interessenabhängige bzw. gegenstandszentrierte intrinsische Lernmotivation für das schulische Lernen von grösserer Bedeutung ist als die tätigkeitszentrierte intrinsische Lernmotivation, da in der Schule fachliche Inhalte im Vordergrund stehen. In der Freizeit werden dagegen häufiger als in der Schule Aktivitäten (z. B. sportlicher Art) aufgrund ihrer Anreizqualitäten bevorzugt, ohne dass ein Gegenstand im Sinn eines Wissensbereichs eine besondere Rolle spielen würde. Die Unterscheidung einer *tätigkeits- und gegenstandszentrierten intrinsischen Lernmotivation* ist allerdings eher analytischer Natur. In empirischen Studien erwiesen sich die beiden Komponenten als nicht trennbar. Das hat zur Folge, dass die intrinsische Lernmotivation im Gegensatz zur extrinsischen als eher einheitliches Merkmal aufgefasst wird. Offenbar bilden Gegenstand und Tätigkeit aus der Sicht der betroffenen lernenden Person zumindest in motivationaler Hinsicht eine Einheit. Die vermutete, grössere Bedeutung der gegenstandszentrierten intrinsischen Lernmotivation für das schulische Lernen ist damit zwar nicht widerlegt, kann aber bislang nicht als empirisch bestätigt gelten.
Flow-Erleben. Die von Csikszentmihalyi (1985, 1990, Csikszentmihalyi, Abuhamdeh, Nakamura 2005) entwickelte Flow-Theorie ergänzt die Sichtweise der Selbstbestimmungstheorie. Csikszentmihalyi konnte zeigen, dass Personen, die eine offenbar intrinsisch motivierte Tätigkeit ausüben, ein charakteristisches Erleben zeigen, das er als *Flow* gekennzeichnet hat. Das Erleben von Flow beinhaltet im Kern ein vollkommenes Aufgehen in der Tätigkeit (Absorbiertsein). Weitere Aspekte dieses Erlebens sind die Selbstvergessenheit, das Verschmelzen von Handlung und Bewusstsein und das Gefühl von Kontrolle. Aus den Forschungsarbeiten von Csikszentmihalyi ist zu schliessen, dass das Flow-Erleben – neben den von Deci und Ryan (1985, 2002) postulierten Kompetenz- und Selbstbestimmungsgefühlen – einen zentralen Anreiz intrinsisch motivierter Tätigkeiten darstellt.
Die subjektive Passung von Fähigkeit und Handlungsanforderung stellt dabei die wichtigste Bedingung des Flow-Erlebens dar. Flow wird vor allem dann erlebt, wenn die handelnde Person weder unter- noch überfordert ist. Damit wird die Nähe zur Selbstbestimmungstheorie deutlich, denn eine optimale Passung von Fähigkeit und Handlungsanforderung müsste theoretisch auch mit maximalem Kompetenzerleben einhergehen (Rheinberg 2006b, Schiefele, Streblow 2005). Obwohl Csikszentmihalyi selbst keine Annahmen zu grundlegenden Bedürfnissen formuliert hat, sprechen seine Forschungsarbeiten insbesondere für die Existenz eines Kompetenzbedürfnisses. Das Flow-Erleben lässt sich als proximaler Anreiz im Dienste der Erfüllung des Kompetenzbedürfnisses interpretieren, da Flow erst eintritt, wenn die Fähigkeiten der Person in optimaler Weise gefordert werden.

Schliessen sich extrinsische und intrinsische Lernmotivation aus? Die bisherige Forschung hat einhellig belegt, dass sich extrinsische und intrinsische Lernmotivation nicht ausschliessen, sondern z. B. gleichermassen hoch ausgeprägt sein können (z. B. Amabile et al. 1994, Buff 2001). Dies ist aus theoretischen Gründen nicht verwunderlich, denn Lernen ist neben intrinsischen Anreizen meist auch mit handlungsexternen Konsequenzen verbunden (z. B. soziale Anerkennung, Erreichen von Ausbildungszielen). Es stellt keinen Widerspruch dar, wenn eine Lernerin oder ein Lerner sowohl inhaltlich interessiert ist als auch nach sozialer Anerkennung strebt. Insbesondere zwischen intrinsischer und kompetenzbezogener Lernmotivation sind positive Zusammenhänge beobachtet worden (z. B. Schiefele, Streblow, Ermgassen, Moschner 2003). Dies entspricht den theoretischen Erwartungen, denn für beide Formen der Lernmotivation spielt das Kompetenzbedürfnis bzw. -erleben eine zentrale Rolle (s. o.).

Folglich ist das Kompetenzbedürfnis sowohl für die Entstehung intrinsischer als auch extrinsischer Lernmotivation zentral: Auf der einen Seite kann das Bedürfnis nach Kompetenz dazu führen, dass in einer Leistungssituation (z. B. Prüfung) *bezogen auf das Leistungsergebnis* leistungs- oder kompetenzbezogene Ziele verfolgt werden (leistungs- bzw. kompetenzbezogene ELM); daneben kann das Kompetenzbedürfnis *im Lernprozess* ein verstärktes Streben nach Kompetenzerlebnissen nach sich ziehen, die sowohl die Auswahl des Lernmaterials beeinflussen als auch die Entstehung intrinsischer Lernmotivation begünstigen.

1.4 Dispositionale Lernmotivation

Das Auftreten aktueller Lernmotivation in einer konkreten Situation hängt neben situativen Faktoren (z. B. Ankündigung positiver Handlungsfolgen) von einer Reihe dispositionaler Motivationsmerkmale ab. Als die wichtigsten können in unserem Zusammenhang das Leistungsmotiv, die Zielorientierung und das Interesse gelten.

1.4.1 Leistungsmotiv

Während *Leistungsmotivation* relativ eindeutig als das Streben nach Erreichen oder Übertreffen individueller oder sozialer Gütemassstäbe definiert werden kann (z. B. Heckhausen 1989), hat das Konzept des *Leistungsmotivs* im Lauf der Zeit unterschiedliche Bedeutungen erfahren (Brunstein, Heckhausen 2006). Es besteht jedoch Konsens, das Leistungsmotiv (ebenso wie andere Motive) in ein Annäherungsmotiv ('Hoffnung auf Erfolg') und ein Vermeidungsmotiv ('Furcht vor Misserfolg') zu unterteilen (Elliot, Thrash 2002, McClelland 1987).

In der Forschung zum Leistungsmotiv werden zwei Formen der Erfassung verwendet, nämlich Fragebogenverfahren und projektive Tests. Projektive Motivmessverfahren veranlassen die Probanden, zu motivanregenden Bildvorlagen Geschichten zu generieren, die dann anhand vorgegebener Kategorien ausgewertet werden. Auf dieser Grundlage werden die Stärke des Erfolgs- und des Misserfolgsmotivs bestimmt (Heckhausen 1963). Interessanterweise ist wiederholt festgestellt worden, dass die mit projektiven Verfahren und mit Fragebogen gemessenen Motive kaum miteinander korrelieren, durch unterschiedliche Situationen angeregt werden und divergente Effekte aufweisen (Brunstein 2003, 2006). Dies hat McClelland, Koestner und Weinberger (1989) dazu veranlasst, ein Modell vorzuschlagen, in dem zwei Arten von Motiven unterschieden werden, nämlich implizite und explizite Motive. *Implizite Motive* entziehen sich weitgehend der Introspektion, da sie früh gelernte Präferenzen für bestimmte Anreize (z. B. Leistungsmotiv: Herausforderung durch schwierige Aufgaben) darstellen. Sie sind deshalb nur indirekt bzw. mittels projektiver Verfahren messbar. *Explizite Motive* stellen bewusste Selbstzuschreibungen einer Person dar und können daher gut mit Fragebogenverfahren erfasst werden.

1.4.2 Zielorientierung

In den letzten zwanzig Jahren hat sich die Zielorientierung ('goal orientation') als ein zentrales motivationales Konstrukt in der Pädagogischen Psychologie etabliert (z. B. Dweck 1991, Spinath, Schöne 2003). Die *Theorie der Zielorientierung* ist als Weiterentwicklung der Leistungsmotivationsforschung zu verstehen. Von besonderer Bedeutung sind dabei die Arbeiten von Dweck (1986, 1991) und Nicholls (1984, 1989), die etwa zur gleichen Zeit ähnliche Konzeptionen vorgelegt haben. Zielorientierungen werden einerseits als dauerhaft im Gedächtnis repräsentierte *Zielüberzeugungen* verstanden (z. B. „Ich strebe an, besser lesen zu können als andere Schüler in meiner Klasse"), die somit dispositionalen Charakter besitzen (Elliot 2005). Andererseits können Zielorientierungen – unabhängig von ihrer dispositionalen Ausprägung – auch situativ erzeugt werden (z. B. über die Ankündigung sozialer Vergleiche in einer Leistungssituation) und dann zu einer entsprechenden aktuellen Motivation führen (z. B. aktuelle wettbewerbsbezogene Lernmotivation).

Nach Nicholls (1984, 1989) ist zwischen einer *Aufgabenorientierung* ('task orientation') und einer *Ich-Orientierung* ('ego orientation') zu unterscheiden. Die *aufgabenorientierte* Person strebt danach, ihre Fähigkeit dadurch zu demonstrieren, dass sie bestimmte Aufgaben bzw. Probleme bewältigen kann. Die *ich-orientierte* Person ist nicht damit zufrieden, dass sie bestimmte Kompetenzen erworben hat. Ihr geht es darum, ihre überlegene Fähigkeit im Vergleich mit anderen Personen zu zeigen. Während die aufgabenorientierte lernende Person die Erweiterung ihrer Kompetenz als Erfolg betrachtet, erlebt sich die ich-orientierte lernende Person dagegen als erfolgreich, wenn sie andere übertreffen kann.

Dweck (1986, 1991) kam zu einer ähnlichen Unterscheidung wie Nicholls. Sie unterscheidet zwischen dem Verfolgen von Leistungszielen ('performance goals') und Lernzielen ('learning goals'). Das Verfolgen von Leistungszielen bedeutet, dass positive Bewertungen der eigenen Kompetenz angestrebt und negative Bewertungen vermieden werden. Das Verfolgen von Lernzielen bedeutet, dass in Leistungssituationen vornehmlich danach gestrebt wird, die vorhandene Kompetenz zu erweitern. Somit können die Aufgabenorientierung nach Nicholls und die Lernzielorientierung nach Dweck gleichgesetzt werden. Dagegen ist festzustellen, dass die Leistungszielorientierung nach Dweck nicht das mit der Ich-Orientierung verbundene Anstreben von Überlegenheit im sozialen Vergleich beinhaltet. Damit wird hier eine Differenzierung nahegelegt, die der oben vorgeschlagenen Unterscheidung des Strebens nach Kompetenzerweiterung, nach Leistungsrückmeldung und nach Überlegenheit entspricht. In der Forschung der letzten zwei Jahrzehnte wurde jedoch die Unterscheidung von Ich-Orientierung sensu Nicholls und Leistungszielorientierung sensu Dweck nicht explizit berücksichtigt. Vielmehr finden sich in der Literatur leicht variierende Operationalisierungen der Leistungszielorientierung (die sich als Begriff durchgesetzt hat), mal mit stärkerer (z.B. Roedel, Schraw, Plake 1994) und mal mit schwächerer Betonung des Strebens nach Überlegenheit (z.B. Spinath, Stiensmeier-Pelster, Schöne, Dickhäuser 2002).

Elliot (1999, Elliot, Harackiewicz 1996) hat die Ansätze von Nicholls und Dweck weiterentwickelt. Anstelle von Aufgaben- bzw. Lernzielorientierung spricht er von *Bewältigungszielen* ('mastery goals') und anstelle von Ich-Orientierung – übereinstimmend mit Dweck – von *Leistungszielen* ('performance goals'), wobei letztere ganz im Sinn von Nicholls wettbewerbsorientiert gemeint sind (Streben nach Überlegenheit). Über die bisherigen Ansätze hinausgehend unterscheidet Elliot bei den Leistungszielen eine Annäherungs- und eine Vermeidungskomponente. Damit ergibt sich eine klare Parallele zur Leistungsmotivforschung und der Unterscheidung eines Erfolgs- und eines Misserfolgsmotivs (s.o.).

Von einem *Annäherungsleistungsziel* wird gesprochen, wenn es darum geht, die eigene Kompetenz im Vergleich mit anderen Personen zu demonstrieren. Dagegen bedeutet das Verfolgen eines *Vermeidungsleistungsziels*, dass die Person versucht, ihre vermeintlich unterlegene Kompetenz gegenüber anderen Personen zu verbergen.

Zu Beginn der Forschung zu Zielorientierungen dominierte eine dichotome Konzeption, nämlich die Unterscheidung zwischen Lern- und Leistungszielorientierung. Dabei wurde eine 'normative' Auffassung vertreten, wonach die Lernzielorientierung zu positiven bzw. adaptiven Auswirkungen im Schul- bzw. Leistungskontext führt, die Leistungszielorientierung dagegen negative Effekte nach sich zieht (Pintrich 2000, s.a. Harackiewicz, Barron, Pintrich, Elliot, Thrash 2002). Im Zug der Differenzierung der Zielorientierungen in eine Annäherungs- und Vermeidungskomponente wurde jedoch deutlich, dass negative Auswirkungen vor allem der *Vermeidungsleistungszielorientierung* zuzuschreiben sind. Pintrich (2000) und Harackiewicz et al. (2002) postulierten daher auf der Basis empirischer Befunde eine revidierte Zielorientierungstheorie, in der Annäherungsleistungszielen auch eine adaptive Funktion zukommt und das Verfolgen *multipler Ziele* (insbesondere von Lern- und Annäherungsleistungszielen) zu einer optimalen Motivation mit den meisten positiven Konsequenzen führt.

1.4.3 Interesse

In der Interessenforschung wird zwischen dem überdauernden individuellen Interesse und dem situationsspezifisch auftretenden situationalen Interesse unterschieden (Krapp 2006, Schiefele 1996, 2009). Das *individuelle Interesse* gilt als relativ dauerhaftes, dispositionales Merkmal einer Person, das sich in der Auseinandersetzung mit einem Gegenstandsbereich (z. B. Schulfach) entwickelt und als mehr oder weniger starke Wertschätzung dieses Bereichs zum Ausdruck kommt. Das *situationale Interesse* bezeichnet dagegen den durch äussere Umstände (z. B. einen spannenden Vortrag) hervorgerufenen Zustand des Interessiertseins, den u. a. erhöhte Aufmerksamkeit und Gefühle der Neugier und Faszination kennzeichnen.

Vegleichbar dem oben erwähnten Kompetenzerleben (oder dem Flow-Erleben) stellt das situationale Interesse einen handlungsbegleitenden, emotionalen Zustand dar. Insofern lässt sich das Erleben situationalen Interesses als relevante Quelle von intrinsischer Lernmotivation auffassen.

Aktuelle Ansätze der Interessenforschung (Hidi, Renninger, Krapp 2004, Krapp 2006, Schiefele 2009) interpretieren Interesse als eine spezifische Beziehung zwischen einer Person und einem Gegenstand. Dies wird insbesondere in der 'Person-Objekt-Theorie' des Interesses von Krapp (2005, 2006) hervorgehoben. Die Betonung dieses Aspekts soll verdeutlichen, dass sich Interesse immer auf einen Gegenstand bezieht und aufgrund der Auseinandersetzung mit diesem entwickelt.

Das individuelle Interesse einer Person an einem Gegenstand setzt sich aus gefühls- und wertbezogenen Valenzüberzeugungen zusammen. Von *gefühlsbezogenen Valenzüberzeugungen* spricht man, wenn ein Sachverhalt für eine Person mit positiven Gefühlen verbunden ist. Von *wertbezogenen Valenzüberzeugungen* ist die Rede, wenn einem Sachverhalt Attribute im Sinn persönlicher Bedeutsamkeit bzw. Wichtigkeit zugeschrieben werden.

Die Art und Zahl der unterscheidbaren gefühlsbezogenen Valenzen wurde bislang nicht eingehend untersucht. Meist werden Gefühlszustände erfragt, die plausiblerweise als interessentypisch gelten, wie z. B. Gefühle des Absorbiertseins (bzw. Flow), der Freude, der Neugier, der Anregung, der Faszination oder des Beteiligtseins. In ähnlicher Weise können auch vielerlei Gründe für die persönliche Bedeutsamkeit eines Gegenstands differenziert werden. Persönliche Bedeutsamkeit mag z. B. entstehen, weil die Beschäftigung mit dem Interessengegenstand als wichtig für die Entwicklung der eigenen Persönlichkeit, als Beitrag zur Selbstverwirklichung oder als identitätsstiftend erachtet wird.

Ein Sachverhalt kann sowohl aus extrinsischen bzw. instrumentellen als auch aus intrinsischen Gründen positive Gefühle auslösen oder bedeutsam sein. Zur Charakterisierung von Interesse kommen nur *intrinsische Gründe* in Frage. Dies bedeutet, dass die auf einen Gegenstand bezogenen Valenzen, die das Vorhandensein von Interesse indizieren, unabhängig von den Beziehungen des Gegenstands zu anderen Sachverhalten bestehen müssen, d. h., dass die interessenbasierte Beschäftigung mit einem Gegenstand vor allem aufgrund gegenstands- bzw. handlungsimmanenter Anreize erfolgt. Eine *extrinsische* Valenzüberzeugung liegt z. B.

vor, wenn eine Studentin oder ein Student eine hohe Wertschätzung des Fachs Mathematik zeigt, weil die Beherrschung mathematischen Wissens für den von ihr bzw. ihm angestrebten Beruf zentral ist. Von Interesse ist jedoch nur dann zu sprechen, wenn positiv ausgeprägte, *intrinsische* gefühls- und wertbezogene Valenzüberzeugungen vorliegen (z. B. die Verbindung von mathematischem Problemlösen mit Flow-Erleben). Dabei ist denkbar, dass eine Person Interesse an einem Gegenstand hat und gleichzeitig auf diesen Gegenstand bezogene extrinsische Valenzüberzeugungen aufweist.

1.5 Bedeutung der Lernmotivation für Lernen und Leistung

In der Vergangenheit wurden Zusammenhänge zwischen Lernmotivation und Lernen bzw. Leistung vor allem in Bezug auf die folgenden Konstrukte erforscht: Leistungsmotivation bzw. -motiv, Zielorientierung, intrinsische vs. extrinsische Lernmotivation und Interesse. In den einzelnen Studien hat man unterschiedliche Indikatoren von Lernen und Leistung zugrunde gelegt, z. B. Schulnoten, standardisierte Leistungstests (z. B. zur Messung der Kompetenz in Mathematik) sowie Ergebnisse einzelner Klausuren oder textbezogene Verstehenstests. Die Lernindikatoren reichen also von kumulativen Leistungen, die während eines längeren Zeitraums entstanden sind, bis hin zu spezifischen Lernergebnissen bei konkreten, zeitlich begrenzten Lernaufgaben.

1.5.1 Leistungsmotivation

Die Leistungsmotivationsforschung hat sich vor allem darauf konzentriert, die Auswirkungen des *Leistungsmotivs* auf eine Reihe von leistungsbezogenen Verhaltensmerkmalen zu untersuchen (Brunstein, Heckhausen 2006), insbesondere auf die Anstrengung (z. B. operationalisiert als Mengenleistung bei Additionsaufgaben), die Ausdauer und die Bevorzugung herausfordernder Aufgaben. Während dabei zahlreiche positive Befunde zu verzeichnen sind, die die Bedeutsamkeit des Leistungsmotivs unterstreichen, ergibt sich bezüglich des Zusammenhangs von Leistungsmotiv und *Leistungsergebnissen* eine weniger eindeutige Befundlage. Dabei ist zu bedenken, dass aus theoretischer Sicht, die Stärke einer konkreten Motivationstendenz vor allem Intensität, Persistenz und Richtung des Verhaltens beeinflussen sollte. Ein Einfluss auf die Leistung bei einer Aufgabe ist allenfalls vermittelt über die genannten Faktoren zu erwarten. Hinzu kommt, dass das Leistungsmotiv zunächst einer situativen Anregung bedarf, um handlungswirksam zu werden (vgl. Rheinberg 2006). Es stellt sich daher die Frage, wie eine optimale Anregung des Leistungsmotivs zu gewährleisten ist und ob die entsprechenden Anregungsbedingungen in früheren Studien, die keine substanzielle Beziehung zwischen dem Leistungsmotiv und einem Leistungsergebnis ermittelt haben, erfüllt waren. Einige Befunde legen nahe, dass nur dann ein signifikanter Zusammenhang zwischen Leistungsmotiv und Schulleistung zu erwarten ist, wenn eine optimale Anregung des Leistungsmotivs aufgrund *herausfordernder Aufgaben* erfolgt. So fand man für fähigkeitshomogene Klassen (für deren Schülerinnen und Schüler anzunehmen ist, dass der Unterricht in der Regel ein mittleres, herausforderndes Schwierigkeitsniveau aufweist) eine positivere Leistungsentwicklung erfolgsmotivierter Schülerinnen und Schüler gegenüber misserfolgsmotivierten Schülerinnen und Schülern (O'Connor, Atkinson, Horner 1966). In einer ähnlichen Studie von Gjesme (1971) liess sich nur für Schülerinnen und Schüler mit mittlerer Intelligenz ein positiver Zusammenhang mit der Schulleistung für das Erfolgsmotiv bzw. ein negativer Zusammenhang für das Misserfolgsmotiv feststellen. Dies stimmt mit der Annahme überein, dass nur für Schülerinnen und Schüler mittlerer Intelligenz die schulischen Anforderungen ebenfalls ein mittleres Schwierigkeitsniveau haben und auf diese Weise Motivunterschiede wirksam werden lassen. McClelland (1980) führte niedrige oder fehlende Korrelationen zwischen (implizitem) Leistungsmotiv und Schulleistung darauf zurück, dass neben der (mittleren) Schwierigkeit im Schulunterricht häufig auch andere Anreize fehlen (z. B. Neuheit, Selbstbestimmtheit, informative Rückmeldungen), die das Leistungsmotiv aktivieren können.

Für die Beurteilung des Zusammenhangs von Leistungsmotiv und Schulleistung ist als wesentlicher Faktor auch die Unterscheidung von implizitem und explizitem Motiv zu beachten. Es hat sich insbesondere gezeigt, dass das *implizite Leistungsmotiv* vor allem in Situationen mit grösserer Entscheidungs- bzw. Wahlfreiheit aktiv wird und spontan auftretendes Leistungsverhalten gut vorhersagen kann. Dagegen ist das *explizite Leistungsmotiv* eher für solches Leistungsverhalten prädiktiv, das durch eine Situation nahegelegt wird bzw. als wünschenswert erscheint. Es überrascht daher nicht, dass das explizite Leistungsmotiv besser als das implizite in der Lage ist, schulische Leistungen vorherzusagen. Bei beruflichen Leistungen verhält es sich umgekehrt, denn im Rahmen einer beruflichen Laufbahn besteht zumindest potenziell ein grösserer Spielraum für spontane und selbstbestimmte Lern- und Leistungsaktivitäten (Brunstein 2006). Darüber hinaus gibt es Hinweise (s. Brunstein, Hoyer 2002), dass das implizite Leistungsmotiv dann wirksam wird, wenn es um die Verbesserung der eigenen Leistungsfähigkeit bzw. Kompetenz geht (individuelle Bezugsnorm), während sich das explizite Leistungsmotiv eher in sozialen Vergleichssituationen auswirkt (soziale Bezugsnorm). Daraus folgt, dass das implizite Leistungsmotiv auch im Schulkontext immer dann an Bedeutsamkeit gewinnt, wenn die individuelle Leistungsverbesserung im Vordergrund steht und soziale Vergleiche weitgehend irrelevant sind (Brunstein 2006).

1.5.2 Zielorientierung

In Übereinstimmung mit der Forschung zum expliziten Leistungsmotiv konnten substanzielle Zusammenhänge zwischen (selbstberichteten) Zielorientierungen und schulischen Leistungen belegt werden. Darüber hinaus liegen auch Studien vor, in denen unterschiedliche Zielorientierungen experimentell induziert wurden

(z. B. Bergin 1995, Graham, Golan 1991). Diese Studien sind nicht zuletzt deshalb wertvoll, weil sie theoretisch postulierte Wirkungen auch in kausaler Hinsicht prüfen können.
Wie Spinath und Schöne (2003) feststellen, belegt sowohl die experimentelle als auch die korrelative Forschung eine Reihe von Vorteilen der Lern- gegenüber der Leistungszielorientierung. Diese betreffen günstigere Attributionen für Erfolg und Misserfolg (eigene Anstrengung anstelle von Fähigkeit), positivere Gefühle gegenüber Lern- und Leistungsaufgaben, vermehrte intrinsische Motivation und grösseres Interesse am Lerngegenstand. Darüber hinaus ergaben sich auch deutliche Effekte auf lernbezogene Prozesse. Lernzielorientierte lernende Personen beschäftigen sich intensiver mit dem Lernmaterial, wenden adäquatere Verarbeitungsstrategien an und sind ausdauernder (z. B. Ford, Smith, Weissbein, Gully, Salas 1998, Grant, Dweck 2003, Lau, Nie 2008). Zu erwähnen ist, dass Zielorientierungen häufig fachspezifisch erfasst werden (z. B. Pintrich 2000) und nicht im Sinn eines übergreifenden Persönlichkeitsmerkmals (z. B. Spinath et al. 2002).
Eine Reihe von Befunden bestätigt, dass lernzielorientierte Schülerinnen und Schüler bessere Lernleistungen zeigen als leistungszielorientierte (vgl. Spinath und Schöne 2003, Utman 1997). Während die generell positive Wirkung von Lernzielen relativ unumstritten ist, erwiesen sich die Befunde für Leistungsziele als widersprüchlich (Grant, Dweck 2003, Harackiewicz et al. 2002, Pintrich 2000). Diese Unstimmigkeit konnte jedoch dank der Unterscheidung von Annäherungs- und Vermeidungsleistungszielen grösstenteils aufgelöst werden. Während sich Vermeidungsleistungsziele auf Motivation, emotionales Erleben, Lernverhalten und Leistung eher negativ auswirken, kommt den Annäherungsleistungszielen zumindest eine begrenzt positive Rolle zu, insbesondere hinsichtlich der Leistung (z. B. Elliot, McGregor, Gable 1999).
Aufgrund einer Analyse bisheriger Studien zu Zielorientierungen im Studium nehmen Harackiewicz et al. (2002) an, dass Leistungsziele konsistent positive Beziehungen zu Leistungsmassen aufweisen, während Lernziele vor allem das Ausmass an Interesse, intrinsischer Motivation, Anstrengung, Ausdauer und Verarbeitungsqualität vorhersagen. Betrachtet man die betreffenden Studien allerdings genauer, so ist festzustellen, dass die Lernzielorientierung in den meisten Fällen auch positive Effekte auf die Leistung ausübt.

1.5.3 Intrinsische vs. extrinsische Motivation

Studien zum Verhältnis von intrinsischer Lernmotivation und schulischen Leistungen haben relativ übereinstimmend einen positiven Zusammenhang mit geringer bis mittlerer Ausprägung ergeben (z. B. Gottfried, Fleming, Gottfried 2001, Ratelle, Guay, Vallerand, Larose, Senécal 2007). Neben der Bedeutung für Schulleistungen belegt die bisherige Forschung, dass die intrinsische Lernmotivation deutlich stärker als die extrinsische Lernmotivation mit solchen Lernstrategien korrespondiert, die eine tiefere Verarbeitung des Lernmaterials beinhalten (z. B. Schiefele, Schreyer 1994, Walker, Green, Mansell 2006). Allerdings sollten wir nicht generell davon ausgehen, die extrinsische Lernmotivation sei ohne besondere Bedeutung für Lernleistungen. Beispielsweise fanden Schiefele et al. (2003) sowohl für die leistungs- als auch die wettbewerbsbezogene Lernmotivation signifikante positive Effekte auf Studienleistungen. Darüber hinaus sind insbesondere für die Annäherungsleistungszielorientierung und die identifizierte extrinsische Motivation positive Zusammenhänge mit Leistung festgestellt worden (s.o.).

Interessanterweise scheinen besonders Kinder mit niedrigen Intelligenzwerten von intrinsischer Motivation zu profitieren. In einer Studie von Tzuriel und Klein (1983) wurden Schülerinnen und Schüler zunächst drei Intelligenzstufen (hoch, mittelmässig, niedrig) zugeordnet. Im nächsten Schritt führten die Autoren innerhalb der drei Intelligenzgruppen Vergleiche zwischen intrinsisch und extrinsisch motivierten Schülerinnen und Schülern hinsichtlich ihrer Schulleistungen durch. Dabei zeigte sich in allen drei Gruppen, dass intrinsisch motivierte Schülerinnen und Schüler bessere Leistungen erzielten als extrinsisch motivierte. Dieser Unterschied war in der Gruppe mit der niedrigsten Intelligenz jedoch am höchsten ausgeprägt. Von den Autoren wird dieses Ergebnis damit erklärt, dass intrinsische Motivation mit der Bevorzugung herausfordernder Aufgaben einhergeht und auf diese Weise zu Leistungssteigerungen führt. Bei weniger intelligenten Schülerinnen und Schülern könnte die Vermeidung anspruchsvoller Aufgaben besonders gross sein und intrinsische Motivation folglich einen besonderen Vorteil darstellen.

In einer Übersicht experimenteller Arbeiten zum Vergleich von intrinsischer und extrinsischer Motivation konnten Schaffner und Schiefele (2007) feststellen, dass die betrachteten Studien mehrheitlich in der Bedingung mit 'intrinsischer Instruktion' signifikant bessere Textlernleistungen fanden als in der Bedingung mit 'extrinsischer' Instruktion (z.B. Grolnick, Ryan 1987). Die Anleitungen zur Erzeugung von intrinsischer Motivation betonten die persönliche Relevanz der Lerninhalte, stützten das Gefühl von Selbstbestimmung oder Herausforderung und schwächten den Aspekt einer möglichen Bewertung der Lernergebnisse ab. Extrinsische Motivation wurde hingegen begünstigt durch die Ankündigung eines Lerntests, teilweise mit der zusätzlichen Ankündigung der Vergabe von Noten oder Rangplätzen. Ein weiteres sehr wichtiges Ergebnis besteht darin, dass die signifikanten Effekte der Motivationsmanipulation fast durchgängig Lernkriterien betrafen, die sich auf das konzeptuelle Verständnis eines Texts bezogen. Dagegen ergaben sich in der Regel keine Unterschiede in Hinblick auf Faktenfragen und quantitative Masse der Textwiedergabe.

Schliesslich sei noch erwähnt, dass auch für das Flow-Erleben positive Zusammenhänge mit Lernen und Leistung nachweisbar sind (z.B. Schüler 2007). So konnte Nakamura (1991) zeigen, dass Schülerinnen und Schüler mit hoher mathematischer Fähigkeit, aber schwachen Leistungen, seltener Flow erleben als gleichermassen fähige, aber leistungsstarke Schülerinnen und Schüler. Noch aussagekräftiger sind jene Studien, die signifikante Vorhersagewerte des Flow-Erlebens für (Studien-)Leistungen auch dann erzielten, wenn andere relevante Bedingungsfaktoren (z.B. Leistungsniveau, Vorwissen) kontrolliert wurden (Engeser, Rheinberg, Vollmeyer, Bischoff 2005).

1.5.4 Interesse

Die Relevanz des individuellen Interesses für Lernleistungen ist vielfach belegt. Besondere Aufmerksamkeit wurde dem Interessenkonstrukt im Rahmen der Forschung zum Textlernen zuteil (Schiefele 1996). Sowohl für das situative als auch das individuelle Interesse existieren zahlreiche Belege eines positiven Zusammenhangs mit dem Lernen aus Texten (vgl. Alexander, Kulikowich, Jetton 1994, Schiefele 1996, 1999, 2009). Hervorzuheben ist dabei, dass Interesseneffekte auch Bestand haben, wenn relevante kognitive Bedingungsfaktoren (insbesondere Vorwissen und Fähigkeiten) kontrolliert werden. Zudem gibt es Belege dafür, dass Interesse einen grösseren Effekt auf Indikatoren tiefergehenden Leseverstehens (z.B. Hauptgedanken erfassen, Anwendungsfragen beantworten) ausübt als auf einfache Lernindikatoren (z.B. Faktenfragen, Zahl reproduzierter Sinneinheiten).
In jüngerer Zeit wurde der Einfluss thematischen Interesses auf die Wirkung von Texten untersucht, die eine konzeptuelle Veränderung ('conceptual change') hervorrufen sollen. Andre und Windschitl (2003) berichten eine Reihe von Studien, in denen zwei Textvarianten (Thema: elektrischer Strom) verglichen wurden: ein traditioneller, erklärender Text und ein 'Konzeptveränderungstext', der alternative Auffassungen anspricht und auf dieser Grundlage ein korrektes Verständnis fördern möchte. Die Ergebnisse belegen, dass thematisches Interesse signifikant zur Vorhersage konzeptuellen Verstehens beiträgt, und zwar unabhängig von der vorgegebenen Textvariante sowie vom Vorwissen und der verbalen Fähigkeit der Probanden. Die Autoren nehmen an, dass Interesse die Auseinandersetzung mit einem Text erleichtert und eine tiefere Verarbeitung anregt. In einer Studie von Mason, Gava und Boldrin (2008) wurde die besondere Bedeutung thematischen Interesses für die Wirkung von Konzeptveränderungstexten deutlich bestätigt.
In einer Übersichtsarbeit stellten Schiefele, Krapp und Schreyer (1993) fest, dass die Ausprägung schulfachbezogener Interessen in mittlerem Ausmass mit den entsprechenden Leistungen bzw. Noten korreliert. Dieser Befund wird auch in einer Reihe neuerer Arbeiten bestätigt (z.B. Barron, Harackiewicz 2001, Baumert, Schnabel, Lehrke 1998). Auf der Grundlage von PISA-Daten konnten Chiu und Xihua (2008) zeigen, dass das Mathematikinteresse in 80% aller beteiligten Länder auch bei Kontrolle einer Vielzahl von anderen Einflussvariablen (z.B. sozioökonomischer Status, Leistungsniveau, Selbstkonzept) signifikant zur Vorhersage mathematischer Kompetenz beiträgt.
Mithilfe von längsschnittlichen Daten belegten Köller, Baumert und Schnabel (2001), dass eine wechselseitige Beeinflussung zwischen Interesse und Leistung wahrscheinlich ist. Sie untersuchten eine grosse Stichprobe von Gymnasiastinnen und Gymnasiasten zu drei Zeitpunkten: am Ende der 7. sowie der 10. Klasse und in der Mitte der 12. Klasse. Immer wurden u.a. das Interesse am Fach Mathematik und die Mathematikleistung erhoben. Zusätzlich registrierte man, ob sich die Schülerinnen und Schüler für Mathematik als Leistungskurs entschieden. Die Ergebnisse belegen, dass das Interesse in der 7. Klasse keine signifikanten Effekte auf die Leistung in der 10. oder 12. Klasse hatte. Dagegen beeinflusste das Leistungsniveau in

der 7. Klasse das Interesse in der 10. Klasse signifikant, d. h. kompetentere Schülerinnen und Schüler zeigten sich interessierter. Es waren jedoch direkte und indirekte signifikante Effekte des Interesses in der 10. Klasse auf die Leistung in der 12. Klasse festzustellen. Der *indirekte Effekt* des Interesses wurde über die Kurswahl vermittelt: Hoch interessierte Schülerinnen und Schüler wählten deutlich häufiger einen Leistungskurs als die weniger interessierten Schülerinnen und Schüler. Erwartungsgemäss trugen sowohl die Kurswahl als auch die Leistung in der 10. Klasse signifikant zur Leistung in der 12. Klasse bei. Erstaunlicherweise konnte für das Interesse in der 10. Klasse (über die Leistung in der 10. Klasse und die Kurswahl hinaus) ein signifikanter *direkter Effekt* auf die Leistung in der 12. Klasse festgestellt werden.

Die Ergebnisse der Studie von Köller et al. (2001, s.a. Marsh, Trautwein, Lüdtke, Köller, Baumert 2005) legen nahe, dass in der Sekundarstufe I allenfalls geringe Zusammenhänge zwischen Interesse und Leistung zu beobachten sind. Köller et al. argumentieren, dass in den unteren Schulstufen die Motivation der Schülerinnen und Schüler vornehmlich durch extrinsische Anreize und Werte (z.B. häufige schriftliche Tests, Verstärkung durch die Eltern) reguliert werde. Folglich sollte das Interesse nur eine marginale Rolle bei der Initiierung und Aufrechterhaltung von Lernaktivitäten spielen. In der Sekundarstufe II nehmen hingegen die Häufigkeit schriftlicher Tests und extrinsischer Anreize ab und die Möglichkeit zur Selbstbestimmung nimmt zu. Folglich gewinnt das Interesse einen grösseren Einfluss auf die Regulation von Lernaktivitäten. Diese Annahme wird durch den von Köller et al. (2001) gefundenen direkten Effekt des Interesses in der 10. Klasse auf die Leistung in der 12. Klasse bestätigt. Darüber hinaus wählten die interessierten Schüler deutlich häufiger Mathematik als Leistungskurs. Insbesondere der letztgenannte Befund ist in Einklang mit der Forschung zu akademischen Wahlentscheidungen von Eccles (1983, 2005, Wigfield, Eccles 2000), deren Befunde die Annahme stützen, dass motivationale Merkmale der Lernerin oder des Lerners sich stärker auf Verhaltensentscheidungen (z.B. Kurswahlen, Studienfachwahlen) als auf die Leistungsgüte auswirken. Die besondere Bedeutung von Interesse für Kurswahlen haben auch Schiefele und Csikszentmihalyi (1995), Bong (2001) und Harackiewicz, Durik, Barron, Linnenbrink-Garcia, Tauer (2008) demonstriert. Die beiden erstgenannten Studien belegen dabei die Unabhängigkeit des Interesseneffekts von Fähigkeitsindikatoren und Selbstwirksamkeitsüberzeugungen.

1.6 Zeitliche Verläufe und Förderung der Lernmotivation

Die Entwicklung der Lernmotivation wurde in der Forschung bislang vor allem aus zwei Perspektiven behandelt. Zum einen erfolgte eine *ontogenetische* Betrachtungsweise. Dies betrifft das Leistungsmotiv und die Entwicklung von Interessen (z.B. Holodynski 2007, Krapp 2005). Zum anderen hat man sich bezüglich fast aller lernbezogenen motivationalen Merkmale mit quantitativen Verläufen befasst (z. B. Motivationsveränderungen im Lauf der Grundschulzeit). Insbesondere der zweite Forschungsbereich hat zur Identifikation einer Reihe von motivationsförderlichen und -hemmenden Bedingungen geführt (z. B. Stipek 1996, Wigfield et al. 2006). Deshalb steht hier der zweite Bereich im Vordergrund.

1.6.1 Leistungsmotivation und Zielorientierung

Zeitliche Verläufe. Für das Leistungsmotiv und die Zielorientierung liegen relativ wenige Befunde zu Veränderungen während der Schulzeit vor. Empirische Evidenz wurde vor allem im Rahmen von Studien auf der Grundlage des Erwartungs-Wert-Modells von Eccles (1983, 2005, s. o.) gewonnen. Die Studien von Eccles und Wigfield und anderen Autoren (z. B. Watt 2004) zeigen bedeutsame Veränderungen für diejenigen Variablen, die als wichtigste Determinanten der Leistungsmotivation gelten (zusammenfassend Wigfield et al. 2006). Sowohl für Einschätzungen der eigenen Fähigkeit und Erfolgserwartungen als auch für fachbezogene Wertüberzeugungen (z. B. persönliche Bedeutsamkeit) ist eine kontinuierliche Abnahme im Laufe der Schulzeit feststellbar. Für diese negative Entwicklung wurden vor allem zwei Gründe angeführt. Zum einen verstehen und interpretieren Kinder mit zunehmendem Alter die evaluativen Rückmeldungen, die sie erhalten, angemessener und nehmen häufiger soziale Vergleiche vor. Deshalb werden die Selbsteinschätzungen realistischer und darum auch vergleichsweise negativer. Zum anderen ist zu vermuten, dass die schulische Lernumgebung mit steigender Klassenstufe Leistungsbewertungen immer stärker betont und somit auch den Wettbewerb zwischen den Schülern anregt. Für einen Teil der Schüler führt diese Entwicklung zu niedrigeren fähigkeits- und wertbezogenen Überzeugungen.
Die Forschung zum zeitlichen Verlauf von Zielorientierungen legt nahe, dass ab der 5. Klassenstufe mit einer zunehmenden Leistungszielorientierung zu rechnen ist (z. B. Köller, Baumert, Rost 1998, Seifert 1995). Diese Befunde konvergieren mit den Verläufen kompetenz- und wertbezogener Überzeugungen (s. o.), die Wigfield und Eccles (2000) sowie Nicholls (1984, 1989) mit der zunehmenden Bedeutung von schulischen Leistungsbewertungen und sozialen Vergleichen erklären.
Fördermassnahmen. Die Untersuchung von Massnahmen zur Förderung der Leistungsmotivation hat bereits eine sehr lange Tradition. Erwähnenswert ist beispielsweise das 'Origin-Training' von deCharms (1979), in dem die Bedeutung selbstbestimmten Verhaltens betont wird (neben den für die Förderung des Leistungsmotivs typischen Inhalten, wie z. B. eine realistische Zielsetzung). Dadurch rückt das Training von deCharms in die Nähe der Ansätze zur Förderung von intrinsischer Motivation und Interesse (s. u.). Im deutschen Sprachraum hat das von Heckhausen (1989) konzipierte *Selbstbewertungsmodell des Leistungsmotivs* eine entscheidende Rolle für die Entwicklung von Trainingsverfahren gespielt (Rheinberg, Krug 2005).
In diesen Verfahren stehen drei Ansatzpunkte zur *Steigerung des Erfolgsmotivs* (bzw. zur Verringerung des Misserfolgsmotivs) im Mittelpunkt:

(a) das Setzen realistischer (mittelschwerer) Ziele,
(b) die Durchführung günstiger Ursachenerklärungen für Erfolg und Misserfolg und
(c) der Aufbau einer positiven Selbstbewertungsbilanz.

Eine wichtige Weiterentwicklung der Leistungsmotivförderung basiert auf der Erkenntnis, dass eine individuelle Bezugsnormorientierung des Lehrers ähnliche Wirkungen hervorrufen kann wie ein gezieltes Trainingsverfahren (Rheinberg 1980, Rheinberg, Krug 2005, s. o.). Diese Orientierung zeichnet sich dadurch aus, dass die Lehrkraft die aktuellen Leistungsergebnisse der Schüler im Kontext ihrer früheren Leistungen beurteilt, Aufgaben an das Leistungsniveau der Schüler anpasst und bei der Ursachenzuschreibung den Faktor Anstrengung betont. Eine solche Vorgehensweise entspricht weitgehend einem Unterricht, der im Sinn der Zielorientierungstheorie Bewältigungs- bzw. Lernziele in den Vordergrund stellt (z. B. Ames 1992, Lau, Nie 2008).

1.6.2 Interesse und intrinsische Motivation

Zeitliche Verläufe. Es ist seit Längerem bekannt, dass das Interesse an Schulfächern im Lauf der Schulzeit kontinuierlich abnimmt (Hidi 2000, Krapp 2002, Wild, Hofer 2000). Die Schwächung motivationaler Schülerinnen- und Schülermerkmale zeigt sich jedoch nicht nur bezüglich der Interessen, sondern auch für Einstellungen gegenüber der Schule, für aufgabenbezogene Wertüberzeugungen und Indikatoren habitueller intrinsischer Motivation (z. B. Anderman, Maehr 1994, Gottfried, Marcoulides, Gottfried, Oliver, Guerin 2007, Helmke 1993, Pekrun 1993, Wigfield et al. 2006).

Die Abnahme schulischer Interessen betrifft insbesondere die naturwissenschaftlichen Fächer (Mathematik, Physik, Chemie). Dabei ist jedoch zu beachten, dass sich nicht für alle Themen eines Fachs Interessenabnahmen zeigen (Krapp 2002). Darüber hinaus beeinflussen Kontextbedingungen, die Schulform und das Geschlecht die Entwicklung von Interessen. Hoffmann, Lehrke und Todt (1985, Hoffmann, Lehrke 1986) fanden beispielsweise, dass sowohl Mädchen als auch Jungen ein geringes Interesse an Physik äussern, wenn der Unterricht stark wissenschaftlich ausgerichtet ist, d. h. mit starker Betonung der Gültigkeit genereller physikalischer Gesetze. Wenn es der Lehrperson jedoch gelingt, physikalische Prinzipien und Fakten zu praktischen Problemen und dem Alltag der Schülerinnen und Schüler in Beziehung zu setzen, dann ist das Interesse an Physik bei Jungen und Mädchen hoch ausgeprägt.

Es gibt mehrere mögliche Gründe für die Abnahme schulischer Interessen (Baumert, Köller 1998). Eine Erklärungsmöglichkeit lautet, dass eine mangelnde Passung zwischen den schulischen Curricula und den generellen Interessen der Schülerinnen und Schüler bestehe. Vor allem bezüglich des naturwissenschaftlichen Unterrichts wird vermutet, dass eine zu starke Wissenschaftsorientierung zu einer Vernachlässigung der Alltagserfahrungen der Schülerinnen und Schüler führt. Im Rahmen ihrer 'Stage-Environment-Fit-Theorie' haben Eccles et al. (1991,

1993) darauf hingewiesen, dass die schulische Lernumwelt zunehmend weniger auf die sich entwickelnden Werte, Bedürfnisse und (ausserschulischen) Interessen der Schülerinnen und Schüler abgestimmt sei. So gerät etwa das mit steigendem Alter zunehmende Bedürfnis nach Selbstbestimmung mit der restriktiven Lernumwelt der Schule bzw. dem stark lehrergesteuerten Unterricht in Konflikt. Zusätzlich wird die Beziehung zu Mitschülerinnen und Mitschülern infolge der vorherrschenden Konkurrenz um gute Noten und die Vernachlässigung kooperativen Lernens belastet (auch Wild, Hofer 2000).

Baumert und Köller (1998) vertreten die Ansicht, dass die Abnahme schulischer Interessen im Verlauf der Sekundarstufe I das Ergebnis eines Differenzierungsprozesses darstellen kann (s. a. Todt 1990, Todt, Schreiber 1998). In der späten Kindheit und frühen Adoleszenz werden sich die Schülerinnen und Schüler immer mehr ihrer Stärken und Schwächen bewusst. Der Prozess des Vergleichens von Stärken und Schwächen beeinflusst die Entwicklung von Interessen. So belegen empirische Befunde, dass Schülerinnen und Schüler in den Bereichen stärkeres Interesse zeigen, in denen sie ein höheres Selbstkonzept ihrer Fähigkeit aufweisen (Denissen, Zarrett, Eccles 2007, Köller, Schnabel, Baumert 1998, 2000). Dabei können dimensionale Vergleiche (d. h. Vergleiche bezüglich der Leistungsfähigkeit in den Schulfächern) zu einer weiteren Erhöhung des Selbstkonzepts in den 'starken' Fächern bzw. einer weiteren Verringerung des Selbstkonzepts in den 'schwachen' Fächern führen, sodass der Prozess der Interessendifferenzierung noch zusätzlich vorangetrieben wird. Darüber hinaus bedingt der Übergang von der Schule zur beruflichen Ausbildung bzw. zum Arbeitsmarkt, dass die Schülerinnen und Schüler bestimmte Interessen betonen und vertiefen, während sie andere aufgeben. Damit in Übereinstimmung fanden Köller, Schnabel und Baumert (1998) eine Abnahme der Korrelationen zwischen den Interessenbereichen (z. B. zwischen Deutsch und Mathematik) im Lauf der Zeit. Dies spricht für die Existenz eines Differenzierungsprozesses, der zumindest zum Teil die Reduzierung schulischer Interessen erklären kann (s. a. Krapp, Lewalter 2001).

In Übereinstimmung mit der verfügbaren Evidenz sind somit drei unterschiedliche Prozesse der Abnahme von Interessen und intrinsischer Motivation anzunehmen.

(a) Bestimmte Unterrichtsmerkmale, wie z. B. die Vernachlässigung der Alltagserfahrungen und Interessen der Schülerinnen und Schüler, und der restriktive, wenig Raum für Selbstbestimmung bietende Charakter schulischer Lernumwelten behindern die Entfaltung schulfachbezogener Interessen.

(b) Die Schülerinnen und Schüler entwickeln zunehmend stabile ausserschulische Interessen, die in Konkurrenz zu den Schulfächern treten.

(c) Im Lauf der Schulzeit führt die Wahrnehmung der eigenen Fähigkeiten zu Interessenschwerpunkten, die wiederum die Aufgabe oder Abwertung anderer Interessenbereiche bedingen.

Der letztgenannte Aspekt ist nicht zuletzt deshalb bedeutsam, weil er impliziert, dass die generelle Interessenabnahme zumindest teilweise das Ergebnis eines durchaus positiven Prozesses (nämlich der fähigkeitsabhängigen Spezialisierung) darstellt. Um diese Überlegungen zu stützen, ist jedoch weitere Forschung notwendig.

Fördermassnahmen. Nicht nur die Entwicklungsverläufe von Interessen und habitueller intrinsischer Motivation zeigen starke Parallelen, sondern auch die diskutierten Massnahmen zur Förderung beider motivationaler Merkmale (z. B. Bergin 1999, Brophy 2004, Moschner, Schiefele 2000, Wild 2001). Bedeutsam ist insbesondere die Frage, wie sich Interesse und intrinsische Motivation nicht nur wecken, sondern auch relativ dauerhaft aufrechterhalten lassen. Mehrere Autoren (z. B. Deci, Ryan 1985, 2002, Krapp 1998, Schiefele 2004, Wild, Remy 2002) haben argumentiert, dass die Erfüllung der in der Selbstbestimmungstheorie postulierten Bedürfnisse nach Kompetenz, Selbstbestimmung und sozialer Bezogenheit eine zentrale Voraussetzung für die Entstehung und Aufrechterhaltung von intrinsischer Lernmotivation und fachlichen Interessen darstellt. Aus spezifisch interessentheoretischer Sicht ist darüber hinaus die Erhöhung der gefühls- und wertbezogenen Bedeutsamkeit bzw. Valenz des Lerngegenstands als wichtige Voraussetzung zu nennen (Schiefele 2004). Somit bieten sich insgesamt vier *Interventionsbereiche* an:

(a) Förderung der Kompetenzwahrnehmung,
(b) Förderung der Selbstbestimmung,
(c) Förderung der sozialen Bezogenheit und
(d) Förderung der Bedeutsamkeit des Lerngegenstands.

Jeder der vier Interventionsbereiche umfasst übergeordnete Interventionsziele, die genauer spezifiziert und mit konkreten Interventionsmassnahmen verbunden werden können (Schiefele 2004). So lassen sich der Förderung der Kompetenzwahrnehmung die folgenden Interventionsziele zuordnen: positive Rückmeldungen und Bekräftigungen, Förderung aktiver Beteiligung und lebenspraktischer Anwendungen, klare, strukturierte und anschauliche Stoffpräsentation und Unterstützung bei herausfordernden Aufgaben. Das Interventionsziel Förderung aktiver Beteiligung und lebenspraktischer Anwendungen kann durch Handlungen gefördert werden, die es erlauben, mit realen und lebensnahen Materialien umzugehen und dabei kognitiv und physisch aktiv zu sein. Dies könnte z. B. beinhalten, dass Schülerinnen und Schüler im Fach Deutsch eine Kurzgeschichte in ein Theaterstück umwandeln und es dann mit verteilten Rollen spielen. In den naturwissenschaftlichen Fächern besteht die Möglichkeit zum selbstständigen Experimentieren und zum Ausprobieren dabei gewonnener Erkenntnisse anhand realistischer Aufgaben (z. B. Trinkwasseranalyse).

Für die Förderung der Selbstbestimmung sind insbesondere Vorgehensweisen geeignet, die zu mehr Mitbestimmung führen (z. B. bei der Auswahl des Lernstoffs), die relativ grosse Freiräume ermöglichen (z. B. Projektunterricht), die die Selbstbewertung des eigenen Lernfortschritts zulassen (z. B. durch das Anlegen von Lernkurven auf der Basis von Lerntests) und die es der Schülerin oder dem Schüler erlauben, selbst Entscheidungen zu treffen und Lösungen für Probleme zu finden.

Kunter, Baumert und Köller (2007) konnten demonstrieren, dass auch *motivationsunspezifische Massnahmen* im Unterricht das fachliche Interesse der Schülerinnen und Schüler fördern, wenn die Grundbedürfnisse nach Kompetenz und Autonomie angesprochen werden. Die Autoren untersuchten die Auswirkungen von *Klassenmanagementstrategien* (Klarheit der Regeln und Lehrersteuerung) auf die Entwicklung des Interesses an Mathematik. Sie nahmen an, dass vorstrukturierte und gut organisierte Lernumgebungen das Erleben von Kompetenz und Selbstbestimmung steigern und sich somit auch interessenförderlich auswirken. Die Befunde bestätigen, dass Regelklarheit und Lehrersteuerung positiv zur Vorhersage des Interesses beitragen und dass dieser Effekt durch das Erleben von Kompetenz und Selbstbestimmung vermittelt wird.

Die Förderung sozialer Bezogenheit stellt eine weitere Möglichkeit zur Förderung von intrinsischer Motivation und Interesse dar. Um dieses Ziel zu erreichen, scheinen insbesondere Formen der Teamarbeit und des kooperativen Lernens geeignet zu sein. Dabei ist darauf zu achten, dass die gemeinsame Arbeit einen intensiven sozialen Austausch erfordert und jede Schülerin und jeder Schüler die Verantwortung für bestimmte Teilaufgaben übernimmt. Zusätzlich lässt sich das Erleben sozialer Bezogenheit auch durch ein partnerschaftliches Lehrperson-Schülerin-Schüler-Verhältnis positiv beeinflussen (Schiefele 2004).

Aus interessentheoretischer Sicht stellt die Förderung der Bedeutsamkeit des Lerngegenstands ein zentrales Interventionsziel dar (Bergin 1999, Krapp 1998, Schiefele 2004). Diesem Ziel lassen sich einige konkrete Massnahmen zuordnen, so z. B. klare und persönlich bedeutungsvolle Lernziele formulieren (z. B. Mathematik als Grundlage des technischen Fortschritts hervorheben), als Lehrender das eigene Interesse am Stoffgebiet zum Ausdruck bringen (z. B. berichten, warum man sich als Lehrperson für dieses Fachgebiet entschieden hat) und praktische Anwendungsmöglichkeiten des Lernstoffs hervorheben (z. B. Bedeutung der Chemie für die Themen Ernährung und Gesundheit).

Neben den aufgeführten Einzelmassnahmen (die auch gebündelt angewendet werden können) existieren umfassende und langfristige Programme zur Beeinflussung fachlichen Interesses und intrinsischer Motivation bei Schülerinnen und Schülern (vgl. Moschner, Schiefele 2000). In einem von Häußler und Hoffmann (2002, s.a. Hoffmann 2002, Hoffmann, Häußler, Peters-Haft 1997) durchgeführten Modellprojekt gelang es, die Interessen von Mädchen der 7. Klassenstufe am naturwissenschaftlichen Unterricht positiv zu beeinflussen. Die durchgeführten Massnahmen beinhalteten z. B. die Einbettung der Inhalte des Physikunterrichts in Kontexte, die Mädchen besonders interessieren, aber im herkömmlichen Physikunterricht vernachlässigt werden. Gleichzeitig war man bemüht, geschlechtsspezifische Dominanzen zu vermeiden und verwendete vor allem solche Kontexte, die an ausserschulische Erfahrungsbereiche anknüpfen, die Mädchen und Jungen gleichermassen zugänglich sind. Darüber hinaus hatten die Schülerinnen und Schüler die Möglichkeit, aktiv und eigenständig zu lernen, Erfahrungen aus erster Hand zu sammeln und einen Bezug zum Alltag und ihrer Lebenswelt herzustellen. Ebenso wurden die Bedeutung der Naturwissenschaften für die Gesellschaft und der lebenspraktische Nutzen naturwissenschaftlicher Inhalte immer wieder verdeutlicht.

Literatur

Alexander, Patricia A., Kulikowich, Joanna M. & Jetton, Tamara L. (1994). The role of subject-matter knowledge and interest in the processing of linear and nonlinear texts. *Review of Educational Research, 64,* 201–252.

Amabile, Teresa. M., Hill, Karl G., Hennessey, Beth A. & Tighe, Elizabeth M. (1994). The Work Preference Inventory: Assessing intrinsic and extrinsic motivational orientations. *Journal of Personality and Social Psychology, 66,* 950–967.

Ames, Carol. (1992). Classrooms: Goals, structures, and student motivation. *Journal of Educational Psychology, 84,* 261–271.

Anderman, Eric M. & Maehr, Martin L. (1994). Motivation and schooling in the middle grades. *Review of Educational Research, 64,* 287–309.

Anderman, Linley H. & Kaplan, Avi (Eds.). (2008). *The role of interpersonal relationships in student motivation* (Special issue, Journal of Experimental Education, Vol. 76, No. 2). Washington, DC: Heldref Publications.

Andre, Thomas & Windschitl, Mark (2003). Interest, epistemological belief, and intentional conceptual change. In Gale M. Sinatra & Paul R. Pintrich (Eds.), *Intentional conceptual change* (pp. 173–197). Mahwah, NJ: Erlbaum.

Atkinson, Jack W. (1957). Motivational determinants of risk-taking behavior. *Psychological Review, 64,* 359–372.

Barron, Kenneth E. & Harackiewicz, Judith M. (2001). Achievement goals and optimal motivation: Testing multiple goal models. *Journal of Personality and Social Psychology, 80,* 706–722.

Baumert, Jürgen & Köller, Olaf (1998). Interest research in secondary level I: An overview. In Lore Hoffmann, Andreas Krapp, K. Ann Renninger & Jürgen Baumert (Eds.), *Interest and learning* (pp. 241–256). Kiel: IPN.

Baumert, Jürgen, Schnabel, Kai & Lehrke, Manfred (1998). Learning math in school: Does interest really matter? In Lore Hoffmann, Andreas Krapp, K. Ann Renninger & Jürgen Baumert (Eds.), *Interest and learning* (pp. 317–326). Kiel: IPN.

Bergin, David A. (1995). Effects of a mastery versus competitive motivation situation on learning. *Journal of Experimental Education, 63,* 303–314.

Bergin, David A. (1999). Influences on classroom interest. *Educational Psychologist, 34,* 87–98.

Bong, Mimi (2001). Role of self-efficacy and task-value in predicting college students' course performance and future enrollment intentions. *Contemporary Educational Psychology, 26,* 553–570.

Brophy, Jere E. (2004). *Motivating students to learn.* Mahwah, NJ: Erlbaum.

Brunstein, Joachim C. (2003). Implizite Motive und motivationale Selbstbilder: Zwei Prädiktoren mit unterschiedlichen Gültigkeitsbereichen. In Joachim Stiensmeier-Pelster & Falko Rheinberg (Hrsg.), *Diagnostik von Motivation und Selbstkonzept* (S. 59–88). Göttingen: Hogrefe.

Brunstein, Joachim C. (2006). Implizite und explizite Motive. In Jutta Heckhausen & Heinz Heckhausen (Hrsg.), *Motivation und Handeln* (S. 235–253). Heidelberg: Springer.

Brunstein, Joachim C. & Heckhausen, Heinz (2006). Leistungsmotivation. In Jutta Heckhausen & Heinz Heckhausen (Hrsg.), *Motivation und Handeln* (S. 143–191). Heidelberg: Springer.

Brunstein, Joachim C. & Hoyer, Sven (2002). Implizites versus explizites Leistungsstreben: Befunde zur Unabhängigkeit zweier Motivationssysteme. *Zeitschrift für Pädagogische Psychologie, 16,* 51–62.

Buff, Alex (2001). Warum lernen Schülerinnen und Schüler? Eine explorative Studie zur Lernmotivation auf der Basis qualitativer Daten. *Zeitschrift für Entwicklungspsychologie und Pädagogische Psychologie, 33,* 157–164.

Chiu, Ming Ming & Xihua, Zeng (2008). Family and motivation effects on mathematics achievement: Analyses of students in 41 countries. *Learning and Instruction, 18,* 321–336.

Csikszentmihalyi, Mihaly (1985). *Das Flow-Erlebnis.* Stuttgart: Klett-Cotta (Original erschienen 1975: Beyond boredom and anxiety).
Csikszentmihalyi, Mihaly (1990). *Flow – The psychology of optimal experience.* New York: Harper & Row.
Csikszentmihalyi, Mihaly, Abuhamdeh, Sami & Nakamura, Jeanne (2005). Flow. In Andrew J. Elliot & Carol S. Dweck (Eds.), *Handbook of competence and motivation* (pp. 598–608). New York: Guilford Press.
deCharms, Richard (1979). *Motivation in der Klasse.* München: Moderne Verlags GmbH (Original erschienen 1976: Enhancing motivation: Change in the classroom).
Deci, Edward L. & Moller, Arlen C. (2005). The concept of competence. In Andrew J. Elliot & Carol S. Dweck (Eds.), *Handbook of competence and motivation* (pp. 579–597). New York: Guilford Press.
Deci, Edward L. & Ryan, Richard M. (1985). *Intrinsic motivation and self-determination in human behavior.* New York: Plenum Press.
Deci, Edward L. & Ryan, Richard M. (2002). Overview of self-determination theory: An organismic dialectical perspective. In Edward L. Deci & Richard M. Ryan (Eds.), *Handbook of self-determination research* (pp. 3–33). Rochester, NY: University of Rochester Press.
Denissen, Jaap J. A., Zarrett, Nicole R. & Eccles, Jaquelynne S. (2007). I like to do it, I'm able, and I know I am: Longitudinal couplings between domain-specific achievement, self-concept, and interest. *Child Development, 78,* 30–447.
Dweck, Carol S. (1986). Motivational processes affecting learning. *American Psychologist, 41,* 1040–1048.
Dweck, Carol S. (1991). Self-theories and goals: Their role in motivation, personality, and development. In Richard A. Dienstbier (Ed.), *Nebraska symposium on motivation. Vol. 38: Perspectives on Motivation* (pp. 199–235). Lincoln, NE: University of Nebraska Press.
Eccles, Jaquelynne S. (1983). Expectancies, values, and academic behaviors. In Janet T. Spence (Ed.), *Achievement and achievement motives* (pp. 75–146). San Francisco: Freeman.
Eccles, Jaquelynne S. (2005). Subjective task value and the Eccles et al. model of achievement-related choices. In Andrew J. Elliot & Carol S. Dweck (Eds.), *Handbook of competence and motivation* (pp. 105–121). New York: Guilford Press.
Eccles, Jaquelynne S., Buchanan, Christy M., Flanagan, Constance, Fuligni, Andrew, Midgley, Carol M. & Lee, Doris (1991). Control versus autonomy during early adolescence. *Journal of Social Issues, 47,* 53–68.
Eccles, Jaquelynne S., Midgley, Carol, Wigfield, Allan, Buchanan, Christy M., Reumann, David, Flanagan, Constance & MacIver, Douglas (1993). Development during adolescence. The impact of stage-environment fit on young adolescents' experiences in schools and families. *American Psychologist, 48,* 90–101.
Elliot, Andrew J. (1999). Approach and avoidance motivation and achievement goals. *Educational Psychologist, 3,* 169–189.
Elliot, Andrew J. (2005). A conceptual history of the achievement goal construct. In Andrew J. Elliot & Carol S. Dweck (Eds.), *Handbook of competence and motivation* (pp. 52–72). New York: Guilford Press.
Elliot, Andrew J. & Harackiewicz, Judith M. (1996). Approach and avoidance achievement goals and intrinsic motivation: A mediational analysis. *Journal of Personality and Social Psychology, 70,* 461–475.
Elliot, Andrew J., McGregor, Holly A. & Gable, Shelly (1999). Achievment goals, study strategies, and exam performance: A mediational analysis. *Journal of Educational Psychology, 3,* 549–563.
Elliot, Andrew J. & Thrash, Todd M. (2002). Approach-avoidance motivation in personality: Approach and avoidance temperaments and goals. *Journal of Personality and Social Psychology, 82,* 804–818.
Engeser, Stefan, Rheinberg, Falko, Vollmeyer, Regina & Bischoff, Jutta (2005). Motivation, Flow-Erleben und Lernleistung in universitären Lernsettings. *Zeitschrift für Pädagogische Psychologie, 19,* 159–172.
Ford, J. Kevin, Smith, Eleanor M., Weissbein, Daniel A., Gully, Stanley M. & Salas, Eduardo (1998). Relationships of goal orientation, metacognitive activity, and practice strategies with learning outcomes and transfer. *Journal of Applied Psychology, 83,* 218–233.

Gjesme, Torgrim (1971). Motive to achieve success and motive to avoid failure in relation to school performance for pupils of different ability levels. *Scandinavian Journal of Educational Research, 15*, 81–99.

Gottfried, Adele E., Fleming, James S. & Gottfried, Allen W. (2001). Continuity of academic intrinsic motivation from childhood through late adolescence: A longitudinal study. *Journal of Educational Psychology, 93*, 3–13.

Gottfried, Adele E., Marcoulides, George A., Gottfried, Allen W., Oliver, Pamella H. & Guerin, Diana W. (2007). Multivariate latent change modeling of developmental decline in academic intrinsic math motivation and achievement: Childhood through adolescence. *International Journal of Behavioral Development, 31*, 317–327.

Graham, Sandra & Golan, Shari (1991). Motivational influences on cognition: Task involvement, ego involvement, and depth of information processing. *Journal of Educational Psychology, 83*, 187–194.

Grant, Heidi & Dweck, Carol S. (2003). Clarifying achievement goals and their impact. *Journal of Personality and Social Psychology, 85*, 541–553.

Grolnick, Wendy S. & Ryan, Richard M. (1987). Autonomy in children's learning: An experimental and individual difference investigation. *Journal of Personality and Social Psychology, 52*, 890–898.

Häußler, Peter & Hoffmann, Lore (2002). An intervention study to enhance girls' interest, self-concept, and achievement in physics classes. *Journal of Research in Science Teaching, 39*, 870–888.

Harackiewicz, Judith M., Barron, Kenneth E., Pintrich, Paul R., Elliot, Andrew J. & Thrash, Todd M. (2002). Revision of achievement goal theory: Necessary and illuminating. *Journal of Educational Psychology, 94*, 638–645.

Harackiewicz, Judith M., Durik, Amanda M., Barron, K. E., Linnenbrink-Garcia, Lisa & Tauer, John M. (2008). The role of achievement goals in the development of interest: Reciprocal relations between achievement goals, interest, and performance. *Jounal of Educational Psychology, 100*, 105–122.

Heckhausen, Heinz (1963). Hoffnung und Furcht in der Leistungsmotivation. Meisenheim: Hain.

Heckhausen, Heinz (1989). *Motivation und Handeln.* Berlin: Springer.

Helmke, Andreas (1993). Die Entwicklung der Lernfreude vom Kindergarten bis zur 5. Klassenstufe. *Zeitschrift für Pädagogische Psychologie, 7*, 77–86.

Hidi, Suzanne (2000). An interest researcher's perspective: The effects of extrinsic and intrinsic factors on motivation. In Carol Sansone & Judith M. Harackiewicz (Eds.), *Intrinsic and extrinsic motivation* (pp. 309–339). San Diego: Academic Press.

Hidi, Suzanne, Renninger, K. Ann & Krapp, Andreas (2004). Interest, a motivational variable that combines affective and cognitive functioning. In David Y. Dai & Robert J. Sternberg (Eds.), *Motivation, emotion and cognition* (pp. 89–115). Mahwah, NJ: Erlbaum.

Hoffmann, Lore (2002). Promoting girls' interest and achievement in physics classes for beginners. *Learning and Instruction, 12*, 447–465.

Hoffmann, Lore, Häußler, Peter & Peters-Haft, Sabine (1997). *An den Interessen von Mädchen und Jungen orientierter Physikunterricht.* Kiel: Institut für die Pädagogik der Naturwissenschaften.

Hoffmann, Lore & Lehrke, Manfred (1986). Eine Untersuchung über Schülerinteressen an Physik und Technik. *Zeitschrift für Pädagogik, 32*, 189–204.

Hoffmann, Lore, Lehrke, Manfred & Todt, Eberhard (1985). Development and change of pupils' interest in physics: Design of longitudinal study (grade 5–10). In Manfred Lehrke, Lore Hoffmann & Paul L. Gardner (Eds.), *Interests in science and technology* (pp. 71–80). Kiel: Institute for Science Education.

Holodynski, Manfred (2007). Entwicklung der Leistungsmotivation. In Marcus Hasselhorn & Wolfgang Schneider (Hrsg.), *Handbuch der Psychologie: Entwicklungspsychologie* (S. 299–311). Göttingen: Hogrefe.

Köller, Olaf, Baumert, Jürgen & Rost, Jürgen (1998). Zielorientierung: Ihr typologischer Charakter und ihre Entwicklung im frühen Jugendalter. *Zeitschrift für Entwicklungspsychologie und Pädagogische Psychologie, 30*, 128–138.

Köller, Olaf, Baumert, Jürgen & Schnabel, Kai U. (2001). Does interest matter? The relationship between academic interest and achievement in mathematics. *Journal of Research in Mathematics Education, 32*, 448–470.

Köller, Olaf, Schnabel, Kai U. & Baumert, Jürgen (1998, April). *The impact of academic self-concepts of ability on the development of interests during adolescence.* Paper presented at the annual meeting of the American Educational Research Association, San Diego.

Köller, Olaf, Schnabel, Kai U. & Baumert, Jürgen (2000). Der Einfluß der Leistungsstärke von Schulen auf das fachspezifische Selbstkonzept der Begabung und das Interesse. *Zeitschrift für Entwicklungspsychologie und Pädagogische Psychologie, 32*, 70–80.

Krapp, Andreas (1998). Entwicklung und Förderung von Interessen im Unterricht. *Psychologie in Erziehung und Unterricht, 44*, 185–201.

Krapp, Andreas (2002). Structural and dynamic aspects of interest development: Theoretical considerations from an ontogenetic perspective. *Learning and Instruction, 12*, 383–409.

Krapp, Andreas (2005). Basic needs and the development of interest and intrinsic motivational orientations. *Learning and Instruction, 15*, 381–395.

Krapp, Andreas (2006). Interesse. In D. H. Rost (Hrsg.), *Handwörterbuch Pädagogische Psychologie* (S. 280–290). Weinheim: Beltz.

Krapp, A. & Lewalter, D. (2001). Development of interests and interest-based motivational orientations: A longitudinal study in vocational school and work settings. In Simone Volet & Sanna Järvelä (Eds.), *Motivation in learning contexts* (pp. 201–232). Amsterdam: Pergamon.

Kunter, Mareike, Baumert, Jürgen & Köller, Olaf (2007). Effective classroom management and the development of subject-related interest. *Learning and Instruction, 17*, 494–509.

Lau, Shun & Nie, Youyan (2008). Interplay between personal goals and classroom goal structures in predicting student outcomes: A multilevel analysis of person-context interactions. *Journal of Educational Psychology, 100*, 15–29.

Marsh, Herbert. W., Trautwein, Ulrich, Lüdtke, Oliver, Köller, Olaf & Baumert, Jürgen (2005). Academic self-concept, interest, grades, and standardized test scores: Reciprocal effects models of causal ordering. *Child Development, 76*, 397–416.

Mason, Lucia, Gava, Monica & Boldrin, Angela (2008). On warm conceptual change: The Interplay of text, epistemological beliefs, and topic interest. *Journal of Educational Psychology, 100*, 291–309.

McClelland, David C. (1980). Motive dispositions: The merits of operant and respondent measures. In Larry Wheeler (Ed.), *Review of personality and social psychology* (Vol. 1, pp. 10–41). Beverly Hills, CA: Sage.

McClelland, David C. (1987). *Human motivation.* Cambridge, MA: Cambridge University Press.

McClelland, David C., Koestner, Richard & Weinberger, Joel (1989). How do self-attributed and implicit motives differ? *Psychological Review, 96*, 690–702.

Moschner, Barbara & Schiefele, Ulrich (2000). Motivationsförderung im Unterricht. In Martin K. W. Schweer (Hrsg.), *Lehrer-Schüler-Interaktion* (S. 177–193). Opladen: Leske & Budrich.

Nakamura, Jeanne. (1991). Optimales Erleben und die Nutzung der Begabung. In Mihaly Csikszentmihalyi & Isabella S. Csikszentmihalyi (Hrsg.), *Die außergewöhnliche Erfahrung im Alltag. Die Psychologie des flow-Erlebnisses* (S. 326–334). Stuttgart: Klett-Cotta.

Nicholls, John G. (1984). Achievement motivation: Conceptions of ability, subjective experience, task choice, and peformance. *Psychological Review, 91*, 328–346.

Nicholls, John G. (1989). *The competitive ethos and democratic education.* Cambridge, MA: Harvard University Press.

O'Connor, Patricia, Atkinson, John W. & Horner, Matina S. (1966). Motivational implications of ability grouping in schools. In John W. Atkinson & Norman T. Feather (Eds.), *A theory of achievement motivation* (pp. 231–248). New York: Wiley.

Pekrun, Reinhard (1988). *Emotion, Motivation und Persönlichkeit.* München / Weinheim: Psychologie Verlags Union.

Pekrun, Reinhard (1993). Facets of adolescents' academic motivation: A longitudinal expectancy-value approach. In Martin L. Maehr & Paul R. Pintrich (Eds.), *Advances in motivation and achievement* (Vol. 8, pp. 139–189). Greenwich, CT: Jai.

Pintrich, Paul R. (2000). Multiple goals, multiple pathways: The role of goal orientation in learning and achievement. *Journal of Educational Psychology, 92*, 544–555.

Ratelle, Catherine F., Guay, Frédéric, Vallerand, Robert J., Larose, Simon & Senécal, Caroline (2007). Autonomous, controlled, and amotivated types of academic motivation: A person-oriented analysis. *Journal of Educational Psychology, 99*, 734–746.

Rheinberg, Falko (1980). *Leistungsbewertung und Lernmotivation*. Göttingen: Hogrefe.

Rheinberg, Falko (2006a). Bezugsnormorientierung. In Detlef H. Rost (Hrsg.), *Handwörterbuch Pädagogische Psychologie* (S. 55–62). Weinheim: Beltz.

Rheinberg, Falko (2006b). Intrinsische Motivation und Flow-Erleben. In Jutta Heckhausen & Heinz Heckhausen (Hrsg.), *Motivation und Handeln* (S. 331–354). Heidelberg: Springer.

Rheinberg, Falko (2006c). *Motivation*. Stuttgart: Kohlhammer.

Rheinberg, Falko & Krug, Siegbert (2005). *Motivationsförderung im Schulalltag*. Göttingen: Hogrefe.

Roedel, T. D., Schraw, G. & Plake, B. S. (1994). Validation of a measure of learning and performance goal orientations. *Educational and Psychological Measurement, 54*, 1014–1021.

Schaffner, Ellen & Schiefele, Ulrich (2007). The effect of experimental manipulation of student motivation on the situational representation of text. *Learning and Instruction, 17*, 755–772.

Schiefele, Ulrich (1996). *Motivation und Lernen mit Texten*. Göttingen: Hogrefe.

Schiefele, Ulrich (1999). Interest and learning from text. *Scientific Studies of Reading, 3*, 257–279.

Schiefele, Ulrich (2004). Förderung von Interessen. In Gerhard W. Lauth, Matthias Grünke & Joachim C. Brunstein (Hrsg.), *Interventionen bei Lernstörungen* (S. 134–144). Göttingen: Hogrefe.

Schiefele, Ulrich (2009). Situational and individual interest. In Kathryn R. Wentzel & Allan Wigfield (Eds.), *Handbook of motivation at school* (pp. 197–222). New York/London: Routledge.

Schiefele, Ulrich & Csikszentmihalyi, Mihaly (1995). Motivation and ability as factors in mathematics experience and achievement. *Journal for Research in Mathematics Education, 26*, 163–181.

Schiefele, Ulrich, Krapp, Andreas & Schreyer, Inge (1993). Metaanalyse des Zusammenhangs von Interesse und schulischer Leistung. *Zeitschrift für Entwicklungspsychologie und Pädagogische Psychologie, 25*, 120–148.

Schiefele, Ulrich & Schreyer, Inge (1994). Intrinsische Lernmotivation und Lernen. Ein Überblick zu Ergebnissen der Forschung. *Zeitschrift für Pädagogische Psychologie, 8*, 1–13.

Schiefele, Ulrich & Streblow, Lilian (2005). Intrinsische Motivation – Theorien und Befunde. In Regina Vollmeyer & Joachim C. Brunstein (Hrsg.), *Motivationspsychologie und ihre Anwendung* (S. 39–58). Stuttgart: Kohlhammer.

Schiefele, Ulrich, Streblow, Lilian, Ermgassen, Ulrich & Moschner, Barbara (2003). Lernmotivation und Lernstrategien als Bedingungen der Studienleistung: Ergebnisse einer Längsschnittstudie. *Zeitschrift für Pädagogische Psychologie, 17*, 185–198.

Schneider, Klaus (1996). Intrinsisch (autotelisch) motiviertes Verhalten – dargestellt an den Beispielen des Neugierverhaltens sowie verwandter Verhaltenssysteme (Spielen und leistungsmotiviertes Handeln). In Julius Kuhl & Heinz Heckhausen (Hrsg.), *Motivation, Volition, Handlung* (Enzyklopädie der Psychologie, C, Serie Motivation und Emotion, Bd. 4, S. 119–152). Göttingen: Hogrefe.

Schneider, Klaus & Schmalt, Heinz-Dieter (2000). *Motivation* (3. Aufl.). Stuttgart: Kohlhammer.

Schüler, Julia (2007). Arousal of flow experience in a learning setting and its effects on exam performance and affect. *Zeitschrift für Pädagogische Psychologie, 21*, 217–227.

Schunk, Dale H., Pintrich, Paul R. & Meece, Judith L. (2008). *Motivation in education*. Upper Saddle River, NJ: Pearson Education.

Seifert, Timothy L. (1995). Characteristics of ego- and task-oriented students: A comparison of two methodologies. *British Journal of Educational Psychology, 65*, 125–138.

Spinath, Birgit & Schöne, Claudia (2003). Ziele als Bedingungen von Motivation am Beispiel der Skalen zur Erfassung der Lern- und Leistungsmotivation (SELLMO). In Joachim Stiensmeier-Pelster & Falko Rheinberg (Hrsg.), *Diagnostik von Motivation und Selbstkonzept* (S. 29–40). Göttingen: Hogrefe.

Spinath, Birgit, Stiensmeier-Pelster, Joachim, Schöne, Claudia & Dickhäuser, Oliver (2002). *SELLMO: Skalen zur Erfassung der Lern- und Leistungsmotivation*. Göttingen: Hogrefe.

Stipek, Deborah J. (1996). Motivation and instruction. In David C. Berliner & Richard C. Calfee (Eds.), *Handbook of educational psychology* (pp. 85–113). New York: Macmillan.

Todt, Eberhard (1990). Entwicklung des Interesses. In Hildegard Hetzer (Hrsg.), *Angewandte Entwicklungspsychologie des Kindes- und Jugendalters* (S. 213–264). Wiesbaden: Quelle & Meyer.

Todt, Eberhard & Schreiber, Susanne (1998). Development of interests. In Lore Hoffmann, Andreas Krapp, K. Ann Renninger & Jürgen Baumert (Eds.), *Interest and learning* (pp. 25–40). Kiel: Institute for Science Education.

Tsai, Yi-Miau, Kunter, Mareike, Lüdtke, Oliver, Trautwein, Ulrich & Ryan, Richard M. (2008). What makes lessons interesting? The role of situational and individual factors in three school subjects. *Journal of Educational Psychology, 100*, 460–472.

Tzuriel, David & Klein, Pnina S. (1983). Learning skills and types of temperaments as discrimination between intrinsically and extrinsically motivated children. *Psychological Reports, 53*, 59–69.

Utman, C. H. (1997). Performance effects of motivational state: A meta-analysis. *Personality and Social Psychology Review, 1*, 170–182.

Walker, Christopher O., Greene, Barbara A. & Mansell, Robert A. (2006). Identification with academics, intrinsic/extrinsic motivation, and self-efficacy as predictors of cognitive engagement. *Learning and Individual Differences, 16*, 1–12.

Watt, Helen M.G. (2004). Development of adolescents' self-perceptions, values, and task perceptions according to gender and domain in 7th- through 11th-grade Australian students. *Child Development, 75*, 1556–1574.

Weiner, Bernard (1986). *An attributional theory of motivation and emotion.* New York: Springer.

Wigfield, Allan & Eccles, Jaquelynne S. (2000). Expectancy-value theory of achievement motivation. *Contemporary Educational Psychology, 25*, 68–81.

Wigfield, Allan, Eccles, Jaquelynne S., Schiefele, Ulrich, Roeser, Robert W. & Davis-Kean, Pamela (2006). Development of achievement motivation. In Nancy Eisenberg (Ed.), *Handbook of child psychology. Vol. 3: Social, emotional, and personality development* (pp. 933–1002). Hoboken, NJ: Wiley.

Wild, Elke (2001). Familiale und schulische Bedingungen der Lernmotivation von Schülern. *Zeitschrift für Pädagogik, 47*, 481–499.

Wild, Elke & Hofer, Manfred (2000). Elterliche Erziehung und die Veränderung motivationaler Orientierungen in der gymnasialen Oberstufe und der Berufsschule. In Ulrich Schiefele & Klaus-Peter Wild (Hrsg.), *Interesse und Lernmotivation* (S. 31–52). Münster: Waxmann.

Wild, Elke & Remy, Katharina (2002). Affektive und motivationale Folgen der Lernhilfen und lernbezogenen Einstellungen von Eltern. *Unterrichtswissenschaft, 30*, 26–51.

Anregungen zur Reflexion

1. Schliessen sich intrinsische und extrinsische Lernmotivation gegenseitig aus?
2. Welche Gemeinsamkeiten und Unterschiede haben die Konzepte des Leistungsmotivs und der Zielorientierung?
3. Haben das implizite und das explizite Leistungsmotiv unterschiedliche Wirkungen auf die Lernleistung?
4. Sollte man in der Schule ausschliesslich die intrinsische Motivation fördern? Was würde dagegen sprechen?
5. Welche Gründe kommen in Frage, um die Abnahme von Interesse und intrinsischer Motivation im Verlauf der Schulzeit zu erklären?

Weiterlesen

Krapp, A. (2006). Interesse. In D.H. Rost (Hrsg.), *Handwörterbuch Pädagogische Psychologie* (S. 280–290). Weinheim: Beltz.
Dieser Artikel gibt einen knappen Überblick zur Theorie der pädagogisch orientierten Interessenforschung. Es werden die wichtigsten empirischen Befunde erwähnt.

Rheinberg, F. (2006). *Motivation.* Stuttgart: Kohlhammer.
Das Buch von Rheinberg leistet eine sehr gute allgemeine Einführung in die Motivationspsychologie, die auch für Pädagogen gut geeignet erscheint. Neben historischen Aspekten werden auch pädagogisch relevante Aspekte behandelt.

Schiefele, U. (2004). **Förderung von Interessen. In G. W. Lauth, M. Grünke & J. C. Brunstein (Hrsg.),** *Interventionen bei Lernstörungen* **(S. 134–144). Göttingen: Hogrefe.**
Dieser sehr praxisbezogene Artikel behandelt an einem fiktiven Einzelfall die wesentlichen Ansätze zur Förderung von Interesse und intrinsischer Motivation.

Schiefele, U. & Streblow, L. (2005). **Intrinsische Motivation – Theorien und Befunde. In R. Vollmeyer & J. C. Brunstein (Hrsg.),** *Motivationspsychologie und ihre Anwendung* **(S. 39–58). Stuttgart: Kohlhammer.**
Dieser Aufsatz stellt wesentliche theoretische Ansätze zur intrinsischen Motivation dar und diskutiert einige der wichtigsten empirischen Befunde.

Weitersurfen

www.psych.rochester.edu/SDT
Hier finden sich umfassende Informationen zur Selbstbestimmungstheorie von Deci und Ryan (z. B. aktuelle Projekte, Tagungen, Publikationen, beteiligte Forscherinnen und Forscher weltweit).

www.unibw.de/sowi1_1/interesse
Auf dieser Internetseite finden sich allgemeine Informationen und spezielle Hinweise zur aktuellen Interessenforschung im Kontext von Erziehung und Unterricht. Einen Schwerpunkt bilden dabei die Arbeiten aus dem Umkreis der 'Münchner Interessentheorie' (Andreas Krapp, Hans Schiefele, u. a.). Daneben finden sich Hinweise auf Personen (bzw. Institutionen) der internationalen Interessenforschung.

Rolf Dubs

2. Unterrichtsformen und guter Unterricht

2.1 Guter Unterricht: Merkmalskataloge oder Steuerungswissen?

In den letzten Jahren hat sich die pädagogische Forschung intensiv mit der professionellen Kompetenz von Lehrpersonen (Professionalitätsstandards) auseinandergesetzt. Sie erhofft sich davon eine Steigerung der Wirksamkeit von Schule und Unterricht. Während langer Zeit haben sich dabei einzelne Forschungsrichtungen der empirischen Unterrichts- und Lehrerverhaltensforschung am Prozess(Verlauf)-Produkt(Ergebnis)-Paradigma orientiert (Gage, Needles 1989) und angenommen, es liessen sich Merkmale der Unterrichtsgestaltung und des Lehrerverhaltens (Variablen) ermitteln, welche mit unterschiedlichen Ausprägungen zu bestimmten Lernerfolgen führen. Dabei wurde auch zunehmend häufiger im Bemühen um eine ganzheitliche Betrachtung des Unterrichts das Lehrerverhalten mit einzelnen *Unterrichtsformen* (zur Definition siehe Abschnitt 2.3 dieses Beitrags) analysiert, denn die verschiedenartigen Unterrichtsformen erfordern bei vielen Merkmalen des Lehrerverhaltens unterschiedliche Ausprägungen. Je länger desto deutlicher wurde jedoch erkannt, dass eine professionelle Kompetenz von Lehrkräften nicht auf eindeutigen Merkmalen des Lehrerverhaltens, wie sie von der Prozess-Produkt-Forschung in vielen Merkmalskatalogen zusammengestellt wurden und werden, aufgebaut werden kann (vergleiche Dubs 2009, Borich 2007). Die empirisch ermittelten Merkmale sind nicht allgemeingültig, weil im alltäglichen Unterricht der in der einzelnen Klasse vorgefundene Kontext, insbesondere die Klassenzusammensetzung, die Wirksamkeit des Unterrichts massgeblich beeinflusst. Das Gleiche gilt für die Unterrichtsformen. Nicht jede Unterrichtsform hat in jeder Klasse die gleiche Wirkung. Mit anderen Worten bringt eine bestimmte Unterrichtsform nicht für jede Klasse und die Schülerinnen und Schüler den gleichen Lernerfolg (Soar 1972)[1].

Deshalb stellt Helmke (2008, S. 34) zurecht fest, dass das Wissen über die Anwendung von Unterrichtsformen und über das 'gute' Lehrerverhalten eine notwendige, aber nicht eine hinreichende Voraussetzung für einen erfolgreichen Unterricht darstellt. Merkmalskataloge dürfen nie als Unterrichtsrezepte verstanden

---
[1] vgl. Kapitel 8, Bd. 9 dieses Werks

werden, sondern sie stellen *Steuerungswissen* dar, welches der Analyse und der Reflexion von Unterricht dient. Anders ausgedrückt, eignen sie sich als generell gültige Regeln für die Optimierung von Unterricht nicht, sondern sie tragen nur dazu bei, Routinen und Gewohnheiten immer wieder zu überdenken. Deshalb kennzeichnet 'guten Unterricht' keinesfalls eine Optimierung von Merkmalen des Lehrerverhaltens oder besonders wirksame Unterrichtsformen, sondern mittlere Ausprägungen im Lehrerverhalten und eine gezielt eingesetzte Vielfalt von Unterrichtsformen, die auf den Kontext Rücksicht nehmen (Lernvergangenheit der Schülerinnen und Schüler, soziale Herkunft, Erwartungen usw.), sind mit aller Wahrscheinlichkeit wirksamer.

Damit gewinnt die Aussage von Gage, guter Unterricht bedürfe einer *wissenschaftlichen Basis*, sei aber im Übrigen eine **Kunst**, wieder mehr Bedeutung (Gage 1978): Die wissenschaftliche Forschung ermittelt Merkmale des 'guten Unterrichts'. Jede einzelne Lehrperson soll dieses Wissen als Steuerungswissen verfügbar haben und stets auf den Kontext ausgerichtet reflektieren, sich situationsgerecht darauf ausrichten und den Lernerfolg der Schülerinnen und Schüler analysieren, um über mögliche Anpassungen der Merkmale zu reflektieren und eingeschliffene Routinen und Gewohnheiten zu überwinden. Eine solche stete Überprüfung und Verbesserung der eigenen professionellen Kompetenzen ist die wichtigste Voraussetzung für eine erfolgreiche Berufskompetenz von Lehrkräften, wobei diese Kompetenz umso häufiger zu problematisieren ist, je rascher sich die Umwelt der Schule verändert.

Diese einleitenden Gedanken führen zu einer wesentlichen Aussage in diesem Beitrag. Wenn nun Merkmale von Unterrichtsformen besprochen werden, sind sie als Steuerungswissen zu verstehen. Ihre Interpretation und Anwendung in allgemeingültiger Weise wäre falsch. Guter Unterricht charakterisiert kontextgebundene Individualität und Vielgestaltigkeit.

2.2 Ein entscheidungsorientier Ansatz zur Auswahl von Unterrichtsformen

Angesichts der vielen kontroversen Auffassungen über den 'guten Unterricht' kann es hilfreich sein, das Verhältnis von Lehren und Lernen zu definieren. Einen möglichen Ansatz dazu gibt Arnold (1992), der zwischen einer 'Erzeugungsdidaktik' und einer 'Ermöglichungsdidaktik' unterscheidet. Bei der *Erzeugungsdidaktik* bestimmt das Lehren das Lernen, d.h. der Unterricht wird aus der Sicht der Lehrenden und gewollter Lerninhalte aufgebaut. Demgegenüber bestimmt bei der **Ermöglichungsdidaktik** das Lernen das Lehren, d.h. das Lernen wird als Prozess verstanden, der nur durch Impulse der Lehrperson beeinflusst, aber von der eigenständigen Aktivitäten der Schülerinnen und Schüler geprägt ist. Diese Unterscheidung liegt nahe bei der Gliederung des Unterrichts in einen **lehrerzentrierten** und einen **schülerzentrierten** Unterricht. Vor allem für die populäre Diskussion ist aber diese Differenzierung gefährlich, weil sie zu unzulässigen Vereinfachungen führt wie 'der Frontalunterricht ist lehrerzentriert' und damit blosse Erzeugungsdidaktik und als Folge davon wenig lernwirksam, der Gruppenunterricht als Ermöglichungsdidaktik oder schülerzentrierter Unterricht ist wirksamer, weil die Lernenden aktiv werden. Solche Unterscheidungen sind gefährlich, weil sie Entscheidungen über die Wahl von Unterrichtsformen in oberflächlicher Weise beeinflussen und oft zu eigentlichen Dogmen führen. Deshalb ist nach besseren Kriterien für den Entscheid über die in einer bestimmten Unterrichtssituation zu wählende Unterrichtsform zu suchen, bei denen nicht in oberflächerlicher Weise aufgrund des Umfangs der Lehrertätigkeit oder sichtbaren Aktivitäten der Schülerinnen und Schüler entschieden, sondern einzig und allein auf die Lernwirkungen in einem bestimmten Kontext geachtet wird. In diesem Sinn muss jeder Unterricht unabhängig von seiner Form auf die Anstösse zum Lernen für die Schülerinnen und Schüler ausgerichtet, also 'schülerzentriert' sein.

Für den Erfolg des Alltagsunterrichts entscheidend ist es deshalb immer, in einer bestimmten Unterrichtssituation die lernwirksamste Unterrichtsform zu wählen. Für diesen *Entscheidungsprozess* werden eindeutige **Kriterien** benötigt, welche als Steuerungswissen dazu beitragen, für die zu erreichenden Lernziele (Kompetenzen) in einer bestimmten Unterrichtssituation die wirksamste Unterrichtsform zu finden, wobei auch an die Kombination mehrerer Formen zu denken ist. Allgemein ausgedrückt sind sechs **Kriterien** zu beachten (siehe auch Euler, Hahn 2004, Kaiser, Kaminski 1999, Mayer 1987):

(1) Ziel des Unterrichts: Welche Unterrichtsform eignet sich am besten für das Erreichen eines bestimmten Lernziels (für das Erlernen der Kompetenzen)? Soll in einer Unterrichtseinheit (eine oder mehrere Lektionen) mit der ganzen Klasse, grösseren Gruppen, Kleingruppen, in Zweiergruppen (Partner) oder individuell gearbeitet werden, damit optimale, lernorientierte Interaktionen erfolgen können? Diesem Entscheid müssen selbstverständlich die Überlegungen der Auswahl der Lerninhalte vorangehen.

(2) Beziehungsstruktur (Sozialform): Welche Form der Beziehungen (Interaktion zwischen den Lernenden) ist vorzusehen (Gruppenarbeit, Partnerarbeit usw.), und wie sind diese zu gestalten, damit sie auf das Lernen ausgerichtet sind?

(3) Grundform des Unterrichts: Sollen darbietende Formen, Dialoge zur Entwicklung von Neuem oder das selbstgesteuerte Lernen gewählt werden?

(4) Lehrerverhalten (Führung der Lernenden): Welchen Führungsstil soll die Lehrperson einsetzen? Direktes Lehrerverhalten, indirektes Lehrerverhalten oder Lernberatung (Dubs 2009)?

(5) Gegebenheiten bei den Lernenden: Sind die Schülerinnen und Schüler von ihren Gegebenheiten her (Erfahrungen, Vorwissen, Kompetenzen) darauf vorbereitet, in wirksamer Weise mit einer bestimmten Unterrichtsform zu lernen?

(6) Zeit: Wie viel Zeit steht für eine Unterrichtseinheit zur Verfügung?

Diese *Entscheidungskriterien* für die Wahl einer bestimmten Unterrichtsform seien etwas näher begründet. Zunächst ist die Wichtigkeit der Anwendung einer Unterrichtsform zu betonen (kein Methodenmonismus). Nicht mit jeder Unterrichtsform lässt sich jedes Lernziel gleich wirksam erreichen. Darbietende Formen beispielsweise eignen sich nicht für das Erlernen von Sozialkompetenzen. Deshalb sind auch alle empirischen Untersuchungen, welche die Wirksamkeit von Unterrichtsformen untersuchen wollen (z. B. ein genereller Wirkungsvergleich von Frontalunterricht versus Gruppenarbeit), solange sinnlos, als nicht die Vergleichbarkeit der Lernziele sichergestellt ist. Zweitens demotivieren stets gleiche Beziehungsstrukturen (Interaktionsformen) (z. B. ausschliesslich Gruppenarbeiten) schnell. Drittens ist je nach unterrichtlicher Zielsetzung mit den Grundformen des Unterrichts zu variieren. Selbstgesteuertes Lernen in zu grosser Ausschliesslichkeit bringt nicht die Lernerfolge, wie sie von einzelnen Vertretern der steten Selbstständigkeit der Lernenden erwartet werden, selbst wenn unterschiedliche Formen des selbstständigen Lernens gewählt werden. Im engeren Zusammenhang mit den Grundformen des Unterrichts steht viertens das Lehrerverhalten (die Führung der Lernenden). Noch zu oft bestehen Unklarheiten über das Lehrerverhalten bei unterschiedlichen Unterrichtsformen. So fehlt bei Gruppenarbeiten nicht selten die Lernberatung mit Scaffolding (siehe Dubs 2009, S. 94). Anders ausgedrückt lässt sich die Wirkung von Unterrichtsformen wesentlich verbessern, wenn das Lehrerverhalten gezielt differenziert wird. Fünftens sind die Gegebenheiten bei den Lernenden zu beachten. Nicht jede Unterrichtsform eignet sich gleichermassen für alle Schülerinnen und Schüler. Solange sie etwa beim selbstständigen Lernen oder in Gruppenarbeiten nicht über gewisse Lernstrategien verfügen, werden sie kaum wirksam lernen (Metzger 2006). Und sechstens schliesslich ist zu überlegen, ob sich eine Unterrichtsform aus zeitlicher Sicht eignet. Die Bearbeitung von umfangreichen Fällen mit wenig verfügbarer Zeit führt oft zu mehr Verwirrung als zu beabsichtigten Lernerfolgen.

Um im Unterricht die geforderte Methodenvielfalt zu fördern, müssen also die Lehrpersonen anhand dieser sechs Entscheidungskriterien immer wieder überlegen, welche Form in einem bestimmten Kontext die Lernwirksamste ist. Dazu sind Kenntnisse über die gängigen Unterrichtsformen notwendig.[2]

2.3 Übersicht über die Unterrichtsformen (Unterrichtsverfahren, Lehrmethoden und Lernformen)

Seit langem wird versucht, eine systematische Darstellung über die Unterrichtsformen zu entwickeln (siehe insbesondere Meyer 1987). In den Abbildungen 1, 2 und 3 sclage ich eine Gliederung vor, welche von einer *ersten* Ebene, der *Methodenstruktur* des Unterrichts, und damit den Unterrichtsverfahren ausgeht und die als grundsätzliche Verfahrensweisen für eine Unterrichtseinheit zur Erreichung eines bestimmten Lernziels gewählt werden können (siehe Abbildung 1). Die zu entscheidende Frage lautet: Welches Unterrichtsverfahren wird für den Grobverlauf

---

[2] In diesem Beitrag können die Techniken der Unterrichtsformen nicht dargestellt werden. Dazu sei verwiesen auf Dubs (2009) und die dort zitierte Literatur.

der Unterrichtseinheit gewählt (soll es beispielsweise ein Frontalunterricht im Klassenverband oder ein Projektunterricht sein?). Im Alltag wird oft auch von Unterrichtsformen gesprochen. Die *zweite* Ebene betrifft die Lehrmethoden (Abbildung 2) und die Lernformen (Abbildung 3), welche ebenfalls häufig als Unterrichtsformen bezeichnet werden. *Lehrmethoden* sind dadurch gekennzeichnet, dass die Lehrkräfte das Lernen anleiten und steuern, nicht aber gängeln. Bei den *Lernformen* liegen die Initiative und die Aktivitäten des Lernens stärker im von der Lehrperson wenig oder gar nicht gesteuerten Lernen der Schülerinnen und Schüler. Die Lehrpersonen wirken vornehmlich anregend und unterstützend. Lehrformen und Lernformen verlangen also ein sehr unterschiedliches Lehrerverhalten *(dritte Ebene)*.

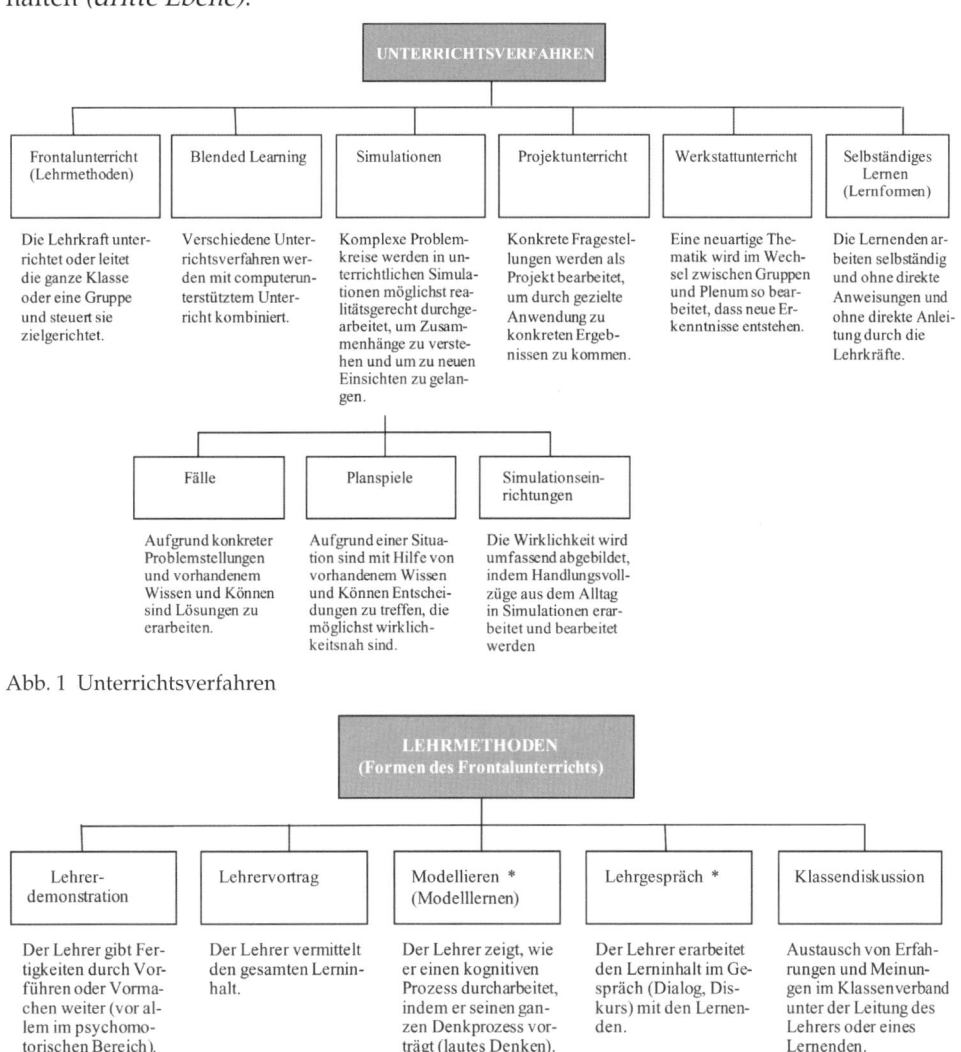

UNTERRICHTSVERFAHREN

Frontalunterricht (Lehrmethoden)
Die Lehrkraft unterrichtet oder leitet die ganze Klasse oder eine Gruppe und steuert sie zielgerichtet.

Blended Learning
Verschiedene Unterrichtsverfahren werden mit computerunterstütztem Unterricht kombiniert.

Simulationen
Komplexe Problemkreise werden in unterrichtlichen Simulationen möglichst realitätsgerecht durchgearbeitet, um Zusammenhänge zu verstehen und um zu neuen Einsichten zu gelangen.

- **Fälle**
Aufgrund konkreter Problemstellungen und vorhandenem Wissen und Können sind Lösungen zu erarbeiten.

- **Planspiele**
Aufgrund einer Situation sind mit Hilfe von vorhandenem Wissen und Können Entscheidungen zu treffen, die möglichst wirklichkeitsnah sind.

- **Simulationseinrichtungen**
Die Wirklichkeit wird umfassend abgebildet, indem Handlungsvollzüge aus dem Alltag in Simulationen erarbeitet und bearbeitet werden

Projektunterricht
Konkrete Fragestellungen werden als Projekt bearbeitet, um durch gezielte Anwendung zu konkreten Ergebnissen zu kommen.

Werkstattunterricht
Eine neuartige Thematik wird im Wechsel zwischen Gruppen und Plenum so bearbeitet, dass neue Erkenntnisse entstehen.

Selbständiges Lernen (Lernformen)
Die Lernenden arbeiten selbständig und ohne direkte Anweisungen und ohne direkte Anleitung durch die Lehrkräfte.

Abb. 1 Unterrichtsverfahren

LEHRMETHODEN (Formen des Frontalunterrichts)

Lehrerdemonstration
Der Lehrer gibt Fertigkeiten durch Vorführen oder Vormachen weiter (vor allem im psychomotorischen Bereich).

Lehrervortrag
Der Lehrer vermittelt den gesamten Lerninhalt.

Modellieren * (Modelllernen)
Der Lehrer zeigt, wie er einen kognitiven Prozess durcharbeitet, indem er seinen ganzen Denkprozess vorträgt (lautes Denken).

Lehrgespräch *
Der Lehrer erarbeitet den Lerninhalt im Gespräch (Dialog, Diskurs) mit den Lernenden.

Klassendiskussion
Austausch von Erfahrungen und Meinungen im Klassenverband unter der Leitung des Lehrers oder eines Lernenden.

* Die Abgrenzung zwischen diesen beiden Lehrmethoden ist in der Praxis oft fliessend.

Abb. 2 Lehrmethoden

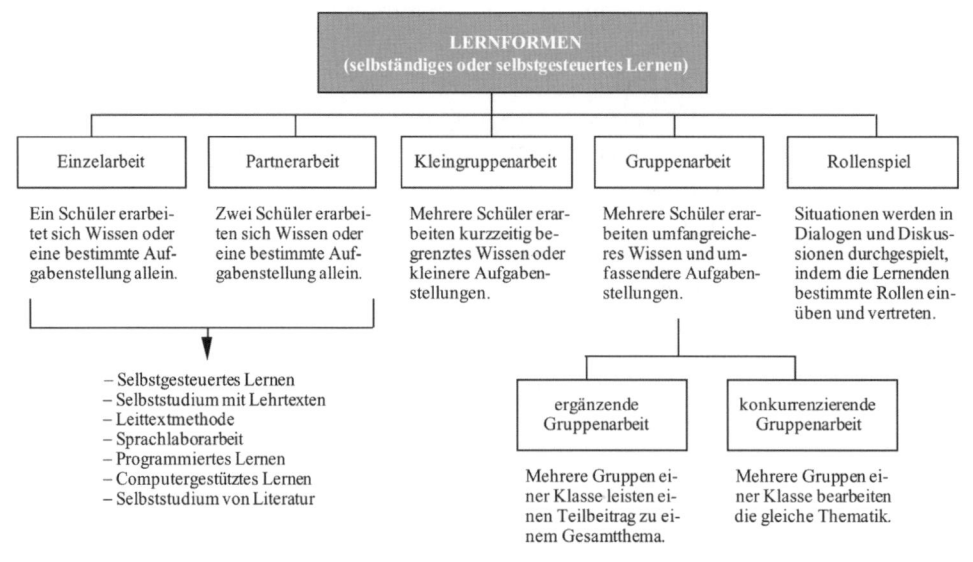

Abb. 3 Lernformen

LERNFORMEN (selbständiges oder selbstgesteuertes Lernen)

- **Einzelarbeit**: Ein Schüler erarbeitet sich Wissen oder eine bestimmte Aufgabenstellung allein.
  - Selbstgesteuertes Lernen
  - Selbststudium mit Lehrtexten
  - Leittextmethode
  - Sprachlaborarbeit
  - Programmiertes Lernen
  - Computergestütztes Lernen
  - Selbststudium von Literatur
- **Partnerarbeit**: Zwei Schüler erarbeiten sich Wissen oder eine bestimmte Aufgabenstellung allein.
- **Kleingruppenarbeit**: Mehrere Schüler erarbeiten kurzzeitig begrenztes Wissen oder kleinere Aufgabenstellungen.
- **Gruppenarbeit**: Mehrere Schüler erarbeiten umfangreicheres Wissen und umfassendere Aufgabenstellungen.
  - **ergänzende Gruppenarbeit**: Mehrere Gruppen einer Klasse leisten einen Teilbeitrag zu einem Gesamtthema.
  - **konkurrenzierende Gruppenarbeit**: Mehrere Gruppen einer Klasse bearbeiten die gleiche Thematik.
- **Rollenspiel**: Situationen werden in Dialogen und Diskussionen durchgespielt, indem die Lernenden bestimmte Rollen einüben und vertreten.

2.4 Lehrerverhalten und Unterrichtsformen

Immer wieder lässt sich beobachten, dass das Lehrerverhalten nicht auf die gewählte Unterrichtsform ausgerichtet ist. Typische Fehler sind etwa: die Lehrperson entscheidet sich für eine Phase des selbstgesteuerten Lernens, beschäftigt sich selbst mit etwas Anderem und unterlässt es, die Lernenden zu beobachten und ihnen im Fall von Lernschwierigkeiten Lernhilfen anzubieten. Oder bei Gruppenarbeiten beginnt sie, Gruppen mit Lernproblemen zu instruieren und trägt damit den Frontalunterricht in die Gruppe hinein. Oder sie baut in eine Lektion eine Kleingruppenarbeit ein, wertet die Ergebnisse aber im Klassenganzen nicht sorgfältig aus, was zu Unruhe und zur Feststellung führt, Kleingruppenarbeiten liessen sich nicht geordnet durchführen.

Nach dem Entscheid, welche Unterrichtsform gewählt wird, muss auch der Führungsstil bedacht werden, wobei im Sinn von Steuerungswissen zwischen den drei Formen direktes Lehrerverhalten, indirektes Lehrerverhalten und Lernberatung zu unterscheiden ist (Dubs 2009). Beim *direkten* **Lehrerverhalten** steuert die Lehrperson den Unterricht zielgerichtet, indem sie den Unterrichtsverlauf festlegt, die Lernprozesse strukturiert, den Ablauf steuert, die Lernenden gelenkt unterstützt, ihnen Feedback gibt und den Zeitplan festlegt. Dieses Lehrerverhalten eignet sich beim Erlernen von Grundlagen, wenn wenig Vorwissen und Erfahrung vorhanden sind, die Klasse viele ängstliche Schülerinnen und Schüler sowie Kinder aus unteren sozialen Schichten umfasst und eine eher geringe Leistungsbereitschaft vorliegt. Beim *indirekten Lehrerverhalten* legt die Lehrperson zwar das Grundlegende fest, nimmt aber ihre Strukturierungshilfen und die Steuerung zurück und fördert alle Schülerinitiativen. Ihr Unterricht wird freier. Das Ziel sollte darin liegen, alle Klassen im Verlauf der Zeit zunehmend indirekter zu führen. Je stärker die Lernformen im Vordergrund stehen, desto weniger soll die Lehrperson anleiten und steuern. Sie soll sich auf die *Lernberatung* konzentrieren. Das Verfahren dazu wird als *Scaffolding* bezeichnet (Paris, Winograd 1990), das sich wie folgt charakterisieren lässt: Die Lehrperson beobachtet die Gruppen oder einzelne Schülerinnen und Schüler dauernd, um sofort möglichst individuell eingreifen und unterstützen zu können, wenn Lernprobleme auftreten oder nicht mehr zielgerichtet gearbeitet wird. Mit ihren Interventionen muss sie dafür sorgen, dass der Lernprozess im Gang bleibt. Deshalb zeigt sie nicht Lösungen, sondern regt zu weiterem Lernen an. Die Schülerinnen und Schüler fühlen sich aber nicht überwacht und kontrolliert, sondern sie empfinden ihre Lehrkraft als unterstützend. Scaffolding gelingt nur, wenn sich die Lehrperson in die Arbeit der Schülerinnen und Schüler hineinversetzt, sich also beispielsweise bei einer Gruppenarbeit zur Gruppe mit Lernproblemen hinzusetzt und zum weiteren Denken und Lernen anregt.

Zwar bestehen direkte Beziehungen zwischen einer Lehr- oder Lernform und dem dazu passenden Lehrerverhalten. So dürften in Lehrgesprächen im Frontalunterricht das direkte und indirekte Lehrerverhalten vorherrschen, während für Gruppenarbeiten die Lernberatung üblich ist. Doch kann es immer wieder Ausnahmen geben. So ist es sehr wirksam, wenn ein Lehrer oder eine Lehrerin Lernende einer bereits in Gruppen eingeteilten Klasse zuerst mit direktem Lehrerverhalten die einzelnen Gruppen Schritt um Schritt gesteuert in die Arbeitstechniken der Gruppenarbeit einführt und ihr erst schrittweise Eigentätigkeiten (selbstgesteuertes Lernen) überträgt.

2.5 Der Einsatz von Unterrichtsverfahren (Unterrichtsformen) im Schulalltag

Es liegt eine ganze Anzahl von empirischen Untersuchungen vor, welche die Häufigkeit der Anwendung von Unterrichtsverfahren nachzeichnen. Die Ergebnisse lassen sich zusammenfassen (Bohl 2000, Hage et al. 1985, Krapf 1995, Pätzold et al. 2003, Pätzold et al. 2005). Die methodische Monostruktur des Unterrichts ist immer noch weit verbreitet. Der Frontalunterricht herrscht weiterhin vor, wobei das Schwergewicht nach wie vor und insbesondere an Gymnasien auf der Wissensvermittlung liegt. Gruppenarbeiten werden in letzter Zeit häufiger verwendet, während Projektarbeit, Fallstudien (auch an Berufsschulen) und Planspiele selten zu finden sind. Hingegen erfolgte an Berufsschulen die Verwendung von handlungsorientierten komplexen Lehr-Lern-Arrangements (siehe die Beispiele bei Dubs 1996) etwas häufiger, ohne dass aber der Frontalunterricht mit der fragendentwickelnden Lehrform an Bedeutung verloren hat.

Obschon sich die Wissenschaft seit Jahren bemüht, dem Lernen mit Handlungsorientierung und dem selbstgesteuerten Lernen (Aebli 1976, Beck et al. 1995, Steiner 1988) mehr Gewicht zu geben, hat sich bezüglich der Unterrichtsverfahren noch nicht allzu viel verändert. Die Gründe dafür sind vielfältig: Die traditionellen Lehrpläne mit dem Stundenrhythmus verunmöglichen den Einsatz von Unterrichtsverfahren mit grossen Schüleraktivitäten weitgehend. Für Lehrkräfte fällt der grosse Vorbereitungsaufwand hemmend ins Gewicht. Die immer noch grosse Stofffülle verunmöglicht die Vertiefung des Unterrichts. Die Lehrerbildungsstätten versäumen immer noch weitgehend, die angehenden Lehrpersonen in moderne Unterrichtsformen einzuführen. Die Weiterbildungsangebote werden von den Lehrkräften nur ungenügend genutzt. Und nicht selten verhindern – vor allem in der Berufsbildung – überholte Prüfungsformen die Einführung neuer Unterrichtsverfahren.

2.6 Die einzelnen Unterrichtsverfahren

Der Lehrervortrag (Lehrmethode)

Charakterisierung: Mit einem Lehrervortrag bietet eine Lehrperson einen Lerninhalt dar. Sie kann während einer bestimmten Zeit allein alle Informationen vermitteln. Möglich ist aber auch, dass sie Fragen stellt, die aber nicht zu einem Dialog führen, sondern den Vortrag nur kurz unterbrechen.
Anwendung: Der Lehrervortrag kann in folgenden unterrichtlichen Situationen angewandt werden (Brophy 1994):
– Es ist Wissen zu vermitteln, das für die Lernenden nicht leicht zugänglich ist.
– Für eine spätere Lernarbeit wird viel Faktenwissen vorausgesetzt.
– Wissen muss für einen bestimmten Anwendungszweck in einer besonderen Form zur Verfügung stehen (z.B. Wissen aus einem anderen Fachbereich bei interdisziplinärem Lernen).
– Die Lehrperson will mit einer Präsentation persönlich motivieren.
– Es ist ein Überblick zu geben, damit sich die Lernenden beim späteren selbstständigen Lernen besser zurechtfinden.
*Forschungsergebnisse:*Der Behaltenseffekt ist bei Lehrervorträgen nicht allzu gross. Für die Aufnahme von Faktenwissen, mit welchem später gearbeitet wird, kann ein Lehrervortrag jedoch eine gewisse Wirkung haben, wenn er zeitlich nicht allzu lange dauert und durch Fragen unterbrochen wird. Mit einer guten Strukturierung kann er aber ebenso wirksam sein wie ein computergestützter Unterricht oder – für gewisse Schülerinnen und Schüler – das eigenständige Lernen. Nicht wirksam ist er, wenn anspruchsvolles, abstraktes Wissen vermittelt oder gar Kompetenzen eingeübt werden sollen (Gage, Berliner 1998).
Für den Unterricht zu beachten: Insgesamt ist es wenig sinnvoll zu fragen, ob ein Lehrervortrag im Unterricht verwendet werden soll, sondern zu klären ist vielmehr, unter welchen Voraussetzungen und Bedingungen er nützlich ist. Oben finden sich dazu eindeutige Entscheidungshilfen. Er wird – vor allem auf höheren Schulstufen – weiterhin bedeutsam bleiben (Dubs 2006). Verzichtet werden sollte jedoch auf die Unsitte, den Lehrervortrag dann einzusetzen, wenn man unter Zeitdruck steht und trotzdem noch viel behandeln möchte, eine Erscheinung, der man

vor allem an Berufsschulen immer mehr begegnet. Dann bleibt er weitgehend wirkungslos.

Die Lehrerdemonstration und das Modellieren (Lehrmethode)

Charakterisierung: Alle Menschen lernen viel beim Beobachten des Handelns und Verhaltens anderer Menschen. Deshalb sollten Lehrerinnen und Lehrer als Modelle dienen, damit die Lernenden deren Handeln und Verhalten (die Demonstration) nachahmen (modellieren). Dabei ist deutlich zwischen zwei Formen zu unterscheiden. Entweder demonstrieren Lehrpersonen bestimmte Fertigkeiten, die von den Lernenden zunächst phasenweise und abschliessend in ihrer Gesamtheit nachgeahmt werden (nachahmendes Üben). Oder die Lehrerdemonstration wird so gestaltet, dass die Lernenden nicht nur mechanisch nachahmen, sondern das Gehörte oder das Gesehene reflektieren und ihre verbesserten eigenen Anwendungsmöglichkeiten finden (Modellieren von anspruchsvollen kognitiven Prozessen).

Anwendung: Das nachahmende Üben eignet sich im psychomotorischen Lernbereich sowie beim Einüben kognitiver Fertigkeiten. Anfänglich sollte es als angeleitete Übung verstanden werden, d.h. die Lehrperson leitet die einzelnen Schritte genau an, damit sich keine Fehler einschleichen. Das Modellieren von anspruchsvollen kognitiven Prozessen eignet sich vor allem für intellektuell schwächere Schülerinnen und Schüler, wenn es um das Erlernen von Lern- und Denkstrategien geht. So kann beispielsweise eine Lehrperson demonstrieren, wie sie vorgeht und denkt, wenn sie selbst eine Mathematikaufgabe löst oder einen Text auslegt (Hermeneutik).

Forschungsergebnisse: Bandura (1977) hat schon früh nachgewiesen, dass das nachahmende Lernen wirksam sein kann, wenn es richtig eingesetzt wird (direktes Lehrerverhalten, keine lange Diskussion über Fehler, sondern Wiederholen, lautes Denken beim Einüben einzelner Schritte). Wichtig ist es, die Lernenden nicht zu überfordern. Häufig demonstrieren Lehrkräfte auf der Grundlage ihrer Fertigkeiten und ihres Kenntnisstandes ohne zu erkennen, wie sie die Lernenden sowohl von der Schnelligkeit her als auch sachlich überfordern (ein typisches Beispiel dafür ist der Einführungsunterricht am PC).

Für den Unterricht zu beachten: Das Modelllernen eignet sich eher zur Entwicklung von Fertigkeiten sowie zur Demonstration von Lern- und Denkstrategien mit schwächeren Schülerinnen und Schülern. Bei anspruchsvollen Lernprozessen soll es eher weniger eingesetzt werden, weil die Gefahr von schematischem und wenig reflektiertem Lernen besteht.

Das Lehrgespräch (Dialoge) (Lehrmethode)

Charakterisierung: Das Lehrgespräch (Dialoge) sind verbale Interaktionen zwischen Lehrenden und Lernenden, die *prozessmässig* zu neuem Wissen und Können führen und die Welt für die Lernenden durchschaubar machen (Burbules 1993). Dabei sind die Lehrpersonen nicht bloss Darbietende, die gelegentlich Fragen stellen oder nicht Abwickler von geistlosen Frageketten und dominante Steuernde, sondern sie verstehen sich als Vermittelnde zwischen Lerninhalten und Lernenden, wobei ihr Lehrerverhalten je nach den Gegebenheiten bei den Lernenden direkt oder indirekt sein kann (siehe Abbildung 4). Unterschieden wird zwischen Dialogen als Instruktion und Dialogen als Entdecken.

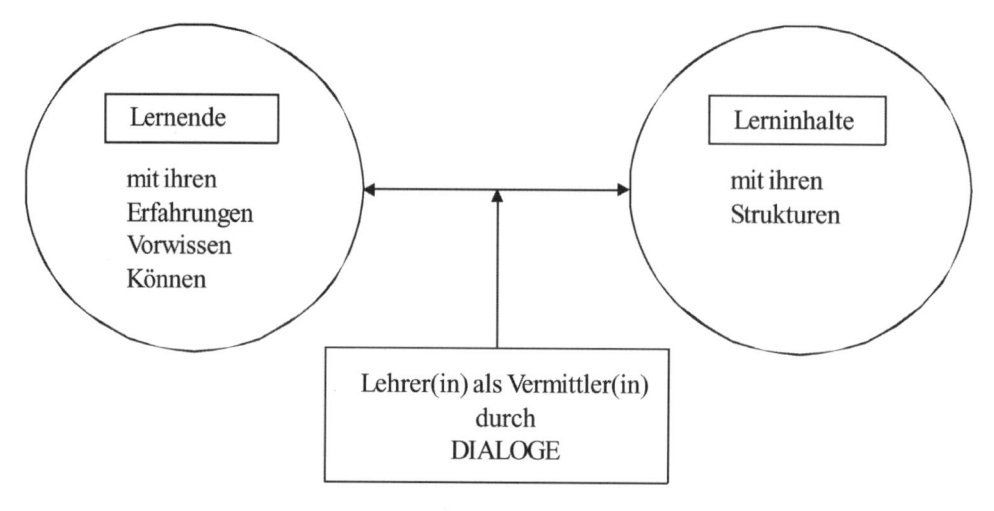

```
          _____                              _____
        /             \                          /             \
       /  ┌─────────┐  \                        /  ┌──────────┐ \
      |   │ Lernende │   |                      |  │Lerninhalte│  |
      |   └─────────┘   |   ◄──────────►        |  └──────────┘  |
      |   mit ihren     |          ▲            |   mit ihren    |
      |   Erfahrungen   |          │            |   Strukturen   |
      |   Vorwissen     |          │            |                |
      |   Können        |          │            |                |
       \               /           │             \              /
        _____/            │              _____/
                                   │
                       ┌───────────┴─────────────────┐
                       │ Lehrer(in) als Vermittler(in)│
                       │           durch              │
                       │          DIALOGE             │
                       └──────────────────────────────┘
```

Abb. 4 Die Lehrkraft als Vermittlerin von Dialogen

Das Ziel des *Dialogs als Instruktion* liegt darin, die Schülerinnen und Schüler durch geschickte Vermittlung zwischen ihrem vorhandenen Wissen und Können sowie neuen Lerninhalten mittels gezielten Fragen, Hinweisen, Ergänzungen und Anregungen zu einem bestimmten Lernziel zu führen. Dabei ist nicht nur das Ergebnis *(Produkt)*, sondern auch der Weg zum Lernziel *(Prozess)* bedeutsam. Die Lernenden sollen im Dialog bewusst erfahren, auf welchem Weg sie zum Lernergebnis gekommen sind, und welche Erkenntnisse sie für ihr eigenes Lernen gewonnen haben (Metakognition). Massgeblich für den Erfolg solcher Dialoge ist nicht eine wenig sinnvolle oder durch Gängelung herbeigeführte Aktivität, sondern die kognitive Substanz des Dialogs.

Der *Dialog als Entdecken* dient dazu, eine bestimmte Fragestellung zu beantworten oder ein bestimmtes Problem zu lösen. Deshalb läuft der Dialog nach den Regeln eines Such- oder Problemlöseprozesses ab, in welchem entdeckendes Lernen und kritisches Denken an einem Gegenstand gefördert werden.

Allgemein können Dialoge im Unterricht in zwei Formen eingesetzt werden (Gudjons 2006). Entweder werden sie in einem *traditionellen Frontalunterricht* angewandt, d. h. der Dialog wird mit der ganzen Klasse während einer ganzen Lektion geführt. Oder er wird als *integrierter Frontalunterricht* konzipiert, d. h. während einer Lektion wird der Dialog mit anderen Unterrichtsformen kombiniert, um den Unterricht einerseits vielgestaltiger zu konzipieren und andererseits Teilziele einer Lektion zielgerichtet mit wirksameren Lehrmethoden und Lernformen zu erreichen.

Anwendung: Der *Dialog als Instruktion* lässt sich wie folgt anwenden:
- Er dient der Erarbeitung von deklarativem und prozeduralem Wissen sowie der gezielten metakognitiven Förderung unter Anleitung des Lehrers oder der Lehrerin, welche je nach Gegebenheiten ein direktes oder indirektes Lehrerverhalten einsetzen.
- Zu beachten ist, dass kein Dialogmechanismus mit einer Gängelung durch die Lehrperson entsteht, sondern die Dialoge auf kognitiv gestalteten Prozessen aufbauen und letztlich den Lernenden helfen, kognitive und sozialkommunikative Strategien aufzubauen (siehe dazu die Beispiele bei Dubs 2009).
- Dialoge als Instruktion eignen sich besonders gut zur Vernetzung von Wissen, indem die Lehrkraft mit Fragen und Impulsen dazu anleiten kann, wie sich Wissenselemente in ihren Abhängigkeiten und Wechselwirkungen vernetzen lassen.
- Die Dialoge können in den verschiedensten Unterrichtssituationen eingesetzt werden: Während ganzen Lektionen, in einzelnen Lektionen, die schwergewichtig mit anderen Lehrmethoden und Lernformen durchgeführt werden (z. B. während Gruppenarbeiten, wenn fehlende Grundlagen mit der ganzen Klasse kurzzeitig zu erarbeiten sind), oder während einer Einzelarbeit bei der die ganze Klasse in einen Sachverhalt, der besonders schwierig ist, eingeführt werden soll.

Der *Dialog als Entdecken* beruht auf ähnlichen Überlegungen:
- Er orientiert sich am entdeckenden und am problemlösenden Unterricht, indem an einer Fragestellung oder an einem Problem Hypothesen entwickelt, Lösungen entworfen und hypothesenbezogen überprüft werden, um schliesslich Generalisierungen zu finden. Entgegen einer verbreiteten Meinung eignet er sich nicht nur für den naturwissenschaftlichen, sondern auch für den sozialwissenschaftlichen Unterricht.

Forschungsergebnisse: Angesichts der Komplexität der Erfassung von Dialogen ist es verständlich, dass bislang nur wenige Untersuchungen zur Wirksamkeit von Lehrgesprächen vorliegen. Rosenshine und Meister (1992) haben die kognitive Lernwirksamkeit dieser Unterrichtsform mit direktem Lehrerverhalten vor allem für schwächere und aus unteren sozialen Schichten stammenden Schülerinnen und Schülern nachgewiesen. Auch Waxmann und Walber (1991) haben die Wirkung belegt, aber deutlich auf den flexiblen und situationsgerechten Einsatz verwiesen, wobei besonders anspruchsvolle Fragestellungen, die kognitiv in anregenden Kontexten bearbeitet werden, bedeutsam sind. Deshalb bringt man diese Lehrmethode immer wieder in den Zusammenhang mit der 'Cognitive-Flexibility-Theorie', welche die Bedeutung der vielseitigen Anwendung des Wissens in jeweils verschiedensten Lernumwelten beschreibt (Reinmann-Rothmeier, Mandl 1998).

Frey (1976) wollte erfassen, inwieweit Mathematikleistungen von besseren und schwächeren Schülerinnen und Schülern durch unterschiedliche Unterrichtsverfahren (Partnerarbeit, Alleinarbeit, frontalunterrichtliche Lehrgespräche und Lehrervortrag) beeinflusst werden. Er gelangte dabei zu sehr differenzierten Ergebnissen: Der Lernerfolg wird generell stärker vom Leistungsniveau der Schülerinnen und Schüler als von der Unterrichtsform bestimmt. Auch der jeweilige Lernbereich

(Arithmetik, Geometrie usw.) hat einen starken Einfluss. So lernten gemäss dieser Studie die leistungsstärkeren Lernenden mehr im Frontalunterricht, während die leistungsschwächeren Jugendlichen von den anderen Unterrichtsformen mehr profitierten. In ähnlicher Weise untersuchten Langer, Schoof-Tams (1976) den Frontalunterricht im Vergleich zur Einzelarbeit und zur Kleingruppenarbeit. Sie erkannten, dass die Einzelarbeit am wenigsten wirksam war. Leistungsschwächere Lernende erzielten den höchsten Lernfortschritt bei der Gruppenarbeit mit leicht verständlichen Texten, während leistungsstarke Schülerinnen und Schüler mit schwer verständlichen Texten am meisten im Frontalunterricht und am wenigsten in Gruppenarbeiten lernten. Diese Untersuchungen zeigen deutlich, dass es kaum je gelingen wird, einen eindeutigen Nachweis über die generelle Überlegenheit oder Unterlegenheit von Lehrgesprächen zu erbringen. Hingegen zeichnet sich immer deutlicher ab, dass bessere und schlechtere Dialoge (Lehrgespräche) unterschiedlich lernwirksam sind. Pauli (2006) und Seidel, Rimmele, Prenzel (2003) haben ermittelt, dass sie am wirksamsten sind, wenn die Lernenden

- auf der *individuellen Ebene* durch ihre Teilnahme an den Dialogen im *Aufbau von kognitiven und metakognitiven Prozessen* unterstützt werden und die aktive Mitarbeit im Frontalunterricht zur Verinnerlichung von Kompetenzen führt,
- auf der sozialen Ebene die Dialoge als *anregend* und *herausfordernd* empfinden und kognitiv gut strukturierte Interaktionen erfolgen,
- auf der unterrichtlichen Ebene anhand gut ausgewählter Lerninhalte dialogisch unterrichtet werden und die Dialoge *qualitativ gut* sind.
- In der Klasse muss sich eine *Diskurs-Kultur* entwickeln und die Lernenden sollen durch Dialoge zu einer *Lerngemeinschaft* werden, in welcher gemeinsam Wissen konstruiert wird, wobei Lehrgespräche zur Vertiefung immer wieder mit anderen Unterrichtsformen ergänzt werden sollen.

Für den Unterricht zu beachten: In den letzten drei Jahrzehnten ist es üblich geworden, das Lehrgespräch im Frontalunterricht als überholt abzutun, wie die folgenden Zitate zeigen: „Das gelenkte Lehrgespräch ist ein unökonomisches und unehrliches, die Herrschaftsverhältnisse im Unterricht verschleierndes Handlungsmuster" (Meyer 1987, S. 287). Oder „Es wird bei den Schülern die Entwicklung von eigengesteuerter Aktivität und Initiative, von Selbständigkeit, von Kreativität, von kooperierenden Verhaltensweisen sowie die Fähigkeit, Probleme zu lösen und Entscheidungen zu treffen, kaum begünstigt oder gefördert. Durch den frontal geführten Unterricht lernen die Schüler – statt miteinander zu arbeiten – konkurrenzmässig gegeneinander zu arbeiten. Die allgemein verbreitete Autoritätsfixierung auf den Lehrer unterstützt noch diesen Trend" (Staeck 1995, S. 239). Diese Kritik ist nicht nur undifferenziert und politisch geprägt, sondern sie hält weder den – leider wenigen – Forschungserkenntnissen noch den praktischen Erfahrungen stand (siehe Aschersleben 1999, Pauli 2006). Entscheidend ist nicht die Frage, ob Dialoge (das Lehrgespräch) generell nicht wirksam oder wirksam sind, sondern ob sie in einer bestimmten Situation zweckmässig eingesetzt werden. Und dafür gelten die folgenden Regeln:

- Die Dialoge sind angeleitetes Lernen, das sinnvoll ist, wenn die Lernenden in den Dialogen nicht schematisch mitwirken, sondern zur Verwendung von Arbeitstechniken, Lern- und Denkstrategien angeleitet werden.
- Es gibt unterrichtliche Situationen, in denen die Lernenden im Gegensatz zum selbstgesteuerten Lernen oder Gruppenarbeiten bei der Lernarbeit entlastet werden, sie also weniger Zeit benötigen, um mit dem eigentlichen Lernen zu beginnen.
- Selbstständiges Lernen setzt auch metakognitive Kenntnisse und Strategien voraus, die sich nicht von selbst entwickeln. Gerade in diesem Bereich ist eine kognitiv ausgereifte Form der Anleitung in Dialogen nötig.

Deshalb sind Dialoge im Frontalunterricht alles andere als überholt. Sie sind wertvoll, dürfen aber nicht die einzige Unterrichtsform bleiben, weil sie nicht ausreichen, alle Fähigkeiten zu fördern. Wichtig ist, dass die Lehrkräfte sich bemühen, Dialoge nicht nur mit direktem Lehrerverhalten zu steuern, sondern sie sich gezielt bemühen, allmählich zum indirekten Lehrerverhalten überzugehen. Schliesslich ist zu beachten, dass mit Dialogen in effizienter Weise das selbstgesteuerte Lernen massgeblich gefördert werden kann. Entscheidend ist also die Qualität des Lehrerverhaltens im Hinblick auf die kognitive Substanz der Dialoge.

Die Kleingruppenarbeit (Lernform)

Charakterisierung: Kleingruppenarbeiten sind gezielt in einzelnen Lektionen eingebaute Gruppenarbeiten von fünf- bis zehnminütiger Dauer. Die Gruppen von drei bis vier Schülern und Schülerinnen werden spontan gebildet, d.h. diejenigen Lernenden, welche nebeneinandersitzen, bilden die Kleingruppe, so dass keine Umstellung der Bestuhlung und der Sitzordnung nötig wird. Ziel der Kleingruppenarbeit ist es, die Lernenden im Frontalunterricht (Lehrervortrag, Lehrgespräch) mittels einer anderen Lernform neu zu motivieren und sie zum eigenen Reflektieren zu veranlassen.

Anwendung: Kleingruppen können in folgenden Unterrichtssituationen eingesetzt werden:
- im Anschluss einer Phase der Wissensvermittlung (Lehrervortrag) oder der Wissenserarbeitung (Lehrgespäch) zur Vertiefung und Anwendung der neuen Lerninhalte,
- zum Einüben von Fertigkeiten und Fähigkeiten (Übung in Kleingruppen),
- zur Diskussion von Widersprüchen im Lehrgespräch, zur Klärung einer Kontroverse in einer wertorientierten Fragestellung oder zur Aussprache über einen Zielkonflikt mit dem Ziel einer gemeinsamen Reflexion und der persönlichen Meinungsbildung. Bei kontroversen Fragestellungen und Zielkonflikten kann eine Kleingruppenarbeit der Vorbereitung einer Klassendiskussion dienen, die einfacher und substanzieller wird, weil die Vorüberlegungen im kleinen Kreis der Kleingruppe erfolgten.

Forschungsergebnisse: Es liegen nur Erkenntnisse aus den Arbeiten von Tausch, Tausch (1986) vor, welche deutlich nachgewiesen haben, dass gut ausgewertete Kleingruppenarbeiten sehr lernwirksam sind.

Für den Unterricht zu beachten: Viele Lehrerinnen und Lehrer bekunden mit der Führung von Kleingruppen im Unterricht Mühe, obschon diese Unterrichtsform wirksam ist und regelmässig angewandt werden sollte. Sie verlieren viel Zeit mit der Organisation, sie stellen fest, dass sich die Lernenden während diesen 5–10 Minuten nicht mit der aufgetragenen Aufgabe beschäftigen, und es gelingt ihnen nicht, nach Ablauf der Gruppenarbeit die Ruhe wieder herzustellen. In den meisten Fällen sind diese Probleme auf Mängel im Lehrerverhalten zurückzuführen: Die Arbeitsaufträge werden nicht klar erteilt; die Sitzordnung wird umgestellt, obschon dies nicht nötig ist, oder die Auswertung erfolgt nicht zweckmässig, indem vor allem bei guten Lösungen einer Gruppe die Auswertung abgebrochen wird, statt den anderen Kleingruppen noch Gelegenheit zur Präsentation ihrer Lösung oder zur Fragestellung und Diskussion zu geben.

Die Gruppenarbeit (Lernform)

Charakterisierung: Bei Gruppenarbeiten arbeiten vier bis sechs Schülerinnen und Schüler über eine längere Zeit zusammen, um eine grössere Aufgabe gemeinsam zu bewältigen. Diese Aufgabe kann auf das Erarbeiten von neuem Wissen, auf die Bearbeitung von Fällen, auf Projekte oder eine allgemeine Problemlösung ausgerichtet sein. Die Gruppenarbeiten können konkurrierende oder ergänzende Gruppenarbeiten sein. Bei *konkurrierenden Gruppenarbeiten* bearbeiten alle Gruppen einer Klasse die gleiche Aufgabe, und die Ergebnisse lassen sich miteinander vergleichen. Bei *ergänzenden Gruppenarbeiten* wird die Klasse in Gruppen (allenfalls von unterschiedlicher Grösse) aufgeteilt, die je einen Teilbeitrag an eine Gesamtaufgabe (Gesamtthema) der Klasse leisten. Diese Gruppenarbeit eignet sich nur für umfassendere und interdisziplinäre Aufgaben und ist demzufolge zeitaufwändig. Deshalb lassen sie sich in den atomisierten Lehrplänen nur selten verwirklichen. Für sie sind Blockzeiten oder Arbeitswochen vorzusehen.
Besondere Formen der Gruppenarbeit sind das Gruppenturnier und die Jigsaw-Gruppen (Slavin 1986). Beim *Gruppenturnier* wird ein Lerngegenstand, der vorgängig erarbeitet wurde, in homogenen Gruppen vertieft. Nach dieser Vertiefung bestehen alle Lernenden in allen Gruppen einen Test. Der jeweils Gruppenbeste steigt in der Folge in die Gruppe mit einem höheren Testergebnis auf, während der jeweils Gruppenschlechteste in die nächst schwächere Gruppe absteigt. Dieser Prozess wird während mehreren zeitlich gestaffelten Lektionen wiederholt. Zu beachten ist aber, dass sich diese Form der Gruppenarbeit nur für das Erlernen von Grundfertigkeiten und Grundkompetenzen eignet. Zudem dürfen Schülerinnen und Schüler nicht in die Rolle von ständigen Aufsteigern bzw. Absteigern gedrängt werden. Bei *Jigsaw-Gruppen* (Slavin 1986) soll sichergestellt werden, dass alle Lernenden etwas zur Gruppenleistung beitragen. Deshalb wird die durch die Gruppen zu leistende Arbeit in Teilaufgaben gegliedert und jedem Gruppenmitglied eine Teilaufgabe zur Bearbeitung zugeteilt. Nachdem die Gruppen organisiert sind und den Überblick über die Aufgabenstellung gewonnen haben, werden die Mitglieder aller Gruppen, die an ihrer bestimmten Teilaufgabe arbeiten, vorüber-

gehend in einer neuen Gruppe, der 'Expertengruppe' zusammengenommen, in welcher sie sich – häufig mit Anleitung der Lehrperson – besonders auf ihre Teilaufgabe vorbereiten, damit sie als 'Experte' ihr Expertenwissen in ihre Gruppe einbringen können. Diese Organisationsform der Gruppenarbeit trägt zu einer höheren Leistungsfähigkeit der Gruppe bei. Ausserdem lassen sich die Einzelleistungen besser bewerten.

Anwendung: Gruppenarbeiten sind zur Förderung der Teamarbeit bedeutsam. Allerdings werden heute Gruppenarbeiten oft unbedacht und wenig systematisch vorbereitet eingesetzt. Zu viele Gruppenarbeiten verlieren an Lernwirksamkeit (sachbezogen und bezüglich kooperativem Lernen), wenn nicht die folgenden Regeln betrachtet werden. Zunächst ist die Gewissheits- bzw. Ungewissheitstoleranz bei den Lernenden bedeutsam. Das kooperative Lernen eignet sich besser für Schülerinnen und Schüler mit einer hohen Ungewissheitstoleranz, d.h. welche eine hohe Bereitschaft zeigen, sich mit Lernproblemen auseinanderzusetzen, bei denen nicht im Voraus bekannt ist, welcher Lernerfolg resultiert. Zweitens sollten die Lernenden über das nötige Vorwissen und insbesondere über die Arbeitstechniken der Gruppenarbeit sowie über Lern-, Denk- und metakognitive Strategien sowie sozialkommunikative Strategien verfügen, damit sie sich im Umgang mit den Sachproblemen und im Teamwork zurecht finden. Drittens muss sich die Aufgabenstellung für die Gruppenarbeit eignen (es sollten mehrere Lösungen möglich sein, die Aufgabe darf nicht so gestellt sein, dass sie ohne weiteres in unabhängige Teilaufgaben, die individuell gelöst werden können, zerlegbar ist, und sie sollte für alle Gruppenmitglieder etwa den gleichen Anreiz schaffen). Viertens schliesslich muss die Aufgabenstellung unmissverständlich sein (was wird wann in welcher Form erwartet), und es ist genau zu überlegen, welche Unterlagen bereitzustellen sind, und was die Schülerinnen und Schüler selber recherchieren müssen bzw. wo ihnen Unterlagen und Hilfsmittel bereitgestellt werden.

Die praktische Erfahrung lehrt, dass man den Lernenden nicht unvorbereitet Gruppenarbeiten auftragen soll, sondern sie in drei Phasen darauf vorzubereiten sind. Zu Beginn erarbeitet man eine Gruppenarbeit in Gruppen im Frontalunterricht, indem man mit einem direkten Lehrerverhalten jeden Arbeitsschritt anleitet. In einer zweiten Phase gibt man mit indirektem Lehrerverhalten noch die Struktur für die Arbeit in Gruppen vor, die einzelnen Schritte werden aber durch die Gruppen selbst ausgeführt. Im dritten Schritt geht man zur Schülerselbstständigkeit über, steht aber den Gruppen gezielt mit einem guten Scaffolding zur Verfügung.

Forschungsergebnisse: Mit der zunehmenden Bedeutung des Teamgedankens und der Teamarbeit fand das kooperative Lernen auch in den Schulen immer mehr an Bedeutung. Aufgrund vieler Untersuchungen wurden immer wieder die gleichen positiven Effekte angeführt: Die Verbesserung der Wissensanwendung (De Corte 2003), die Erhöhung des individualen Wissenserwerbs (Lou et al. 1996), der Erwerb von Sozialkompetenzen (Reinmann-Rothmeier, Mandl 1997) sowie die Entwicklung der Persönlichkeit (Huber 2006). Es wäre aber aus zwei Gründen eine Übertreibung, wollte man aus solchen Untersuchungen eine generelle Überlegenheit der Gruppenarbeit ableiten. Einerseits eignet sie sich nicht für die Erarbeitung aller

Lernziele. Und andererseits sind die Prozessgewinne und die Prozessverluste bei der Arbeit mit Gruppen zu beachten. Modellmässig lässt sich dies gemäss Abbildung 5 darstellen (in freier Anlehnung an Wilke, Wit 2002).

Tatsächliche Leistung =	potenzielle Leistung der Gruppe (alle Gruppenmitglieder setzten sich voll ein) ./. Prozessverluste + Prozessgewinne

Abb. 5 Tatsächlich erbrachte Gruppenleistung

Wenn die einzelnen Gruppenmitglieder alle ihre eigenen Ressourcen (Wissen, Können, Zeit, verfügbare Hilfsmittel) voll in die Gruppenarbeit einbringen, sollte die bestmögliche Gruppenleistung entstehen *(potenzielle Gruppenleistung)*. Diese potenzielle Gruppenleistung wird aber häufig nicht erreicht, weil einzelne Gruppenmitglieder sich nicht voll in der Gruppe einbringen sowie Fehler und Unterlassungen begehen. Dadurch entstehen *Prozessverluste*. Umgekehrt kann das gute Teamwork auch zu *Prozessgewinnen* führen. Deshalb unterscheidet sich die tatsächlich erbrachte Leistung immer von der potenziell möglichen Gruppenleistung. Daher müssen die Lehrpersonen den Verlauf der Gruppenarbeiten stets beobachten und bei Prozessverlusten die Lernenden zu Korrekturen veranlassen. Prozessverluste entstehen, wenn
– Gruppenmitglieder nicht ihr ganzes Wissen und Können in die Gruppe einbringen (um sich beispielsweise später bei der Präsentation der Gruppenarbeit zu profilieren),
– ein Konformitätsdruck besteht, d.h. man sich rasch an die Meinung der anderen Gruppenmitglieder anschliesst, oder man sich bald mit dem vorhandenen Wissen und Können begnügt und nicht weiter recherchiert (Effekt des gemeinsamen Wissens),
– die Gruppenzusmmensetzung nicht optimal ist (generell profitieren fähige Gruppenmitglieder in homogenen Gruppen mehr; aber schwächere Lernende erzielen in heterogenen Gruppen mehr Lerngewinne, sofern sie von den stärkeren Gruppenmitgliedern unterstützt werden),
– die Koordination innerhalb der Gruppe schlecht ist oder bei einzelnen Gruppenmitgliedern die Motivation fehlt (am lernwirksamsten ist eine Interdependenz zwischen Eigeninteresse und Gruppeninteresse),
– ein soziales Faulenzen vorliegt, d.h. einzelne Gruppenangehörige nicht intensiv mitarbeiten, weil ihre Leistung nicht gewürdigt oder bewertet wird,
– einzelne Gruppenmitglieder Trittbrettfahrer sind, d.h. sie setzen sich bewusst nicht ein, oder sie soziales Bummeln betreiben, d.h. sie wirken unbeabsichtigt nicht mit. Trittbrettfahren und soziales Bummeln können zum Trotteleffekt führen, indem aktive Gruppenmitglieder nichts mehr beitragen, wenn sie Trittbrettfahrer erkennen oder der Trotteleffekt wirkt,

– innerhalb der Gruppe Statusdifferenzen bestehen, d. h. die Stellung und Anerkennung innerhalb der Gruppe zu bestimmten Verhaltensweisen führen, was vor allem die Kommunikationsmuster prägt, indem beispielsweise ein Gruppenmitglied mit einem hohen Status die Gruppenarbeit selbst dann prägt, wenn es keine wesentlichen Beiträge einbringt.

Prozessgewinne und Prozessverluste beeinflussen die Gruppenleistungen massgeblich. Deshalb ergibt es wenig Sinn, die Frage der Lernwirksamkeit von Gruppenarbeiten in allgemeiner Weise zu diskutieren. Entscheidender ist, wie Lehrerinnen und Lehrer ihre Klassen in die Problematik der Gewinne und Verluste einführen und mit einem guten Scaffolding Mängel aufdecken.

Für den Unterricht zu beachten: Gruppenarbeiten müssen zur Selbstverständlichkeit werden. Lernwirksam sind sie aber nur, wenn sie gut betreut sind: systematische Einführung sowie ein gutes Scaffolding. Deshalb ist nicht immer sinnvoll, den einzelnen Gruppen stets separate Gruppenräume zuzuteilen. Besser und bei flexibler Bestuhlung der Klassenzimmer möglich ist es, die Arbeiten im Klassenzimmer durchzuführen, damit die Lehrperson die einzelnen Gruppen überwachen und unterstützen kann.

Zu überlegen ist, wie die Gruppen gebildet werden sollen. Johnson und Johnson (1987) schlagen vier Varianten vor: (1) Die Lehrperson setzt die Gruppen zusammen; (2) sie bestimmt ein erstes Gruppenmitglied, dieses wählt ein weiteres aus, die Lehrperson bestimmt das nächste usw.; (3) die Lehrperson bittet die Lernenden, drei Mitschülerinnen und Mitschüler zu nennen, mit denen sie zusammenarbeiten möchten, dann entscheidet sie und teilt die Überzähligen zu; (4) die Gruppen werden nach Zufall gebildet (z. B. durch Zettel ziehen). Nicht zu empfehlen ist die völlig freie Wahl, sondern es ist immer sicherzustellen, dass die Gruppenzusammensetzung die Arbeitsweise positiv beeinflusst. Die Grundfrage dabei lautet, ob homogene oder heterogene Gruppen besser sind. Diese Frage ist empirisch immer noch nicht abschliessend geklärt. Trendmässig lässt sich festhalten (Lou, Abrami et al. 1996):

– Nie gebildet werden sollen Gruppen, die sich nur aus schwächeren Schülerinnen und Schülern zusammensetzen.
– Homogene Gruppen sind wirksamer, wenn Gruppenarbeiten im Klassenverband gezielt zur Begabtenförderung eingesetzt werden.
– Heterogene Gruppen sind wirksam, wenn bessere Schülerinnen und Schüler Schwächere anleiten können und wollen.
– Wichtig ist schliesslich die Berücksichtigung von Eigenarten der Lernenden, um Prozessverluste zu vermeiden.

Das Rollenspiel (Lernform)

Charakterisierung: Im Rollenspiel erhalten die Schülerinnen und Schüler die Gelegenheit, vornehmlich in Problem- und Konfliktsituationen den Umgang mit anderen Lernenden in bestimmten Rollen, die sie übernehmen, zu erlernen. Durch die Interaktionen während dem Rollenspiel sollen sie lernen (Kaiser, Kaminski 1999):

- Rollen, welche Menschen freiwillig oder bei beruflichen und gesellschaftlichen Verpflichtungen übernehmen, zu erkennen und zu verstehen lernen;
- Einblicke in die Wertvorstellungen anderer Menschen zu gewinnen und das dadurch geprägte Verhalten zu verstehen und darauf richtig zu reagieren;
- für Gefühle und Empfindungen anderer Menschen sensibler zu werden;
- zwischenmenschliches Verhalten im Umgang mit Problemen und Konflikten zu erleben;
- eigene Ängste, Spannungen und Unsicherheiten abzubauen.

Anwendung: Rollenspiele lassen sich vielgestaltig aufbauen und von drei Seiten her in den Unterricht einbauen:
- die Rolle lässt sich unterschiedlich ausgestalten, indem die Lernenden sich selbst, eine reale Person oder eine vorgegebene Rolle übernehmen,
- die zu spielende Situation kann einfach oder komplex, vertraut oder neu und unerwartet, genau umschrieben oder nur grob vorgegeben sowie für ein kürzeres oder längeres Rollenspiel geeignet sein;
- das beabsichtigte Lernen kann aus der aktiven Teilnahme in einer Rolle oder aus dem Beobachten gespielter Rollen bestehen.

Rollenspiele dürfen aber nicht inhaltlichen Zufällen überlassen bleiben, sondern sie müssen organisch in den Fachunterricht eingebaut werden. Andernfalls besteht die Gefahr, dass ein 'substanzloses Theater' inszeniert wird, welches nur vorgefasste Meinungen verstetigt oder zu einer oberflächlichen, wenig reflektierten Argumentation verleitet. Grosse Bedeutung kommt einer zielgerichteten Auswertung bei, bei der nicht nur die Lehrperson Feedback gibt, sondern auch die beobachtenden Schülerinnen und Schüler Beiträge zur Beurteilung leisten.

Forschungsergebnisse: Bereits ältere Untersuchungen zeigen, dass Rollenspiele zu Verhaltensänderungen beitragen können und für bestimmte Rollen sensibilisieren können. Gesteigert werden auch kommunikative und soziale Kompetenzen (Good, Brophy 1994). Entscheidend ist aber, dass ein klares Feedback gegeben wird. Allerdings wird auch immer wieder auf Gefahren hingewiesen: Improvisierte, nicht herausfordernde und die Lernenden nicht interessierende Rollenspiele verkommen zu oberflächlichen und wenig sinnvollen Spielereien ohne jeglichen Lerngehalt. Besonders kritisch werden Rollenspiele, wenn gruppendynamische Prozesse entstehen, welche der Lehrer oder die Lehrerin nicht mehr zu kontrollieren vermag, und die sich besonders gegen schwächere Lernende oder Schülerinnen und Schüler aus Minderheiten richten.

Für den Unterricht beachten: Angesichts vieler Fehlentwicklungen in unserer Gesellschaft wie verfestigte Vorurteile gegen gewisse Personengruppen, dogmatisch geprägte Meinungen, mangelnde Empathie, Unfähigkeit zum aktiven Zuhören usw. sollten Rollenspiele häufiger eingesetzt und ausgewertet werden. Die Abschwächung dieser Untugenden gelingt aber nur, wenn soziale und kommunikative Kompetenzen mit Sachwissen in Verbindung gebracht werden. Deshalb ist es pädagogisch wenig sinnvoll, Rollenspiele zur Stärkung alltäglicher Sozial- und Kommunikationskompetenzen einzusetzen (z. B. die Schülerinnen und Schüler lernen sich gegenseitig vorzustellen). Die kognitive Substanz darf nie vernachlässigt werden.

Selbstständiges (selbstgesteuertes) Lernen (Lernform)

Charakterisierung: Die Vorbereitung aller Schülerinnen und Schüler auf die Fähigkeit zum lebenslangen Lernen wird angesichts des raschen Wandels der Anforderungen zur wichtigsten Aufgabe der Schule. Diese Vorbereitung kann jedoch nur gelingen, wenn die Lernenden zum selbstständigen Lernen angeleitet werden. Leider ist aber diese Form des Lernens zu einem Schlagwort geworden. Deshalb sollte bei der Gestaltung des Unterrichts das selbstständige Lernen genauer definiert werden. Abbildung 6 zeigt eine mögliche Strukturierung.

		Organisieren des Lernens	
		selbstorganisiert	fremdorganisiert
Steuerung des Lernens	selbstgesteuert	1. Form: autonomes Lernen	3. Form: selbstgesteuertes Lernen im Rahmen der Lehrplanvorgaben (vorherrschende Form)
	fremdgesteuert	2. Form: inhaltlich mitbestimmtes Lernen	4. Form: herkömmliche Lehrformen

Abb. 6 Vier grundsätzliche Formen des Lernens (Knoll 2001)

Dieses Modell beruht auf den Dimensionen 'Steuern' (selbstgesteuertes und fremdgesteuertes Lernen) und 'Organisieren' (selbstorganisiert und fremdorganisiert). Daraus ergeben sich vier grundsätzliche Formen des Lernens: (1) Das selbstgesteuerte und selbstorganisierte Lernen, oft als autonomes Lernen bezeichnet, bei welchem die Lernenden einen selbst gewählten Lerninhalt selbstgesteuert erarbeiten. (2) Das selbstorganisierte und fremdgesteuerte Lernen, bei welchem die Lernenden den Lerninhalt selber auswählen, sie aber angeleitet lernen. (3) Das fremdorganisierte und selbstgesteuerte Lernen, bei welchem die Lerninhalte durch den Lehrplan oder einen Entscheid der Lehrperson vorgegeben ist und (4) das fremdorganisierte und fremdgesteuerte Lernen, das der traditionellen Unterrichtsgestaltung entspricht.
Wenn im Schulalltag vom selbstgesteuerten Lernen gesprochen wird, so wird damit meistens die dritte Form gemeint.
Anwendung: Angesichts der Bedeutung des selbstgesteuerten Lernens für das lebenslange Lernen, muss diese Lernform in allen Schulen Eingang finden. Die Lernenden sind darauf aber gezielt vorzubereiten, indem sie bei der selbstständigen Erarbeitung eines Lerninhalts über die erforderlichen Arbeitstechniken, Lern-, Denk- und metakognitiven Strategien verfügen (siehe dazu ausführlich Dubs

2007). Die Unterrichtsmodelle der radikalen Konstruktivisten, welche vom völlig autonomen Lernen ausgehen, sind gescheitert, weil – abgesehen von hoch leistungsfähigen, sehr gut motivierten und ehrgeizigen Schülerinnen und Schülern – eine allgemeine Überforderung feststellbar war. Eher Zurückhaltung ist bei der Selbstorganisation zu empfehlen. Weil viele Lernende wenig problembewusst sind und ihnen die Einsicht in Gesamtzusammenhänge fehlt, sind sie nicht in der Lage, die wesentlichen Lerninhalte zu bestimmen. Sinnvoll ist hingegen die Selbstorganisation bei der Vertiefung, denn wenn die Lernenden bestimmen können, wo sie vertiefen möchten, wählen sie mit Sachverstand, und sie sind besser motiviert. Wichtig ist schliesslich, dass das selbstgesteuerte Lernen in unterschiedlichen Unterrichtssituationen eingesetzt wird: Verknüpfung des selbstgesteuerten Lernens mit den Hausaufgaben, selbstgesteuertes Lernen in Gruppen oder selbstgesteuertes Lernen als individuelles Selbststudium (mit Unterlagen, mit der Leittextmethode oder computergesteuert).

Forschungsergebnisse: Es liegen sehr viele Untersuchungen vor, welche zeigen, dass das selbstgesteuerte Lernen wirksam sein kann (z. B. Nenninger und Stratka et al. 1995, Zimmerman 2006). Die meisten dieser Untersuchungen zeigen übereinstimmend, dass es aber nur lernwirksam ist, wenn es vorgängig systematisch angeleitet wurde. Der verbreitete Glaube, man müsse nur eine interessante Aufgabe vorgeben und die Lernenden in Gruppen arbeiten lassen, um das selbstgesteuerte Lernen jederzeit anwenden zu können, hat sich als Trugschluss erwiesen. Diese Erkenntnis verweist einmal mehr auf die Bedeutung der gezielten Auswahl und auf die Wichtigkeit der Vielfalt des Einsatzes von Unterrichtsverfahren hin.

An universitären und Fachhochschulen ist das Selbststudium (selbstgesteuertes Lernen) vielerorts zu einer Selbstverständlichkeit geworden, wofür nicht nur pädagogische Aspekte, sondern auch finanzwirtschaftliche Sparmassnahmen verantwortlich sind. Leider zeigen erste Untersuchungen (siehe beispielsweise Hoydn 2009), dass die Lernerfolge beschränkt bleiben, denn solange an den Vorschulen Lehrervortrag, Lehrgespräch, unangeleitete Gruppenarbeiten weiter dominieren, und das eigenständige Lernen nicht systematisch angeleitet wird, sind die Schülerinnen und Schüler nicht genügend auf das Selbststudium vorbereitet. Und neue Unterrichtsansätze wie autonomes Gruppenlernen und Maturaarbeiten (Bonati & Hadorn 2007) genügen solange nicht, als nicht mehr Gewicht auf die Erarbeitung von Strategien gelegt wird.

Für den Unterricht zu beachten: Beim Entscheid, selbstständiges Lernen als Unterrichtsform zu wählen, sind vier Aspekte zu beachten:
- Die Lernenden müssen selbst erkennen, was sie lernen sollen. Dies gelingt einerseits nur, wenn sie über das notwendige Vorwissen verfügen, und andererseits die Lehrperson aktiv hilft, 'Defizite' zu erkennen.
- Sie müssen – dies sei nochmals betont – die notwendigen Wissensstrukturen verfügbar haben, welche für die neuen Lerngegenstände einen ordnenden Raster darstellen (Vororganisatoren, Ausubel 1960).
- Sie benötigen metakognitive Strategien, mit denen sie ihr Lernen planen und selbst immer wieder einen Soll-Ist-Vergleich durchführen können, um die

eigenen Lernfortschritte zu beurteilen und allenfalls die notwendigen Korrekturen in ihrem Lernprozess vornehmen zu können.
- Erfahrungsgemäss lassen Motivation und Konzentration nach, wenn ihnen die Lehrperson nie Feedback gibt.

Schliesslich sollten sich die Lehrpersonen der Faktoren bewusst sein, welche das selbstgesteuerte Lernen behindern (Simons 1992). Dazu zählt in erster Linie die Erfolgsattribuierung (Ursachenzuschreibung für den Lernerfolg und -misserfolg). Wesentlich ist, dass die Lernenden ihre Lernerfolge nicht Zufällen, sondern ihren Anstrengungen zuschreiben und bei Misserfolgen ihr eigenes falsches Lernverhalten erkennen sowie korrigieren und nicht die Umwelt dafür verantwortlich machen.

Blended Learning

Charakterisierung: In den letzten Jahren hat man immer deutlich erkannt, dass das Programmierte Lernen und das traditionelle computergestützte Lernen trotz allen Bemühungen um den Einbezug kognitiver Prozesse letztlich behavioristisch und damit abgesehen von 'Drill and Practice' wenig lernwirksam geblieben sind. Erst mit der Entwicklung der Informationstechnologie haben sich neue Formen des mediengestützten Unterrichts entwickelt. Es ist das Blended Learning entstanden, in welchem herkömmliche Formen des Unterrichts mit Medienunterstützung entwickelt wurden. Euler (2001) hat dazu die in Abbildung 7 dargestellten Formen systematisiert.

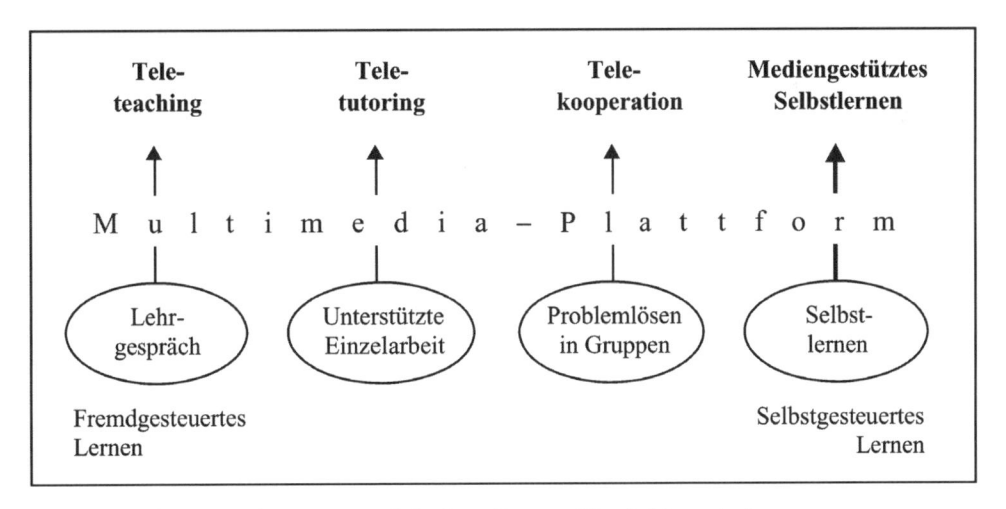

Abb. 7 Grundtypen mediengestützter Lehr-Lern-Formen (Blended Learning)

Beim Teleteaching kommuniziert eine Lehrkraft aufgezeichnet und/oder unmittelbar mit den Lernenden über ein Kommunikationsnetz (Internet). Das Teletutoring verbindet das selbstgesteuerte Lernen mit der Möglichkeit, bei Bedarf mit der Lehrperson (Teletutor) und anderen Lernenden zu kommunizieren und auf diesem

Weg Hilfen zu bekommen. Auf diese Weise entstehen Lerngemeinschaften. Bei der Telekooperation geht es um die gemeinsame Erarbeitung von Wissen und Können zur Lösung eines Problems, wobei Grundlagen über das Kommunikationsnetz bereitgestellt und neben traditionellem Unterricht auch Telekonferenzen und ein Gedankenaustausch über das Netz erfolgt. Beim mediengestützten Selbstlernen (individuell oder in Gruppen) wird ein Bestand an grundlegenden Lernressourcen über eine Multimedia-Plattform zur Verfügung gestellt, die dem Selbstlernen dienen und beliebig kombiniert werden können.

Forschungsergebnisse: Vor allem in der Mediendidaktik wird seit langem versucht, mit experimentellen Untersuchungen die wirksamste Unterrichtsform zu bestimmen (Gruber et al. 1992). Aufgrund solcher Untersuchungen wird erst recht deutlich, dass es auch mit Medien nicht die 'beste' oder die 'richtige' Unterrichtsform gibt. Die Problematik solcher mediendidaktischer Untersuchungen lässt sich mit folgendem Beispiel belegen. Ob Lernende mit einem computergestützten Programm oder im Frontalunterricht mehr lernen, hängt primär von der Qualität des Frontalunterrichts oder der Güte des eingesetzten Mediums ab. So verweisen viele Untersuchungen auf die Bedeutung der Darstellungsweise der Lerninhalte in den Medien und belegen insbesondere, wie medientechnische Finessen einen grossen Einfluss auf die Lernwirksamkeit haben. So können beispielsweise graphisch schön gestaltete vielfarbige Bilder das Lernen erschweren. Deshalb lässt sich bei Vergleichen von mediengestütztem Unterricht in den wenigsten Fällen eindeutig belegen, ob das Medium selbst, seine Art des Einsatzes im Unterrichtsverlauf oder das Lehrerverhalten den massgeblichen Einfluss auf den Lernerfolg hat.

Für den Unterricht zu beachten: Da sich auch eine generelle Überlegenheit des Blended Learnings nicht nachweisen lässt, sind vor allem kommerziell angebotene Lernmedien vorsichtig zu prüfen. Insbesondere sind sie im Hinblick auf einen ganzheitlichen Einsatz innerhalb eines didaktischen Konzepts zu überprüfen. Falsch ist es, den Unterrichtsaufbau phasenweise auf verfügbare Medien auszurichten. Zudem ist zu überlegen, ob sich der Einsatz von Medien nicht nur bezüglich Lernerfolgs, sondern auch mit Bezug auf den Aufwand und die organisatorischen Voraussetzungen lohnt. Schliesslich dürfen beim Entscheid keine Prestigeüberlegungen massgebend sein, indem Multimedia-Plattformen aufgebaut werden, auf welchen Dinge abgerufen werden können, welche ebenso gut in der Schülerbibliothek gefunden werden. Die Schülerinnen und Schüler sollen auch weiterhin den Umgang mit Büchern und Bibliotheken erlernen.

Simulationen

Charakterisierung: Mit Simulationen werden komplexere Problemkreise im Unterricht möglichst realitätsgerecht durchgearbeitet, um grössere Zusammenhänge zu verstehen und um zu neuen Einsichten zu gelangen.

- Fälle (Fallstudien) können als Entscheidungsfälle (die Lernenden müssen sich aus möglichen Lösungen für eine entscheiden und diese begründen) oder als Entdeckungsfälle (sie müssen eine Regel, ein Prinzip oder einen Zusammenhang anhand einer Situation selbst entdecken) ausgestaltet werden.

– Planspiele geben den Lernenden Gelegenheit, Entscheidungen für ein wirklichkeitsbezogenes, periodengegliedertes Zeitablaufmodell zu treffen und die Qualität der Entscheidungen aufgrund der quantifizierten Periodenergebnisse zu überprüfen (Grimm 1968). Die Form des Spiels bietet den Lernenden die Möglichkeit, im Rahmen bestimmter Vorgaben Spielentscheidungen zu treffen.
– Simulationseinrichtungen bilden die Wirklichkeit in einem bestimmten Lernbereich ab, indem Handlungsvollzüge aus dem Alltag nachvollzogen und in Varianten durchgearbeitet werden.

Anwendung: Diese Unterrichtsformen finden vornehmlich im wirtschaftskundlichen Unterricht und in der Managementausbildung sowie in der politischen Bildung Anwendung. Mit ihnen wird beabsichtigt, die Schülerinnen und Schüler nahe an gesellschaftliche, politische und ökonomische Wirklichkeiten heranzuführen und sie in der Entscheidungsfindung zu stärken.

Für den Unterricht zu beachten: Reetz (1988) hat die Wirksamkeit von Simulationen immer wieder untersucht. Dabei ging es ihm weniger um die Frage der Lernwirksamkeit, sondern er hat mehr nach Regeln gesucht, deren Verletzung den Nutzen für das Lernen beeinträchtigen. Dabei erkannte er die folgenden Mängel: Erstens ist der Zusammenhang zwischen einem klaren Lernziel und der gewählten Simulation nicht klar erkennbar. Deshalb führen viele Simulationen zu einem blossen Aktionismus. Zweitens fehlt oft ein realistischer Hintergrund, in welchem in genügender Weise Grundlagen für ein zielgerichtetes Lernen und Entscheiden gegeben werden. Drittens bleibt die Simulation für die Lernenden zu abstrakt. Viertens wird die Simulation ohne richtige Problemstellung oder Konfliktvorgabe vorgelegt. Und fünftens ist die Ausgangslage zu rudimentär oder zu offen, so dass ein Lernprozess gar nicht richtig in Gang kommen kann.

Diese kritischen Aspekte, welche für die Gestaltung eines Unterrichts mit Simulationen wegleitend sein müssen, machen deutlich, weshalb Simulationen lernwirksam oder lernunwirksam sein können, und weshalb es sinnlos ist, die Wirksamkeit mit empirischen Untersuchungen nachweisen zu wollen.

2.7 Schlussfolgerungen für den Alltagsunterricht

Bei der Gestaltung von Unterricht dürfen sich Lehrerinnen und Lehrer weder von einem *Methodenmonismus* (es gibt nur ein wirksames Unterrichtsverfahren) noch von einem *Aktionismus* (es ist dasjenige Unterrichtsverfahren zu wählen, bei dem die Lernenden äusserlich immer sehr aktiv sind) leiten lassen. Der Entscheid über die einzusetzende Unterrichtsform ist kontextgebunden immer wieder neu zu reflektieren. Dazu seien die folgenden Anstösse gegeben:

– Erster Anstoss: Effektivität und Effizienz der Unterrichtsverfahren
Erste Frage: Lässt sich das Lernziel X überhaupt durch die Unterrichtsform a erreichen? (Effektivität)
Zweite Frage: Lässt sich das Lernziel X besser durch die Unterrichtsform a oder b erreichen? (Effizienz)

Dieser erste Anstoss hat anregenden Charakter, indem er für die vielfältigen Möglichkeiten mit Unterrichtsverfahren sensibilisieren und damit verhindert werden soll, sie schematisch, routinemässig oder nach irgendwelchen populären Faustregeln (z.B. in jeder Lektion müssen mehrere Lehr- und Lernformen verwendet werden) einzusetzen.

– Zweiter Anstoss: Auf den Kontext abgestimmte Entscheidung
Effektivitäts- und Effizienzüberlegungen werden häufig ohne Reflexion über den Kontext von Lektionen durchgeführt. Der endgültige Entscheid ist aber immer mit Bezug auf den Kontext zu treffen, indem die folgenden Fragen zu beantworten sind:
Erste Frage: Haben die Lernenden alle Voraussetzungen, um mit der g wählten Unterrichtsform wirksam lernen zu können, oder benötigen sie vorgängig weitere Grundlagen? Oder muss infolge des Kontextes auf das vorgesehene Unterrichtsverfahren verzichtet werden?
Zweite Frage: Reicht die verfügbare Unterrichtszeit für den Einsatz des gewählten Unterrichtsverfahrens aus?
Dritte Frage: Passt mir als Lehrperson das gewählte Unterrichtsverfahren in der konkreten Unterrichtssituation (Zeit für die Vorbereitung von allfälligem Material, Ermüdungserscheinungen, persönliche Neigungen)?
Vierte Frage: Sind die organisatorischen Voraussetzungen für einen wirkungsvollen Einsatz des gewählten Unterrichtsverfahrens gegeben?

– Dritter Anstoss: Überprüfung des Entscheides
Weil Entscheide über die Wahl des geeigneten Unterrichtsverfahrens oft wenig reflektiert erfolgen, sollte abschliessend die Kontrollfrage beantwortet werden.
Kontrollfrage: Erreiche ich mit der gewählten Unterrichtsform beim bestehenden Kontext und im Rahmen meiner persönlichen Gegebenheiten die gesetzten Lernziele wirklich am besten?
Abschliessend gilt es festzuhalten: Der noch vielerorts vorherrschende Methodenmonismus muss überwunden werden. Die Alternative kann aber nicht ein Methodenaktionismus sein, bei welchem die Schülerinnen und Schüler bloss aktiv sind. Entscheidend ist die kognitive und sozialkommunikative Substanz der Aktivierung aller Schülerinnen und Schüler, bei welcher ihre Gegebenheiten angemessen berücksichtigt sind. Und nicht vergessen werden darf bei allen Forderungen die Belastungssituation der Lehrkräfte. Theoretiker neigen zu Idealvorstellungen über den Unterricht und vergessen dabei gerne, dass auch Lehrpersonen kräftemässig Grenzen haben, welche es verunmöglichen, immer den höchsten Ansprüchen zu genügen. Darin mag vielleicht auch ein Grund dafür liegen, dass der Frontalunterricht weiterhin stark verbreitet bleiben wird, was solange nichts schadet, als er zielgerichtet und gekonnt durchgeführt wird.

Literatur

Aebli, Hans. (1976): *Grundformen des Lehrens. Eine allgemeine Didaktik auf kognitionspsychologischer Grundlage.* (9. Aufl.). Stuttgart: Klett.

Arnold, Rolf. (1992). Schlüsselqualifikationen – Ziele einer ganzheitlichen Berufsbildung. *Kölner Zeitschrift für Wirtschaft und Pädagogik, 13,* 65–88.

Aschersleben, Karl. (1999): *Frontalunterricht – klassisch und modern. Eine Einführung.* Neuwied: Luchterhand.

Ausubel, David Paul. (1960). The Use of Advance Organizers in the Learning and Retention of Meningful Learning. *Journal of Educational Psychology, 51,* 267–272.

Bandura, Albert. (1977). *Social Learning Theory.* Englewood Cliffs, NJ: Prentice Hall.

Beck, Erwin, Guldimann, Titus & Zutavern, Michael. (1993): *Eigenständig lernen.* St. Gallen: UVK.

Bohl, Thorsten. (2000). *Unterrichtsmethoden in der Realschule.* Bad Heilbrunn: Julius Klinkhardt.

Bonati, Peter & Hadorn, Rudolf. (2007). *Matura- und andere selbständige Arbeiten betreuen.* Bern: h.e.p.

Borich, Gary. (2007). *Observation Skills for Effective Teaching* (5th ed.). Upper Saddle River, NJ: Merrill Prentice Hall.

Brophy, Jere. (1994). Trends in Research on Teaching. Mid-*Western Educational Researcher, 7,* 29–39.

Burbules, Nicholas. (1993). *Dialogue in Teaching. Theory and Practice.* New York: Teachers College.

De Corte, Erik. (2003): Designing Learning Environments. In Lieven Verschaffel et al. (Eds.), *Powerful Learning Environments: Unravelling Basic Components and Dimensions.* Amsterdam: Pergamon.

Dubs, Rolf. (2009). *Lehrerverhalten. Ein Beitrag zur Interaktion von Lehrenden und Lernenden im Unterricht.* Zürich: Verlag SKV.

Dubs, Rolf. (2007). Selbstgesteuertes Lernen – ein Beitrag für den Unterrichtsalltag. In Gastager, Aangela et al. (Hrsg.), *Pädagogisches Handeln: Balance zwischen Theorie und Praxis* (S. 7–18). Landau: Verlag Empirische Pädagogik.

Dubs, Rolf. (2006). *Die Vorlesung.* Grundlegung und praktische Hinweise. St. Gallen: Institut für Wirtschaftspädagogik.

Dubs, Rolf. (1996). Komplexe Lehr-Lern-Arrangements im Wirtschaftsunterricht. In Klaus Beck et al. (Hrsg.), *Berufserziehung im Umbruch* (S. 159–172). Weinheim: Deutscher Studienverlag.

Euler, Dieter & Hahn, Angela. (2004). *Wirtschaftsdidaktik.* Bern: Haupt.

Euler, Dieter. (2001). High Teach durch High Tech? Von der Programmatik zur Umsetzung – Neue Medien in der Berufsbildung aus deutscher Perspektive. Zeitschrift für Berufs- und Wirtschaftspädagogik, 97, 25–43.

Frey, Hans. (1976): Durch die Mengenlehre wird die Mathematiknote der schwachen Schüler schlechter. Untersuchung einer Behauptung. *Psychologie in Erziehung und Unterricht, 1,* 36–58.

Gage, Nathaniel L. (1978). *The Scientific Basis of the Art of Teaching.* New York: Teachers College Press.

Gage, Nathaniel L. & Berliner, David. (1998). *Educational Psychology* (6th ed.). Chicago: Rand McNally.

Gage, Nathaniel L. & Needles, Margaret. (1989). Process-Product-Research on Teaching: A Review of Criticism. *The Elementary School Journal, 89,* 253–300.

Good, Thomas & Brophy, Jere. (1994). *Looking in Classrooms.* New York: Harper Collins.

Grimm, Wolfgang. (1968): Das Unternehmensplanspiel. Wirtschafts- und sozialpolitische Grundinformationen IV. Nr. 32, Köln.

Gruber, Hans et al. (1992): Lehr- und Lernforschung. Neue Unterrichtstechnologien. In Karlheinz Ingenkamp et al. (Hrsg.), *Empirische Pädagogik 1970–1990* (471–514). Weinheim: Deutscher Studienverlag.

Gudjons, Herbert. (2006). *Neue Unterrichtskultur – veränderte Lehrerrolle.* Bad Heilbrunn: Julius Klinkhardt.

Hage, Klaus & Bischoff, Heinz et al. (1985). *Das Methoden-Repertoire von Lehrern. Eine Untersuchung zum Unterrichtsalltag in der Sekundarstufe I.* Opladen: Leske + Budrich.

Helmke, Andreas & Schrader, F.riedrich-Wilhelm. (2008). Merkmale der Unterrichtsqualität: Potential, Reichweite und Grenzen. *Seminar, 3,* 17–47.

Hoydn, Sabine. (2009). Lernkompetenzen an Hochschulen fördern. St. Gallen: Universität (Dissertation).

Huber, Günter. (2006). Lernen in Gruppen / Kooperatives Lernen. In Heinz Mandl & Helmut Friedrich (Hrsg.), *Handbuch Lernstrategien* (S. 261–272). Göttingen: Hogrefe.

Johnson, David & Johnson, Roger. (1987). *Learning Together and Alone* (2nd. Ed.). Englewood-Cliffs, NJ: Prentice Hall.

Kaiser, Franz-Josef & Kaminski, Hans. (1999): *Methoden des Ökonomie-Unterrichts* (3. Aufl.). Bad Heilbrunn: Julius Klinkhardt.

Knoll, Joachim. (2001): Wer ist das 'Selbst'? In Stephan Dietrich (Hrsg.), *Selbstgesteuertes Lernen in der Weiterbildungspraxis* (S. 201–213). Bielefeld: Bertelsmann.

Krapf, Bruno. (1985): *Unterrichtsstrukturen und intellektuelle Anforderungen an Gymnasien*. Bern: Haupt.

Langer, Inghard & Schoof-Tams, Karin. (1976). Auswirkungen von Lehrerfrontalunterricht, Schülereinzelarbeit und Kleingruppenarbeit nach Lehrtexten unterschiedlicher Verständlichkeit auf die Wissens- und Behaltensleistungen von Hauptschülern verschiedener Leistungsgruppen. *Psychologie in Erziehung und Unterricht, 1*, 21–38.

Lou, Yiping et al. (1996). Within-Class Grouping. A Meta-Analysis. *Review of Educational Research. 66*, 423–458.

Metzger, Christoph. (2006). *WLI-Schule: Wie lerne ich? Eine Anleitung zum erfolgreichen Lernen* (6. Aufl.). Oberentfelden: Sauerländer.

Meyer, Hilbert. (1987). *Unterrichtsmethoden II: Praxisband* (3. Aufl.). Frankfurt a. M.: Cornelson Scriptor.

Meyer, Hilbert. (1987). *Unterrichtsmethoden*. Bd. 1: Theorieband, Bd. 2: Praxisband. Frankfurt a. M.: Cornelson Scriptor.

Nenninger, Peter et al. (1995): Motiviertes selbstgesteuertes Lernen. Grundlegung einer interaktionistischen Modellvorstellung. In Roland Arbinger & Reinhold Jäger, Zukunftsperspektiven empirisch-pädagogischer Forschung. *Empirische Pädagogik, 4*.

Paris, Scott & Winograd, Peter. (1990). How Metacognition Can Promote Academic Learning and Instruction. In Beau Jones & Lorna Idol (Eds.), *Dimension of Thinking and Cognitiv Instruction* (S. 15–51). Hillsdale, NJ: Lawrence Erlbaum.

Pätzold, Günter & Klusmeyer, Jens. (2005). Methoden im berufsbezogenen Unterricht – Einsatzhäufigkeit, Bedingungen und Perspektiven. *Zeitschrift für Berufs- und Wirtschaftspädagogik, 17*, 117–136.

Pätzold, Günter & Klusmeyer, Jens. (2003). *Lehr-Lern-Methoden in der beruflichen Bildung*. Oldenburg: Bibliotheks- und Informationssystem der Universität Oldenburg.

Pauli, Christine. (2006). 'Fragend-entwickelnder Unterricht' aus der Sicht der soziokulturalistisch orientierten Unterrichtsforschung. In Matthias Baer et al. (Hrsg.), *Didaktik auf psychologischer Grundlage* (S. 192–206). Bern: h.e.p.

Reetz, Lothar. (1988). Fälle und Fallstudien im Wirtschaftslehreunterricht. *Wirtschaft und Erziehung 5*, 148–158.

Reinmann-Rothmeier, Gabi & Mandl, Heinz. (1998). Wissensvermittlung. Ansätze zur Förderung des Wissenserwerbs. In Friedhart Klix & Hans Spada (Hrsg.), *Enzyklopädie der Psychologie* (S. 457–496) (Serie II, Band 6). Göttingen: Hogrefe, 457–495.

Reinmann-Rothmeier, Gabi & Mandl, Heinz. (1997): Lernen neu denken: Kompetenzen für die Wissensgesellschaft und deren Förderung. *Schulverwaltung, 3*, 74–76.

Rosenshine, Barak & Meister, Carla. (1992). The Use of Scaffolds for Teaching Higher-Level Cognitive strategies. *Educational Leadership, 50*, 26–33.

Seidel, Tina et al. (2003). Gelegenheitsstrukturen beim Klassengespräch und ihre Bedeutung für die Lernmotivation. *Unterrichtswissenschaft, 31*, 142–165.

Simons, Robert-Jan. (1992). Lernen, selbständig zu lernen – ein Rahmenmodell. In Heinz Mandl & Helmut Friedrich (Hrsg.), *Lern- und Denkstrategien. Analyse und Interventionen* (S. 251–264). Göttingen: Verlag für Psychologie.

Slavin, Robert. E. (1986). *Using Student Team Learning* (3rd. Ed.). Balitmore: Johns Hopkins University.

Soar, Robert. (1972). An Empirical Analysis of Selected Follow-Through Programs: An Example of a Process Approach to Evaluation. In Ira Gordon (Ed.), *Early Childhood Education* (S. 62–95). Chicago: National Society for the Study of Education.

Staeck, Lothar. (1995): *Zeitgemässer Biologieunterricht* (5. Aufl.). Berlin: Cornelson.
Steiner, Gerhard. (1988). *Lernen. 20 Szenarien aus dem Alltag*. Bern: Huber.
Tausch, Reinhard & Tausch, Anne-Marie. (1986). *Erziehungspsychologie* (9. Aufl.). Göttingen: Hogrefe.
Wilke, Henk & Wit, Arjaan. (2002). Gruppenleistung. In Wolfgang Stroebe et al. (Hrsg.), *Sozialpsychologie. Eine Einführung* (S. 497–534). Berlin: Springer.
Zimmerman, Barry. (2006). Integrating Classical Theories of Self-Regulated Learning: A Cyclical Phase Approach to Vocational Education. *Zeitschrift für Berufs- und Wirtschaftspädagogik, 20*, 37–48.

Anregungen zur Reflexion

1. Welche Überlegungen prägen ihr Urteil über die Dialoge (fragend-entwickelnde Lehrmethode) im Frontalunterricht?
2. Welche Lehren ziehen Sie aus der Erkenntnis, dass Aussagen über das 'gute' Lehrerverhalten immer nur als Steuerungswissen zu verstehen sind?
3. Welche Voraussetzungen müssen erfüllt sein, damit selbständiges (selbstgesteuertes) Lernen wirksam ist?
4. Suchen Sie nach praktischen Unterrichtssituationen, in welchen Sie eine Kleingruppenarbeit einführen.
5. Aufgrund welcher Kriterien entscheiden Sie sich, welche Lehr- oder Lernform Sie in einer bestimmten Unterrichtssituation einsetzen?

Weiterlesen

Dubs, Rolf. (2009). *Lehrerverhalten. Ein Beitrag zur Interaktion von Lehrenden und Lernenden im Unterricht.* **Zürich: SKV.**
Dieses Buch stellt das Lehrerverhalten in umfassender Weise dar und gibt viele praktische Anregungen für den Einsatz von Unterrichtsformen.

Kaiser, Franz-Josef, Kaminski, Hans. (1999). *Methodik des Ökomomie-Unterrichts. Grundlagen eines handlungsorientierten Lernkonzepts mit Beispielen.* **Bad Heilbrunn: Klinhardt.**
Obschon dieses Buch für den Ökonomie-Unterricht geschrieben ist, stellt es viele Lehr- und Lernformen ausführlich und praxisbezogen dar.

Gage, Nathaniel L., Berliner, David C. (1998). *Educational Psychology* (6ᵗʰ Ed.). **Boston: Houghton Mifflin Company.**
Eine wissenschaftlich fundierte, praxisorientierte Gesamtdarstellung der Pädagogischen Psychologie mit einer ausführlichen Beschreibung der Lehr- und Lernformen.

Titus Guldimann

3. Eigenständiges Lernen

3.1 Einleitung und Zielsetzung

„Lieber Herr 'Bildungsforscher'
Mein Sohn Christian besucht die 1. Sekundarklasse (7. Schuljahr) und hat sehr Mühe, eigenständig zu lernen. Sein Lehrer findet die Idee vom eigenständigen Lernen 'sehr interessant', beteuert aber, das der Stoffdruck ihm nicht erlaube, seinen Schülerinnen und Schülern das Lernen beizubringen. Anscheinend haben viele Kinder in der Klasse meines Sohnes dies auch nicht nötig, sind sozusagen Naturtalente. Meine Frage an Sie als Fachmann: Wo kann mein Sohn das Lernen lernen? Ich bin Biologin, aber weder didaktisch noch pädagogisch ausgebildet. Ich wäre Ihnen ausserordentlich dankbar, wenn Sie mich beraten könnten.
Mit freundlichen Grüssen
Frau B."

Der Brief weist auf zentrale Spannungsfelder in Bezug auf das eigenständige Lernen hin:

Elternhaus oder Schule?

Die Mutter möchte das Erlernen des eigenständigen Lernens ihres Sohns daheim unterstützen. Dabei geht sie von einer verteilten Verantwortung aus. Eine Zuteilung der Verantwortung für eigenständiges Lernen an bestimmte Schulstufen, Lernorte oder Lebensphasen ist nicht sinnvoll. Innerhalb des Schulsystems wird die Verantwortung für eigenständiges Lernen oft der vorherigen Schulstufe zugeschrieben – nach dem Motto: Was Hänschen und Lieschen früher nicht gelernt haben, geht uns nichts mehr an. Was letztlich dazu führt, dass in 'höheren' Schulen eigenständiges Lernen vorausgesetzt wird. Eigenständiges Lernen beginnt nicht mit dem Eintritt in die Schule, sondern mit den ersten Lebenserfahrungen und hört auch nicht mit dem Verlassen der Schule auf. Eigenständiges Lernen ist letztlich ein Lebensprinzip von Elternhaus und Schule.

Stoffvermittlung oder eigenständiges Lernen?

Der Lehrer versteht seinen Auftrag in erster Linie als Stoffvermittler. Der Lernprozess der Schülerinnen und Schüler wird dabei nicht beachtet. Der Erwerb von Sachwissen resultiert letztlich immer durch eigenes Lernen der Person. In diesem Sinn entspricht der Erwerb von Sachwissen und eigenständiger Lernkompetenz zwei

Seiten einer Münze. Der Erwerb von Sachwissen erfolgt immer in einem eigenständigen Lernprozess. Diesen Prozess nicht zu beachten und nicht gezielt zu fördern bedeutet, einen wichtigen Aspekt des Lernens zu negieren und damit eine grosse Chance zu verpassen.

Wie kann eigenständiges Lernen in Verbindung mit dem Erwerb von Sachwissen vermittelt und gefördert werden?

Pädagogisches Credo oder alltäglicher Unterricht?

In Einleitungen und Leitbildern vieler Curricula und Schulprogrammen wird eigenständiges Lernen als Bildungsziel hervorgehoben. Was für ein pädagogisches Credo taugt, findet sich in den Anweisungen für den schulischen Alltag jedoch kaum wieder. Die Umsetzung im Unterricht ist schwierig und erfordert von allen Beteiligten viel Engagement und Ausdauer.

Wie und unter welchen individuellen und schulischen Voraussetzungen kann eigenständiges Lernen im alltäglichen Unterricht gefördert werden?

Wenn eigenständiges Lernen mehr als ein pädagogischer Appell sein will, dann muss konkret aufgezeigt werden, wie eigenständiges Lernen im Unterricht gefördert werden kann. Lehrerinnen und Lehrer als Expertinnen und Experten für das Lehren und Lernen müssen über ein wissenschaftliches Wissen verfügen, das ihr Handlungen leitet und begründet. Zu diesem Professionswissen gehören auch Erkenntnisse der Lehr-Lernforschung zur Förderung des eigenständigen Lernens. Übrigens: Die Antwort an Frau B. findet sich im letzten Kapitel dieses Beitrags.

3.2 Lernen als eigenständige Handlung – eigenständiges Lernen

Lernen im kognitiven Sinn wird als ein aktiver, konstruktiver, sozialer, ökonomischer, kumulativer, situativer und zielgerichteter Prozess zum Aufbau von Wissen und Fertigkeiten auf der Basis des verfügbaren Vorwissens verstanden (Glaser 1991, Reusser 2006, Shuell 1988).

Kognitives Lernen im konstruktivistischen Sinn wird mit folgenden Begriffselementen bestimmt:

- Lernen ist aktiv, da Lernerinnen und Lerner bestimmte Kognitionen tun müssen, um einen neuen Lerninhalt zu erwerben.
- Lernen ist konstruktiv, da neue Sachinhalte in bereits vorhandenes Wissen aufgenommen werden.
- Lernen ist durch einen bestimmten Sachinhalt gekennzeichnet, der erworben werden soll. Dabei kann es sich sowohl um Wissen, Fertigkeiten, Fähigkeiten als auch um Einstellungen handeln.
- Lernen ist kumulativ, da alles Lernen auf der subjektiven Wissensstruktur der Lernerin bzw. des Lerners aufbaut.

- Lernen ist zielgerichtet, da Erwartungen des Lerners bzw. der Lernerin das Handeln steuern.
- Lernen ist ökonomisch organisiert. Die Aufmerksamkeit der Lernenden richtet sich auf die subjektiv notwendige Lernorganisationsebene. Im stetigen Vollzug des Lernens werden bestimmte Lernprozesse automatisiert und zusammengefasst, sodass die Aufmerksamkeit sich anderen Lerninhalten und Prozessen zuwenden kann.
- Lernen ist immer auch durch eine räumlich-örtliche Situation mitbestimmt. Die situative Lernumgebung beeinflusst die Ziele des Lernens und die Lernstrategie.
- Lernen erfolgt oft in einer sozialen Beziehung und durch sie. Die Anleitung durch eine Lehrperson stellt den Prototyp der sozialen Lehr-Lernsituation dar. Oft geschieht Lernen in Gruppen, in nicht direkt instruktiven Lernsituationen mit Mitmenschen oder stellvertretend durch Lehrmittel.

Der hier verwendete verstehensorientierte Lernbegriff grenzt sich von einem rezeptiven Lernbegriff ab, der von einer blinden Übernahme eines vorgegebenen Inhalts ausgeht.

Die Begriffe eigenständiges, autonomes oder selbstreguliertes Lernen werden in der Literatur sehr uneinheitlich, ja oft synonym verwendet. In der funktionalen Bedeutung besteht zwischen Autoren wie Boekaerts (1999), Baumert et al. (1999), Pintrich (2000) oder Zimmerman (2000) ein gemeinsamer Nenner: Lernende, die ihr eigenes Lernen regulieren, sind in der Lage, sich selbstständig Ziele zu setzen, angemessene Techniken und Strategien auszuwählen und sie auch einzusetzen. Ferner halten sie ihre Motivation aufrecht, bewerten die Zielerreichung während und nach Abschluss des Lernprozesses und korrigieren – wenn notwendig – die Lernstrategie (Simons 1992). Zentral an dieser funktionalen Bedeutung sind das Repertoire an Strategiewissen, die Überwachung des Lernprozesses sowie die Motivation. Für unseren Zweck sprechen wir von eigenständigem Lernen (vgl. Beck et al. 1991, Guldimann 1996). Eigenständiges Lernen ist je nach Aufgabestellung und Ziel eine dynamische Fähigkeit zwischen den Polen Fremdsteuerung und Selbststeuerung. In der Schule als institutionellem Ort des Lernens ist das Lernen nicht vollständig in allen Faktoren selbstbestimmt. Vielmehr bestimmen Ausbildungscurricula die Ziele, den Ausbildungsverlauf und den Zeitrahmen. Eigenständiges Lernen ist immer zu verstehen in Relation zum Kontext des Lernens.

3.3 Metakognition oder – wer steuert das Lernen?

3.3.1 Herkunft des Begriffs Metakognition

Wer oder was steuert das Denken und Lernen und wie erfolgt die Steuerung? Lange wurde diese Frage ausgeklammert oder einfach der Person und deren Bewusstsein zugeschrieben. Dass es eine Selbststeuerung braucht, haben Kognitionspsychologen erkannt. Piaget (1978) und Vygotsky (1978) gingen davon aus, dass wir im Verlauf der Entwicklung zunehmend fähig werden, nicht nur zwischen der Steuerung und der Handlung zu unterscheiden, sondern über sie nachzudenken und sie zu steuern. Die neuere Diskussion über die Frage der Steuerung des Denkens und Lernens – eben über Metakognition – kann auf Ann Brown und John Flavell zurückgeführt werden, die sich aus je unterschiedlichen Richtungen dem Phänomen genähert haben.

Metakognition nach John Flavell

Der Begriff Metakognition (Metacognition) wurde 1970 von John H. Flavell eingeführt. Flavell war Professor an der Stanford Universität (Kalifornien) und beschäftigte sich in der Tradition von Piagets Entwicklungstheorie mit der Entwicklung des Gedächtnisses. Dabei ging er in seinem Buch *Cognitive Development* (1977) der zentralen Frage nach *Memory – What's develop?* Flavell interessierte, was Kinder über ihr Gedächtnis wissen und wie sie sich das Denken und Memorieren vorstellen. Als einen wichtigen Faktor für die Entwicklung des Gedächtnisses bezeichnet Flavell die Fähigkeit, über das eigene Gedächtnis nachzudenken und es effizient zu nutzen. So unterscheidet Flavell (Flavell & Wellman 1977) mehrere Variablen des Metagedächtnisses (knowing about knowing) im Sinne von *deklarativem metakognitivem Wissen*:

– *Sensitivität:*
  Darunter versteht Flavell das differenzierte Wahrnehmen des momentanen Lösungszustandes. Dazu gehört auch ein Abschätzen der Diskrepanz zwischen Lernziel und dem dafür notwendigen Lernprozess. Sensitivität ist das Ergebnis wachsender Lernerfahrung.
– *Personvariable:*
  Dazu zählt das Wissen einer Person über zeitstabile Merkmale seines Denkens, Lernens und Arbeitens.
– *Aufgabenvariable:*
  Lernende erwerben die Fähigkeit, den Schwierigkeitsgrad von Aufgaben einzuschätzen.
– *Strategievariable:*
  Strategievariablen beziehen sich auf das Wissen einer Person über eigene Strategien.

Verdeutlichen wir diese Variablen an einem Beispiel. Die Aufgabe in einer 7. Klasse lautet: Erkläre, warum ein Holzschiff schwimmt.
Julia (13 Jahre) hält in ihrem Arbeitsheft fest:

> „Holz lässt nicht viel Wasser durchdringen. Ich glaube, weil das Schiff wie einen Hohlraum hat und das Wasser es so tragen kann. Aber ich kann es nicht richtig erklären. Ich denke, ich weiss es schon, aber noch ganz weit hinten. Mir fällt es im Moment aber nicht ein."

Die Fragestellung zielt auf eine physikalische Erklärung, wobei die Lehrperson davon ausgeht, dass die Schüler die Aufgabe alleine lösen können. Zu Beginn bezieht sich die Erklärung der Schülerin auf den Sachinhalt der Aufgabe. Die Äusserungen 'lässt nicht viel Wasser durchdringen' und 'wie einen Hohlraum' deuten auf die Volumentheorie hin. Im zweiten Teil der Antwort kommentiert die Schülerin ihre Erklärung im Sinne der Metakognition, indem sie sich über ihr Wissen und ihr Gedächtnis äussert. Der Wechsel von der Sachebene auf die metakognitive Ebene signalisiert in Flavell's Verständnis *Sensitivität*. Die Schülerin bemerkt eine sachliche Inkonsistenz und äussert sich über die eigene Erklärung und ihr Denken. Trotz der unbefriedigenden Erklärung weiss Julia, dass sie die Antwort eigentlich wüsste (Personvariable) und auch, wo das entsprechende Sachwissen zu finden wäre. In ihrem räumlichen Gedächtnismodell ist das schwer zugängliche Wissen 'weit hinten' gespeichert. Wenn sie eine Erinnerungsstrategie kennen würde, dann könnte sie die Aufgabe vielleicht lösen. In den Äusserungen über das eigene Wissen und Denken verweist Julia auf ihr deklarativ metakognitives Wissen.

Metakognition im deklarativen Sinne meint das *Wissen über Weltwissen* oder *bereichsspezifisches Sachwissen*. Flavell hat es auch als *Knowing that* bezeichnet. In seiner prozeduralen Bedeutung bezieht sich Metakognition im Sinne der exekutiven Kontrolle auf *das Wissen, wie* Kognitionen geplant, gesteuert und kontrolliert werden. In dieser Bedeutung sprechen wir im Alltag von *Know how*.

Metakognition nach Ann Brown

[1] Ann Leslie Brown, Professorin an der Universität von Berkeley (Kalifornien), hat sich in ihrer Forschung für lernschwache Kinder und deren Förderung interessiert. Dabei hat sie die Ursachen der Lernschwächen der Kinder untersucht, um sie gezielt zu fördern. Daneben hat sich Brown für die Klasse als Wissensgemeinschaft interessiert, in welcher durch eine fragende Haltung in der Gruppe neues Wissen aufgebaut wird (Brown, Palinscar 1989). Methodologisch beschäftigt sich Brown mit der Untersuchung im realen Feld des Unterrichts (Feldforschung). Eine der Hauptursachen der Lernschwäche erkennt Brown in der fehlenden Metakognition. Metakognition definiert Brown kurz und treffend: „Metakognition hat – vorsichtig formuliert – mit dem Wissen und der Kontrolle über das eigene kognitive System zu tun." (Brown 1984, S. 61)

Brown beschäftigte sich mit den prozessbezogenen Metakognitionen, dem *prozeduralen metakognitiven Wissen*. Konkret versteht sie darunter folgende Fähigkeiten:
– Vorhersage der Kapazität des Lerners

---
[1] http://gse.berkeley.edu/admin/publications/termpaper/fall99/ann_brown.html, 16.9.2009

- Bewusstmachung der verfügbaren allgemeinen Strategien und ihrer Anwendungsbedingungen
- Identifikation und Analyse eines vorhandenen Problems
- Gezielter Einsatz der Strategien
- Prozessbegleitende Überwachung und Kontrolle
- Evaluation des Ergebnisses und der Strategieanwendung (Brown 1978)

Nach Brown (1975) verfügen schwächere Lernerinnen und Lerner über ein Defizit in Bezug auf die prozeduralen Metakognitionen, d.h. der Steuerung, Überwachung und Kontrolle des Lernens. Verdeutlichen wir uns die prozeduralen Metakognitionen an einem Beispiel von Michelle (11 Jahre; Abschrift aus einem Arbeitsheft): „Wenn ich eine Zusammenfassung schreiben soll, dann habe ich Mühe, die wichtigsten Stichworte herauszuschreiben."

Michelle beschäftigt sich nicht mit dem Sachinhalt, sondern mit ihren lernprozessbezogenen Kognitionen. Die Unterscheidung zwischen einer Aussage über den Sachinhalt und derjenigen über den Lernprozess ist von grundsätzlicher Bedeutung für die Unterscheidung zwischen Kognition und Metakognition. So erkennt Michelle, dass sie Mühe hat, die ihr bekannte Strategie 'Stichworte herausschreiben' anzuwenden. Damit verbunden ist implizit das Wissen, dass für sie die Verwendung einer bestimmten Strategie hilfreich ist für das Lernen und die Strategie in der Situation eingesetzt werden kann. Michelle verfügt über ein Wissen über die Bedeutung von Strategien in der Aufgabensituation und die Bedingungen der Anwendung der Strategie im konkreten Fall. Prozedurales metakognitives Wissen bezieht sich auf die exekutive, d.h. ausführende Funktion des metakognitiven Wissens. Michelle erkennt ihre Schwierigkeiten in der Anwendung einer ihr bekannten Strategie. Brown spricht in diesem Zusammenhang von der Kategorie 'Identifikation eines vorhandenen Problems'. Die 'Wenn-dann-Struktur' lässt sich in metakognitiven Äusserung oft beobachten. Die 'Wenn'-Komponente kennzeichnet die Problemsituation als Auslösebedingung, die 'Dann'-Komponente zielt auf die auszuführende Strategie und ihre Qualität.

Als Produktionsregel lässt sich dies wie folgt darstellen:

Wenn ich eine Zusammenfassung schreiben soll,	Erkennen der vorgegebenen Aufgabenstellung (wenn)
dann habe ich Mühe,	Einschätzung des persönlichen Lernverhaltens (dann)
die wichtigsten Stichworte herauszuschreiben.	Identifikation der Handlungen, welche persönlich Schwierigkeiten bereiten (was)

3.3.2 Das Verständnis von Metakognition und seine Entwicklung

Zusammenfassende Beschreibung von Metakognition

In Anlehnung an die Ansätze von Flavell und Brown strukturiert Hasselhorn (1992) das Konzept Metakognition in drei Aspekte der Steuerung und der Reflexion des eigenen Lernens:
Wissen über eigene kognitive Funktionen (Denken, Lernen, Gedächtnis) und die Bearbeitung von spezifischen Aufgabenstellungen. Dazu gehören insbesondere:
- Metakognitives Wissen über sich selber als Lerner (z. B. Kenntnisse über die Stärken und Schwächen des eigenen Lernens: Wie kann ich neues Wissen erwerben? Welche Lücken habe ich? Wie kann ich mir Dinge am besten merken? Wie kann ich meine Lernbereitschaft erhöhen? Wie effektiv bin ich beim Lernen?).
- Metakognitives Wissen über Lernaufgaben (z. B. Erkennen des Aufgabentyps: Um welche Art von Aufgabe handelt es sich? Was weiss ich schon dazu? Was weiss ich über den Lösungsweg? Wie gehe ich am besten vor?).
- Metakognitives Wissen über Lernstrategien (z. B. Lernstrategien auswählen: Welche Strategie ist bei dieser Aufgabe erfolgsversprechend? Wann verwende ich welche Strategie? Worauf muss ich bei der Anwendung der Strategie achten?).

Steuerung und Kontrolle des eigenen Denkens und Lernens:

- die Planung von Lernhandlungen (z. B. Zeitplanung, Vorstrukturierung, Sammlung von Ideen beim Aufsatzschreiben),
- das Überwachen des Lernens (z. B. den Lernverlauf überprüfen, Schwierigkeiten erkennen, die Einhaltung des zuvor gefassten Planes überwachen),
- das Regulieren der eigenen Lernhandlung (z. B. den Lernverlauf steuern, die eigene Anstrengung bei Schwierigkeiten verstärken).

Metakognitive Empfindungen, die während einer Aufgabe auftreten (z. B. Gefühle der Verwirrung: „Da stimmt etwas nicht"; „Ich verstehe es nicht!"; „Das passt nicht") und Hinweise auf die Notwendigkeit zur tiefergehenden Verarbeitung geben (z. B. Nachdenken über den bisherigen Lösungsweg, erneute Analyse der Aufgabe).

Wie spannend das Phänomen Metakognition auch ist, theoretisch und methodologisch ist das Phänomen schwer fassbar. Folglich sind valide methodologische Messungen und damit empirische Überprüfung des Konstrukts schwierig. Zudem provoziert die Annahme einer exekutiven Instanz im Menschen die Frage nach einer endlosen Schleife im Sinne eines Humunkulus im Kopf des Menschen.

Das Konzept Metakognition hat sich seit den Anfängen von Flavell und Brown in mehreren Bereichen weiterentwickelt. Auf eine ausführlichere Darstellung der Entwicklungen und Modifikationen der Modelle wird hier verzichtet. Für Interessierte verweise ich auf die Arbeiten von Weinert und Kluwe (1984), Schneider und Weinert (1990), Nelson und Narens (1994) und Lockl & Schneider (2007). Das 'fuzzy'-Konzept Metakognition hat zu einer Fülle von Einzeluntersuchungen in vielerlei Bereichen geführt, sei dies beim Textverständnis, Lesen oder im Umgang mit hyperaktiven Kindern. Noch immer fehlt eine empirisch fundierte Theorie mit klar definierten Bestimmungselementen und Funktionen.

Entwicklung von Metakognition

Neuere entwicklungspsychologische Studien untersuchen die Entwicklung des deklarativen und prozeduralen Metagedächtnisses und ihren jeweiligen Einfluss (vgl. Lockl, Schneider, 2007). Einige Studien weisen darauf hin, dass deklaratives metakognitives Wissen über Personen, Aufgaben und Strategien mit dem Alter zunimmt, besonders während der Grundschulzeit. Die Entwicklung des prozeduralen metakognitiven Wissens zeigt sich dagegen wenig einheitlich. Die Fähigkeit zur Steuerung und Kontrolle des Gedächtnisses steigert sich unterschiedlich im Verlauf der Entwicklung. So erweist sich die Sensitivität im Unterschied zur Prognose der eigenen Leistung als wenig entwicklungsabhängig. Die Entwicklung der Nutzung von deklarativem metakognitivem Wissen zur Steuerung der Prozesse zeigt sich besonders bei schwächeren Lernerinnen und Lernern als mangelhaft. So leiten beispielsweise sechsjährige Kinder aus ihrem deklarativen Wissen über ihr Gedächtnis keine Strategien ab, was wiederum zu keiner Steigerung der Leistungen führt. Flavell bezeichnet dies als 'Produktionsdefizit'. Hasselhorn (1996) stellt in seiner Strategie-Emergenz-Theorie fest, dass sich die Nutzung von Strategien aufgrund des metakognitiven Wissens erst im Alter von neun bis zwölf Jahren zuverlässig zeigt. Hasselhorn geht davon aus, dass die schwachen Gedächtnisleistungen und Produktionsdefizite jüngerer Kinder auf ein unzureichendes Metagedächtnis zurück zu führen ist. Längsschnittstudien zur Entwicklung von Metakognition liegen noch keine vor.

3.4 Wie beeinflusst Metakognition das Lernen?

Seit den Experimenten von Flavell und Brown gibt es eine Fülle von Studien über den Zusammenhang von Metakognition und Lernen bzw. Lernleistung (u. a. Artelt, Moschner 2005). Die Studien der 'ersten Generation' arbeiteten allerdings mit verhältnismässig leichten und inhaltsarmen Aufgaben, was die Bedeutung des Sachwissens vernachlässigt. Die wohl umfassendste Metaanalyse über die Einflussfaktoren schulischen Lernens stammt immer noch von Wang, Haertel und Walberg (1990). In dieser Metastudie hat Wang mit ihren Mitarbeiterinnen 179 Studien über schulisches Lernen nach 228 Items analysiert und kommt zu folgendem Ergebnis:

Tab. 1 Stärke des Einflusses einzelner Merkmalsbündel auf die schulische Leistung in abnehmender Rangreihe (Helmke & Weinert 1997, S. 74 nach Wang et al. 1993, S. 272).

1. Kognitive Kompetenzen der Schüler
2. Klassenführung durch den Lehrer
3. Häusliche Umwelt der Schüler und Unterstützung durch Eltern
4. Metakognitive Kompetenzen der Schüler
5. Lernbezogene Lehrer-Schüler-Interaktion
6. Politik des Staates und der Bezirke (in den USA erfaßt)
7. Quantität des Unterrichts
8. Schulkultur
9. Elterliches Engagement in Schulfragen
10. Organisation des Lehrplanes
11. Herkunft der Schüler
12. Einbettung der Schüler in der Gruppe der Gleichaltrigen
13. Qualität des Unterrichts
14. Motivationale und affektive Faktoren
15. Klassenklima
16. Demographische Situation im Einzugsgebiet der Schüler
17. Schuladministrative Entscheidungen
18. Freizeitverhalten der Schüler

Die Ergebnisse zeigen, dass es in erster Linie die kognitiven Kompetenzen der Schüler (Rangplatz 1) und die Klassenführung durch den Lehrer (Rangplatz 2) sind, die zusammen mit den metakognitiven Kompetenzen der Schüler (Rangplatz 4), der lernbezogenen Lehrer-Schüler-Interaktion (Rangplatz 5), der Quantität des Unterrichts (Rangplatz 7), der Qualität des Unterrichts (Rangplatz 13), den motivationalen und affektiven Faktoren (Rangplatz 14) und dem Klassenklima (Rangplatz 15) die Schulleistung determinieren. Gehen wir davon aus, dass sich die häusliche Umwelt der Schüler und die Unterstützung der Eltern dem Einfluss der Schule grösstenteils entziehen, so liegen die Klassenführung und die Förderung der metakognitiven Kompetenzen im Einfluss- und damit Verantwortungsbereich der Lehrpersonen. Wichtig ist die Tatsache, dass den metakognitiven Kompetenzen für das Lernen eine hohe Bedeutung zukommt. Wie das Verhältnis von Metakognition und Lernen zu verstehen ist, lässt sich exemplarisch am Versuch von Schneider, Körkel und Weinert (1994) erklären. In einem klassischen Experten-Novizen-Design haben sie den Einfluss von metakognitivem und bereichsspezifischem Wissen von Fussball-Experten und Fussball-Novizen auf die Erinnerungsleistung geprüft. Die folgende Abbildung veranschaulicht das Ergebnis exemplarisch:

EIGENSTÄNDIGES LERNEN

Leistungsmenge

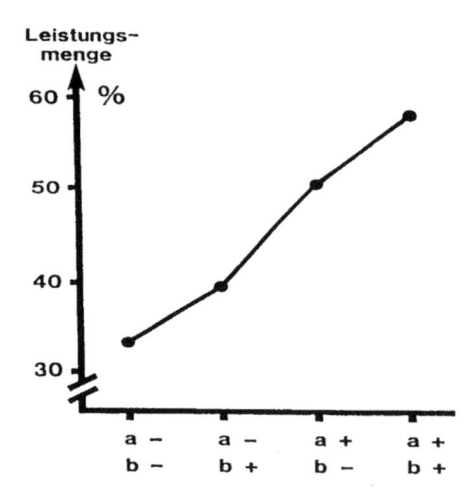

[Diagramm: x-Achse mit vier Kategorien: a−/b−, a−/b+, a+/b−, a+/b+; y-Achse in % von 30 bis 60. Die Werte steigen von ca. 33% über 39% und 50% auf 58%.]

Abb. 1 Der kombinierte Einfluss (a) des bereichsspezifischen Wissens und (b) des metakognitiven Wissens auf die Gedächtnisleistung (Schneider, Körkel & Weinert 1990, S. 244; aus: Weinert 1994, S. 201)

Gemäss dieser Studie kommt dem bereichsspezifischen Wissen eine entscheidende Bedeutung für die Lernleistung zu. Das metakognitive Wissen trägt jedoch zu einer Steigerung der Lernleistung bei. Dieses Beispiel könnte prototypisch die kumulative Wirkung von Metakognition verdeutlichen. Allerdings muss beachtet werden, dass für die Lernleistung nur gedächtnismässiges Erinnern gefordert war. Das entspricht einer sehr einfachen reproduktiven Denkleistung. Doch auch bei komplexen und problembezogenen Aufgabenstellungen lässt sich der positive Einfluss von Metakognition aufzeigen. Bei PISA 2000 (Baumert et al. 2001) erwies sich metakognitives Wissen als guter Prädiktor für die Lesekompetenz und das Textverstehen. Zur zentralen Funktion von Metakognition für das Lernen bemerkt Weinert: „Dabei ist es offenkundig, dass bei zu schwierigen Aufgaben metamemoriales Wissen nicht zur Lösung, sondern in vielen Fällen zur realistischen Einschätzung der Aussichtslosigkeit längerer Anstrengungen führen müsste, dass bei zu leichten Aufgaben Metakognitionen keine varianzerzeugende Bedeutung haben und dass lediglich bei mittelschweren Problemen mit strategischen Lösungsmöglichkeiten das Lernverhalten und die Lernleistung durch metamemoriale Kompetenzen positiv beeinflusst werden können. Die funktionalen Beziehungen zwischen Metagedächtnis und Gedächtnisleistung müssen also notwendigerweise populations- und aufgabenspezifisch sein." (Weinert 1984, S. 16)

Metakognitives Wissen, Steuern und Empfinden bedingen sich für eine erfolgreiche Lernleistung gegenseitig. Für eine erfolgreiche Lernleistung ist Metakognition unter folgenden Bedingungen hilfreich:
- „Vor allem bei Aufgaben von mittlerer subjektiver Schwierigkeit wirken Metakognitionen leistungsförderlich.
- Vor allem bei günstigen erfolgs- und handlungsorientierten Motivationskonstellationen kommt die leistungsdienliche Funktion der Metakognition voll zum tragen.

– Beim Lernen in einem neuen und unvertrauten Inhaltsbereich wird die positive Wirkung von Metakognitionen besonders deutlich." (Hasselhorn, 1992, S. 50)

Diese zusammenfassenden Ergebnisse verdeutlichen, dass neben dem Bereichswissen die subjektiv empfundene Aufgabenschwierigkeit und personale Selbstkonzepte für den Einfluss von Metakognitionen auf die Lernleistung entscheidend sind. Dies führt in Bezug auf die leistungsfördernde Wirkung von Metakognition zur wichtigen Schlussfolgerung: Die funktionale Beziehung zwischen Metakognition und Lernleistung lässt sich nur unter Beachtung personaler, situativer und aufgabenspezifischer Einflussfaktoren klären.

3.5 Was kennzeichnet eigenständige Lernerinnen und Lerner?

Wer eigenständiges Lernen fördern möchte, muss eine Vorstellung haben, durch welche Merkmale sich eigenständig Lernende auszeichnen. Dazu dient eine kurze Zusammenfassung von Ergebnissen aus der Forschung, die in der Hauptsache vom Experten-Novizen-Paradigma ausgehen. Experten-Novizen-Studien und die Hochbegabtenforschung (u. a. Weinert, Waldmann 1985) zeigen, dass vielerlei Faktoren und Bedingungen für das Zustandekommen dauerhaft guter Leistungen in einem Bereich notwendig sind. Mit Expertise wird „... der Status und die Fähigkeit bezeichnet, in bestimmten Gebieten dauerhaft hervorragende Leistungen erbringen zu können" (Mandl, Gruber, Renkl 1991, S. 4).

Die wichtigsten Erkenntnisse werden in fünf Thesen gefasst und kommentiert:

Erfolgreiche Lerner verfügen über ein differenziertes, gut organisiertes bereichsspezifisches Wissen.

Wissenstheoretiker betonen die Bedeutung bereichsspezifischer Wissensstrukturen im Sinn von deklarativem Wissen für das Zustandekommen einer Leistung. Experten zeichnen sich in ihren Fachbereichen dadurch aus, dass sie im Unterschied zu Novizen über ein sehr differenziertes, intelligent strukturiertes Wissen verfügen. Übereinstimmend wird angenommen, dass es weniger die Menge des im Gedächtnis gespeicherten Wissens ist (im Sinn des mehr oder weniger), sondern vielmehr die Organisation des Wissens, die den Experten auszeichnet. Experten verfügen über eine hochdifferenzierte, aber zugleich sehr flexible Organisation ihrer Wissensbestände, die nach eigenen Kategorien organisiert sind. Damit gehen einher eine aufgabenbezogene effiziente Enkodierung dargebotener Informationen und die Verwendung elaborierter, auf die Organisation des Wissens bezogener Strategien für den Erwerb, die Nutzung und den Abruf von Wissen.

Erfolgreiche Lerner verfügen über allgemeines und spezifisches Strategiewissen und sind in der Lage, dieses auch wirksam einzusetzen.

Greeno und Riley (1984), Mandl und Friedrich (1992) und Dörner (1978) betonen den Einfluss des Strategiewissens und der Strategieanwendung auf die Lernleistung. Allgemeine transferierbare Strategien, die je nach Situation und Leistungsanforderung flexibel eingesetzt werden, sind für die Leistung entscheidend. Piaget formuliert in seinem Spätwerk: „Erkenntnis besteht ... nicht nur darin, Informationen aufzunehmen und anzuhäufen, sondern auch und vor allem (denn ohne das bleiben sie wirkungslos und sozusagen blind) darin, sie zu ordnen und durch Selbstkontrollsysteme, die auf Adaptationen, d. h. auf Problemlösungen ausgerichtet sind, zu steuern." (Piaget 1976, S. 62) Ein Merkmal eigenständigen Lernens läge demzufolge in der Fähigkeit, Sachwissen mithilfe eines differenzierten Strategierepertoires auf neue Situationen anzuwenden.

Erfolgreiche Lerner verfügen über metakognitives Strategiewissen und können dieses auch wirksam einsetzen.

Erfolgreiche Lerner verfügen neben allgemeinen und spezifischen kognitiven Strategien auch über metakognitive Strategien für die Steuerung des Lernens. Metakognitives Strategiewissen beantwortet die Frage nach den Bedingungen der Strategieanwendung, also nach dem 'Was', 'Wie', 'Wann' und 'Wo'. Bereiter und Scardamalia (1986) halten dazu fest, dass sich Experten von Novizen unter anderem auch durch ein erhöhtes Mass an Selbstüberwachung und Selbststeuerung unterscheiden. Diese Erkenntnis wird von Experimenten in zahlreichen Sachbereichen bestätigt.

In der Metakognitionsforschung haben Brown und Campione (1981) die Selbstregulationsprozesse als Prüfen, Planen, Überwachen, Testen und Überarbeiten definiert. Durch die Bedeutung dieser metakognitiven Prozesse im Sinne von Selbstregulationsprozessen oder *Higher-Order Skills* wurde die Eigenständigkeit des Lerners zu einem neuen vielbeachteten Thema.

Erfolgreiche Lerner automatisieren und koordinieren die Wissensfaktoren.

Nach der Aufzählung der bisherigen Merkmale des Experten stellt sich die Frage, wie ein guter Lerner alle diese Wissenskomponenten in einer Lernsituation koordinieren und ökonomisch anwenden kann. In ihrem 'Expertenstrategie-Modell' stellen Pressley, Borkowski und Schneider (1987) fest, dass der gute Lerner diese Komponenten in der Anwendung soweit automatisiert hat, dass diese nur noch wenig Aufmerksamkeit verlangen. Während grundsätzlich alle Komponenten bewusst gesteuert werden können, zeichnen sich gute Lerner dadurch aus, dass sie ihre Aufmerksamkeit auf hierarchiehohe Denk- und Lernprozesse konzentrieren wie *Ziele setzen, Vorgehen planen, Realisation steuern* und *Ergebnis evaluieren*. Diese *Higher-Order Skills* sind für die Eigenständigkeit der Lerner von entscheidender Bedeutung.

Erfolgreiche Lerner sind an der Sache interessiert und erleben ihr Lernen als wirksam.

Dass gute Lerner intrinsisch motiviert sind, versteht sich. Wie Deci und Ryan (1991, 1993) in ihrer Selbstbestimmungstheorie der Motivation darlegen, stehen intrinsisch motivierte Verhaltensweisen und die Bedürfnisse nach Kompetenz und Autonomie in einem engen Zusammenhang.

Im vorliegenden Beitrag gehe ich davon aus, dass für eigenständige Lernerinnen und Lerner die Lernmerkmale von Experten tendenziell richtungsweisend sind. Die Begriffe 'eigenständiger Lerner' und 'Lernexperte' werden aber nicht synonym verwendet. Ein Experte besitzt in einem bestimmten Bereich (und nur in diesem) einen Expertenstatus. In anderen Bereichen ist er wiederum Novize. Aufgrund bestimmter Lernmerkmale und Voraussetzungen ist der Experte in der Lage, Leistungen zu erbringen, die von der Gesellschaft resp. bestimmten Repräsentanten als wertvoll bezeichnet werden. Die Annahme, man könne durch Instruktion von Expertenmerkmalen aus allen Menschen Experten 'machen', ist unzutreffend. Vielmehr geht es darum, durch individuelle Unterstützung relevanter Lernermerkmale in einer bestimmten Lehr-Lernumgebung beizutragen, dass mehr Lernerinnen und Lerner sich in Richtung mehr Eigenständigkeit entwickeln.

Obwohl man die kognitiven und metakognitiven Fähigkeiten erfolgreicher Lernerinnen und Lerner recht genau kennt, ist die Förderung eigenständiger Lernerinnen und Lerner im Kontext des schulischen Lernens eine zentrale Frage, der nun nachgegangen werden soll.

3.6 Förderung des eigenständigen Lernens durch Metakognition

3.6.1 Prinzipien der Lernstrategieförderung

In der pädagogisch-psychologischen Forschung nehmen Untersuchungen zu Lernstrategien und Metakognition einen breiten Platz ein. Eine Fülle von Einzelstudien widmet sich methodologischen Fragen des Zugangs zum Phänomen, andere konzentrieren sich auf Fragen der Diagnostik, weitere Studien zielen auf Effekte kurzfristiger Trainingsprogramme durch Vermittlung von Lernstrategiewissen in Form von deklarativem metakognitiven Wissen und / oder prozeduralem metakognitivem Wissen und dies in unterschiedlichsten Domänen. Es ist deshalb nicht das Ziel dieses Kapitels, einen umfassenden Überblick über die Lernstrategieforschung zu geben (dazu u.a. Artelt, Moschner 2005, Mandl, Friedrich 2006). Aufgrund der Analyse der empirischen Forschung zu Lernstrategien und Metakognition werden sechs Forderungen für die Förderung von Lernstrategien durch Metakognition in der Regelschule abgeleitet (Beck et al. 1995, Guldimann 1996):

1. Das subjektiv vorhandene Strategiewissen jeder Lernerin und jedes Lerners muss Ausgangspunkt für die Förderung von Strategien bilden.

Es ist ein Irrtum zu glauben, für alle Lernenden seien dieselben Strategien hilfreich. Diese Annahme geht davon aus, dass sogenannte Expertenstrategien für alle Lerner, unabhängig von ihren persönlichen Lernbedingungen hilfreich sind und zu besseren Leistungen führen. Der Lerner wird sozusagen als weisses Blatt betrachtet, das mit Strategien 'neu beschrieben' werden soll. Bereits erworbene und subjektiv effizient eingesetzte Strategien werden negiert. Vielmehr müssen sie überlernt oder, besser noch, vergessen werden. Diese Tatsache betrifft nicht allein das Strategiewissen, sondern auch die Einstellungen und das Selbstkonzept. Die mit der erlebten Selbstwirksamkeit einhergehende Einstellung wird in den meisten Studien nicht thematisiert. Damit wird eine bedeutsame Variable für die Wirksamkeit der Förderung nicht beachtet.

2. *Die Förderung selber muss individuelle Bedürfnisse und Voraussetzungen der Lernenden berücksichtigen.*

Die Lehrperson instruiert die Klasse als Einheit, wie wenn sie ein Schüler bzw. eine Schülerin wäre. Individuelle Anpassungen an Schülervoraussetzungen und -eigenschaften werden zwar gefordert, können von der Lehrperson jedoch kaum berücksichtigt werden. Dementsprechend ist der Zeitpunkt des Erwerbs der Expertenstrategien für alle Schüler einer Altersklasse in den Studien oft derselbe. Gleichaltrige Schüler müssten sich demzufolge durch relativ homogene Lernermerkmale auszeichnen. Interindividuelle Entwicklungs- und Lernunterschiede wären dabei für die Strategieinstruktion nicht von Bedeutung. Bereits die Alltagserfahrung zeigt, dass beide Annahmen realitätsfremd sind.

3. *Die Förderung der Strategien muss von der Fremdbestimmung in die Eigenverantwortung der Lernenden übergehen.*

Die direktive Instruktion von Expertenstrategien, verbunden mit der Negation individueller Strategien, führt nicht zu einer Übernahme der Verantwortung für das eigene Lernen und die Lernmotivation. Vielmehr wird dem Lerner genau vorgeschrieben, wie er optimal vorzugehen hat. Die Verantwortung für die Entwicklung des eigenen Lernens wird in Bezug auf das Vorgehen nicht gefördert, sondern weiterhin fremdbestimmt.

4. *Die Förderung von kognitiven und metakognitiven Lernstrategien muss ein unterrichtliches Prinzip werden. Beim sachbezogenen Lernen muss regelmässig dem Lernprozess genügend Beachtung geschenkt werden.*

Die kurze Interventionsdauer der meisten Strategieförderprogramme reduziert Strategien und Metastrategien auf schnell erlernbare Techniken. Dieser Denkansatz negiert wichtige Erkenntnisse: Grundsätzlich unterscheidet sich das Lehren und Lernen von Strategien und Metastrategien nicht vom Lehren und Lernen anderer deklarativer und prozeduraler Lerninhalte. Dies bedeutet, dass Lerner das Wissen über Strategien, deren prozesshafte Anwendung und Festigung im Sinne von Fertigkeiten in einem langfristigen Lernprozess entwickeln müssen. Dabei lassen sich vier Phasen der Strategieentwicklung unterscheiden:

a) Eine Strategie kann nicht angewendet werden, obwohl das deklarative Strategiewissen vermittelt wurde.
b) Eine Strategie wird nach einer Instruktion angewendet, aber nicht auf andere Bereiche übertragen.
c) Eine vermittelte Strategie wird spontan eingesetzt und auf neue Anwendungsbereiche übertragen.
d) Einzelne Strategien werden zu komplexen Strategien zusammengefasst und als Strategiebündel angewendet.

Kurzfristige Interventionen können den Entwicklungsprozess von Strategien wohl initiieren, jedoch kaum längerfristige Veränderungen herbeiführen. Dabei sind vom eigentlichen Unterricht getrennte Lern- und Arbeitstechnikkurse kaum wirksam, da der Transfer in die echte Lernsituation nicht stattfindet.

5. Lernende müssen die Förderung ihrer Strategien als lernwirksam erfahren, um sich als eigenständig Lernende zu verstehen.
Die Übernahme von Strategien und Metastrategien ins eigene Verhaltensrepertoire ist begleitet vom Erwerb von Einstellungen. Die Anwendung von Strategien hängt ab von der Überzeugung der eigenen Wirksamkeit. Bei kurzen Interventionsprogrammen werden handlungswirksame Einstellungen nicht aufgebaut.

6. Die Förderung muss durch vielerlei Methoden erfolgen, die sich sowohl auf kognitive als auch auf metakognitive Strategien beziehen.
In den erfolgreichen Strategieförderprogrammen werden Fördermethoden kombiniert eingesetzt, so beispielsweise Ausführungsmodelle, Selbstinstruktion, Lerngemeinschaften, schrittweise Übernahme der Selbstkontrolle, Lernreflexion. Im folgenden Kapitel werden fünf Methoden zur Förderung kognitiver und metakognitiver Strategien genauer ausgeführt.
Die unterrichtliche Umsetzung dieser Folgerungen ist nicht als ein additives Anhäufen zu verstehen, sondern ist durch die Gestaltung einer schulischen Lernumgebung zu realisieren.

3.6.2 Fünf Instrumente zur Förderung der Entwicklung kognitiver und metakognitiver Strategien

Eine Analyse von erfolgreichen Forschungsprojekten im Setting der Regelschule hat zur Bestimmung von fünf Methoden (Instrumente genannt) zur Förderung von kognitiven und metakognitiven Strategien geführt. Die fünf Instrumente dienen dem Nachdenken über das eigene Lernen. Mit 'Instrumenten' sind nicht kausale Techniken sondern Methoden gemeint. Sie sollen den Lernenden dazu dienen, sich das eigene Lernen bewusst zu machen und Strategiewissen und Erfahrungen auszutauschen, um so das Wissen über kognitive und metakognitive Strategien zu generieren (Strategieentwicklung).
Folgende fünf Instrumente dienen dem Bewusstwerden, dem Nachdenken, der Anregung und dem Austausch von prozessorientierten Lernerfahrungen:
– Ausführungsmodell (Modelling)
– Arbeitsheft (Monitoring)
– Arbeitsrückblick (Evaluation)
– Lernpartnerschaft (Peer Coaching)
– Klassenkonferenz (Conferencing)
Nachfolgend werden die Instrumente einzeln beschrieben, die jeweilige Funktion geklärt und mit Forschungsergebnissen unterlegt. Die Abfolge der Darstellung der Instrumente ist willkürlich.

Ausführungsmodell (Modelling)

Die Lehrperson oder ein Schüler bzw. eine Schülerin zeigt den anderen Lernenden vor, wie sie bzw. er an eine Aufgabe herangeht und sie auf seine Weise löst. Dabei denkt sie/er laut. Wichtig dabei ist die Verbindung von lautem Denken und Handeln. Je nach der Art des Handlungsvollzugs können sich die Äusserungen auf folgende Wissenskategorien beziehen:
- auf das Sachwissen („Die Schnecke hinterlässt eine schleimige Spur"),
- auf das Wissen über die eigene Person („Ich bin heute sehr unkonzentriert"),
- auf das Wissen über die Aufgabenstellung („Bei solchen Sachtexten ist immer der erste und letzte Satz wichtig"),
- auf das Strategiewissen („Ich könnte auch die wichtigsten Stellen markieren") oder
- auf die Steuerung des Lernprozesses („Das habe ich nicht verstanden").

Die Mitschüler beobachten das Ausführungsmodell. Durch das Externalisieren werden sonst nicht zugängliche Regulationsprozesse und das damit verbundene Wissen sichtbar. So lernen die beobachtenden Mitschüler teilweise neues Wissen und neue Vorgehensweisen kennen. Auf dem Hintergrund des beobachteten Ausführungsmodells kann den beobachtenden Mitschülern auch ihr Wissen über Aufgaben und Strategien und ihre eigenen Vorgehensweisen bewusst werden. Der Vergleich, die Beurteilung und Bewertung eigener und dargebotener Vorgehensweisen kann zur Entwicklung des Wissens über Strategien führen.

Im Gegensatz zur herkömmlichen didaktischen Lehr-Lernform des 'Vorzeigens und Nachmachens' geht es beim Ausführungsmodell nicht um das Imitieren oder Kopieren einer möglichst idealen Vorgehensweise ('coping models'), sondern um den sinnvollen Ausbau und die Differenzierung des eigenen Strategierepertoires. Von daher könnte man auch von einem 'Anregungsmodell' sprechen.

Bei der Anwendung des Ausführungsmodells ist zwischen der Lehrperson als Modell ('Mastery model') und den Schülern als Modell ('Peer-model') zu unterscheiden. Während die Lehrperson als Sach- und Lernexpertin auf dem direktesten Weg von der Problemrepräsentation zur Lösung vorwärts arbeitet und bei Schüleraufgaben auf keine Schwierigkeiten stösst, verläuft der Lösungsprozess bei Schülern weniger geradlinig. Umwege, Sackgassen, Fehler oder sogar Unterbrüche und Abbrüche sind möglich. Sie sind neuralgische Momente im Lernprozess und Anlass für anschliessende Gespräche über individuelle Vorgehensweisen.

Forschungsergebnisse

Zur Förderung der Selbststeuerung durch Ausführungsmodelle (Modeling) liegen mehrere Forschungsergebnisse vor (vgl. Übersicht von Schunk 1987). Bekannt sind die Versuche von Meichenbaum und Asarnow (1979) und Brown und Palinscar (1986). Während Meichenbaum mit Hilfe des lauten Denkens von Ausführungsmodellen versucht hat, die Selbststeuerung impulsiver Kinder zu verbessern, initiierten Brown und Palinscar bei Kindern eine interaktive Lernsituation (Reciprocal Teaching), welche unter anderem mit Hilfe von Ausführungsmodellen zu gesteigerten Verstehensleistungen geführt hat. Smith und Lovitt (1976) haben im Bereich Mathematik gezeigt, dass von Lehrkräften ausgeführte Ausführungsmodelle zu besseren Mathematikleistungen bei den Schülern geführt haben. Volet (1991) hat in einer Feldstudie die Wirkung von modellierten Expertenstrategien untersucht. In einem Computerkurs wurden metakognitive Strategien durch Ausführungsmodelle vermittelt und diskutiert. Die Versuchsgruppe von Lernern zeigte in einem Schlusstest bessere Leistungen als die Kontrollgruppe.

Besonders aus dem Bereich der Sonderpädagogik liegen differenzierte Forschungsergebnisse vor:

- Schunk und Hanson (1985) haben im Unterricht mit lernschwachen Schülern festgestellt, dass Ausführungsmodelle von Schülern ('Peer-models') zu grösseren Leistungssteigerungen geführt haben als Ausführungsmodelle von Lehrern ('Mastery models').
- Vauras (1989) kommt in ihrer Untersuchung mit lernschwachen Schülerinnen und Schülern zu folgendem Schluss: „Modeling is explored as a potent method of increasing learning disabled children's awareness of their own study behavior, and of enhancing their metacognitive skills and strategy execution" (Vauras 1989, S. 2). Vauras kommt zum Ergebnis, dass 'Peer-models' leistungsfördernder sind als 'Mastery-models'. Vauras erklärt sich diese Wirkung durch eine gesteigerte Identifikation der lernschwachen Schüler mit 'Peer-models'. Zudem hält sie fest: „We could conclude that modeling is most beneficial when model activities are calibrated to the children's level of proximal development in children's competencies" (Vauras 1989, S. 17).
- Duffy und Röhler (1989) konnten in ihrer Untersuchung mit lernschwachen Schülern nachweisen, dass das Strategiewissen durch die Integration von Ausführungsmodellen in den Unterricht merklich zugenommen hat. Zudem hat der veränderte, konstruktive Umgang mit Schwierigkeiten beim Lösen von Aufgaben zu einer veränderten Grundhaltung im Umgang mit Fehlern geführt. Dies dürfte nicht allein bei lernschwachen Schülern eine wichtige Voraussetzung für den produktiven Umgang mit Fehlern sein.

Diese Ergebnisse belegen die Bedeutung des Instruments 'Ausführungsmodell' speziell für lernschwache Schülerinnen und Schüler.

Arbeitsheft (Monitoring)

Das Arbeitsheft zielt auf das Festhalten frag-würdiger Metakognitionen während des Lernprozesses. Der Vorgang auf der Sachebene wird unterbrochen, um die Aufmerksamkeit auf den Prozess zu lenken. Damit verbunden ist ein Wechsel von handlungsnahen Kognitionen zu handlungsfernen. Dies kann zu zwei grundsätzlich unterschiedlichen Verläufen führen:

- Der Wechsel auf die Strategieebene führt zu einer Neuorganisation des Prozesses auf der Sachebene und somit zu dessen Fortsetzung.
- Der Wechsel auf die Strategieebene wird zum Anlass genommen, über das Strategiewissen als solches nachzudenken. Dies kann zu einer Erweiterung des

Strategiewissens und zu einem Unterbruch bzw. Abbruch der Handlungen auf der Sachebene führen.

Verdeutlichen wir uns diesen wichtigen Unterschied an einem Beispiel: Ein Schüler soll einen Sachtext lesen und verstehen. Nach dem ersten Lesen bemerkt er, dass er den Inhalt noch ungenügend verstanden hat. Die Beobachtung des eigenen Unverständnisses führt zum nochmaligen Lesen des Textes. Im Unterschied zu dieser Lösung könnte der Schüler auch über seine ursprünglich angewandte Strategie nachdenken und käme dabei zur Erkenntnis, dass die Wiederholung der ursprünglichen Strategie nicht das gewünschte Verständnis schafft. Sollte er selber über keine andern Strategien verfügen, so könnte er vielleicht von andern Mitschülern neue Strategien erfahren. Die metakognitiven Notizen im Arbeitsheft zielen nicht in erster Linie auf die Lösung der Sachaufgabe, sondern sind vielmehr von Bedeutung für das Nachdenken über die eigenen Strategien.

Konkret bedeutet dies: Das eigene kognitive Handeln wird vom Schüler während der Ausführung beobachtet, wichtige Erfahrungen, Probleme und Fragen beispielsweise über Strategien und Aufgabentypen werden im Arbeitsheft festgehalten. Ziel ist es, wichtige Momente im Lernprozess unmittelbar festzuhalten, um sie später, beispielsweise in der Arbeitsrückschau, wieder aufzugreifen. In der Computersprache spricht man in diesem Zusammenhang von 'on line'-Prozessen. Die Einträge führen zu einer fortlaufenden Dokumentation zentraler Erfahrungen während des Arbeitsprozesses.

Forschungsergebnisse

Zur Bedeutung der Selbstbeobachtung für das Lernen liegen einige Forschungsergebnisse vor. Wichtige Voraussetzungen für die Selbsterkenntnis als Lerner sind Selbsterfahrung und Selbstbeobachtung. Wie in Untersuchungen von Beck, Borner und Aebli (1986) gezeigt werden konnte, kennen sich Lerner selbst nicht sehr gut. Gerade beim schulischen Lernen ist aufgefallen, dass die Schüler dieselben Fehler immer wieder machen und Strategien selbst dann wieder anwenden, wenn sie schon mehrfach nicht zum Erfolg geführt haben (Brophy 1984). Die schriftliche Dokumentation stützt und hält wichtige Momente der Selbstbeobachtung fest und ermöglicht damit einen späteren Rückblick. So werden Voraussetzungen geschaffen für eine genauere Problemanalyse und Selbstkorrektur.

Arbeitsrückblick (Evaluation)

Nach längeren Arbeitsperioden bzw. nach Abschluss einer Lerneinheit werden die Schüler angehalten, auf die eigene Arbeit zurückzuschauen mit dem Ziel, schriftlich festzuhalten, was sie während des Lernprozesses über sich als Lerner, die Aufgabe und Strategien beobachtet und gelernt haben. Aebli beschreibt den Vorgang der Lernreflexion folgendermassen: „Es ist dies eine Repetition, die im Gegensatz zu den herkömmlichen Wiederholungen nicht auf den Inhalt ausgerichtet ist, sondern den durchlaufenden Arbeitsprozess untersucht" (Aebli 1983, S. 368). Das Ergebnis der Lernreflexion wird in einem Lernjournal oder in einer speziellen

Rubrik im Arbeitsheft schriftlich festgehalten. Dies liefert die Voraussetzung für einen Austausch zwischen den Lernenden und einen späteren Rückgriff auf Lernerfahrungen.

Der Arbeitsrückblick wird normalerweise von der Lehrperson ausgelöst und kann durch Leitfragen gesteuert werden. Dazu einige Beispiele:
– Was gelang Dir in Bezug auf Dein Lernen leicht?
– Wo und wann hattest Du Schwierigkeiten?
– Welche Fehler hast Du gemacht?
– Wie bist Du mit diesen Schwierigkeiten und Fehlern umgegangen?
– Was kannst Du jetzt besser als früher?
– Wo kannst Du Dich in Zukunft noch verbessern?
– Welche Vorsätze nimmst Du Dir für die kommenden Arbeiten?

Lernpartnerschaft (peer coaching)

Jeder Lerner hat über eine längere Zeitdauer einen Mitschüler als festen Lernpartner, mit dem er Lernerfahrungen, d.h. Wissen über den Umgang mit Problemen, Strategien und Aufgaben, austauscht und diskutiert. Die Lernpartner unterstützen sich gegenseitig beim Lernen und werden so vertraut mit der Lernbiographie des andern. Im Unterricht sind sie die ersten Ansprechpartner. Sie stehen sich in der Regel immer zur Verfügung. In der Lernpartnerschaft findet die erste Evaluation der Lernerfahrungen statt. Es wird auch darüber entschieden, welche Erkenntnisse über Strategien, Aufgaben oder Probleme der Klasse zur Diskussion vorgelegt werden.

Forschungsergebnisse

Zu Formen und Variablen kooperativen Lernens liegen zahlreiche Forschungsergebnisse vor (vgl. Übersichtsreferate von Webb 1989; Webb 1993; Cohen 1994). Unter kooperativem Lernen wird nicht ausschliesslich eine Sozialform verstanden, sondern eine Methode zum Auf- und Ausbau kognitiven und metakognitiven Wissens durch die Interaktion zwischen zwei Lernenden. Diese Einschränkung ist insofern notwendig, da sich viele Studien auf soziale Auswirkungen der Arbeit in Gruppen beziehen. Im Folgenden werden einige Ergebnisse dargestellt, die für die Arbeit in Lernpartnerschaften relevant sind:
– Johnson und Johnson (1989) haben über 600 Studien zum kooperativen Lernen in einer Metaanalyse zusammengefasst und kommen zur folgenden allgemeinen Erkenntnis: „The more conceptual the task, the more problem solving required, the more desirable higher-level reasoning and critical thinking, the more creative the answers needed, the more long-term retention desired, and the greater the application required of what is learnd, the greater the superiority of cooperative over competitive and individualistic learning" (Johnson & Johnson 1989, S. 3).
– King (1990) untersuchte den Einfluss von Formen von Lernpartnerschaft im Anschluss an Vorlesungen. Eine Gruppe von Studenten wurde vertraut gemacht mit der Methode des gegenseitigen Befragens („reciprocal peer-questioning

students"). Dabei stellte sie fest, dass „... reciprocal peer-questioning students provided more elaborative explanations during study than did students in simple discussion condition" (z.n. Pressley et al. 1992, S. 95). Zudem schnitten die Lernpartnerschaften in einem anschliessenden Verstehenstest besser ab als die Diskussionsgruppe.
- Webb (1989) und Danserau (1988) haben unabhängig voneinander den Einfluss von Lernpartnerschaften auf den Tutor und den Tutee bei Studenten untersucht. Beide Studien kommen zu demselben Ergebnis: In Lernpartnerschaften zwischen Studierenden lernt der erklärende Tutor mehr als der Tutee. Diese Ergebnisse sind insofern wichtig, da sie einer weit verbreiteten Alltagstheorie widersprechen.
- In einer Weiterführung der Arbeit von Piaget haben sich Perret-Clermont und ihre Mitarbeiter (Doise, Mugny 1984, Perret-Clermont 1980;) für den Einfluss der sozialen Interaktion auf die kognitive Entwicklung interessiert. In einer Reihe von Studien untersuchten sie, wie Vorschulkinder paarweise die klassischen Piaget-Versuche (3 Berge-Aufgabe, Invarianzprobleme) lösen. So konnten sie nachweisen, dass bereits bei jungen, gleichaltrigen Kindern durch gemeinsames Problemlösen die kognitive Entwicklung gefördert wird. Bemerkenswert dabei ist die Tatsache, dass Kinder, welche die vorgelegten Probleme in einem Vortest allein nicht lösen konnten, dazu in der kooperativen Problemsituation fähig waren. Perret-Clermont und ihre Mitarbeiter erklären die Ergebnisse damit, dass in der Partnerschaft die unterschiedlichen Perspektiven der Kinder zu einem kognitiven Konflikt geführt haben. Dieser kann im Sinne der Äquilibrationstheorie von Paget dadurch gelöst werden, dass die kognitiven Strukturen durch die Interaktion auf einem höheren Niveau neu gebildet werden.

Viele Studien gehen in der Begründung der positiven Wirkung des kooperativen Lernens davon aus, dass in der Zusammenarbeit internale kognitive und metakognitive Prozesse geäussert und damit dem Lernpartner zugänglich gemacht werden. Dies schafft die Voraussetzung für eine Klärung unterschiedlicher Perspektiven mit dem Ziel, eine gemeinsame höherwertige Struktur zu konstruieren.

Klassenkonferenz (Conferencing)

Nach Abschluss einer Lerneinheit werden die Lernerfahrungen in grösseren Gruppen oder in der Klasse ausgetauscht und diskutiert. Ziel des Gespräches ist nicht, eine für alle gültige Strategie herauszuarbeiten. Wie bereits bei der Lernpartnerschaft wird durch die Klassenkonferenz der interpersonale Austausch über kognitives und metakognitives Wissen angeregt. Der Lehrperson kommt dabei eine moderierende Aufgabe zu. Ziel dieser Gespräche ist es auch, im Sinne von Begriffsbildung eine gemeinsame Sprache über das Lernen zu entwickeln.

Das Zusammenspiel der Instrumente und ihr Einsatz im Unterricht

Die Instrumente lassen sich je nach ihrer Hauptfunktion, der Repräsentation und der Sozialform unterscheiden.

Instrumente	Hauptfunktion	Repräsentation	Sozialform
Arbeitsheft	Prozessbegleitende Dokumentation	schriftlich	individuell
Arbeitsrückblick	reflexiv, schlussfolgernd	schriftlich	individuell
Lernpartnerschaft	beraten, helfen	mündlich	mit festem Lernpartner
Ausführungsmodell	präsentieren, anregen	handelnd mit lautem Denken	in der Gruppe oder Klasse
Klassenkonferenz	austauschen, anregen	mündlich	in der Gruppe oder Klasse

Abb. 2 Übersicht über die Instrumente

Zu Beginn müssen die Schülerinnen und Schüler durch die Lehrperson gezielt und systematisch in den Gebrauch und die Funktion der Instrumente eingeführt werden. Im anschliessend regulären Unterricht lässt sich der Einsatz der Instrumente jedoch nur beschränkt durch die Lehrperson planen, bestimmen doch die Schülerinnen und Schüler ihrem persönlichen Wissen entsprechend neuralgische Momente im Lernprozess. So hält beispielsweise ein Schüler in seinem Arbeitsheft eine spezielle Schwierigkeit fest, die er kurz darauf mit seinem Lernpartner bespricht. Finden sie keine Lösung, so wenden sie sich an die Lehrperson, welcher das Problem mit der ganzen Klasse besprechen kann (Klassenkonferenz). Oder sie bittet einen Schüler, die problematische Situation durch ein Ausführungsmodell vor der versammelten Klasse zu lösen. Die Schüler verfolgen das Vorgehen des Ausführungsmodells und diskutierten nachher ihre Beobachtungen und andere individuelle Vorgehensweisen. Anschliessend setzen die Schüler ihre Arbeit fort. Die Abfolge der Verwendung der Instrumente ist nicht an eine Reihenfolge gebunden. Vielmehr entscheiden die Schülerinnen und Schüler und die Lehrperson, welches Instrument für den vorliegenden Lernprozess hilfreich sein könnte. Dies erfordert allerdings von den Lehrenden viel Verständnis für Lernprozesse im Allgemeinen und individuelle Lernprozesse der Schülerinnen und Schüler im Besonderen. Eingesetzt werden die Instrumente meist in problematischen Lernsituationen, in welchen die Schüler nicht über das notwendige kognitive oder metakognitive Wissen verfügen. Dies kann sowohl durch den Sachinhalt als auch durch neue Strategien oder Aufgabensituationen bedingt sein. Ein Unterbruch des Lernprozesses ermöglicht ein Nachdenken über das Lernen; das Lernen resp. das Wissen über Strategien kann zum Denkinhalt werden. Dies wird durch eine Lernatmosphäre gefördert, in der sich die Lernenden für ihre Lernreflexion Zeit nehmen, was bei der oft vorherrschenden 'Erledigungsmentalität' nicht der Fall ist. Das Nachdenken der Schüler über das eigene Lernen erfolgt aber nur dann, wenn diese Äusserungen für den Schüler resp. dessen Lernen Folgen haben.

3.7 Förderung des eigenständigen Lernens am Fallbeispiel 'Ralph'

3.7.1 Förderung des eigenständigen Lernens im Einzelfall

Die Methoden der Förderung des eigenständigen Lernens können nicht nur im Klassenverband, sondern auch mit einzelnen Schülerinnen und Schülern eingesetzt werden. Im Folgenden sollen an einem Fallbeispiel die Indikation und die Umsetzung gezeigt werden (vgl. Guldimann, Lauth 2004).

3.7.2 Fallbeschreibung 'Ralph'

Ralph ist ein dreizehnjähriger Junge und besucht die 1. Realklasse (7. Schuljahr, leistungsschwächere Klasse der Sekundarstufe I) in einer Kleinstadt. Die Klasse wird von 14 Schülerinnen und Schülern besucht. Der Lehrer unterrichtet die Klasse in den Unterrichtsfächern Deutsch, Französisch, Individuum und Gemeinschaft sowie Gestaltung.
Der Lehrer beschreibt Ralph als offenen und sehr angenehmen Schüler. Seine schulischen Leistungen sind jedoch schwach, so dass zu Beginn der Realschule mit den Eltern über eine Einweisung in eine Kleinklasse (Sonderschule) diskutiert wurde. Zur genaueren Beobachtung wurde Ralph jedoch vorläufig in der Klasse belassen. Dem Lehrer fällt auf, dass Ralph seine Arbeiten oft nicht selbstständig ausführen kann und die nur mit Mühe erbrachten Leistungen viele Fehler aufweisen. Der Lehrer vermutet, dass Ralph nur über ein sehr eingeschränktes Repertoire an Lernstrategien verfügt und zudem seine Lernprozesse ungenügend steuert, überwacht und seine Lernergebnisse nicht kontrolliert. Der Lehrer beschliesst, mit Ralph regelmässig über seine Lernstrategien und deren Anwendung zu sprechen. Beispielsweise erteilt der Lehrer den Schülerinnen und Schülern den Auftrag, einen Sachtext zusammenzufassen. Im Einzelgespräch erkundigt sich der Lehrer bei Ralph, wie er beim Zusammenfassen vorgehe. Ralph entgegnet, dass er den Text einmal lese und dann eine Zusammenfassung schreibe. Auf die Nachfrage des Lehrers, welche Strategien er sonst noch für das Zusammenfassen kenne, weiss Ralph keine Antwort. Zusätzlich wird Ralph angehalten, ein Lerntagebuch zu führen, in dem er wichtige Lernerfahrungen festhält und diese mit dem Lehrer, dem Lernpartner oder den Mitschülerinnen und Mitschülern bespricht. Gleichzeitig beschliesst der Lehrer, mit allen Schülerinnen und Schülern im Unterricht regelmässig über die Lernstrategien nachzudenken und Lernerfahrungen auszutauschen.
Nach anfänglichen Schwierigkeiten sind Ralph und seine Mitschülerinnen und Mitschüler immer besser in der Lage, über Lernstrategien zu sprechen, sich gegenseitig Lernstrategien zu zeigen und über Erfahrungen bei der Anwendung und deren Wirkung zu sprechen.

3.7.3 Indikation der Förderung des eigenständigen Lernens

Im Fallbeispiel Ralph werden zwei typische Indikationen sichtbar:
a) Ralph verfügt über unzureichendes Lernstrategiewissen.
b) Ralph steuert, überwacht und kontrolliert sein Lernverhalten im Sinn von prozeduralen metakognitiven Aktivitäten ungenügend.

Zu a) Unzureichendes Lernstrategiewissen
(Defizite beim deklarativen metakognitiven Wissen über Lernstrategien)

Ralph verfügt nicht über ein differenziertes Lernstrategiewissen für das Zusammenfassen von Texten. Spezifische reduktive Lernstrategien wie Auslesestrategie („Unterstreiche die Textstellen, die zwingend in die Zusammenfassung gehören"), Weglass-Strategie („Streiche jene Textstellen durch, welche unwichtig sind") oder Verallgemeinerungs-Strategie („Fasse mehrere Textaussagen zu einer zusammen") kennt Ralph nicht. Spezifische Lernstrategien sind an bestimmte Aufgabenanforderungen und Bedingungen gebunden und daher nur beschränkt einsetzbar. Dafür gewährleisten sie eine intensive Lernaktivität.

Zu b) Unzureichende prozedurales metakognitives Wissen zur Lernsteuerung
(Defizite in der Steuerung von Lernstrategien)

Nach der Auftragserteilung durch die Lehrperson sitzt Ralph oft passiv da. Nach einigen Momenten beginnt er relativ konzeptlos und hektisch die Arbeit, um sie nach wenigen Augenblicken wieder abzubrechen. Ralph ist nicht in der Lage, seine Lernaktivitäten in Bezug auf die vorgegebene Zielsetzung und unter Berücksichtigung der persönlichen Voraussetzungen (Lernstrategiewissen, Wissensvoraussetzungen, usw.) systematisch zu planen, seine Lernaktivitäten zu steuern, den Lernprozess zu überwachen und das Lernergebnis zu kontrollieren. So ist Ralph auch nicht in der Lage, seine einfachen und rudimentären Lernstrategien wirkungsvoll anzuwenden.
Folgende Defizite in der Steuerung von Lernstrategien lassen sich unterscheiden:
- Vorhandenes Lernstrategiewissen wird nicht angewendet (Produktionsdefizit).
- Die Anwendung von Strategien wird ungenügend überwacht und kontrolliert (Kontrolldefizit).
- Lernstrategien werden nicht auf neue verwandte Aufgabenbereiche übertragen (Transferdefizit).
- Eine einzelne Lernstrategie wird nicht in eine Gesamtstrategie integriert (Integrationsdefizit).

Diese oben genannten Defizite des Lerners oder der Lernerin treten verstärkt in folgenden unterrichtlichen Lernsituationen auf:
- Der Schwierigkeitsgrad oder die Komplexität einer Aufgabe übersteigt das von dem Schüler oder der Schülerin momentan verfügbare Lernstrategiewissen.

– In Drucksituationen (z. B. Prüfung in einer festgelegten Zeit) sind Lernerinnen und Lerner mit metakognitiven Lernschwächen nicht in der Lage, noch nicht automatisierte Lernstrategien effizient anzuwenden.
– Eine neuartige Problemstellung wird den Lernenden vorgelegt.

Die Indikation der Methoden bzw. der Instrumente ist abhängig sowohl von Bedingungen des Lerners bzw. der Lernerin als auch der Lehr-Lernbedingungen.

3.7.4 Intervention

Das Ziel der Intervention besteht darin, dass Ralph metakognitives Wissen über sein eigenes Denken und Lernen, über die Art von Lernaufgaben sowie über die Bedingungen solcher Aufgaben erwirbt und anzuwenden lernt. Die fünf Instrumente zur Reflexion und Anregung des metakognitiven Wissens werden situations- und personspezifisch angewendet:

Lernpartnerschaft: Ralph arbeitet über längere Zeit mit demselben Lernpartner zusammen. Sie unterstützen sich gegenseitig beim Lernen und werden so mit der Lernbiografie des andern vertraut. Die Lernpartner finden mittels einer Lernpartnerannonce zueinander. Analog zur Partnerannonce in Zeitungen und Zeitschriften entwerfen die Lernenden eine Lernpartnerannonce: „So bin ich als Lerner/in …" – „So wünsche ich mir meinen Lernpartner bzw. meine Lernpartnerin …".

Arbeitsheft: Im Arbeitsheft hält Ralph 'denkwürdige' Metakognitionen fest. Wenn ihm beim Lernen wichtige Dinge auffallen, unterbricht er den Lernvorgang, um diese Beobachtung schriftlich festzuhalten. Auf diese Weise werden die zentralen Erfahrungen während des Arbeitsprozesses fortlaufend dokumentiert. Die Eintragungen werden entweder vom Lehrer, Therapeuten oder dem Lernpartner aufgegriffen und diskutiert.

Zudem plant Ralph sein Vorgehen im Arbeitsheft. Zur Förderung der Selbststeuerung formuliert Ralph auch Selbstinstruktionen, die geplantes Vorgehen unterstützen sollen (z. B. „Ich achte darauf, dass ich alles weglege und ich mich voll auf die nächste Aufgabe konzentriere. Sobald ich ein komisches Gefühl habe, halte ich und überlege, warum das so ist!"). Hierzu können auch Stopp-Regeln (mit entsprechenden Visualisierungen) vereinbart werden; sie bewirken, dass der Lernprozess unterbrochen wird und metakognitive Überlegungen angestellt werden.

Ausführungsmodell: An handlungsbezogenen, einfachen Aufgaben demonstriert ein Mitschüler laut denkend, wie er konkret vorgeht. Anschliessend wird das Vorgehen von Ralph nochmals beschrieben und auf eine ähnliche Aufgabe übertragen.

Arbeitsrückblick: Im Lernjournal hält Ralph wichtige Lernerfahrungen und Selbstverbalisationen fest und bespricht diese regelmässig mit der Lehrperson. Die Lehrperson bestimmt mit Ralph konkrete Hinweise im Sinne von Unterstützungs- (Konzentration) und Lernstrategien.

Beim Zusammenspiel der Instrumente ist das Geschick der Lehrperson gefordert und Beizug von allfälligen Speziallehrpersonen. Die Unterstützung muss mit allen beteiligten Lehrpersonen koordiniert erfolgen und erfordert Geduld und langfristiges Denken.

3.8 Folgerungen für Lehrpersonen

An Stelle eines Fazits dienen die folgenden Fragen zur Selbstprüfung:
1. *Lernen ist immer individuell.* Das eigene Lernverhalten zu verstehen, ist daher eine wichtige Voraussetzung für eigenständiges Lernen. Wird in den einzelnen Fächern thematisiert, *wie* die einzelnen Lernenden gelernt haben? Werden die Lernenden zur Selbstbeobachtung angeregt? Werden die Erfahrungen untereinander ausgetauscht?
2. *Fehler sind momentan optimale Lösungsversuche.* Irr- und Umwege erlauben Rückschlüsse auf Fehlstrategien und Wissenslücken. Werden Fehler daraufhin analysiert, wie sie verursacht worden sind und künftig vermieden werden können?
3. Eigenständig Lernende sind erfolgreich, weil sie über *reiches, gut organisiertes Wissen* verfügen, das sie bei der Lösung von Aufgaben flexibel und reflexiv nutzen. Wird Wissen darauf geprüft, ob die Lernenden es verstanden haben, oder wird es für Klausuren nur auswendig gelernt und ohne tieferes Verständnis wiedergegeben? Wird neu aufgebautes Wissen in verschiedenartigen Situationen angewendet? Wird es mit bereits erworbenem Wissen verknüpft? Werden Übersichten erarbeitet?
4. Lernexperten wissen, wo sie *sich relevante Informationen beschaffen* können. Zeigen die Lehrenden, welche Informationsquellen sie benutzen und wie sie das tun? Stehen den Lernenden diese Quellen zur Verfügung? Werden sie zum Umgang damit angeleitet?
5. Erfolgreich Lernende *planen* ihr Vorgehen selbst, arbeiten *frage- oder zielgesteuert* und *beurteilen* das Ergebnis ihrer Arbeit *selbstständig*. Gehen die Lektionen für alle einsichtig von Fragen der Lernenden und Lehrenden aus? Wird den Lernenden Gelegenheit geboten, ihr Lernen (z. B. in Projektarbeiten) selbst zu planen und Ergebnisse selbst auszuwerten? Wird überprüft, welche Fragen beantwortet worden und welche offen geblieben sind?
6. Eigenständig lernen kann eine Schülerin oder ein Schüler auch, wenn sie/er ausserhalb der Schule Wissen erwerben, Probleme lösen und intelligent handeln. Werden *Gelegenheiten für ausserschulische Anwendungen* geschaffen? Wird zu ausserschulischem Lernen angeregt? Werden Bezüge hergestellt zwischen dem Schullernen und ausserschulischem Lernen?
7. Die eigenständig Lernenden sind von der Sache, die sie lernen, gefesselt, d. h. sie sind *intrinsisch motiviert*. Arbeiten die Schülerinnen und Schüler aus Interesse an der Sache oder vor allem, um genügende oder gute Noten zu erhalten? Wie werden die Interessen der Studierenden berücksichtigt?
8. Eine Didaktik, die eigenständiges Lernen fördern will, muss individuelle Lernwege erleichtern und stützen, muss *mehr anregen als anleiten*. Werden die Schülerinnen und Schüler ermuntert, ihre eigenen Wege zu gehen? Wird die Vielfalt der Lern- und Denkwege gefördert? Wird Eigeninitiative geschätzt und verstärkt?

9. Das *schriftliche Festhalten eigener Arbeits- und Lernerfahrungen* erfordert genaues Beobachten und differenziertes Verstehen. Was schriftlich ausgedrückt wird, kann auch besser anderen mitgeteilt werden. Werden Schülerinnen und Schüler angehalten, ihre Lernerfahrungen in Arbeitsheften oder Lernjournalen festzuhalten? Wie werden die dokumentierten Eigenerfahrungen individuell und in der Lehr- / Lerngemeinschaft genutzt?
10. *Lernpartnerschaften erleichtern das Lernen* und fördern die Teamarbeit. Erfolgreiche Argumentation muss gegenteilige Auffassungen miteinbeziehen, was die Koordination unterschiedlicher Gesichtspunkte erfordert. Die Einbettung des Lernens in eine Lernpartnerschaft gibt dem Verstehen den zusätzlichen Sinn der Verständigung. Werden Lernpartnerschaften oder sogenannte Tandems gefördert? Werden Arbeits- und Lernerfahrungen ausgetauscht, so dass zwischen den Lernenden ein Lerndialog entsteht?

Literatur

Aebli, Hans. (1983). *12 Grundformen des Lehrens.* Stuttgart: Klett Cotta.

Artelt, Condula & Moschner, Barbara (Hrsg.) (2005). *Lernstrategien und Metakognition.* Implikationen für die Forschung. Waxmann: Münster.

Baumert, Jürgen et al. (1999). *Fähigkeiten zum selbstregulierten Lernen als fächerübergreifende Kompetenz.* Deutschland. OECD Pisa.

Baumert, Jürgen et al. (Hrsg.). (2001). *PISA 2000.* Basiskompetenzen von Schülerinnen und Schülern im internationalen Vergleich. Leske + Budrich: Opladen.

Beck, Erwin; Borner, Annemarie & Aebli, Hans. (1986). Die Funktion der kognitiven Selbsterfahrung des Lehrers für das Verstehen von Problemlöseprozessen bei Schülern. *Unterrichtswissenschaft,* 3, 303–317.

Beck, Erwin; Guldimann, Titus & Zutavern, Michael. (1991). Eigenständig lernende Schülerinnen und Schüler. *Zeitschrift für Pädagogik,* 37, 735–768.

Beck, Erwin; Guldimann, Titus & Zutavern, Michael (Hrsg.). (1995). *Eigenständig lernen.* Fachverlag für Wissenschaft und Studium: St. Gallen.

Bereiter, Carl & Scardamalia, Maria. (1987). *The psychology of written composition.* Hillsdale, NJ: Erlbaum.

Boekaerts, Monique (1999): Self-regulated learning: Where we are today. In: *International Journal of Educational Research.* 31. 445–475.

Brophy, John. (1984): The teacher as thinker: Implementing instruction. In Gerald Duffy, Laura Roehler & Jana Mason (Eds.), *Comprehension instruction* (p. 71–92). New York: Longman.

Brown, Ann Leslie. (1975): The development of memory: Knowing, knowing about knowing, and knowing how to know. In William Reese (Ed.), *Advances in child development and behavior.* Bd. 10, (p. 103–152). New York: Academic Press.

Brown, Ann Leslie. (1984): Metakognition, Handlungskontrolle, Selbststeuerung und andere, noch geheimnisvollere Mechanismen. In Franz E. Weinert & Rainer H. Kluwe (Hrsg.), *Metakognition, Motivation und Lernen* (S. 60–108). Stuttgart: Kohlhammer.

Brown, Ann Leslie & Campione, Joseph. (1981): Inducing flexible thinking: the problem of access. In John P. Friedmann, John P. Das & Neil O'Conner (Eds.): *Intelligence and learning.* New York: Plenum Press.

Brown, Ann Leslie & Palinscar, Annemarie S. (1989): Guided, cooperative learning and individual knowledge acquisition. In Lauren B. Resnick (Ed.): *Knowing, learning and instruction* (p. 393–451). Essays in honor of Robert Glaser Hillsdale. NJ: Erlbaum.

Cohen, Elisabeth G. (1994): Restructuring the Classroom: Conditions for Productive Small Groups. *Review of Educational Research,* 64 (1), 1–35.

Dansereau, Donald F. (1988). Cooperative learning strategies. In Claire E. Weinstein, Ernst T. Götz & Patricia A. Alexander (Eds.), *Learning and study strategies* (p. 103–120). Issues in assessment, instruction and evaluation. New York: Academic Press.

Deci, Edward L. & Ryan, Richard M. (1991). A motivational approach to self: Integration in personality. In: Dienstbier, R. (Ed.) *Nebraska symposium on motivation*: Perspectives on motivation. 38, 237–288. Lincoln, NE.

Deci, Edward L. & Ryan, Richard M. (1993). Die Selbstbestimmungstheorie der Motivation und ihre Bedeutung für die Pädagogik. *Zeitschrift für Pädagogik, 39* (2), 223–238.

Doise, Willem & Mugny, Gabriel. (1984). *The social development of the intellect.* Oxford, England: Pergamon Press.

Dörner, Dietrich. (1978). Self Reflection and Problem Solving. In Friedrich Klix (Ed.), *Human and Artifical Intelligence* (p. 101–107). Berlin: Deutscher Verlag der Wissenschaften.

Duffy, Gerald & Roehler, Laura G. (1989). Why strategy instruction is so difficult and what we need about it. In Christine McCormick, Gloria Miller, G. & Michael Pressley, (1989), *Cognitive Strategy Research: From Basic Research to Educational Applications* (p. 133–154). New York: Springer.

Flavell, John H. (1977). *Cognitive development.* Englewood Cliffs, NJ: Prentice-Hall.

Flavell, John H. & Wellmann, Henry M. (1977). Metamemory. In Robert V. Kail & John W. Hagen (Eds.), *Perspectives on the development of memory and cognition* (p. 3–33). Hillsdale: N.J.

Flower Linda & Hayes, John. (1980): The dynamics of composing: Making plans and juggling constraints. In Lee W. Gregg & Erwin R. Steinberg (Eds.), *Cognitive processes in writing* (p. 31–50). Hillsdale, NJ: Erlbaum.

Glaser, Robert. (1991). The maturing of the relationsships between the science of learning and cognition and educational practice. *Learning and Instruction,* 1, 129–144.

Greeno, James G. & Riley, Mary S. (1984). Prozesse des Verstehens und ihre Entwicklung. In: Franz E. Weinert & Rainer H. Kluwe (Hrsg.), *Metakognition, Motivation und Lernen* (S. 252–274). Stuttgart: Kohlhammer.

Guldimann, Titus. (1996). *Eigenständiger Lernen.* Selbstverlag: Horn.

Guldimann, Titus & Lauth, Gerhard W. (2004). Förderung von Metakognition und strategischem Lernen. In Gerhard Lauth, Gerhard, Matthias Grünke & Joachim Brunstein (Hrsg.), *Interventionen bei Lernstörungen* (S. 176–186). Hogrefe: Göttingen.

Hasselhorn, Marcus. (1992). Metakognition und Lernen. In Günter Nold (Hrsg.), *Lernbedingungen und Lernstrategien* (S. 35–64). Tübingen: Narr Verlag.

Hasselhorn, Marcus. (1996). *Kategoriales Organisieren bei Kindern.* Zur Entwicklung einer Gedächtnisstrategie. Göttingen: Hogrefe.

Johnson, Davis W. & Johnson, Roger T. (1989). *Collaboration and cognition.* University of Minnesota: Cooperative Learning Center.

King, Alison. (1990). Enhancing peer interaction and learning in the classroom through reciprocal questioning. *American Educational Research Journal, 27* (4), 664–687.

Lockl, Kathrin & Schneider, Wolfgang. (2007). Entwicklung Metakognition. In Marcus Hasselhorn & Wolfgang Schneider (Hrsg.), *Handbuch der Entwicklungspsychologie* (S. 255–265). Hogrefe: Göttingen.

Mandl, Heinz & Friedrich, Helmut F. (Hrsg.). (2006). *Handbuch Lernstrategien.* Göttingen: Hogrefe.

Mandl, Heinz & Friedrich, Helmut F. (Hrsg.). *Lern- und Denkstrategien.* Analyse und Interventionen. Göttingen: Hogrefe. 1992.

Mandl, Heinz; Gruber, Hans & Renkl, Alexander. (1991). *Kontextualisierung von Expertise.* Forschungsbericht Nr. 2, Ludwig-Maximilians-Universität, München.

Meichenbaum, Donald & Asarnow, Joan. (1979). Cognitive-Behavior Modification and Metacognitive Development: Implications for the Classroom. In Paul Kendau & Stewart Hollon (Eds.), *Cognitive-Behavioral Interventions: Theory, Research and Procedures* (p. 11–35). New York: Academic Press.

Nelson, Thomas O. & Narens, Louis. (1994). Why investigate metacognition? In John Metcalfe & Arthur P. Shimamura (Eds.), *Metacognition. Knowing about knowing* (p. 1–11). Cambridge, MA: MIT Press.

Palincsar, Anemarie S. & Brown, Ann Leslie. (1984). Reciprocal teaching of comprehension fostering and comprehension monitoring activities. *Cognition and Instruction, 1*, 117–175.

Palincsar, Anemarie S. (1986). The role of dialogue in providing scaffolded instruction. *Educational Psychologist, 21*, 73–98.

Perret-Clermont, Anne-Nelly. (1980). *Social Interaction and Cognitive Development in Children.* London: Academic Press.

Piaget, Jean. (1976). *The grasp of consciousness.* Cambridge, Mass.: Harvard University Press.

Piaget, Jean. (1978). *Success and understanding.* Cambridge, Mass.: Harvard University Press.

Pintrich, Paul R. (2000). The role of goal orientation in self-regulated learning. In Monique Boekaerts, Paul R. Pintrich & Moshe Zeidner (Eds.), *Handbook of self-regulation* (p. 451–502). San Diego: Academic Press.

Pressley, Michael; Borkowski, John G. & Schneider, Wolfgang. (1987). Cognitive strategies: Good strategy users coordinate metacognition and knowledge. In: Ross Vasta & Grower Whitehurst (Eds.). *Annuals of Child Development, 4*, 89–129.

Pressley, Michael; Wood, Edward; Woloshyn, Vera E.; Martin, Van; King, Alison & Menke, Daniel (1992): Encouraging Mindful Use of Prior Knowledge: Attempting to Construct Explanatory Answers Facilitates Learning. *Educational Psychologist, 27* (1), 91–109.

Reusser, Kurt (2006). Konstruktivismus – vom epistemologischen Leitbegriff zur Erneuerung der didaktischen Kultur.. In Matthias Baer, Matthias et al. (Hrsg.), *Didaktik auf psychologischer Grundlage* (S. 151–168). Bern: h.e.p. Verlag.

Schneider, Wolfgang; Körkel, Joachim & Weinert, Franz E. (1990). Expert knowledge, general abilities, and text processing. In Wolfgang, Schneider & Franz E. Weinert (Eds.), *Interactions among aptitudes, strategies, and knowledge in cognitive performance* (p. 235–251). New York: Springer-Verlag.

Schneider, Wolfang & Weinert, Franz E. (Eds.). (1990). *Interactions Among Aptitudes, Strategies, and Knowledge in Cognitive Performance.* New York: Springer.

Schunk, Dale H. (1987). Peer Models and Children's Behavioral Change. *Review of Educational Research, 57* (2), 149–174.

Schunk, Dale H. & Hanson, Anthony R. (1985). Peer Models: Influence on Children's Self-Efficacy and Achievement. *Journal of Educational Psychology, 77* (3), 313–322.

Shuell, Thomas J. (1988): The role of the student in learning from instruction. *Contemporary Educational Psychology, 13*, 276–295.

Smith, Deborah & Lovitt, Tom. (1976). Differential effects of reinforcement contingencies on arithmetic performance. *Journal of Learning Disabilities, 9*, 21–29.

Simons, Paul R. (1992). Lernen – selbständig Lernen – ein Rahmenmodell. In Heinz Mandl & Helmut F. Friedrich (Hrsg.), *Lern- und Denkstrategien* (S. 25–264). Göttingen: Hogrefe.

Vauras, Marta. (1989). *Modeling: A Powerful Tool in Teaching Metacognition and Text Processing Strategies?* Paper at the Third European Conference for Research on Learning and Instruction, Madrid.

Volet, Simone E. (1991). Modelling and coaching of relevant metacognitive strategies for enhancing university student's learning. *Learning and Instruction, 1*, 319–336.

Vygotsky, Lev S. (1978). *Mind in society.* Cambridge, Mass.: Harvard University Press.

Wang, Margret C.; Haertel, Geneva D. & Walberg, Herbert J. (1990): What Influences Learning? A Content Analysis of Review Literature. *Journal of Educational Research*, Sept. / Oct., *84* (1), 30–43.

Webb, Noreen M. (1989). Peer interaction and learning in small groups. *International Journal of Educational Research, 13*, 21–40.

Webb, Noreen M. (1993). Testing a theoretical model of student interaction and learning in small groups. In Roger Hertz-Lazarowitz & Nora Miller (Eds.), *Interaction in cooperative groups: The theoretical anatomy of group learning* (p. 102–119). New York: Cambridge Universitiy Press.

Weinert, Franz E. (1984). Metakognition und Motivation als Determinanten der Lerneffektivität: Einführung und Überblick. In: Franz E. Weinert & Rainer H. Kluwe (Hrsg.), *Metakognition, Motivation und Lernen* (S. 9–21). Stuttgart: Kohlhammer.

Weinert, Franz E. (1994). Lernen lernen und das eigene Lernen verstehen. In Kurt Reusser & Marianne Reusser-Weyeneth (Hrsg.), *Verstehen. Psychologische Prozesse und didaktische Aufgabe* (S. 183–206). Bern: Huber Verlag.

Weinert, Franz E. & Waldmann, Marion R. (1985). Das Denken Hochbegabter – Intellektuelle Fähigkeiten und kognitive Prozesse. *Zeitschrift für Pädagogik, 31,* 789–804.
Weinert, Franz E. & Kluwe, Rainer H. (Hrsg.). (1984). *Metakognition, Motivation und Lernen.* Stuttgart: Kohlhammer.
Zimmerman, Barry J. (2000). Attaining self-regulation: A social cognitiv perspective. In Monique Boekaerts, Paul R. Pintrich, & Moshe Zeidner (Eds.), *Handbook of self-regulation* (p. 13–39). San Diego: Academic Press.

Anregungen zur Reflexion

1. *Über das eigene Lernen nachdenken*
   Das eigene Lernen verstehen ist eine Voraussetzung für eigenständiges Lernen.
   ➢ Wann denken Sie über ihr Lernen nach? Oder wie die NZZ in ihrer Werbung provokativ meinte: Wo lassen Sie denken?
   ➢ Stellen Sie sich vor, Sie müssten sich als Lerner bzw. Lernerin andern vorstellen. Wie würden Sie sich als Lerner bzw. Lernerin charakterisieren?
2. *Schülerinnen und Schüler anregen, über ihr Lernen nach zu denken*
   Leiten Sie Schülerinnen und Schüler in neuen oder schwierigen Situationen an, über folgende Aspekte ihres Lernens nachzudenken:
   ➢ Selbstwahrnehmung der eigenen Person
      – Was lerne ich momentan?
      – Kann ich unter den momentanen Bedingungen gut lernen?
      – Ist mein Lernprozess erfolgreich?
   ➢ Wissen über Lernaufgaben
      – Aufgabentyp: Um welchen Aufgabentyp handelt es sich?
      – Vorwissen aktivieren: Welche Kenntnisse sind notwendig, um diese Aufgabe zu lösen?
      – Lösungswege bestimmen: Wie gehe ich bei diesem Aufgabentyp am besten vor?
   ➢ Wissen über Lernstrategien
      – Lernstrategie / n auswählen: Welche Strategie ist in dieser Situation erfolgreich?
      – Merkmale der Lernstrategie: Worauf muss ich bei der Anwendung achten?
      – Kontrolle: Wie kontrolliere ich die Anwendung und den Erfolg der Strategie?
3. *Vier Schritte für den Umgang mit Fehlern*
   Fehler sind momentan optimale Lösungsversuche und bieten Einblicke in nicht geglückte Lösungen. Vier Schritte können im Umgang mit Fehler hilfreich sein:
   I   Schritt Fehlersensibilität: Etwas kann hier nicht stimmen. Was ist falsch?
   II Schritt Fehleranalyse: Welches Wissen fehlt, um die Aufgabe richtig zu lösen? Welcher Vorgehensschritt ist falsch?
   III Schritt Fehlerkorrektur: Anwendung des neuen Wissens oder Vorgehens
   IV Schritt Fehlerprävention: Als Fazit formuliere eine eigene Regel als Vorsatz.

Weiterlesen

Artelt, Cordula, Moschner, Barbara. (Hrsg.). (2005). *Lernstrategien und Metakognition. Implikationen für Forschung und Praxis.* **Waxmann. Münster.**
In diesem Herausgeberband finden sich Artikel zum Thema Lernstrategien und Metakognition in praxisnahen Kontexten. Neben methodologischen Fragen zur Erfassung von Lernstrategien und ihre Wirkung auf den Lernerfolg, werden Projekte zur Förderung von Lernstrategien vorgestellt.
Beck, Erwin, Guldimann, Titus, Zutavern, Michael. (Hrsg.). (1995). *Eigenständig lernen. Fachverlag für Wissenschaft und Studium*: **St. Gallen.**
Die Beiträge in diesem Herausgeberband kreisen um die Frage, wie in der Schule eigenständiges Lernen der Schülerinnen und Schüler gefördert werden können.

Lockl, Kathrin, Schneider, Wolfgang. (2007). Entwicklung Metakognition. In Marcus Hasselhorn, & Wolfgang Schneider (Hrsg.), *Handbuch der Entwicklungspsychologie* **(S. 255–265). Hogrefe: Göttingen.**
Im Artikel wird über entwicklungspsychologische Erkenntnisse berichtet, welche wichtigen Implikationen für die Förderung des eigenständigen Lernens darstellen. Die Relevanz der Entwicklung von Metakognitionen zeigt sich in angewandten Fragestellungen wie der Bedeutung der Metakognition für die Textverarbeitung als auch für Überwachungs- und Selbstregulationsstrategien.

Mandl, Heinz, Friedrich, Helmut F. (Hrsg.). (2006). *Handbuch Lernstrategien.* **Göttingen: Hogrefe.**
In 32 Beiträgen berichten wird über den aktuellen Stand der Forschung über Lernstrategien, ihre Bedingungen und ihre Auswirkungen auf das Lernen berichtet. Die Beiträge sind klar forschungsbezogen und eigenen sich kaum als Anregung für die direkte Anwendung in der Schule.

Weinert, Franz E., Kluwe, Rainer H. (Hrsg.). (1984). *Metakognition, Motivation und Lernen.* **Kohlhammer: Stuttgart.**
Eines der Schlüsselwerke zu Fragen der Selbstregulation mit u. a. Beiträgen von Brown, Flavell, Campione, Chi, Glaser und Greeno. Die Beiträge lassen sich den drei Themen Metakognition, Attributionsstile und Lernen zuordnen.

Brennpunkte

Jürg Rüedi

4. Disziplin im Unterricht

4.1 'Disziplin im Unterricht' – ein umstrittener Begriff

Disziplin ist ein heute kontrovers diskutierter Begriff. In der Öffentlichkeit ist der Ruf nach mehr Disziplin in den letzten Jahren immer häufiger zu vernehmen. Gefordert wird zusätzlich – oft im Rahmen einer konservativen Wende – die Rückkehr zu Ordnung und schulischer Leistung. In der deutschsprachigen Erziehungswissenschaft sind gegenüber dem Begriff 'Disziplin' Zurückhaltung und Skepsis festzustellen. Diese haben ihre Gründe, die es ernst zu nehmen gilt. Ebenso ernst genommen werden sollen aber auch diejenigen Stimmen aus dem breiten Feld der Erziehungswissenschaft, die von der vergessenen „pädagogische(n) Verantwortung" (Ahrbeck 2004) sprechen, wenn Kinder nicht erzogen, nicht gelenkt werden, wenn ihnen zu wenig oder keine Grenzen gesetzt werden, wenn die 'Disziplin' zu kurz kommt. Diese Stimmen *für* die Wahrnehmung der „pädagogische(n) Verantwortung" (ebd.) oder *für* die Verwendung des Begriffs 'Disziplin' werden bald zum Zug kommen. Vorher wird die Skepsis Raum erhalten: Welche Gründe sprechen *gegen* eine Verwendung des Begriffs 'Disziplin'? Wie kommt etwa Arnold (2007) dazu, 'Aberglaube Disziplin' zu titeln? Diesen Fragen will ich im Kapitel *Gründe gegen die Verwendung des Begriffs 'Disziplin'* nachgehen.

4.1.1 Gründe *gegen* die Verwendung des Begriffs 'Disziplin'

Nach 1968 wurde der 'Disziplinbegriff' von den meisten Autorinnen und Autoren im deutschen Sprachraum gemieden (vgl. Rüedi 2002, S. 33f.). Fend äussert dazu einen 'Generalverdacht. Er besteht darin, dass es im Rahmen der derzeitigen pädagogischen Kultur nicht mehr opportun erscheint, von Disziplin zu sprechen. Dies scheint ein Begriff zu sein, der aus dem pädagogischen Inventar des 19. und der ersten Hälfte des 20. Jahrhunderts stammt. Natürlich ist damit nicht das Thema und das Problem verschwunden. Es wird möglicherweise heute anders kodiert, hier aber noch nicht genügend elaboriert. Die entsprechenden Begriffe, die bis heute akzeptabler erscheinen, könnten zum Beispiel sein:
– Herstellung einer konzentrierten Arbeitsatmosphäre
– Herstellung von Aufmerksamkeit

- Rhythmisierung und Motivation für Steigerung von Interesse
- Sozialerziehung: Schaffen einer friedlichen sozialen Situation
- Herstellung einer tragfähigen Beziehung im Sinne von Vertrauen und der Wahrnehmung, akzeptiert und geführt zu sein" (Fend 2000).

Ins Reich des Aberglaubens und der pädagogischen Verlegenheit verweist Arnold (2007) den Begriff der schulischen „Disziplin". Er argumentiert: „'Disziplin' ist ... ein traditionsbelasteter Begriff, und es ist eine durchaus problematische Tradition, die mit ihm fort- und wieder auflebt. Er entstammt dem Kasernenhof und der Vorstellung des 'unbedingten' Gehorsams. 'Disziplin' hat zudem den Vorzug, dass jeder weiss oder zu wissen scheint, was damit gemeint ist. Es ist ein Erleichterungsbegriff – gerade für gestresste Erzieher, Eltern und Lehrer. 'Disziplin' geht nämlich mit einem heimlichen Versprechen einher, dem Versprechen, endlich Handlungsgewissheit, Wirksamkeit und Ruhe zu schaffen. 'Ein Lob der Disziplin' rennt deshalb offene Türen bei denen ein, die überfordert und ratlos sind. Doch erliegen sie einer Illusion, der Illusion eines pädagogischen Passepartouts, so, als gäbe es für alle Erziehungsprobleme nur eine einzige Lösung: die 'Wiederherstellung der Disziplin'." (Arnold 2007, S. 12)

Arnold bringt wesentliche Einwände der deutschsprachigen Erziehungswissenschaft auf den Punkt. Wenn ich am Begriff 'Disziplin im Unterricht' festhalte, so muss dieser Entscheid unter Berücksichtigung dieser berechtigten Einwände mit einer Neudefinition des Disziplinbegriffs einhergehen, die sich von einem autoritären Verständnis im Sinn „Je mehr Disziplin, desto besser"! klar abgrenzt. Um ein rückwärts gewandtes „Lob der Disziplin" (Bueb 2006), gegen das Arnold zu Recht Stellung nimmt, soll es im Weiteren gerade nicht gehen. Zeitgemässe Gründe *für* eine reflektierte Verwendung des Begriffs 'Disziplin' gibt es jedoch durchaus.

4.1.2 Gründe *für* die Verwendung des Begriffs 'Disziplin'

In den letzten Jahren mehren sich die Hinweise dafür, dass Erziehung im Sinn von Beeinflussung, Lenkung oder Grenzsetzung wieder mehr betont wird. „Eine Stärkung des Erziehungsgedankens ergibt sich", so Ahrbeck (2004, S. 158), „der unmittelbaren Not gehorchend, aus praktischen Notwendigkeiten. So wie bisher kann es in vielen Erziehungsfeldern nicht weitergehen. Deshalb nehmen Erziehungsfragen im weiteren Sinne im öffentlichen Diskurs einen grossen Raum ein. Zumindest ist ein Anfang zu einer Veränderung gemacht. Grenzsetzung ist eines der dominierendsten Schlagworte des letzten Jahrzehnts".

Disziplin und Grenzsetzung liegen nahe beieinander. Disziplin ohne Grenzen ist nicht denkbar, was für die Wiederverwendung des Disziplinbegriffs spricht. Dieser wurde im angloamerikanischen Sprachraum schon seit längerem in einem positiven Sinn verwendet. Nun mehren sich auch im deutschen Sprachraum die Stimmen, die wie Christina Buchner (2006) in ihrem Praxishandbuch „Disziplin – kein Schnee von gestern, sondern Tugend für morgen" von einem positiven 'Disziplin-Verständnis' ausgehen wollen. Die Rektorin einer Grundschule im Landkreis München und seit dreissig Jahren tätige Pädagogin ist sich der Begriffsproblematik als

Deutsche bewusst, hält aber gleichwohl am Disziplin-Begriff fest, weil sie Regeln für das menschliche Zusammenleben als notwendig erachtet: „Für jegliches menschliche Zusammenleben sind Regeln wichtig. Sie zu akzeptieren lernen Menschen in der Kindheit. Jeder von uns muss Dinge akzeptieren, die er nicht ändern kann." (Buchner 2006, S. 11)

Disziplin in der Schule hat für sie mit dem Akzeptieren solcher unerlässlicher Regeln zu tun. Ein wichtiges Ziel der Disziplin liegt darin, dass Schülerinnen und Schüler gewisse Grundsätze einhalten, welche gemeinsames Lernen in einem Klassenzimmer erst ermöglichen, so zum Beispiel Zuhören oder konzentriertes Aufpassen. Damit sind wir zu einer wichtigen Voraussetzung für einen sinnvollen zeitgemässen Disziplinbegriff gekommen: Disziplin im Unterricht darf nie zum Selbstzweck werden. Sie soll stets dem Ziel untergeordnet sein, Lernprozesse, „Kompetenzen und Verfügungskraft über sich selbst, somit Selbstdisziplin zu fördern" (Rüedi 2002, S. 23). Disziplin zu verlangen ist somit dann berechtigt, wenn die Lehrperson damit gewisse Voraussetzungen schafft, dass Fähigkeiten, Fertigkeiten und Kompetenzen der Schülerinnen und Schüler gefördert werden. Ein zentrales Ziel schulischer Disziplin ist die Verbesserung der Selbstdisziplin der Schülerinnen und Schüler. In den meisten Fällen lassen sich disziplinarische und inhaltliche Ziele in der Schule miteinander vereinen. Lehrpersonen planen ihren Unterricht so, wenn sie inhaltliche Lernziele in einem lernförderlichen (disziplinierten) Klassenklima anstreben. Mit ihren schriftlichen Unterrichtsvorbereitungen halten sie vor allem ihre inhaltlichen Lernziele sowie die jeweiligen methodischen Schritte fest, die Ebene der Klassenführung erhält meistens viel weniger Raum. Manchmal drängen sich allerdings die Fragen von Disziplin und Klassenführung nolens volens in den Vordergrund, etwa wenn ein Schüler seine Lehrperson herausfordert oder ihr widerspricht, ihr somit den Führungsanspruch streitig macht. Dann ist die Frage der Klassenführung aufgeworfen. Sie wird zur Überlebensfrage für die Lehrperson: „Wer hat hier das Sagen?"

Herzog (2002, S. 425f.) spricht davon, dass dann die Ebene der Klassenführung dominant werden kann: „Die Ebene der Klassenführung liegt tiefer als die Ebene der Lehrtätigkeit. Sie kann aber jederzeit dominant werden und den Unterricht auf der personalen Ebene stören. In der zugespitzten Form von Konrad Wünsche: 'Man plant Lernvorgänge, man weiss um das Telos, und dann kommen Kinder. Jetzt stellt sich die Ueberlebensfrage' (Wünsche 1976, S. 358). Für das psychische Überleben der Lehrkraft ist die Aufrechterhaltung der sozialen Ordnung im System Unterricht letzten Endes wichtiger als die Verwirklichung der didaktischen und pädagogischen Zwecke des Unterrichts. Nur wenn die Klasse sozial integriert ist, sind Ressourcen frei, die es dem Lehrer erlauben, Wissen zu vermitteln und die Schülerinnen und Schüler zum Lernen anzuhalten".

„Nur wenn die Klasse sozial integriert ist" (ebd.), gelingen der Lehrperson die Erfüllung ihres Berufsauftrages und persönliches Überleben in einem. Mit dieser prägnanten Formulierung ist unser Stichwort 'Disziplin im Unterricht' angesprochen. Unter 'Disziplin' verstehen gerade tätige Lehrpersonen diejenigen Bedingungen, die erfüllt sein müssen, damit sie ihren Berufsauftrag erfüllen und zugleich psychisch überleben können. An dieses verbreitete, positiv gefärbte Verständnis sollte die Erziehungswissenschaft dergestalt anknüpfen, dass sie den Begriff 'Disziplin im Unterricht' aufgreift, sich dieser lebens-, ja überlebenswichtigen Fragen annimmt und sie ins Zentrum ihrer Forschungs- und Lehrbemühungen stellt. Dann fühlen sich Lehrpersonen verstanden, wenn die erziehungswissenschaftliche Forschung untersucht, was Disziplin ist und wie sie erreicht werden kann. An ein neokonservatives „Lob der Disziplin" (Bueb 2006) muss sie damit nicht anknüpfen. Vielmehr wird der Disziplinbegriff neu definiert und von einem neokonservativen Verständnis abgegrenzt. So überlässt die Erziehungswissenschaft der neokonservativen Strömung nicht die Definitionsmacht, sondern bringt ihre Erkenntnisse ein, was dringend nötig ist[1].

Für die Neudefinition eines zeitgemässen Disziplinbegriffs sowie für eine sinnvolle Abgrenzung von neokonservativen Vereinnahmungsversuchen à la Bueb ist die Tradition der antinomischen Denkweise hilfreich. Diese sowie ihre Bedeutung für ein zeitgemässes Verständnis von Disziplin im Unterricht werden im nächsten Kapitel dargestellt.

4.1.3 Plädoyer für ein antinomisches Verständnis von Disziplin im Unterricht[2]

Mit der Forderung, dass Disziplin nie zum Selbstzweck werden darf, haben wir bereits eine erste Bedingung für ein zeitgemässes Disziplinverständnis formuliert. Dieser Gefahr, dass Disziplin zum Selbstzweck wird, erliegt Bueb (2006, S. 11), wenn er die „vorbehaltlose Anerkennung von Autorität und Disziplin" fordert, eine Wendung, die einen nach den Schrecken des Zweiten Weltkriegs erschaudern lässt. Arnold fordert darum zu Recht, dass, wer die Disziplin vorbehaltlos lobt, auch etwas zu den historischen Situationen sagen muss, „in denen es die Deutschen zu einer vorbildlichen Disziplin gebracht haben. Es lief alles 'wie am Schnürchen' in den Schulen, auf den Kasernenhöfen, aber auch in den Konzentrationslagern. Wer diszipliniert wird, ist mundtot. Wer einer Disziplin unterworfen wird, handelt nicht aus Überzeugung. Disziplin ohne Selbst führt zu einer Entfremdung vom Selbst. Das Ergebnis sind Menschen, die sich nicht wirklich in eine Beziehung setzen können zum Gegenüber, die mechanischen Regeln und Vorgaben zu folgen gelernt haben." (Arnold 2007, S. 15)

Wenn Regeln und Vorgaben zum Selbstzweck werden, bestehen die Gefahren des blinden Gehorsams und der Unterwerfungsbereitschaft – veranschaulicht in der alten Wendung: „Paragraph eins heisst: Der Lehrer hat immer Recht. Sollte er einmal nicht Recht haben, tritt Paragraph eins in Kraft..." Mit dieser Einstellung erzog die frühere Schule gerade nicht zu Kritikfähigkeit und Mündigkeit, sondern zum geistigen Dahindämmern. Arnold fordert darum folgerichtig statt eines „Lobes der

---

[1] Die Publikation „Vom Missbrauch der Disziplin", 2007 herausgegeben von Micha Brumlik als „Antworten der Wissenschaft auf Bernhard Bueb" zeigt, dass sich die Erziehungswissenschaft dieser Gefahren durchaus bewusst geworden ist. Brumlik (2007, S. 10) bezeichnet seine Publikation denn auch als „Interventionsschrift". Besser als Intervention ist bekanntlich Prävention ...

Disziplin" ein „Lob des Vorbehaltes" (ebd.), womit wir beim bereits im Titel angedeuteten antinomischen[2] Verständnis von Disziplin angelangt sind. Damit ist ein flexibles Denken gemeint, das Widersprüche erkennt und diese nicht aus innerem Zwang vereinfachen muss. Auf die Lehrperson bezogen: Sie muss zwar über eine gewisse Strenge in der Klassenführung verfügen. Wenn sie aber nur noch streng ist, wenn ihre Strenge verabsolutiert wird, grenzt diese an Unmenschlichkeit oder Diktatur. Ein antinomisches Verständnis von Disziplin verhilft der Lehrperson zur Einstellung, „dass sie zur Erreichung der im Lehrplan vorgegebenen Ziele auf der Einhaltung von Disziplin bestehen muss, sonst ist sie verloren. Aber sie weiss auch zugleich, dass es Schlimmeres gibt auf dieser Welt, als einer Aufforderung des Lehrers zu widersprechen oder diese zu überhören. Antinomisches Denken ermöglicht eine gelassenere Haltung im Umgang mit disziplinarischen Forderungen in der Schule: Ich weiss als Lehrperson, dass ich im Sinne der Lernzielerreichung auf der Ausführung meiner Anordnungen bestehen muss, aber keine 'Rebellion' von Schülerinnen- oder Schülerseite berechtigt mich zu jähzornigem Insistieren oder gar zur Ohrfeige. Als Lehrperson muss ich darauf achten, dass mein Wort in der Schule gilt, aber wenn ich nur noch darauf bestehe, dass mein Wille auf Erden geschehe, wenn sich meine Optik auf die Vollstreckung meines Willens verengt, dann erniedrige ich mich selber zum Vater Höss, der seinem Sohn Rudolf beibrachte, dass 'Wünsche oder Anordnungen der Eltern, der Lehrer, Pfarrer usw., ja aller Erwachsenen bis zum Dienstpersonal unverzüglich durchzuführen bzw. zu befolgen' (Höss 1983, S. 25) sind. Als Lehrperson in den bestehenden Strukturen des heutigen Bildungswesens auf der Ausführung meiner Vorgaben zu bestehen, ist legitim und sinnvoll, aber wer nur und ausschliesslich auf der Einhaltung von Disziplin besteht, ist eine Pedantin, ein Pedant ohne jegliche Flexibilität, ohne Humor. Entscheidend ist die situationsgemässe Art und Weise, Disziplinforderungen zu stellen und damit umzugehen. Disziplin in der Schule ist nicht Selbstzweck, sondern dem Ziel untergeordnet, Kompetenzen und Verfügungskraft über sich selbst, somit Selbstdisziplin zu fördern." (Rüedi 2002, S. 22 f.)
Von einem solchen antinomischen Verständnis von Disziplin sei im Folgenden ausgegangen[3]: Schulische Disziplin ist eine Voraussetzung für Lehr- und Lernerfolg. Disziplin, zum Beispiel das Einhalten von gewissen Regeln durch die Lernenden, ist für das Gelingen schulischer Lernprozesse *notwendig*. Die Lernziele der Schule sind nur dank systematischer und langfristiger Anstrengungen erreichbar, nicht

---

[2] „Antinomia" heisst im Griechischen der Widerspruch des Gesetzes mit sich selbst. So lässt sich eine Aussage überzeugend begründen, ihr Gegenteil unter Umständen ebenso. Das antinomische Prinzip hat in der Geschichte der Pädagogik eine lange Tradition. Stellvertretend seien hier für die jüngste Vergangenheit Rainer Winkel (1988) oder Johannes Gruntz-Stoll (1999) erwähnt. Jörg Schlömerkemper titelte (2006, S. 281) die „Kompetenz des antinomischen Blicks". Die Transparentmachung von Antinomien ermögliche eine produktive Bearbeitung: „Dann wird sich eine grössere Gelassenheit im Umgang mit den Unsicherheiten pädagogischen Handelns einstellen und die Zufriedenheit im Beruf zunehmen" (a.a.O., S. 306).

[3] Heinz-Elmar Tenorth (2008) attestiert dem „Plädoyer für ein antinomisches Verständnis von Disziplin und Klassenführung" (Rüedi 2002) eine Annäherung ans Thema „aus analytischer Distanz und mit Sinn auch für die praktische Unausweichlichkeit des Problems".

indem man diese umgeht. Schulische Lernergebnisse sind die Folge von Anstrengungen, von Training und Übung, von Selbstdisziplin. Schulische Lernerfolge sind somit das Ergebnis gemeinsam erreichter Disziplin. Darauf muss die Lehrperson heute bestehen, ohne dass sie sich deswegen blind und vorschnell an diese Prinzipien bindet. Grundsätze sind nur gut, solange man Herr über sie bleiben kann.

4.2 Disziplin im Unterricht: Voraussetzungen für ihr Gelingen

Mit dem antinomischen Prinzip ist das Denken in der Kategorie des Widerspruchs angesprochen. Die Fähigkeit, Widersprüche zu analysieren und Vor- und Nachteile einer Handlungsweise zu erkennen, eröffnet in der Pädagogik wichtige Ausblicke. Das Dafür und das Dawider einer Handlungsmöglichkeit abwägen und Alternativen dazu in Betracht ziehen zu können, ist für 'Klassenführung' oder 'Klassenmanagement' von grösster Bedeutung. Vor fünfzig, sechzig Jahren wurde zukünftigen Lehrerinnen und Lehrern noch folgende 'Strategie' für die Klassenführung am ersten Schultag vermittelt: „Der erste Schüler, der aufbegehrt, dem geben Sie eine Ohrfeige, danach haben Sie Ruhe. Wenn Sie diese Chance verpassen, sind Sie nachher der Geplagte".[4]

Heute würde kein Lehrerbildner mehr einen solchen Rat erteilen. Erstens sind Ohrfeigen inzwischen im Unterricht zumindest in der Schweiz, Österreich und Deutschland sowie in zaleichen anderen Ländern verboten. Zweitens wissen wir heute, dass Ohrfeigen dem Kind und seiner psychischen Entwicklung schaden. Drittens sind solche Generalrezepte völlig untauglich, weil der zukünftigen Lehrperson so der Weg des Selber-Denkens, der Weg der eigenen Analyse und Diagnose der jeweiligen Unterrichtssituation verbaut würde. Diese Kompetenz der Diagnose der jeweiligen Unterrichtssituation muss in der Lehrpersonenausbildung jedoch gefördert und gelehrt werden, weil nur sie ein flexibles und situationsangemessenes pädagogisches Handeln ermöglicht. Sonst besteht die Gefahr der „Tunnelperspektive" (Lohmann 2003, S. 29), die den Blick auf alternative Denkrichtungen verstelle: „Wenn eine Disziplinierungsstrategie scheitert, wird z. B. häufig eine andere, stärker sanktionierende gewählt. Mit zweifelhaftem Erfolg: Mahnen, Drohen und Strafen sind die Massnahmen mit den geringsten Erfolgschancen".

Lohmann zeigt an einem Beispiel die Gefahren der „Tunnelperspektive": „Ein Lehrer fühlt sich in seinem Unterricht gestört durch einen Schüler, der permanent mit seinen Nachbarn Privatgespräche führt. Er ermahnt mehrfach, die Wirkung ist jeweils nur kurz. Sichtlich genervt verdonnert er den Schüler schliesslich zu einem Stundenprotokoll. Der Schüler weigert sich mit dem Hinweis, die Stunde sei schon zu zwei Dritteln vorüber, und die beiden verwickeln sich in eine Diskussion. Der

---

[4] Dies berichtete der Schweizer Primarlehrer Werner von Aesch in der Sendung „Disziplin in der Schule im Wandel der Zeit", Schweizer Fernsehen SF 1 am 8.12.2008, 22.50. Von Aesch unterrichtete von 1950 bis 1988 in Schlieren im Kanton Zürich.

Rest der Klasse hört erst interessiert zu, wendet sich jedoch nach und nach ab und führt ebenfalls Privatunterhaltungen." (Ebd.)

Dieser Lehrer hat nicht optimal reagiert. Nachdem seine erste Strategie der Ermahnung nicht den gewünschten Erfolg brachte, griff er zu einer noch stärkeren Sanktion, liess sich auf einen Zweikampf mit diesem gerne plaudernden Schüler ein – und vergass dabei die Klasse. Vielleicht plaudert dieser Schüler gerade dann gerne, wenn er weiss, wie der Lehrer reagieren wird: Der Schüler fischt mit der Rute, der Lehrer beisst an. Dies ist eine Gefahr, auf die schon der Individualpsychologe Rudolf Dreikurs[5] hingewiesen hat. Wir sollten sehr oft gerade nicht so reagieren, wie es der störende Schüler erwartet. Dies ist allerdings einfacher gesagt als getan. Im Unterricht muss die Lehrperson die Situation blitzschnell analysieren und dann dementsprechend reagieren. Niemand von uns beneidet den Fussballschiedsrichter, der in Sekundenbruchteilen entscheiden muss: Penalty oder nicht? Er hat keine Zeit zum Nachdenken. Auch die Lehrperson hat kaum Bedenkzeit, um zu überlegen, wie sie auf den schwatzenden Schüler reagieren soll. Die Strategie, ehrlich zu sein und der Klasse mitzuteilen: „Entschuldigt, ich brauche rasch 30 Sekunden, um meine pädagogische Reaktion auf Peters Schwatzen zu reflektieren", ist nicht anzuraten, ausser man wählt einmal bewusst die Überraschungsstrategie 'Komik'.

Damit sind wir bei einer mehrstufigen Herausforderung angelangt: Erstens muss die Lehrperson bei Störungen im Unterricht – und solche treten jeden Tag auf[6] – die jeweilige Situation richtig analysieren. Zweitens muss sie eine passende Strategie bzw. Handlungsmöglichkeit ableiten, und drittens muss sie sofort entscheiden, ob diese pädagogische Reaktion zu ihr als Person passt, für sie 'stimmt', damit sie echt und sicher vor der Klasse wirkt. Und bei alledem sollte die Lehrperson den Stoff, den Unterrichtsinhalt nicht aus den Augen verlieren.

Kehren wir nochmals zur Situation des schwatzenden Schülers – nennen wir ihn Christian – zurück. Wie hätte der Lehrer sonst reagieren können, anstatt im Sinn der „Tunnelperspektive" (ebd.) seine bisherige Sanktionierungsstrategie zu verstärken?

– Statt sich auf den schwatzenden Schüler einzulassen, hätte er eine spannende Frage aufwerfen und so den Fokus auf den Unterricht legen können. Lohmann spricht in diesem Zusammenhang von der Strategie 'Unterricht gestalten'. Im Glücksfall fühlt sich die Klasse von der überraschenden Frage angesprochen und zieht so Christian mit, der plötzlich seine letzte Bemerkung vergisst.

– Statt das unerwünschte Schülerverhalten zu modifizieren, hätte der Lehrer auch seinen Standort wechseln und den Unterricht unbeeindruckt fortsetzen können. Damit hätte er an seinem eigenen Verhalten gearbeitet, hätte der Versuchung des

---

[5] Dreikurs (1979, S. 160) sprach von den „vier Ziele(n) störenden Betragens" und meinte damit „Aufmerksamkeit", „Macht", „Vergeltung" und „Unzulänglichkeit zur Schau stellen". Immer sei es für die Eltern und Lehrpersonen wichtig, dass sie das erkennen würden, was die Kinder bei oder treffender zu diesen Verhaltensweisen motiviere, sonst würden sie falsch handeln und in die Falle tappen.

[6] Das Bewusstsein, dass Störungen zum Unterricht gehören wie das Amen zum Gebet, ist laut Lohmann sehr wichtig. Seine erste These lautet darum: „Störungsfreier Unterricht ist eine didaktische Fiktion!" (Lohmann 2003, S. 13).

reflexartigen Reagierens widerstanden und Christian ignoriert, wie dies in der Tradition der Lernpsychologie empfohlen wird.
- Eine weitere Reaktionsmöglichkeit besteht darin, den Namen des Schülers/der Schülerin zu nennen und ihn/sie zu bitten, nach der Stunde vorbeizukommen. So hätte Christian gemerkt, dass sein Verhalten dem Lehrer missfällt. Dadurch, dass sofort mit dem Stoff fortgesetzt wird, würde es ihm jedoch nicht gelingen, die Aufmerksamkeit der ganzen Klasse zu gewinnen.
- Der Lehrer hätte aber auch den direkten Weg wählen können, indem er Christian aufgefordert hätte, ruhig zu sein. Oder er hätte ihn fragen können: „Ist deine Bemerkung für die Allgemeinheit bestimmt oder privat?" So wäre Christian sofort vor eine Entscheidung gestellt worden.

Wenn wir dieses auf den ersten Blick harmlose und alltägliche Ereignis 'Plaudern' so genau unter die Lupe nehmen, merken wir unmittelbar, wie zahlreich die Reaktionsmöglichkeiten der Lehrperson sind oder sein können, wenn sie ihre Schülerinnen- und Schülerumwelt nicht mit der 'Tunnelperspektive' mustert. Erfolgreiches Klassenmanagement und erfolgreicher Umgang mit Unterrichtsstörungen haben mit dem Erkennen-Können mehrerer Handlungsmöglichkeiten zu tun. Erfolgreiche Lehrpersonen haben einerseits vielerlei Strategien für ihren Unterricht zur Verfügung und können andererseits reflektierend entscheiden, wann und warum sie mit welcher Strategie fortsetzen. Welche Strategien der Unterrichtsführung gibt es? Welche versprechen Erfolg? Mit solchen Fragen haben sich die Forschungen zum erfolgreichen Lehrerinnen- und Lehrerhandeln beschäftigt.

4.2.1 (Meta)Strategien erfolgreicher Lehrerinnen und Lehrer

Lehrer T. muss häufig in seinem Unterricht ermahnen. Allerdings zeigen seine Ermahnungen kaum Wirkung, sondern er muss viel Zeit für Appelle, Drohungen oder gar Strafen einsetzen. Eine Schülerin meint: „In seinem Unterricht läuft so wenig". Was läuft hier schief?
Eine präzise Antwort ist angesichts dieser wenigen Angaben nicht möglich, wir können lediglich Vermutungen anstellen. Es wären mehr Informationen nötig. Anlässlich von Unterrichtsbesuchen bei Lehrer T. erführe man wesentlich mehr über dessen Unterrichtsqualität. Eine erste Schlussfolgerung lässt sich jedoch bereits ziehen: Lehrer T. gelingt es nicht, seinen Unterricht über längere Zeit richtig auszuwerten und die notwendigen Konsequenzen daraus zu ziehen, sonst hätte er mehr Erfolg. Nur wenn in einem ersten Schritt die zutreffende Beurteilung des eigenen Unterrichts, seiner Stärken, aber auch seiner Schwächen, erfolgt, entsteht die Basis für erfolgreiche Lernprozesse der Lehrpersonen, nur dann erwerben diese erfolgreiche Strategien. Lohmann (2003, S. 44) titelt darum „Die Metastrategie für professionelles Handeln: zum reflektierenden Praktiker werden". Damit meint er, dass ein erfolgreicher Lehrer die Auswirkungen seines Handelns auf die Schülerinnen und Schüler kontinuierlich evaluiert und „aktiv nach Möglichkeiten zur Verbesserung und Professionalisierung seines Handelns sucht. Er ist bereit, seine durch Routinen verdichteten Wissensstrukturen aufzubrechen, neu zu reflektieren und zu bewerten, um sich neue Handlungsmöglichkeiten zu eröffnen." (Ebd.)

Bei Lehrer T. funktioniert diese aktive Suche nach Verbesserungsmöglichkeiten nicht: seine Ermahnungen – man könnte auch von seiner persönlichen Ermahnungsstrategie sprechen – bringen ihm keine Entlastung, keinen Erfolg. Im Gegenteil, er muss – so empfindet er es subjektiv – immer häufiger ermahnen, was einem Teufelskreis gleichkommt. Sein Unterricht kommt je länger, desto mehr zu kurz, was eine Schülerin zur Einschätzung veranlasst, in seinem Unterricht laufe so wenig.

Das Urteil der Schülerin ist wenig selbstkritisch. Eine andere Interpretationsmöglichkeit der Situation lautet: „Wir sind eine schwatzhafte Bande, auf die Herr T. mit Ermahnungen reagiert. Das scheint aber bei unserer Klasse nicht die richtige Strategie zu sein". Diese Interpretationsvariante würde die Beiträge beider Seiten berücksichtigen und wäre somit systemisch gedacht, in den Kategorien von Wirkung und Gegenwirkung. Andererseits ist die Sicht der Schülerin insoweit berechtigt, als dass eben die Lehrperson die Fachperson für Unterricht ist bzw. sein sollte. Lehrer T. müsste dafür besorgt sein, dass in seinem Unterricht etwas 'läuft'. An ihm liegt es, seinen Unterricht und damit sich selber ständig zu beobachten und so den Unterrichtserfolg zu gewährleisten. Der deutsche Unterrichtsforscher Andreas Helmke meint darum: „Die Fähigkeit und Bereitschaft, den eigenen Unterricht in seiner Gesamtheit jederzeit selbstkritisch zu hinterfragen, verfügbare Methoden und Werkzeuge (beispielsweise Schülerfeedback oder kollegiale Rückmeldung und Supervision zum Unterricht, oder Messung unterrichtlicher Wirkungen) zur Selbstdiagnose und -verbesserung einzuholen, ist ein zentrales und für den Unterrichtserfolg unabdingbares Merkmal der Lehrperson. Für mich ist es eine Schlüsselbedingung für die Verbesserung des eigenen Unterrichts." (Helmke 2004, S. 53) Mit dieser Fähigkeit zur „Selbstdiagnose (…) für die Verbesserung des eigenen Unterrichts" (ebd.) ist eine grundlegende Strategie erfolgreicher Lehrerinnen und Lehrer genannt. Weil guter Unterricht von zahlreichen Bedingungen und Voraussetzungen abhängt, muss die Lehrperson ein diagnostisches Auge, eine Offenheit für dieses breite Spektrum haben. Ein bekannter Witz spricht diese Thematik humorvoll an: „Ein angeheiterter Mann bewegt sich spätabends auf allen Vieren auf der Strasse vor einem Restaurant. Anscheinend sucht er verzweifelt etwas, dabei das Sprichwort 'Wer sucht, der findet' offensichtlich widerlegend. Ein Passant spricht ihn an, was er denn suche. Seine Hausschlüssel, meint der Mann. Daraufhin will der Passant wissen, warum er sie gerade hier unter der Strassenlampe suche. Der Suchende entgegnet: 'Ja wissen Sie, hier hat es das beste Licht!'". Der angeheiterte Mann suchte mit einem „Tunnelblick" (Lohmann 2003, S. 29) nach seinem Hausschlüssel und wird ihn vermutlich so kaum finden.

Auch die Lehrperson, welche mit einem 'Tunnelblick' ihren eigenen Unterricht beurteilen will, wird wohl scheitern, weil die Unterrichtsqualität von zahlreichen Faktoren, etwa von didaktischer Expertise wie Klarheit, Methodenvielfalt oder Individualisierung, von der Motivierungsqualität, von diagnostischer Expertise, von der Qualität des Lehr- und Lernmaterials oder von der Art der Klassenführung abhängt. Wenn sich die folgenden Ausführungen im Kapitel *Konkrete Strategien für Klassenführung und Disziplinmanagement / Checklisten* um Diagnose und

Verbesserungsmöglichkeiten der eigenen *Klassenführung* drehen, werden wir uns somit besonders auf einen Ausschnitt des weiten Themas 'Unterrichtsqualität' (Helmke 2004) konzentrieren. Im folgenden Abschnitt stelle ich Strategien zur Beobachtung und Verbesserung der eigenen Klassenführung, des „Disziplinmanagements" (Keller 2008) dar.[7]

4.2.2 Konkrete Strategien für Klassenführung und Disziplinmanagement/Checklisten

Angesichts der Bedeutung des diagnostischen Erkennens von Stärken und Schwächen der eigenen Klassenführung, des eigenen Diszplinmanagements[8] wundert es nicht, dass es in der Fachliteratur vielerlei Anleitungen oder gar Diagnosebögen/ Checklisten für diese wichtige Aufgabe gibt. Dreissig Aspekte des 'Disziplinmanagements', die jede Lehrperson für sich selber mit 1 bis 4 Punkten benoten kann, listet Keller (2008, S. 116f.) auf. Indem man sein Klassenführungsverhalten beurteilt, erstellt man zugleich sein eigenes Disziplinmanagement-Profil, das den Weg zur ev. Verhaltensänderung weist oder im Einzelnen auch Stolz über bereits Erreichtes vermitteln kann. Die 30 Aspekte bei Keller (ebd.) lauten:

1. „In meinem Kollegium gibt es einen Grundkonsens hinsichtlich der Verhaltenserwartungen.
2. Auf Klassenebene spreche ich mich mit meinen Kollegen hinsichtlich der Verhaltenserwartungen ab.
3. Am Schuljahresbeginn teile ich den Schülerinnen und Schülern mit, welches Unterrichtsverhalten ich von ihnen erwarte.
4. Ich bereite mich auf meinen Unterricht gründlich vor.
5. Ich sorge für einen reibungslosen Unterrichtsablauf.
6. Mein Unterricht ist methodisch abwechslungsreich.
7. Ich biete meinen Stoff verständlich dar.
8. Ich achte auf ein Gleichgewicht zwischen anspannenden und entspannenden Unterrichtsphasen.
9. Meine Arbeitsaufträge sind klar formuliert.
10. Ich fordere die Beachtung von Verhaltensregeln.
11. Ich nehme immer wieder die Klasse als Ganzes in den Blick.
12. Ich versuche möglichst viel Verhalten mit nonverbalen Signalen zu steuern.
13. Geringfügige Störungen ignoriere ich.
14. Wenn ich jemanden ermahne, verdeutliche ich das erwünschte Zielverhalten.
15. Ich spreche Störer mit dem Namen an.
16. Kritik formuliere ich so, dass der Schüler in seinem Ehrgefühl nicht verletzt wird.
17. Manchmal versuche ich, Konfliktsituationen durch Humor zu entspannen.

---

[7] Wer sich für sämtliche Faktoren eines gelingenden Unterrichts interessiert, sei zum Beispiel auf Helmke (2004) oder Wellenreuther (2005) verwiesen.
[8] Die vier Begriffe „Klassenführung", „Disziplinmanagement", „Klassenmanagement" und „Classroom-Management" werden hier synonym verwendet, ohne auf gewisse Unterschiede bei einzelnen Autorinnen und Autoren einzugehen. Genaueres dazu findet sich zum Beispiel bei Schönbächler (2008, S. 17f.). Das Gemeinsame dieser vier Begriffe ist, dass sie das Lehrpersonenhandeln fokussieren.

18. Bei gravierenden Regelverstössen reagiere ich konsequent.
19. Normalerweise strafe ich erst dann, wenn ich den Schüler zuvor ermahnt habe.
20. Die Konsequenzen sind bei mir nicht verhandelbar.
21. Meine Strafen sind dem Fehlverhalten angemessen.
22. Ich biete dem zu strafenden Schüler die Möglichkeit der Wiedergutmachung an.
23. Ich führe mit auffälligen Schülern ein Einzelgespräch.
24. Ich lobe die Klasse für erwünschtes Verhalten.
25. Ich lobe einzelne Schüler für erwünschtes Verhalten.
26. Gravierende Disziplinkonflikte versuche ich kooperativ im Lehrerteam zu lösen.
27. Im Werdeprozess von besonderen Disziplinproblemen nehme ich rechtzeitig Kontakt mit den Eltern auf.
28. In gravierenden Fällen führe ich mit den Eltern ein Konfliktgespräch.
29. Konfliktgespräche mit Eltern schliesse ich mit einer Zielvereinbarung ab.
30. Ich hole regelmässig Schülerfeedback ein".

Optimales Disziplinmanagement könnte mit 30 mal 4 Punkten beurteilt werden (Legende: Trifft sehr zu = 4 Punkte / trifft zu = 3 Punkte / trifft weniger zu = 2 Punkte / trifft gar nicht zu = 1 Punkt). Keller geht somit davon aus, dass seine dreissig Aussagen positives Klassenmanagement charakterisieren, im linear messbaren Sinn von 'je mehr, desto besser'.

Die dreissig Aspekte des Disziplinmanagements zeigen deutlich, von wie vielen Faktoren eine erfolgreiche Klassenführung abhängt. Aspekte auf der Ebene des Schulhauses oder des Kollegiums sind ebenso einzubeziehen wie didaktische oder kommunikative Aspekte. Die „Tunnelperspektive" (Lohmann 2003, S. 29), die nur von einer einzigen Hypothese ausgeht, zeigt sich hier wieder in ihrer Gefährlichkeit, weil sie andere Erklärungs- und ev. Verbesserungsmöglichkeiten von vornherein ausschliesst. Aus einer antinomischen Perspektive ist gegenüber diesen dreissig Aussagen zu kritisieren, dass es sich bei jeder an und für sich sinnvollen Strategie nur um in der jeweiligen pädagogischen Situation zu untersuchende Empfehlungen handeln kann, die generell mit Zahlen von 1 bis 4 zu bewerten nicht sinnvoll ist. Als heuristische Empfehlungen haben jedoch Kellers Aussagen durchaus ihren Wert, indem sie sinnvolle Suchrichtungen vorschlagen, die der Lehrperson vielleicht sonst verschlossen geblieben wären.

Kellers Fragen leiten zur diagnostischen Selbsteinschätzung der eigenen Klassenführung und damit zu deren Verbesserung an. Sie stützen sich auf die vorhandene Fach- und Beratungsliteratur, ohne eigene empirische Forschungen damit zu verbinden. Die Kombination von Empirie und Konstruktion eines Diagnosebogens ist das Verdienst der österreichischen Erziehungswissenschaftler Mayr, Eder und Fartacek (2006), die sich seit über zwanzig Jahren mit diesen Fragen der Klassenführung beschäftigen. Ihr 'Linzer Diagnosebogen zu Klassenführung' (LDK) existiert in mehreren Versionen, für unterschiedliche Schularten und Schulstufen, für Lehrerinnen und Lehrer bzw. für die Vorgabe an Schülerinnen und Schüler sowie für die Selbsteinschätzung durch die Lehrperson. Mayr, Eder und Fartacek (2006) denken bei ihrem Fragebogen besonders an Lehramtsstudierende und Lehrerinnen und Lehrer, „die sich mit seiner Hilfe Klarheit über ihr pädagogisches Handeln verschaffen möchten, um dieses weiter zu entwickeln. Der LDK eignet sich auch als

Forschungsinstrument, das es erlaubt, auf ökonomische Weise pädagogisch relevante Aspekte des Führungsverhaltens von Lehrer/innen zu erfassen."
Einundzwanzig 'pädagogische Handlungsstrategien' haben sich in diesen empirischen Studien als bedeutsam dafür herausgestellt, wie intensiv die Schülerinnen und Schüler im Unterricht mitarbeiten und in welchem Ausmass Unterrichtsstörungen auftreten. Anders gesagt: Ohne ein gewisses Ausmass an kommunikativ-beziehungsorientiertem, fachorientiertem und disziplinierendem Handeln gelingen Klassenführung und Klassenmanagement nicht. Aus der Fülle der Ergebnisse der drei Erziehungswissenschaftler sei ein Resultat aus 125 Klassen wiedergegeben. Die Angaben in der folgenden Tabelle basieren auf den Aussagen von Schülerinnen und Schülern der Hauptschule bzw. der Unterstufe des Gymnasiums oder Realgymnasiums. Die Tabellen können so interpretiert werden, dass es den betreffenden Lehrpersonen gelingt, die Klassen zu intensiver Mitarbeit mit relativ wenig Störungen zu bewegen. Überdies sind die Schülerinnen und Schüler zu diesen Lehrkräften emotional positiv eingestellt.

„Die Mittelwerte der einzelnen Lehrerinnen und Lehrer liegen jeweils innerhalb der hellgrau markierten Bandbreite. Der Mittelwert der Gesamtstichprobe liegt im dunkelgrauen Feld" (ebd.).

Strategien der Klassenführung

Lehrerinnen und Lehrer der Sekundarstufe I

Unterricht gestalten

Nr.	Aussage	0	1	2	3	4
1	Sie/Er kann sehr viel in ihrem/seinem Fach.					
6	Sie/Er beginnt jede Stunde freudig und zuversichtlich.					
9	Sie/Er gliedert die Unterrichtsstunde in Abschnitte, die gut aufeinander passen.					
29	Wenn sie/er etwas verspricht oder ankündigt, dann hält sie/er das auch ein.					
14	Bei ihr/ihm wissen wir genau, was wir zu arbeiten haben.					
26	Sie/Er unterrichtet interessant.					
31	Was wir bei ihr/ihm lernen, bringt auch etwas für das spätere Leben.					

(Skala: stimmt nicht 0 – stimmt 4)

Beziehungen fördern

stimmt nicht — stimmt
0 1 2 3 4

3	Sie/Er tut vieles, damit wir eine gute Klassengemeinschaft werden.
7	Wir reden mit ihr/ihm auch über den Unterricht und über die Klasse.
11	Sie/Er versucht uns auch dann zu verstehen, wenn wir ihr/ihm einmal Schwierigkeiten machen.
28	Sie/Er lässt uns vieles selbst entscheiden.
16	Sie/Er ist zu uns offen und ehrlich.
24	Sie/Er ist ausgeglichen und humorvoll.
21	Ich glaube, sie/er mag uns.

Verhalten kontrollieren

stimmt nicht — stimmt
0 1 2 3 4

25	Bei ihr/ihm wissen wir genau, welches Verhalten sie/er von uns erwartet.
20	Sie/Er achtet darauf, dass wir im Unterricht immer beschäftigt sind.
5	Sie/Er bemerkt alles, was in der Klasse vor sich geht.
8	Sie/Er kontrolliert laufend, wie wir arbeiten und was wir können.
13	Sie/Er lobt die Schüler, die sich so verhalten, wie sie/er es haben möchte.
18	Sie/Er greift gleich ein, wenn ein Schüler zu stören anfängt.
23	Wenn sich Schüler falsch verhalten, müssen sie damit rechnen, von ihr/ihm bestraft zu werden.

Quelle: Mayr, Johannes / Eder, Ferdinand / Fartacek, Walter (2006): Linzer Diagnosebogen zur Klassenführung (LDK): http://ius.uni-klu.ac.at/projekte/ldk/ » Konzept – Kennzahlen » HS, AHS-Unterstufe. Stand 10.2.2009.

Die Hauptergebnisse dieser und zahlreicher weiterer Untersuchungen[9] fasst Mayr zusammen:

---

[9] Eine Übersicht über alle Studien findet sich in Mayr (2008a).

- „Das Verhalten erfolgreicher Lehrer/innen liegt innerhalb einer gewissen, durch die Befunde angebbaren Bandbreite. Bei manchen der untersuchten Strategien scheinen höhere Ausprägungen und bei manchen niedrigere Ausprägungen erfolgversprechend zu sein. Bei einigen Strategien scheint die relative Position innerhalb der Bandbreite ohne Bedeutung zu sein oder je nach Kontextbedingungen zu unterschiedlichen Wirkungen zu führen.
- Die erfolgreichen Lehrer/innen wenden unterschiedliche Kombinationen von Strategien an: Manche bevorzugen Strategien, die auf die Förderung der sozialen Beziehungen gerichtet sind, andere legen das Hauptgewicht auf einen anregenden Unterricht, wieder andere wenden bevorzugt kontrollierende und disziplinierende Strategien an.
- Die Entscheidung über die bevorzugten Strategien hängt u. a. von Merkmalen der betreffenden Schulklasse ab, manche Lehrer/innen scheinen jedoch ihr bevorzugtes Handlungsmuster relativ unabhängig von äußeren Einflüssen zu realisieren." (Mayr 2008b)

Die langjährigen Untersuchungen von Mayr, Eder und Fartacek weisen auf zahlreiche Strategien zur erfolgreichen Klassenführung hin. Sie machen deutlich, dass es nicht den einen Weg zum erfolgreichen Klassenmanagement gibt, sondern viele Wege führen dorthin. Allerdings ist 'viele' nicht mit 'beliebig' gleichzusetzen. So wie Weinert (1996, S. 145) im Zusammenhang mit gutem, erfolgreichem Unterricht von der „Nichtersetzbarkeit positiver zwischenmenschlicher Beziehungen zwischen Lehrer und Schüler" sowie von der Bedeutung einer „langfristig wirksamen Vermittlung einer Lern- und Arbeitshaltung" spricht, so könnte mit Mayr, Eder und Fartacek (2006) von der Notwendigkeit von fachlicher Unterrichtsgestaltungskompetenz, Beziehungsförderungskompetenz und einer gewissen Fähigkeit, Verhalten zu kontrollieren und zu steuern, gesprochen werden. Grundlegende Kompetenzen in diesen drei Bereichen sind wichtig für eine gelingende Klassenführung.

4.3 Die drei Kompetenzbereiche Unterrichtsgestaltung, Beziehungsförderung und Verhaltenssteuerung

Indem die drei österreichischen Erziehungswissenschaftler empirisch und theoretisch[10] begründet die Notwendigkeit von fachlicher Unterrichtsgestaltungskompetenz, Beziehungsförderungskompetenz und der Kompetenz, Verhalten zu kontrollieren und zu steuern, belegen, weisen sie zugleich der Lehrperson den Weg. Ohne Kompetenzen in diesen Bereichen werden Klassenführung und Disziplinmanagement nicht gelingen. Die fachliche Unterrichtsgestaltungskompetenz gehört in den Lehrbereich von Fachwissenschaft und Fachdidaktik bzw. Allgemeiner Didaktik und wird in den entsprechenden Lehrbüchern behandelt (vgl. z. B. Klafki 1991 oder

---

[10] Theoretisch könnte ihr Konzept ein integrales genannt werden, weil es verschiedene theoretische Strömungen integriert.

Grunder et al. 2007). Die Kompetenzen, Beziehungen zu gestalten bzw. zu fördern und Verhalten zu kontrollieren bzw. zu steuern, berühren hingegen unser Thema von Disziplin und Klassenführung und sollen darum in den nächsten Kapiteln beleuchtet werden. Ich beginne mit der Verhaltenssteuerung und unternehme dazu eine Reise über den Atlantik.

4.3.1 'Classroom-Management' – der Beitrag der anglo-amerikanischen Forschung[11]

Mit dem Bereich der Verhaltenskontrolle bzw. der Verhaltenssteuerung haben sich in Amerika die Forschungen zum Klassenmanagement (Classroom Management) systematisch und ausführlich beschäftigt. „Dort fand und findet 'Classroom Management' auch breite Beachtung in der Aus- und Weiterbildung von Lehrpersonen. Im deutschsprachigen Raum hingegen nimmt das Thema eher eine untergeordnete Rolle ein", bilanziert Schönbächler (2008, S. 12). Umso wichtiger ist darum der Einbezug dieser anglo-amerikanischen Studien, welche seit über dreissig Jahren grundlegendes Basiswissen zur Frage der 'Disziplin im Unterricht' bzw. zur Steuerung des Verhaltens von Schülerinnen und Schülern zusammengetragen haben. Im Zentrum stehen dabei die Aufgaben der didaktischen, organisatorischen und interaktiven Führung der Schulklasse.

4.3.1.1 Classroom-Management nach Kounin (1976/2006)

Eine Pionierrolle kommt im Zusammenhang mit der Erforschung des Classroom-Managements Kounin zu; er lässt sich als dessen Klassiker bezeichnen. Um unerwünschtes Verhalten gar nicht aufkommen zu lassen, empfahl er aufgrund sorgfältig analysierter Unterrichtsmitschnitte den Lehrerinnen und Lehrern:
1. Allgegenwärtigkeit (Withitness) und Überlappung (Overlapping)
Lehrpersonen sollten immer über alles im Bild sein, gleichsam auch hinten im Kopf Augen haben. Sie erwecken so den Eindruck, stets genau Bescheid über das zu wissen, was in der Klasse abläuft. Mit 'Overlapping' ist gemeint, dass sich Lehrpersonen mehreren Problemen gleichzeitig widmen können, ohne Übersicht und Kontrolle über die Situation insgesamt zu verlieren. Auf Disziplinprobleme sollen sie 'beiläufig', ohne grosses 'Theater' reagieren. So wirken sie souverän (vgl. Kounin 1976/2006, S. 85ff.).
2. Reibungslosigkeit ('Smoothness') und Arbeitsschwung ('Momentum')
Verzögerungen des Unterrichtsflusses sind zu vermeiden. Die Lehrkräfte springen nicht von einem Thema zum anderen, sondern schliessen eines ab, bevor sie weiterschreiten. Sie besitzen den Blick für das Wesentliche und regen sich nicht über Nebensächlichkeiten auf (vgl. a.a.O., S. 101ff.).

---

[11] Der anglo-amerikanischen Forschung kommt das Verdienst zu, die grosse Bedeutung, welche dem Classroom-Management für den Unterrichtserfolg zukommt, vielfach empirisch belegt zu haben, vgl. dazu Schönbächler (2008, S. 12). Henley (2006, p. 4) sagt es kurz und bündig: „Classroom management is the essential teaching skill".

3. Gruppenmobilisierung und Rechenschaftsprinzip ('Group Alerting')
Die Gruppe wird – im Gegensatz zur älteren deutschen Redewendung: „Alles schläft und einer spricht – so was nennt man Unterricht" – aktiviert und beschäftigt. Auch wenn ein Schüler spricht, könnte die Lehrerin im nächsten Augenblick die nächste Schülerin an die Reihe nehmen. Das Rechenschaftsprinzip ist so gemeint: Jede Schülerin muss damit rechnen, aufgerufen zu werden (vgl. a.a.O., S. 117ff.)
4. „Valenz und intellektuelle Herausforderung.
5. Abwechslung und Herausforderung bei der Stillarbeit" (a.a.O., S. 148).
Mit den beiden letzten Dimensionen wird auf die Notwendigkeit eines spannenden, herausfordernden Unterrichts hingewiesen. Kounin (a.a.O., S. 131) sprach selbst von „Überdrussvermeidung", welche dank intellektueller Herausforderung zu erreichen sei.

Kounins Untersuchungen warfen ein neues Licht auf das Verhältnis von Prävention und Intervention: Das Hauptinteresse verlagerte sich auf die Prävention von Unterrichtsstörungen, denn wenn diese gelingt, erübrigt sich die Intervention.

4.3.1.2 'Classroom-Management' nach Evertson et al. (2006)

Kounin hat mit seinen Arbeiten vielerlei Fortsetzungsprojekte angeregt. Davon legen die Bücher 'Classroom Management for Elementary School Teachers' (Evertson et al. 2006) und 'Classroom Management for Secondary School Teachers' von Emmer et al. (2002) Zeugnis ab. Sie gehören weltweit zu den Bestsellern der Klassenführungsliteratur und haben hohe Auflagen erzielt.

Ich will elf Aspekte in Aufforderungsform wiedergeben, die nach Evertson et al. (2006) bei einem wirksamen Klassenmanagement zu berücksichtigen sind:

1. Bereite den Klassenraum so vor, dass Störungen möglichst vermieden werden können!
2. Du brauchst präzise Regeln für den Umgang der Schülerinnen und Schüler in der Klasse. Hänge die Regeln zum Beispiel auf einem Plakat auf und verdeutliche sie mit Beispielen!
3. Lege die Konsequenzen für angemessenes wie für unangemessenes Verhalten fest!
4. Schreite bei unangemessenem Schülerverhalten ein und unterbinde es! Dafür sind die Regeln eingeführt worden.
5. Lehre am Schuljahresbeginn die Regeln und Prozeduren, die du haben willst! Wenn sich einmal in einer Klasse ungünstige Verhaltensweisen eingeschliffen haben, sind sie schwieriger zu unterbinden.
6. Zu Schuljahresbeginn ist es wichtig, das Zusammengehörigkeitsgefühl zu fördern. Plane solche Aktivitäten ein!
7. Plane rechtzeitig Strategien ein, wie du mit Störungen des Unterrichts – zum Beispiel bei Leer- oder Wartezeiten – umgehen kannst!
8. Beaufsichtige und überwache das Verhalten der Schülerinnen und Schüler vor allem am Anfang, wenn ev. Missverständnisse noch leicht korrigiert werden können!
9. Bereite den Unterricht so vor, dass alle Schülerinnen und Schüler aktiv lernen können! Individualisiere deinen Unterricht! Disziplinschwierigkeiten haben manchmal mit Unterforderung zu tun.
10. Zeige den Lernenden, dass sie für ihre Arbeitsergebnisse selber verantwortlich sind! Zeige ihnen das Prinzip „Selbstwirksamkeit"!
11. Unterrichte klar, strukturiert und verständlich!

Diese aus Evertson et al. (2006) ableitbaren Aufforderungen zeigen die Praxisrelevanz der Forschungen zum 'Classroom-Management'. Nicht auf die einzelne dieser elf Forderungen, sondern auf deren Gesamtmuster komme es an, schreibt Helmke (2004, S. 84): „Lehrkräfte, die sich mit Erfolg an diesen Prinzipien orientieren und sich auf diese Weise prospektiv-vorausschauend und proaktiv verhalten, haben nachweislich weniger Schwierigkeiten mit der Klasse und gewinnen somit mehr Zeit und Ressourcen, die dem eigentlichen Unterrichtsgeschehen zugute kommen. Wichtig ist in diesem Zusammenhang, dass die genannten Techniken in ein unterstützendes und vertrauensvolles Klima eingebettet sein sollten, und dass Regeln (wo immer möglich) nicht bloss aufgestellt, sondern immer wieder erläutert und – in Abhängigkeit von der Altersgruppe – auch erklärt werden müssen".

Evertson, Emmer und Worsham sind sich dieser von Helmke hervorgehobenen Notwendigkeit, ein „unterstützendes und vertrauensvolles Klima" zu schaffen, durchaus bewusst, wenn sie schreiben:

„Like all human beings, children have a strong need to belong to a group. You can promote that sense of belonging in a number of ways:
1. Speak courteously and calmly. Students need to hear teachers saying 'please', 'thank you', and 'excuse me'. (…)
2. Share information. Learn each student's name as soon as possible and engage in activities that help students learn more about each other. (…)
3. Use positive statements as often as possible. Often negative behavior is more noticeable than positive; therefore, we tend to comment on it more often. (…)
4. Establish a feeling of community. Teach students to work cooperatively.. (…)" (Evertson et al. 2006, p. 60).

Mit der letzten Aufforderung an die Lehrperson, in ihrer Klasse eine Art „feeling of community" (ebd.) zu fördern, zeigen Evertson, Emmer und Worsham, dass ihnen bewusst ist: Lehrperson dürfen sich nicht auf die Steuerung und Lenkung des Verhaltens beschränken, sondern müssen den Beziehungsaspekt einbeziehen. Wie dieser im Rahmen der Entwicklung der Führungsstil- und Erziehungsstilforschungen schrittweise an Bedeutung gewann, will ich nun zusammenfassen.

4.3.2 'Klassenmanagement' als 'Führungshandeln zwischen Lenkung und Beziehung'[12]

Für Unterricht und dessen planmässige Durchführung ist Lenkung absolut notwendig. In diesem Sinn haben sich – so Schönbächler (a.a.O., S. 72) – behavioristische Ansätze „empirisch bewährt und bilden einen bedeutsamen Bestandteil des prozeduralen Professionswissens von Lehrpersonen". Aber wer nur lenkt – so liesse sich aus einer antinomischen Sicht einwenden –, vergisst leicht die zu lenkenden jungen Menschen und übersieht damit die Tragweite der Beziehungsebene, die gemäss der Kommunikationspsychologie die Sachebene überlagert[13]. Die Kunst

---
[12] Schönbächler 2008, S. 28
[13] So heisst es bei Watzlawick et al. (1969, S. 56): „Jede Kommunikation hat einen Inhalts- und Beziehungsaspekt, derart, dass letzterer den ersteren bestimmt und daher eine Metakommunikation ist."

des Unterrichtens besteht in einer optimalen, der jeweiligen pädagogischen Situation entsprechenden Kombination von Lenkung und Wertschätzung. Schönbächler (a.a.O., S. 28) titelt darum 'Führungshandeln zwischen Lenkung und Beziehung' und fügt den Ergebnissen der anglo-amerikanischen 'Classroom-Management'-Forschungen diejenigen der Erziehungsstilforschungen von Lewin, Tausch/Tausch und Baumrind hinzu. Diesen Themenkreisen sind die nächsten Abschnitte gewidmet.

4.3.2.1 Lewins Pionierleistungen

Schon Lewins frühe Erziehungsstilexperimente (vgl. Lewin et al.1939) zeigten „eine klare Überlegenheit des demokratischen Führungsstils, wenn man Zufriedenheit und Arbeitsfreude der Kinder, grosse individuelle Vielfalt der Arbeitsergebnisse, Sachbezogenheit, Zusammengehörigkeitsgefühl, wenig Sündenböcke und Aussenseiter, wenig individuelles Besitzstreben, dafür eine freundliche, vertrauensvolle Atmosphäre und Selbstständigkeit der Gruppe favorisiert. Die autoritär geführte Gruppe brachte zwar im Gegensatz zur Laissez-faire-Gruppe ebenfalls Arbeitsergebnisse zustande, allerdings waren diese eintönig und ohne persönliche Kreativität. Erschreckend waren die Folgen des autoritären Führungsstils in sozialer Hinsicht. 'Jedes Kind wurde zum potentiellen Feind eines jeden anderen.' (Lewin 1953, S. 123) Es buhlte um die Gunst des Führers, einzelne kritisierten andere Kinder sogar dann, wenn der Führer nicht anwesend war: 'His masters voice!' Zwischen den Kindern traten Reizbarkeit und Dominanz auf, und die Zufriedenheit mit den Gruppenzusammenkünften war insgesamt gering. Die Nachteile des Laissez-faire-Führungsstils lagen in der Sprunghaftigkeit und Unbeständigkeit. Infolge der geringen Arbeitsfortschritte war die Unzufriedenheit der Kinder gross, viele Wünsche und Vorschläge verpufften nutzlos, Energie wurde vergeudet. Einzelne Kinder übernahmen die Führung, machten sich breit oder begannen zu kommandieren. Ein Zusammengehörigkeitsgefühl im Sinne gegenseitiger Achtung konnte kaum entstehen, interessanterweise manchmal noch mehr, wenn der passiv-permissive Gruppenleiter fehlte." (Rüedi 2002, S. 50)
Für Unterricht und Schule wurden diese Ergebnisse Lewins wichtig. Lukesch hielt darum 1980 fest: „Aufgrund der hier und in anderen Replikationsstudien unter verschiedenem institutionellem Kontext (...) empirisch gesicherten Auswirkungen der solchermassen konzeptualisierten Erziehungsstile sind die von Lewin und seinen Mitarbeitern getroffenen Unterscheidungen von beträchtlicher erziehungstechnologischer Relevanz" (Lukesch 1980, S. 340).

4.3.2.2 Das Interaktionskonzept des Ehepaars Tausch (1973)

Eine wichtige Weiterführung von Lewin bildete der Beitrag von Anne-Marie und Reinhard Tausch. Sie schlossen sich Lewin in der Präferenz des demokratischen Führungsstils an und bevorzugten in ihrem Konzept Wertschätzung, Zuneigung und emotionale Wärme, weil sie von den für sie wünschenswerten Zielvorstellungen 'gemeinsames befriedigendes Zusammenleben', 'Selbstbestimmung', 'Achtung der Person' und 'Förderung der Funktionsfähigkeit der Person' – bei Rogers 'fully functioning personality' – ausgingen. Auf dem theoretischen Hintergrund der Humanistischen Psychologie ergibt sich, dass für die Gestaltung der Unterrichtsatmosphäre Achtung, Wärme, Rücksichtnahme, nichwertendes, einfühlendes Verstehen, Echtheit, Aufrichtigkeit und nichtdirigierende, persönlichkeitsfördernde Aktivitäten zentral sind.

Tausch und Tausch betrachten diese Dimensionen, welche Einstellungen, Haltungen und Persönlichkeit der Pädagoginnen und Pädagogen genauso betreffen wie deren pädagogisches Verhalten, als Vorbedingungen für bedeutsames Lernen, zum Beispiel für Identifikations- und Modelllernen. Hobmair schätzt den Beitrag des Ehepaars Tausch folgendermassen ein: „Wie bedeutsam die Herstellung positiver emotionaler Beziehungen ist, wurde in Deutschland durch die Forschungen Tausch / Tauschs bekannt. Sie gelangten dabei zu Ergebnissen, die man als Aufnahme positiver emotionaler Beziehungen bezeichnen kann. Solche Beziehungen zeigen sich in hoher Wertschätzung und Verständnis. Wertschätzung und Verständnis stehen beim Aufbau positiver emotionaler Beziehungen im Mittelpunkt. Die Wertschätzung, die ein Erzieher dem Zu-Erziehenden entgegenbringt, kann verbal und nonverbal geäussert werden. Sie lässt sich mit den Merkmalen Warmherzigkeit, Höflichkeit, Geduld, Achtung, Toleranz, Hilfe, Ermutigung und Partnerschaft umschreiben." (Hobmair 1996, S. 225)

4.3.2.3 Sind Lenkung und Beziehung miteinander vereinbar? Die Antwort Diana Baumrinds (1966)

Eine Antwort auf die Frage, ob Lenkung und Beziehung miteinander vereinbar seien, gab die amerikanische Psychologin Diana Baumrind. Sie griff 1966 in die damalige Auseinandersetzung über Erziehungsstile ein und führte den Begriff 'autoritativ' für einen Erziehungsstil ein, bei dem die 'Autorität' positiv besetzt ist, der warm, liebevoll, kindzentriert und unterstützend, aber zugleich fordernd ist und Grenzen setzt. Sie fand, „dass Kinder autoritativer Eltern im Vergleich mit der jeweiligen Altersgruppe bezüglich der Selbständigkeit am höchsten einzustufen waren; sie besassen ein vergleichsweise hohes Selbstvertrauen und ein gutes Selbstwertgefühl. Offenkundig konnten diese Kinder relativ selbstsicher auftreten, weil sie bezüglich des jeweils adäquaten Verhaltens gute Vorbilder und ausreichende Erklärungen erhalten hatten. Ihnen sind nicht – wie unter der permissiven Bedingung – Selbständigkeiten übertragen worden, zu denen sie noch gar nicht fähig waren." (Mietzel 1993, S. 290)

In der Zwischenzeit hat sich das Konzept von Baumrind, der autoritative Erziehungsstil, die Verbindung von Anforderungen / Kontrolle und emotionaler Wärme / Akzeptanz, vielfach empirisch bestätigt und durchgesetzt[14], auch wenn

---

[14] Vgl. zum Beispiel Fuhrer (2007, S. 135) zu den Vorzügen dieses Konzepts von Baumrind.

sich die Begriffe zum Teil leicht verändert haben[15]. Lenkung und Beziehung sind somit – so lässt sich der 'autoritative Erziehungsstil nach Baumrind' zusammenfassen – miteinander vereinbar. Beide sind wichtig für eine optimale Erziehung in Elternhaus und Schule. Auch wenn Baumrind bei ihren Forschungen von der Eltern-Kind-Beziehung ausging, ist die Ausweitung ihrer Ergebnisse auf den Bereich von Unterricht und Schule vertretbar und angebracht. Schönbächler hält darum für ein umfassendes 'Qualitätsverständnis von Unterricht' eine hohe Ausprägung der Aspekte „Beziehung" wie „Lenkung" gleichermassen wünschenswert: „Dieses Muster korrespondiert mit dem 'autoritativen' Typ von Baumrind." (Schönbächler 2008, S. 32)[16]

4.4 Lenkung und Beziehung gehören zusammen!

Dass Wertschätzung und der Aufbau positiver emotionaler Beziehungen zwischen Lehrperson und Schülerinnen/Schülern ebenso zentrale Voraussetzungen für eine gelingende Klassenführung sind wie Lenkung und Führung, gehört heute zum Grundwissen der Erziehungswissenschaft. Die Schulklimaforschung betont eher die Bedeutsamkeit der Führungsdimension 'Beziehung', die Effektivitätsforschung eher diejenige der Führungsdimension 'Lenkung' (vgl. ebd.). Aktuellste Bestätigungen für die Notwendigkeit, Lenkung und Beziehung miteinander zu kombinieren, kommen in den letzten Jahren aus der neurobiologischen Forschung, welche zwischenmenschliche Beziehungen, soziale Anerkennung und persönliche Wertschätzung als „entscheidende Voraussetzungen für die biologische Funktionstüchtigkeit unserer Motivationssysteme" (Bauer 2007, S. 19) darstellt. Der Beruf der Lehrperson erfordere „eine Balance zwischen verstehender Zuwendung und Führung" (a.a.O., S. 54). Mit dieser Balance zwischen Zuwendung und Führung, zwischen Verständnis und Lenkung, hat Bauer einen zentralen Aspekt eines antinomischen Disziplinverständnisses angesprochen. Verständnis und Liebe für das Kind sind wichtig, dürfen aber nicht uferlos werden, sonst verschwimmen sie zum rührseligen Mitleid, welches das Kind schwächt und ihm nichts zutraut. Pestalozzi sprach darum von „sehender Liebe" statt von „blinder Liebe" (vgl. Meier 1987, S. 304), um die reifen von den unreifen, zum Beispiel dranghaft-impulsiven Formen der Liebe zu unterscheiden. Lenkung und Führung ihrerseits sind wichtig, bedürfen aber der Steuerung oder des Korrektivs durch Wertschätzung und Einfühlung, sonst arten sie in diktatorisches Dominieren aus, das im Kind Angst auslöst.

---

[15] Tschöpe-Scheffler (2006, S. 280 ff.) spricht zum Beispiel von den entwicklungsfördernden fünf Säulen „Emotionale Wärme", „Achtung", „Kooperation", „Verbindlichkeit" und „allseitige Förderung". Unter „Verbindlichkeit" versteht sie: Konsequenz, Struktur, Grenzen setzen, Rituale und Regeln, Klarheit, Verlässlichkeit, Kontinuität und Struktur/Organisation, alles Aspekte, die auch für „Disziplin im Unterricht" ihre Bedeutung haben. Hier zeigt sich, dass zwischen Lenkung/Verbindlichkeit/Grenzen setzen und emotionaler Wärme und Achtung kein Gegensatz bestehen muss.
Vgl. ebenfalls: Schneewind, Klaus, A.: Freiheit in Grenzen – Begründung eines integrativen Medienkonzepts zur Stärkung elterlicher Erziehungskompetenzen. In: www.freiheit-in-grenzen.org (27.9.2009).

[16] Vgl. zu einem umfassenden 'Qualitätsverständnis von Unterricht' Hascher (2004): Wohlbefinden in der Schule. Münster: Waxmann.

Lenkung und Beziehung gehören in der Pädagogik zusammen. Lenkung ohne Beziehung tut weh. Beziehung ohne Lenkung verzichtet auf Einflussnahme und nähert sich damit der Vernachlässigung oder der Verwöhnung. Gerade im Verbinden-Können von Lenkung und Wertschätzung zeigt sich pädagogische Kunst. Eine erfahrene Lehrerin sagte einmal zu einem Jungen, der sich soeben hinterlistig verhalten hatte: „Das bist gar nicht du, Peter, der so fies reagiert hat. So kenne ich dich gar nicht. Da muss ein böser Geist in dich gefahren sein!" So lenkte sie Peter einerseits, indem sie ihn darauf hinwies: „Handle nie mehr so!" Zugleich brachte sie ihm mit dieser Formulierung Wertschätzung entgegen, indem sie dem jungen Mann zeigte, dass sie ihn als Menschen achtet und von dieser guten Meinung nicht abrückt, wenn er sich einmal daneben benimmt.

4.5 Prävention und Intervention

Der acht Jahre alte Tim hat Schwierigkeiten, sich im Unterricht zu konzentrieren. Er ruft dann hinein oder steht auf. Lehrerin B. hat sich darum Gedanken gemacht, ob es Möglichkeiten gebe, dieser unliebsamen Entwicklung vorzubeugen. Sie bittet Tim am nächsten Morgen um einen Gefallen: „Könntest du mir heute helfen?" Tim ist gerne dabei und bejaht. Lehrerin B. schlägt ihm vor zu notieren, wie viele Kinder in der nächsten Lektion mündliche Beiträge leisten würden, sie brauche eine Statistik. Tim ist in der Folge eifrig am Notieren und vergisst heute dreinzurufen. 'Prävention von Unterrichtsstörungen durch Erteilen eines Beobachtungsauftrages'[17] – so könnte dieses Prinzip heissen. Frau B. hat vorausgedacht und überlegt, wie sie Tims Verhalten präventiv steuern könnte, bevor er negativ auffällt. Prävention ist im Zusammenhang mit Disziplin und möglichen Unterrichtsstörungen ein hilfreiches Prinzip. Viele Störungen im Unterricht sind damit verhütbar. Die pädagogische Fachliteratur ist sich in der Einschätzung einig, Vorbeugen und präventive Strategien seien das A und O jeder sinnvollen Disziplin. In den Worten von Nolting (2002, S. 40 f.):
– „Disziplin hängt überwiegend von Verhaltensweisen ab, die gar nicht wie eine 'Disziplinierung' aussehen.
– Entscheidend ist nicht die Reaktion auf bereits aufgetretene Disziplinprobleme, entscheidend ist die Prävention. Etwas überspitzt: Mit Disziplinproblemen muss man nicht 'fertig werden', man muss sie verhindern.
– Präventiv wirken vor allem Verhaltensweisen, die auf ein gutes 'Lernmanagement' hinauslaufen" (ebd.).

Kounins bereits zusammengefasste Dimensionen fliessen bei Nolting ein, seine Empfehlungen zur effektiven Klassenführung sowie Evertsons 'Classroom-Management' laufen auf Präventionswissen in dem Sinn hinaus, dass sie veranschaulichen, mit welchen Verhaltens- und Vorgehensweisen Disziplin sinnvoll zu erreichen ist und wie nicht. Sie legen dabei den Schwerpunkt auf die optimale

---
[17] Andere Beispiele von Auftragserteilungen wären Beobachtungen des eigenen Verhaltens oder Stoppen der Zeit, zum Beispiel nach fünf Minuten ein Zeichen zu geben.

Nutzung der Führungsdimension 'Lenkung'. Andere Autoren wie Tausch und Tausch (1973), Adler (1927/1972, S. 66), Weinert (1996) oder Frick (2008) betonen mehr die Bedeutung der Beziehungsgestaltung. Der Münchner Bildungsforscher Weinert spricht von der „Nichtersetzbarkeit positiver zwischenmenschlicher Beziehungen zwischen Lehrer und Schüler" (Weinert 1996, S. 145). Und etwas ausführlicher der Zürcher Psychologe Frick: „Die Beziehungsfähigkeit der Lehrperson, wie zum Beispiel das Annehmen, Bejahen der Schüler/innen und das Sich-in-sie-hineinfühlen-Können, sind wesentliche (aber natürlich nicht die einzigen!) Voraussetzungen für eine tragfähige Schüler/innen-Lehrer/innen-Beziehung, für eine gute Unterrichtsatmosphäre sowie für erfolgreichen Unterricht. Es geht vor allem um eine allgemeine Grundstimmung. Diese Stimmung beruht auf Interesse an den Schüler/innen, Engagement und Unterstützung für das emotionale und kognitive Fortkommen, auf Zutrauen und Zumuten. Angemessene Zuwendung und klare Führung, den Schüler/innen gut zuhören können, weniger Belehrung und Kritik und häufigere Ermutigung, klare Kommunikation, transparente Erwartungen und Abläufe, respektvoller Umgang und Humor sind wichtig. Solche Lehrpersonen gelten als cool, in Ordnung, fair usw. Schüler/innen, die sich mit ihrer Schule – den Lehrkräften wie den Mitschüler/innen – tendenziell verbunden fühlen, erbringen bessere Leistungen (Rochlofs 2005, Hamre/Pianta 2005). Entscheidend ist, ob die Lehrkraft Kontakt zu den Schüler/innen herstellen und ihre Aufmerksamkeit konstruktiv binden kann (Bauer 2007)." (Frick 2008, S. 22 f.)
Wenn die Beziehungsgestaltung zwischen Lehrperson und Lernenden gelingt, lassen sich diese viel eher lenken, ja tadeln. Auf diesem Hintergrund werden Interventionen[18] im Unterricht möglich. Umgekehrt lassen sie sich – je nach Alter – wenig bis nichts sagen, wenn sie sich nicht geschätzt, nicht be-, nicht geachtet fühlen. Diese Balance von Wertschätzung und Lenkung zu finden, ist eine Kernaufgabe jeder Klassenführung. Wenn die Schülerinnen und Schüler in ihren Lernprozessen gefördert und zu disziplinierten, interessierten, toleranten und zur Zusammenarbeit fähigen Menschen erzogen werden sollen, müssen sie Freude an der Sache, Interesse, Selbstständigkeit, Wertschätzung und Toleranz erleben können. Werte müssen (vor)gelebt, sie können nicht verordnet werden. Dies ist eine der vielen Anforderungen, vor denen Lehrpersonen heute tagtäglich stehen, wenn sie für Disziplin im Unterricht sorgen müssen.

4.6 Zusammenfassung

Ob der Begriff 'Disziplin' für Schule und Unterricht verwendet werden soll, wird in der Erziehungswissenschaft kontrovers diskutiert. Zu Recht! *Gegen* seine Verwendung spricht seine historische Belastung. Zeitgemässe Gründe *für* eine reflektierte Verwendung gibt es jedoch durchaus. Für die Neudefinition eines zeitgemässen Disziplinbegriffs ist die Tradition der antinomischen Denkweise hilfreich, welche Wert darauf legt, Widersprüche zu erkennen.

---

[18] Ausführlichere Behandlungen des Themas 'Interventionen und Disziplin' finden sich bei Lohmann (2003, S. 151 ff.), Nolting (2002, S. 74 ff.) oder Rüedi (2002, S. 149 ff.).

Erfolgreiches Klassenmanagement und erfolgreicher Umgang mit Disziplin-Fragen haben mit dem Erkennen-Können unterschiedlicher Handlungsmöglichkeiten zu tun. Erfolgreiche Lehrpersonen haben einerseits vielerlei Strategien für ihren Unterricht zur Verfügung und können andrerseits reflektierend entscheiden, wann und warum sie mit welcher Strategie fortsetzen.

Für diesen Auswahlprozess gibt die Classroom-Management-Forschung in der Tradition von Kounin und Evertson der Lehrperson fruchtbare Hinweise. Im Zentrum stehen dabei die Aufgaben der didaktischen, organisatorischen und interaktiven Führung der Schulklasse wie etwa intellektuelle Herausforderung sowie Regeleinführungen. Aber wer nur lenkt – so liesse sich aus einer antinomischen Sicht einwenden –, vergisst leicht die zu lenkenden jungen Menschen und übersieht damit die Tragweite der Beziehungsebene, die gemäss der Kommunikationspsychologie die Sachebene überlagert. Die Kunst des Unterrichtens besteht in einer optimalen, der jeweiligen pädagogischen Situation entsprechenden Kombination von Lenkung und Wertschätzung. Schönbächler (2008, S. 28) titelt darum 'Führungshandeln zwischen Lenkung und Beziehung' und fügt den Ergebnissen der anglo-amerikanischen 'Classroom-Management'-Forschungen diejenigen der Erziehungsstilforschungen von Lewin, Tausch/Tausch und Baumrind hinzu.

Einig ist sich die pädagogische Fachliteratur in der Einschätzung, dass Prävention und Intervention das A und O der Klassenführung sind. Selbst eine optimale Präventionskompetenz der Lehrperson kann das Auftreten von Störungen im Unterricht nicht verhindern. Störungen gehören zum Unterricht, zum Leben überhaupt. Wichtig ist, mit ihnen sinnvoll umgehen zu lernen.

Literatur

Adler, Alfred. (1927 / 1972). *Menschenkenntnis*. Frankfurt am Main: Fischer.
Ahrbeck, Bernd. (2004). *Kinder brauchen Erziehung. Die vergessene pädagogische Verantwortung.* Stuttgart: Kohlhammer.
Arnold, Rolf. (2007). *Aberglaube Disziplin*. Heidelberg: Carl-Auer.
Bauer, Joachim. (2007). *Lob der Schule*. Hamburg: Hoffmann und Campe.
Baumrind, Diana. (1966). Effects of authoritative parental control on child behavior. *Child Development*, 1966, 37, p. 887–907.
Brumlik, Micha. (Hrsg.). (2007). *Vom Missbrauch der Disziplin. Antworten der Wissenschaft auf Bernhard Bueb*. Weinheim / Basel: Beltz.
Buchner, Christina. (2006). *Disziplin – kein Schnee von gestern, sondern Tugend für morgen*. Kirchzarten bei Freiburg: VAK.
Bueb, Bernhard. (2006). *Lob der Disziplin*. Berlin: List.
Dreikurs, Rudolf/Grunwald, Bernice/Pepper, Floy (1979): *Schülern gerecht werden*. München: Urban & Schwarzenberg.
Emmer, Edmund T. et al. ([6]2002). *Classroom Management for secondary teachers*. Boston, MA: Allyn and Bacon.
Evertson, Carolyn M., Emmer, Edmund T. & Worsham, Murray E. ([7]2006). *Classroom Management for Elementary Teachers.* Boston: Pearson Education.
Fend, Helmut. (2000). Persönliche Mitteilung vom 22.12.2000.
Frick, Jürg. (2008). Beziehungsgeschehen und Motivation. *Ph I akzente, 4*, 22–25.
Fuhrer, Urs. (2007). *Erziehungskompetenz*. Bern: Huber.

Grunder, Hans-Ulrich, Ruthemann, Ursula, Scherer, Stefan, Singer, Peter & Vettiger, Heinz (2007). *Unterricht planen – durchführen – auswerten – lernen*. Baltmannsweiler: Schneider Verlag.

Gruntz-Stoll, Johannes. (1999). *Erziehung – Unterricht – Widerspruch. Pädagogische Antinomien und Paradoxe Anthropologie*. Bern: Peter Lang.

Hascher, Tina. (2004). *Wohlbefinden in der Schule*. Münster: Waxmann.

Helmke, Andreas. (^{3}2004). *Unterrichtsqualität – Erfassen – Bewerten – Verbessern*. Seelze: Kallmeyersche Verlagsbuchhandlung.

Henley, Martin. (2006). *Classroom Management. A Proactive Approach*. Upper Saddle River, NJ: Merrill Prentice Hall.

Herzog, Walter. (2002). *Zeitgemässe Erziehung*. Weilerswist: Velbrück Wissenschaft.

Hobmair, Hermann. (Hrsg.). (1996). *Pädagogik*. Köln: Stam-Verlag.

Keller, Gustav. (2008). *Disziplinmanagement in der Schulklasse*. Bern: Huber.

Klafki, Wolfgang. (^{2}1991). *Neue Studien zur Bildungstheorie und Didaktik*. Weinheim / Basel: Beltz.

Kounin, Jacob S. (1976 / 2006). *Techniken der Klassenführung*. Münster: Waxmann.

Lewin, Kurt, Lippitt, Ronald & White, Ralph. (1939). Patterns of aggressive behavior in experimentally created 'social climates'. *Journal of Social Psychology, 10*, 271–299.

Lohmann, Gert. (2003). *Mit Schülern klarkommen*. Berlin: Cornelsen.

Lukesch, Helmut. (1980). Erziehungsstile. In Walter Spiel (Hrsg.), *Konsequenzen für die Pädagogik* (S. 329–256). Band XI, Reihe 'Psychologie des 20. Jahrhunderts'. Zürich: Kindler-Verlag.

Mayr, Johannes. (2008a). Forschungen zum Führungshandeln von Lehrkräften: Wie qualitative und quantitative Zugänge einander ergänzen können. In Franz Hofmann, Claudia Schreiner & Josef Thonhauser (Hrsg.), *Qualitative und quantitative Aspekte. Zu ihrer Komplementarität in der erziehungswissenschaftlichen Forschung* (S. 321–342). Münster: Waxmann.

Mayr, Johannes. (2008b). *Klassenführung. Hintergrund und Ziele*. http://ius.uni-klu.ac.at/projekte/klm/ (10.2.2009).

Mayr, Johannes, Eder, Ferdinand & Fartacek, Walter (2006). *Linzer Diagnosebogen zur Klassenführung (LDK)*: http://ius.uni-klu.ac.at/projekte/ldk/ (10.2.2009).

Meier, Urs P. (1987). *Pestalozzis Pädagogik der sehenden Liebe*. Bern: Haupt.

Mietzel, Gerd. (^{4}1993). *Psychologie in Unterricht und Erziehung*. Göttingen: Hogrefe Verlag für Psychologie.

Nolting, Hans-Peter. (2002). *Störungen in der Schulklasse*. Weinheim / Basel: Beltz.

Rüedi, Jürg (2002): *Disziplin in der Schule. Plädoyer für ein antinomisches Verständnis von Disziplin und Klassenführung*. Bern: Haupt.

Schlömerkemper, Jörg. (2006). Die Kompetenz des antinomischen Blicks. In Wilfried Plöger (Hrsg.), *Was müssen Lehrerinnen und Lehrer können?* (S. 281–307). Paderborn: Ferdinand Schöningh.

Schönbächler, Marie-Theres. (2008). *Klassenmanagement. Situative Gegebenheiten und personale Faktoren in Lehrpersonen- und Schülerperspektive*. Bern: Haupt.

Tausch, Anne-Marie / Tausch, Reinhard. (^{7}1973). *Erziehungspsychologie*. Göttingen: Hogrefe.

Tenorth, Heinz-Elmar. (2008). Persönliche E-Mail vom 29.6.2008.

Tschöpe-Scheffler, Sigrid. (2006). *Konzepte der Elternbildung – eine kritische Übersicht*. Opladen: Barbara Budrich.

Watzlawick et al. (1969). *Menschliche Kommunikation*. Bern: Huber.

Weinert, Franz E. (1996). 'Der gute Lehrer', 'die gute Lehrerin' im Spiegel der Wissenschaft. In: *Beiträge zur Lehrerbildung, 14* (2), 141–151.

Wellenreuther, Martin. (2005). *Lehren und Lernen – aber wie?* Hohengehren: Schneider Verlag.

Winkel, Rainer. (1988). *Antinomische Pädagogik und Kommunikative Didaktik*. Düsseldorf: Schwann.

Anregungen zur Reflexion

Die internationale Forschung zeigt, dass kein anderes Merkmal so eindeutig mit dem Leistungsfortschritt der Schulklassen verknüpft ist wie die Klassenführung (vgl. Helmke 2004, S. 78). Ebenfalls eindeutige Beziehungen bestehen zwischen Klassenführung und persönlicher Befindlichkeit der Lehrperson, ihrer persönlichen Haltung, ihrer Art, zu den Schülerinnen und Schülern in Beziehung zu treten. Die eigene Klassenführung zum Thema der persönlichen Reflexion zu machen sowie den alltäglichen Umgang mit Schülerinnen und Schülern zu beobachten und zu analysieren ist darum eine notwendige, zugleich spannende und interessante Aufgabe für jede Lehrperson. Die folgenden Fragen sollen dabei helfen und Anstösse geben:

1. Was schätzen Sie an Ihrer Art und Weise, Ihre Schulklasse(n) zu führen? In welcher Hinsicht sind Sie zufrieden mit der Disziplin im Unterricht? Womit haben Sie positive Erfahrungen gesammelt?
2. Wo sehen Sie konkrete Verbesserungsmöglichkeiten für Ihre Klassenführung?
3. Was sagen Ihre Schülerinnen und Schüler zur Disziplin im Unterricht?
4. Wie reagieren Sie auf Unterrichtsstörungen? Welche Reaktionen gehören zu Ihrem Repertoire, um auf Störungen zu reagieren? Wie beurteilen Sie Ihre Reaktionen auf Störungen?
5. Haben Sie ein gutes Gefühl im Hinblick auf Ihre Klassenführung(en)? Geht es vorwärts bzw. in Ihrem Sinne?
6. Wenn Sie bei Frage 5 mit Nein geantwortet haben: Wäre es nötig, einmal fachliche Unterstützung von aussen (Kollegin / Kollege oder Fachperson) in Anspruch zu nehmen? Störungen gehören bekanntlich zum Unterricht ... Und das Erlernen des Umgangs mit Unterrichtsstörungen gehört zur Berufsbiografie jeder erfolgreichen Lehrperson. In den Worten des bulgarischen Sprichwortes: 'Gehen lernt man durch Stolpern'.

Weiterlesen

Evertson, Carolyn M., Emmer, Edmund T. & Worsham, Murray E. ([7]2006). *Classroom Management for Elementary Teachers.* **Boston: Pearson Education.**
Die Forschungsgruppe um C. Evertson hat in aufwändigen empirischen Experimenten und Untersuchungen die Bedeutung des vorausplanenden Handelns für erfolgreiches Klassenmanagement erforscht und belegt. Checklisten oder Praxisbeispiele runden die Anleitung für erfolgreiches Klassenmanagement ab.

Helmke, Andreas. ([3]2004). *Unterrichtsqualität – Erfassen – Bewerten – Verbessern.* **Seelze: Kallmeyersche Verlagsbuchhandlung.**
Eine gelingende Klassenführung ist eine Voraussetzung für Unterrichtsqualität. Die Frage nach dem 'guten' Unterricht ist darum die übergeordnete und zentrale, der sich Helmke ausführlich widmet. Nach einer Übersicht über grundlegende Konzepte der Unterrichtsqualität werden Merkmale erfolgreichen Unterrichts vorgestellt.

Lohmann, Gert. (2003). *Mit Schülern klarkommen.* **Berlin: Cornelsen.**
Lohmann richtet sich an neu in den Beruf Einsteigende, aber auch an ältere Kolleginnen und Kollegen, die ihr Handlungsrepertoire erweitern und mit Unterrichtsstörungen und Disziplinkonflikten zurechtkommen wollen. Zuerst müssen Störungen einmal verstanden werden; nur so entstehen die Voraussetzungen für sinnvolles Reagieren und Intervenieren.

Schönbächler, Marie-Theres. (2008). *Klassenmanagement. Situative Gegebenheiten und personale Faktoren in Lehrpersonen- und Schülerperspektive.* **Bern: Haupt.**
Schönbächlers Arbeit ist als Dissertation an der Universität Bern entstanden. Sie präsentiert den internationalen Forschungsstand sowie theoretische Grundlagen zum Klassenmanagement und stellt die Ergebnisse ihrer eigenen umfangreichen Befragungen dar.

Weitersurfen

http://bebis.cidsnet.de/weiterbildung/sps/allgemein/bausteine/stoerungen/index.htm
Hinweise / Kapitel zu den Ursachen von Unterrichtsstörungen sowie zu den Präventions- und Interventionsmöglichkeiten.

http://ius.uni-klu.ac.at/projekte/ldk/
Der 'Linzer Diagnosebogen zur Klassenführung' (LDK) entstand aus empirischen Forschungen zum Klassenmanagement und aus praktischen Erfahrungen in der Lehrerbildung. Er ist speziell für Lehramtsstudierende sowie Lehrerinnen und Lehrer gedacht, die sich mit seiner Hilfe Klarheit über ihr pädagogisches Handeln verschaffen möchten.

http://www.disziplin.ch/
Informationen über Unterrichtsdisziplin und Klassenführung in Theorie und Praxis. Checkliste zur Analyse der eigenen Unterrichtspraxis.

http://www.martin-wellenreuther.de/content/Klassenmanagement.pdf.
Aktueller Text von Martin Wellenreuther (2009) zum Thema 'Klassenmanagement'.

www.schuletg.ch/.../3620_0_klassenfhrunghandreichungzh
10 Kriterien für gute Klassenführung aus der Sicht der Bildungsdirektion des Kantons Zürich: 'Top Ten Klassenführung'. Die Einordnung der Klassenführung in das weite Feld dessen, was Helmke 'Unterrichtsqualität' nennt, wird sichtbar.

http://www.unterrichtsstoerungen.de/
Definitionen von Unterrichtsstörungen, Ursachen, Handlungsempfehlungen, Kooperationsformen und ein Forum.

http://de.wikipedia.org/wiki/Schulische_Disziplin
Historisch orientierter Beitrag zum Begriff 'Disziplin in der Schule'.

Tina Hascher / Gerda Hagenauer

5. Emotionale Aspekte des Lehrens und Lernens

Emotionen, Gefühle, Empfindungen, Stimmungen durchziehen unser tägliches Leben und machen vor der Schultüre nicht Halt. Lehrpersonen sowie Schüler und Schülerinnen freuen sich, ärgern sich, sind besorgt, erleichtert, sie empfinden Zufriedenheit, sind enttäuscht. Nicht selten hängen die Emotionen von Lehrpersonen und Schülern und Schülerinnen eng zusammen, wie nachfolgende Beispiele aus einer Tagebuchstudie mit Schweizer Sekundar-Schülern und -Schülerinnen (Hascher 2004a) verdeutlichen:

Heute bekamen wir unsere Französischprobe zurück. Unser Lehrer war sehr zufrieden. Niemand in der Klasse war ungenügend. Man konnte die Probe gut lernen, denn es war eine Vocabulaire-Probe. Jetzt haben einmal alle gelernt; der Lehrer hatte sogleich eine gute Laune. Ich hab mich sehr gut gefühlt, weil ich eine gute Note hatte, schliesslich habe ich genug dafür gelernt.

Heute in Handarbeiten: Ein Mädchen, das in die Realstufe zurückfällt, war etwas laut, da sagte die Lehrerin, sie soll still sein, das hänge sicher auch damit zusammen, dass sie runter fällt. Das war echt mies von ihr und als das Mädchen sagte, es sei mies, da war Fr. G. gleich eingeschnappt. Ich fühlte mich auch mies, weil es echt gemein war von der Lehrerin.

Prinzipiell gibt es kaum Unterschiede zwischen dem Spektrum emotionalen Erlebens von Lehrpersonen und Schülern und Schülerinnen. Die Auslöser, die Gründe und die Folgen ihrer Emotionen können jedoch unterschiedlich sein. Der folgende Beitrag widmet sich den aktuellen Erkenntnissen über emotionale Aspekte des Lernens und Lehrens. Zur besseren Verständlichkeit der theoretischen Erklärungen und zur Illustration der Alltäglichkeit von Emotionen im Kontext der Schule werden die Ausführungen um Auszüge aus Schüler- und Schülerinnentagebüchern bereichert. Mit dem Label 'Lernen' wird die Sicht der Schüler und Schülerinnen angesprochen; mit 'Lehren' die der Lehrpersonen. Damit sei nicht unterstellt, dass Lehrpersonen in der Schule nicht lernen und Schüler und Schülerinnen nie die Gelegenheit erhalten würden, andere etwas zu lehren. Klassischerweise wird jedoch den Lehrpersonen die Rolle der Lehrenden, den Kindern und Jugendlichen die Rolle der Lernenden zugesprochen. Die Forschung hat sich bisher stärker für die Emotionen der Schüler und Schülerinnen interessiert. Die Emotionen von Lehrpersonen rücken aber zunehmend in den Mittelpunkt der Forschungsarbeiten. Hier sind in den nächsten Jahren viele spannende Ergebnisse zu erwarten.

5.1 Emotionen – Klärung eines komplexen Begriffs

Für die Klärung des Begriffs 'Emotion' steht eine grosse Zahl von Theorien und Modellen aus unterschiedlichen Forschungstraditionen zur Verfügung, da sich mehrere Disziplinen (z. B. Philosophie, Soziologie, Psychologie) mit diesem Thema beschäftigen. In diesem Text sollen vor allem Kenntnisse aus der Pädagogik, der empirischen Schulforschung und der Psychologie einfliessen. Eines der am häufigsten verwendeten Zitate in der Emotionsforschung lautet: „Emotion is a peculiar word. Almost everybody thinks he understands what it means, until her attempts to define it. Then practically no one claims to understand it." (Wenger, Jones & Jones 1962, p. 3)

Mit dieser Feststellung haben Wenger et al. bereits 1962 die Schwierigkeit vieler Forscher und Forscherinnen auf den Punkt gebracht: Das Phänomen Emotion ist mehrschichtig, und es gibt viele Wege, Emotionen zu beschreiben. Man stelle sich nur vor, dass laut Kleinginna und Kleinginna (1981) über hundert Definitionen formuliert wurden und dass unsere Sprache viele dem Emotionsbegriff ähnliche Bezeichnungen wie Befinden, Befindlichkeit, Stimmung, Affekt, Gefühle beinhaltet. Je nachdem, was untersucht wird, können unterschiedliche Aspekte von Emotionen besonders wichtig erscheinen. Ebenso fällt es schwer, eine klare Unterscheidung zur Kognition zu treffen, da Denken und Fühlen untrennbar miteinander verbunden sind. Deshalb existiert, genau besehen, keine einheitliche Definition des Begriffs Emotion. Es gibt jedoch drei verbindliche Charakteristika, auf welche sich die Forschung geeinigt hat:

- Eine Emotion wird als eine Gefühlsregung, die relativ *konkret* bestimmbar ist (z. B. Freude, Ärger, Stolz, Trauer) und sich meist auf einen *Auslöser* zurückführen lässt, beschrieben[1]. Man spricht also von einer Emotion, wenn sich eine Person über ein Ereignis freut, sich über das Verhalten von jemanden ärgert, auf eine erbrachte Leistung stolz ist, wegen eines Verlusts Trauer empfindet etc.
- Emotionen zu empfinden bedeutet, einem Ereignis, einer Erfahrung *Bedeutung* zuzuschreiben. Wenn eine Leistung persönlich unwichtig ist, kann z. B. die Emotion Stolz nicht entstehen. Emotionen zu empfinden bedeutet also, von einem Ereignis, einer Erfahrung *berührt* zu sein – wenn einen die Situation 'kalt lässt', wird man nicht wütend. Dementsprechend wird angenommen, dass Emotionen dem Handeln und Tun einen persönlichen Sinn und Wert verleihen (Seidel 2008).
- Emotionen zu empfinden bedeutet auch, dass der Zustand einer Person in den *Mittelpunkt* des Bewusstseins rückt – wer Trauer empfindet, kann dies nicht einfach ausblenden. Dies trifft ebenfalls für eher schwach empfundene Emotionen zu.

Weil Emotionen umfassende Phänomene darstellen, werden sie in der aktuellen Forschung als „ways of being" bzw. als „ ... holistic episodes that include physiological, psychological, and behavioral aspects" (Schutz, Hong, Cross & Osbon 2006,

---

[1] Wer sich für Emotionsdefinitionen und -theorien interessiert, sei auf den ausführlichen Überblick in den Handbüchern 'Emotionspsychologie' von Otto u. a. (2000) und 'Handbuch der Allgemeinen Psychologie: Motivation und Emotion' von Brandstätter und Otto (2009) verwiesen.

p. 345) definiert. Sie sind bei genauer Betrachtung nicht nur häufig, sondern auch vielschichtig und komplex. Deshalb werden heutzutage 'Mehrkomponenten-Modelle' bevorzugt, denen zufolge Emotionen nicht mit einem Satz zu beschreiben sind, sondern aus Teildimensionen bestehen. In der Regel sind dies fünf Dimensionen (Izard 1994, Scherer 1987):

– Die affektive Komponente bezeichnet das mit der Emotion ausgelöste subjektive Erleben (z. B. Beklemmungsgefühle bei einem Vortrag).
– Die kognitive Komponente fasst die mit der Emotion zusammenhängenden Gedanken zusammen (z. B. über Konsequenzen eines befürchteten Misserfolgs).
– Die expressive Komponente verkörpert das mit der Emotion verbundene Ausdrucksverhalten (z. B. fahrige, unruhige Bewegungen).
– Die motivationale Komponente repräsentiert den durch die Emotion initiierten Handlungsimpuls (z. B. das Bearbeiten von zuerst leichten Aufgaben).
– Die physiologische Komponente vertritt die durch eine Emotion hervorgerufenen Körperreaktionen (z. B. ein schnellerer Herzschlag).

Emotionen unterscheiden sich hinsichtlich ihrer Valenz. Wenn sich ein Mensch gut fühlt, dann spricht man von 'positiven Emotionen' und subsumiert darunter beispielsweise Freude, Stolz, Zufriedenheit, Wohlbefinden, Erleichterung. Wenn sich ein Mensch schlecht fühlt, also z. B. Ärger, Trauer, Angst, Unzufriedenheit, Hilflosigkeit erlebt, dann wird dies mit dem Begriff 'negative' Emotionen umschrieben. Gemischte Emotionen (wenn man sich also gut und schlecht fühlt, beispielsweise zugleich traurig aber auch erleichtert ist) werden auch als 'ambivalente Emotionen' bezeichnet. Emotionen unterscheiden sich ausserdem hinsichtlich ihrer Intensität (z. B. ein leichtes Verärgertsein oder sehr starke Wut), hinsichtlich ihrer Dauer (z. B. ein kurzes Aufflackern von Zuversicht versus eine lang anhaltende Phase des Hoffens) und ihrer Häufigkeit. Eine weitere Einteilung wird getroffen, indem Emotionen situativ auftreten können oder auch situationsübergreifend: In der Literatur wird von 'State-Emotionen' gesprochen, wenn es um aktuelle, unmittelbar erlebte Emotionen geht, beispielsweise um die Freude einer Schülerin, wenn sie erfährt, dass sie eine gute Leistung bei einer Prüfung erbracht hat, oder die Sorge eines Lehrers, wenn er den schlechten Notendurchschnitt bei einem Test realisiert. Die so genannten 'Trait-Emotionen' (auch 'habituelle' Emotionen genannt) dagegen bezeichnen ein relativ stabiles, situationsübergreifenden Emotionserleben, z. B. wenn ein Schüler vor jeder Prüfung mit Angst reagiert (man bezeichnet ihn dann als ängstlichen Schüler) oder wenn eine Lehrerin oftmals mit Erleichterung reagiert, wenn es ihr gelingt, die Schüler und Schülerinnen für den Lernstoff zu motivieren.

Schutz, Aultman und Williams-Johnson (2009) halten die Einteilung in State- versus Traitemotionen jedoch als noch zu ungenau und schlagen deshalb vor, drei Formen emotionalen Erlebens und Verhaltens zu unterscheiden:

– Der Begriff *core affect* ('Kernempfinden') bezeichnet die emotionale aktuelle Gesamtbefindlichkeit. Ähnlich wie die Körpertemperatur eines Menschen wird sie kontinuierlich erlebt, aber meist nicht bewusst wahrgenommen. Wird man

darauf angesprochen (z. B. Wie geht es dir?), kann man zwar nicht sehr differenziert, aber ganz generell sagen, wie man sich fühlt.
- Bei einer *emotional episode* ('emotionale Episode') wird eine spezifische Emotion (oder auch mehrere Emotionen) konkret wahrgenommen und im Gedächtnis gemeinsam mit den Merkmalen der Situation gespeichert. Schüler, Schülerinnen und Lehrpersonen berichten über ihre emotionalen Erfahrungen im Zusammenhang mit entsprechenden Situationen, z. B. den Stolz nach dem Lösen einer schwierigen Aufgabe, die Lehrperson z. B. über Freude über die gelungene Motivationsphase.
- Unter *affective tendencies* ('affektive Tendenzen') werden ähnlich wie bei den Trait-Emotionen immer wiederkehrende emotionale Reaktionen verstanden. Empfindet eine Lehrperson häufig Ärger, so ist anzunehmen, dass sich bei ihr eine emotionale Disposition entwickelt hat, die sich verfestigen könnte. Ärger würde dann auch in anderen Situationen relativ schnell entstehen. Die 'Schwelle', ärgerlich zu werden, ist relativ niedrig. Sich häufig wiederholende emotionale Reaktionen werden über einen bestimmten Zeitraum erlernt und sind dadurch relativ stabil.

5.2 Schüler- und Schülerinnen-Emotionen

Das Lernen der Schüler und Schülerinnen in der Schule wird von zahlreichen Emotionen begleitet. Das Arbeiten an einer kniffligen Aufgabe kann mit Freude an der Herausforderung, aber auch mit Angst vor Misserfolg einhergehen. So löst ein gelungener Vortrag Stolz und Erleichterung aus, während eine missglückte Arbeit zu Ärger oder Scham führen kann. Auf die Bedeutung von Schüler- und Schülerinnenemotionen für das Lernen in der Schule wird in den nächsten Abschnitten eingegangen.

5.2.1 Emotionen beim schulischen Lernen, ihre Funktionen und pädagogische Relevanz

Während Pekrun (1998, S. 230) den Stellenwert von emotionalen Faktoren für das Lernen der Schüler und Schülerinnen noch als „blinden Fleck in der Unterrichtsforschung" bezeichnet, spricht Krapp (2005, S. 603) von einer „Renaissance der Emotionsforschung" in den letzten Jahren. In der Tat geht es heute nicht mehr nur um Motivation und Kognition, sondern oftmals ebenso um das Verstehen von Emotionen im Kontext der Schule. Dabei konnte in empirischen Forschungsarbeiten belegt werden, dass diese das Lernen der Schüler und Schülerinnen beeinflussen. Die Funktionen von Emotionen für das Lernen sollen im Folgenden dargestellt und durch Überlegungen zur Förderung von emotionalen Kompetenzen abgerundet werden.

5.2.1.1 Die Funktionen von Emotionen für das Lernen

Emotionen steuern und regulieren das Verhalten der Menschen (z. B. Seidel 2008) und ebenso das Lernverhalten der Schüler und Schülerinnen. Abhängig von der Emotionsvalenz (positiv, negativ), von der Intensität (stark, mittel, schwach) und dem Aktivierungsniveau (aktivierend, deaktivierend) wirken sich Emotionen unterschiedlich auf die Motivation und die Kognitionen der Schüler und Schülerinnen (Edlinger & Hascher 2008) und in Folge auch auf das konkrete Lernverhalten aus. Nach Hänze (2000) signalisieren Emotionen, *ob, was* und *wie* gelernt werden soll. Emotionen steuern sowohl (a) die Richtung des Lernverhaltens (z. B. Annäherung oder Vermeidung; Aufrechterhaltung oder Abbruch) als auch (b) die Art des Denkens. Beispielsweise werden folgende Theorien vorgeschlagen:

Generell werden positive (aktivierende) Emotionen (z. B. Freude) mit positiven Lernverhaltensweisen (z. B. Anstrengungsbereitschaft, Ausdauer bei der Aufgabenbearbeitung) verknüpft, während negativen (*de*aktivierenden) Emotionen, wie z. B. der Langeweile, eher negative Wirkungen auf das Lernen zugeschrieben werden (z. B. Abbruch der Lernhandlung, geringe Anstrengungsbereitschaft; siehe auch Hascher, 2009).

— Im Hinblick auf die Art des Denkens geht man von unterschiedlichen Denkstilen während des Erlebens von positiven und negativen Emotionen aus und spricht von der 'Denkstilhypothese'. Während es (leicht) negativ gestimmten Lernenden gut gelingt, analytische Aufgaben zu lösen, zeigen positiv gestimmte Lernende vor allem gute Leistungen bei kreativen Aufgaben (Abele 1996). Sie können aber auch andere Arten von Aufgaben meist erfolgreich lösen, weshalb Edlinger und Hascher (2008, S. 60) in Verbindung mit positiver Stimmung von einem 'flexiblen' Denkstil sprechen, der die Wahrnehmungs- und Bearbeitungsgeschwindigkeit bei der Aufgabenlösung und in Folge die Leistung, sowohl bei logischen als auch kreativen Aufgaben, erhöht.

— Der Erfolg bei der Aufgabenbearbeitung hängt aber nicht nur mit der Stimmung der Schüler und Schülerinnen zusammen, sondern ebenfalls mit dem Schwierigkeitsgrad der Aufgabe und der Intensität der erlebten Emotion. Besonders wenn Schüler und Schülerinnen negative Emotionen sehr intensiv erleben (z. B. Angst, Wut), bindet dies ein hohes Ausmass an Ressourcen an die Emotionsverarbeitung – und es verbleibt wenig kognitive Kapazität für die Bearbeitung der Aufgabe. Dieser Prozess wird als 'Aufmerksamkeits-Defizit-Hypothese' bezeichnet. Demzufolge können sich Schüler und Schülerinnen, die beispielsweise sehr wütend sind, auch schlechter konzentrieren und kaum aufmerksam den Lerninhalten folgen, da im Vordergrund die Regulation der negativen Emotion steht (Spies 1990). Dies wirkt sich leistungsbeeinträchtigend bei der Lösung von schwierigen Aufgaben aus, da gerade solche Aufgaben besonders viel der zur Verfügung stehenden kognitiven Kapazität benötigen.

— Emotionen beeinflussen neben dem Denkstil und der zur Verfügung stehenden kognitiven Kapazität auch die Speicherung und den Abruf von Informationen. Diese Erkenntnis führte zur Hypothese der 'Stimmungskongruenz'. So wurde belegt, dass Menschen in negativer Stimmung besonders sensibel für negative Information sind und sich auch an eine solche am besten erinnern. In kongruenter Stimmung kann zuvor Gelerntes also besser abgerufen werden.

5.2.1.2 Die pädagogische Relevanz von Emotionen für das Lernen

Die oben dargestellten Befunde sprechen dafür, dass Emotionen sowohl für das Lernverhalten als auch für die kognitive Verarbeitung des zu Lernenden bzw. dessen Abruf eine nicht zu unterschätzende Rolle spielen. Um das Lernen bzw. den Lernprozess der Schüler und Schülerinnen besser zu verstehen, müssen Emotionen – neben Kognitionen und Motivation und deren Wechselwirkungen während des Lernprozesses – im jeweiligen Kontext berücksichtigt werden (kontext-sensibler Zugang, Hascher 2008, Järvelä 2008). Im Hinblick auf die pädagogische Relevanz, die Emotionen besitzen, lassen sich drei Aspekte betonen:

- Emotionen sind für das Lernen in der Schule bedeutsam, weil sie dessen Ausübung steuern – sowohl auf motivationaler Ebene (z. B. Ausdauer), auf der Basis des konkreten Verhaltens im Unterricht (z. B. Mitarbeit) als auch bezüglich der Qualität des Lernprozesses (z. B. tiefergehende Erarbeitung des Lernstoffes durch Einsatz von Elaboration). Das Lernen und die schulische Leistung wiederum beeinflussen die Emotionen der Schüler und Schülerinnen (Götz et al. 2004). Nach Hascher (2005, S. 613) können durch das häufige bzw. langfristige Erleben von positiven Emotionen in der Schule der Lernerfolg und die Leistung gesteigert werden, „da sie eine affektive Basis darstellen, die der Entwicklung lern- und leistungsförderlicher Kognitionen und Motivationen dient."
- Emotionen im Kontext von Lernen und Schule entfalten auch in Bezug auf das pädagogische Ziel der Förderung der Bereitschaft zum lebenslangen Lernen ihre Bedeutung. Wer lernt gerne oder gar freiwillig, wenn der Lernprozess mit negativen Gefühlen verbunden ist? Distanzieren sich Schüler und Schülerinnen emotional von der Schule (Fend 1997), so hat dies auch negative Auswirkungen auf ihre Motivation, sich nach der obligatorischen Schulzeit weiterzubilden.
- Die Bedeutsamkeit von Emotionen beim Lernen liegt des Weiteren in deren Beeinflussbarkeit durch das Pädagogische Handeln. Durch die konkrete Unterrichtsgestaltung, durch die Interaktion von Lehrpersonen mit den Lernenden, durch die Förderung eines positiven Umgangs der Schüler und Schülerinnen untereinander, aber auch durch die Schulung der Kinder und Jugendlichen im Umgang mit ihren Emotionen, können deren Emotionen gezielt in die wünschenswerte Richtung beeinflusst werden. Ziel guten Unterrichts sollte es sein, negative Emotionen seitens der Schüler und Schülerinnen – wo immer möglich – zu vermeiden und positive Emotionen gegenüber dem Lernen und der Schule zu stärken.

5.2.2 Spezifische Emotionen: Freude und Langeweile

Während in den bisherigen Ausführungen Emotionen, deren Funktion und pädagogische Bedeutsamkeit auf allgemeiner Ebene diskutiert wurden, wollen wir in diesem Kapitel auf konkrete Einzelemotionen und deren Zusammenhang mit dem Lernen der Schüler und Schülerinnen eingehen. Wir greifen für diese Analyse zwei Emotionen heraus, die im schulischen Kontext häufig berichtet werden: Freude und Langeweile. Auch Angst wird von Schülern und Schülerinnen in der Schule wiederholt erlebt (ein Überblick, siehe z. B. Schnabel, 1998, Strittmatter 1993, Weiß 1989). Allerdings wird diese meist durch Leistungssituationen und weniger oft durch Lernsituationen hervorgerufen. In der folgenden Darstellung möchten wir 'Lernemotionen' also Emotionen, die mit dem Lernprozess einhergehen, und deren Wirkung auf das Lernen näher beschreiben.

5.2.2.1 Freude

Heute hatten wir, ausser einer Stunde, alle Fächer mit unserem Klassenlehrer. Das hat sehr Spass gemacht! Wir hatten Besprechung von den Lernberichten. Er sei zufrieden mit mir, hat er gesagt. Super cool! Ich freute mich riesig! Ich kann stolz auf mich sein! Ich habe vor Freude fast einen Luftsprung gemacht.

Freude ist eine Emotion, die zu erreichen als erstrebenswert für den Unterricht und für das Lernen gilt. So sprechen Seibert, Wittmann, Zöpfl und Igerl (1994, S. 9) davon, dass „Humor und Freude in der Schule, also in Unterricht und Erziehung, [...] nicht wegzudenken [sind], wenn Erziehung als Hilfestellung zur positiven Bewältigung des Lebens verstanden wird" (Umstellung und Anpassung: d.V.). Freude kann dabei sowohl von Lern- oder Leistungssituationen als auch von sozialen Situationen ausgelöst werden. So kann ein Lob der Lehrperson bzw. die Anerkennung und Akzeptanz durch die Mitschüler und Mitschülerinnen zu Freude auf Seiten der Schüler und Schülerinnen führen (= soziale Auslöser). Aber auch der Lernprozess selbst (= Lernfreude) oder das Lernresultat (= Ergebnisfreude, z.B. über eine gute Note oder ein gelungenes Werkstück) können Freude bewirken. Eine spezifische Stellung in Verbindung mit dem Freudeerleben nimmt das Wohlbefinden der Schüler und Schülerinnen ein. Dieses Konstrukt ist keine Emotion an sich, enthält in seiner multidimensionalen Ausprägung allerdings eine Freudekomponente und beeinflusst ebenso das Lernen der Schüler und Schülerinnen (ein Überblick, siehe Hascher 2004a, b).

Studien über das emotionale Erleben der Schüler und Schülerinnen im Schulalltag haben ergeben, dass meist nicht der Lernprozess per se Freude auslösend ist, sondern vor allem das Ende einer Lernhandlung oder einer Unterrichtssituation das Freudeerleben bewirkt (z.B. Gläser-Zikuda 2001, Pekrun 1998). Diese geringe Freude am Lernprozess verstärkt sich mit fortschreitenden Schuljahren. Während Schüler und Schülerinnen zu Beginn der Grundschule noch sehr häufig von Lernfreude (z.B. in Mathematik und Deutsch, Helmke 1993) berichten, nimmt diese bereits in der Grundschulzeit ab und erreicht ihren Tiefpunkt in der Sekundarstufe 1 (z.B. Eder 2007, Fend 1997, Hagenauer 2009). Dies ist eine besorgniserregende Entwicklung, steht doch die Lernfreude mit zahlreichen wünschenswerten Lernverhaltensweisen und somit auch indirekt mit der Lernleistung in Verbindung. So konnte aufgezeigt werden, dass Freude mit einer hohen Lernmotivation, positiven Lern- und Problemlösestrategien (z. B. Elaboration, Organisation, kognitive Metastrategien wie z. B. Zeitmanagement), einer erhöhten Anstrengungsbereitschaft und Aufmerksamkeit (wenige aufgabenirrelevante Gedanken) einhergeht (z. B. Fend 1997).

Das Auftreten von Lernfreude im Unterricht setzt einerseits voraus, dass Schüler und Schülerinnen eine Passung zwischen ihren eigenen Bedürfnissen und Zielen und den Lernanforderungen erleben und dass sie andererseits die Lernsituation als kontrollierbar einschätzen. Zu betonen ist, dass eine Passung zwischen den Schüler- und Schülerinnenbedürfnissen und dem Lernstoff nicht ausschliesslich durch das Darbieten von interessantem Lernstoff erreicht werden kann. Häufig müssen in der Schule auch Dinge gelernt werden, die nicht den Interessen der Schüler und Schülerinnen entsprechen – und trotzdem kann Lernfreude angeregt werden. Wesentliches Bestimmungsstück ist die Relevanz der Lerninhalte: Wenn Schüler und Schülerinnen den Lernstoff als wesentlich einschätzen (z. B. für das weitere Leben, für die weiterführende Schule, das Studium etc.; Lewalter 2005), kann Lernfreude auch ohne intrinsische Motivation bzw. Interesse entstehen. Passung und in Folge auch Lernfreude werden am ehesten in einem als selbstbestimmt erlebten Unterricht erreicht (Bieg & Mittag 2009, Deci & Ryan 1993). Selbstbestimmtes Lernen wiederum wird dann ermöglicht, wenn Schüler und Schülerinnen autonom arbeiten können (z. B. freie Aufgabenwahl, Zeit für individuelles Arbeiten), sich kompetent (z. B. durch Bieten von optimalen Herausforderungen) und sozial eingebunden (z. B. ein gutes Verhältnis zu den Lehrkräften und den Mitschülern und -schülerinnen) fühlen.

5.2.2.2 Langeweile

Es war eigentlich ein ganz normaler Tag. In Handarbeiten war es locker. Am Nami hatten wir auch normal langweilig Schule. Ich hab mir nichts dabei gedacht und fühlte mich wie immer.

Gelangweilte Schüler und Schülerinnen sind für die meisten Lehrpersonen kein unbekanntes Phänomen. Im Jahr 1987 formulierte Hartmut v. Hentig (S. 33) ganz dezidiert: „Die größte Plage der Schule ist die Langweile [!]". Mehrere empirische Studien bestätigen das Vorhandensein von Langeweile im Unterrichtsalltag (z. B. Holler-Nowitzki & Meier 1997). Trotz des Wissens, dass Langeweile in der Schule häufig auftritt, diese durch ihren deaktivierenden Charakter bei den Schülern und Schülerinnen ein Abschweifen vom Unterrichtsinhalt bewirkt (Götz & Frenzel 2006) und somit ein pädagogisches Problem darstellt, wurde Langeweile bisher relativ selten erforscht.

Studien deuten darauf hin, dass Langeweile in der Schule dem Lernen eher hinderlich ist. Lohrmann (2008) illustriert in einer Zusammenschau verschiedenster Untersuchungen, dass mit Langeweile vor allem drei negative Faktoren einhergehen: hohes aufgabenirrelevantes Denken ('Abschweifen'), Aufmerksamkeitsstörungen und Schulunlust. Zudem sind die Schulzufriedenheit, die Lernfreude, das Interesse, die intrinsische Motivation, die Lernzielorientierung und die Anstrengung bei Erleben von Langeweile eher gering. Auch korreliert Langeweile mit aufsässigem Verhalten in der Schule, Unterrichtsstörungen, Absentismus ('Schwänzen') und Schulabbruch. Diese Ergebnisse decken sich mit den Erkenntnissen aus der Emotions- und Stimmungsforschung, aus denen resultiert, dass Personen negativ erlebten Situationen entfliehen wollen (in diesem Fall also der gelangweilte Schüler/die gelangweilte Schülerin der Schule und dem Lernen), um einen Zustand guter bzw. besserer Stimmung zu erreichen (Abele 1999, Abele-Brehm & Gendolla 2000). Es ist daher eine zu erwartende Entwicklung, dass Langeweile mit einer instabilen Lern- und Aufgabenmotivation einhergeht. Für diesen Zusammenhang sprechen auch die Befunde von Titz (2001): Studierende, die sich in Lehrveranstaltungen gelangweilt fühlen, berichten von innerer Unruhe und von dem Wunsch, die Situation schnell zu verlassen. Im Unterricht können Schüler und Schülerinnen Lernsituationen allerdings schwer 'entfliehen', weshalb sie häufig mittels Ablenkung auf die Langeweile reagieren. Dies äussert sich beispielsweise darin, dass ihre Gedanken um andere Dinge kreisen, sie mit ihren Tischnachbarn und -nachbarinnen heimlich spielen, Sms bzw. Briefchen schreiben, oder indem sie sich mit Aufgaben ablenken, die sie für andere Unterrichtsfächer erledigen müssen. Schüler und Schülerinnen berichten auch davon, dass sie bei Langeweileerleben gar nichts machen, sondern ganz einfach in die Leere blicken. Sehr bedenklich ist dabei, dass nur wenige Schüler und Schülerinnen versuchen, ihre Aufmerksamkeit gezielt zu reaktivieren (Götz, Frenzel & Pekrun 2007).

Diese Befunde sprechen für eine schädliche Wirkung von Langeweile für das Lernen und das Lernverhalten der Schüler und Schülerinnen. Interessant ist dabei aber das folgende Ergebnis: Während Langeweile mit zahlreichen Verhaltensweisen einhergeht, die negativ für die Entstehung bzw. Entwicklung eines produktiven Lernprozesses sind, steht sie allerdings nur in geringem bzw. in manchen Studien auch in keinem Zusammenhang mit der schulischen Leistung (siehe im Überblick Sparfeldt, Buch, Schwarz, Jachmann & Rost 2009).

Erkenntnisse über die Ursachen von Langeweile im Unterricht belegen, dass Langeweile einerseits als Resultat einer Unterforderung entsteht, andererseits auch Ergebnis einer Überforderung sein kann, die das Abschalten durch den/durch die Schüler bzw. Schülerin bewirkt (Götz, Frenzel & Haag 2006). Weiter weisen die Erkenntnisse in Richtung einer *inhalts-* und weniger fächerspezifischen Langeweile. Meist sind es Unterrichtsbedingungen wie Monotonie im Unterricht (Hüne & Mühlhausen 1997), ein als nutzlos betrachteter Unterrichtsinhalt (Holler-Nowitzki & Meier 1997), ein Zuviel an Schreibarbeit, eine wenig strukturierte Klassenführung bzw. eine mangelhafte Instruktionsqualität und vor allem Frontalunterricht (Götz et al. 2007), die Langeweile bewirken. Nur vereinzelt schreiben Schüler und Schülerinnen ihre Langeweile der Lehrperson zu (z. B. eine ebenso gelangweilte Lehrperson) und noch seltener der eigenen Person (z. B. eigene Verständnisprobleme/schlechte Leistung, allgemeine Müdigkeit; Götz et al. 2006).

Um Langeweile im Unterricht entgegenzuwirken, sollten Monotonie sowie Über- und Unterforderung im Unterricht vermieden (z. B. durch Innere Differenzierung), das Erkennen der Sinnhaftigkeit schulischen Lernens unterstützt (siehe auch

Singer 2009) und Freiheiten im Lernprozess gewährt werden (z. B. offenes Lernen, Freiarbeit), sodass sich Schüler und Schülerinnen selbstreguliert Anreize suchen können. Hüne und Mühlhausen (1997) sprechen weiter von einer „Überraschungsoffenheit" (S. 20) im Hinblick auf die Gestaltung des Unterrichts. Lehrpersonen sollten versuchen, die Impulse ihrer Schüler und Schülerinnen im Unterricht zuzulassen, deren Interessen, Meinungen, Vorstellungen und Vorerfahrungen aufzugreifen. Durch die Erhöhung der Bedeutsamkeit der Lernsituation wird die Langeweile reduziert bzw. bereits in ihrer Entstehung gehindert.

5.2.3 Lernziel: Entwicklung emotionaler Kompetenzen

Wie aus den bisherigen Ausführungen deutlich wurde, erleben Schüler und Schülerinnen im Schulalltag nicht nur positive sondern auch negative Emotionen. Damit letztere dem Lernen nicht abträglich sind, ist es von Bedeutung, dass Schüler und Schülerinnen in der Lage sind, diese erfolgreich zu regulieren. Die Emotionsregulationskompetenz ist ein Teilbereich der *emotionalen Kompetenz* (manchmal auch als 'emotionale Intelligenz' bezeichnet, z. B. Gläser-Zikuda 2001, Hänze 2000) und enthält weitere Teilfähigkeiten wie: sich der eigenen Emotionen bewusst sein, diese kommunizieren und produktiv nutzen können, aber auch die Gefühle anderer verstehen, sich in deren Gefühlslage versetzen (Empathie) und entsprechend darauf reagieren können (Petermann & Wiedebusch 2008, Steiner 1997, von Salisch 2002). Emotional kompetente Schüler und Schülerinnen können sowohl ihre positiven Gefühle bewusst steuern (z. B. durch ein intensives Denken daran, durch Ausleben dieser Gefühle etc.), aber sie sind auch in der Lage, die negativen Gefühle mittels unterschiedlicher Strategien effektiv zu bewältigen (z. B. Ablenken, Neubewertung, Selbstbelohnung etc.; zu Emotionsregulationsstrategien im Schulalltag, siehe Hascher 2005). Für den Lernerfolg und die Lernleistung steht dabei insbesondere die Regulierung der negativen Emotionen im Vordergrund. Es ist belegt, dass Schüler und Schülerinnen, die häufig negative Emotionen (z. B. Ärger, Wut) zum Ausdruck bringen – diese also nicht entsprechend regulieren können –, weniger gut in der Klasse integriert sind, weniger positives Feedback der Lehrperson zu erwarten haben, dadurch eine geringere Lernbereitschaft und in Folge schlechtere Leistungen zeigen. Petermann und Wiedebusch (2008, S. 30) resümieren: „Insgesamt entwickeln Kinder, die bereits im Kindergartenalter über eine altersangemessene sozial-emotionale Kompetenz verfügen, eine positivere Einstellung zur Schule, sie können sich im Schulalltag früher und besser anpassen und verzeichnen größere Erfolge." Demnach gilt es, die Entwicklung der emotionalen Kompetenz in der Schule zu unterstützen, z. B. durch die Förderung der Wahrnehmung und des Ausdrucks von Emotionen (z. B. Gefühlspantomime), die Erweiterung des Emotionsverständnisses und des Emotionswissens (z. B. Einsatz von Fallgeschichten), die Schulung der Emotionsregulationskompetenz (z. B. Erprobung von Ärgerkontrollstrategien, konkret etwa die Erstellung eines 'Wutplans') und auch durch die Förderung von Empathie und sozialen Verhaltens (z. B. in Rollenspielen Konfliktsituationen darstellen; sich in die emotionale Lage von Personen in Bildergeschichten einfühlen).

5.3 Emotionen von Lehrpersonen

Es bedarf nur eines kurzen Blicks in eine Schulstunde, um zu sehen, dass nicht nur das Lernen, sondern auch das Lehren mit Emotionen verbunden ist. Unterrichten ist eine Tätigkeit, in der die Lehrpersonen ihre Persönlichkeit einbringen. Dies macht sie in besonderer Weise vulnerabel und empfänglich für emotionale Erlebnisse (Kelchtermans 1996, Lasky 2005). Dennoch gibt es bisher erstaunlich wenige, wissenschaftlich abgesicherte Erkenntnisse zum Lehrberuf (siehe den Überblick von Krapp & Hascher 2010). Die nachfolgenden Ausführungen sollen einen Einblick in diese Arbeiten geben.

5.3.1 Emotionen beim Lehren, ihre Funktionen und pädagogische Relevanz

„Emotions are at the heart of teaching" schrieb Hargreaves (1998a, p. 558), ein amerikanischer Forscher, der sich seit einigen Jahren mit dem Thema der Emotionen im Lehrberuf beschäftigt. „Teaching is full of emotions" formulierten Emmer und Stough (2001, p. 107), als sie sich dem Thema Klassenmanagement widmeten. Auch Aebli (1980, S. 25) weist in seiner didaktischen Theorie explizit darauf hin, dass das praktische Handeln von Lehrpersonen „von Gefühlen durchweht" ist. Im beruflichen Kontext spricht man auch von 'Arbeitsemotionen', also von Emotionen, die „eng mit dem Erleben, Wahrnehmen und Bewerten von Arbeit verbunden sind. Sie beinhalten ein komplexes Gefüge subjektiver und objektiver Faktoren, das von neuronalen / hormonalen Systemen vermittelt wird und die Beziehung einer Person zu ihrer Arbeit beeinflusst" (Brehm 2004, S. 200). Die Bedeutung des Themas lässt sich mit fünf Argumenten belegen:

1. Emotionen steuern das Handeln von Lehrpersonen und beeinflussen ihre Wirksamkeit

Erleben Lehrpersonen im Unterricht positive Emotionen, so bietet dies eine günstige Voraussetzung für Lehren und Lernen (z.B. Hargreaves 1998b, Kunter et al. 2008, Witcher, Onwuegbuzie & Minor 2001). Ein positives emotionales Klima in der Schulklasse hat generell einen günstigen Einfluss auf das Selbstkonzept der Lernenden (Valeski & Stipek 2001) und damit auch auf ihre Lernbereitschaft. Lehrpersonen, die ihre Begeisterung für das Fach zum Ausdruck bringen, können das Interesse an diesem Fach wecken (Krapp 2002) und die Schüler und Schülerinnen mit ihrer Begeisterung sogar anstecken – dieses Phänomen wird derzeit unter dem Begriff des sog. Enthusiasmus von Lehrpersonen untersucht (siehe Kunter et al. 2008). Besonders wichtig ist dabei das Ergebnis, dass weniger die Begeisterung einer Lehrperson für ein Fach bzw. für Fachinhalte, sondern vielmehr ihre Begeisterung, Schüler und Schülerinnen in diesem Fach zu *unterrichten*, positiv auf die Kinder und Jugendlichen wirkt.

Löst das Unterrichten häufig Verärgerung aus und entwickeln Lehrpersonen dadurch eine negative Haltung gegenüber den Schülern und Schülerinnen oder empfinden Lehrpersonen Angst, resultiert dies in einem wenig lernförderlichen Unterrichtsstil (Sutton & Wheatley 2003): Der Unterricht wird eng geführt, die Lernorientisrung und Fehlertoleranz sind gering. Hinzu kommt, dass ärgerliche Lehrpersonen ihre Schüler und Schülerinnen verängstigen. Damit bewirken sie zwar, dass sich diese weitgehend erwartungskonform verhalten. Die Schüler und Schülerinnen geben aber ihre Eigeninitiative auf und machen nur, was von ihnen verlangt wird.

2. *Emotionen von Lehrpersonen fungieren als Einflussfaktor auf die Interaktion zwischen Lehrpersonen und Schüler und Schülerinnen*

Wer Emotionen empfindet und diese – bewusst oder unbewusst – zum Ausdruck bringt, beeinflusst die Interaktion mit anderen Menschen. Ein fröhlicher Mensch wird seine Anliegen anders vorbringen als jemand, der traurig oder missmutig wirkt – und ihm wird auch anders begegnet werden. Solche Unterschiede treffen auch für den schulischen Kontext zu. Schüler und Schülerinnen nehmen oft recht genau wahr, wie sich Lehrpersonen fühlen und passen sich dementsprechend an. Nicht zuletzt deshalb wird von Lehrpersonen erwartet, dass sie mit ihren Emotionen bewusst umgehen und diese regulieren können (z.B. Hargreaves 1998a, b, Liljestrom, Roulston & deMarrais 2007, Schutz, Cross, Hong & Osbon 2007).

Ein weiteres Interaktionsmerkmal haben kürzlich Meyer und Turner (2007, S. 244) vorgestellt. Sie nennen es 'emotional scaffolding' und verstehen darunter gezielt gestaltete Interaktionen, die das Erleben von positiven Emotionen bei Schülern und Schülerinnen unterstützen (z.B. durch Ermunterung oder Aufheiterung), was sich wiederum positiv auf den Unterricht und das Lernen auswirken kann (Meyer 2009, Meyer & Turner 2007).

3. *Emotionen von Lehrpersonen wirken über den Unterricht hinaus*

Die Emotionen der Lehrpersonen und ihre Wirkungen beschränken sich nicht nur auf das Klassenzimmer und den Unterricht. Auch in anderen Tätigkeitsbereichen wie Elternarbeit, Kooperation mit Kollegen und Kolleginnen und der Schulleitung, bei Kontakten mit Behörden und anderen pädagogischen Fachkräften, spielen Emotionen eine wesentliche Rolle (Liljestrom et al. 2007). So können beispielsweise in einem Elterngespräch, in dem es um die Entwicklungsmöglichkeiten einer Schülerin geht, die Emotionen der Lehrperson den Verlauf und den Erfolg des Gesprächs mitbestimmen. Eine verständnisvolle, freundliche, positive Haltung ist wichtig für die Kontaktaufnahme mit den Eltern und bei inhaltlichen Argumenten können Lehrpersonen mit dem Ausdruck von Emotionen ihren Aussagen Nachdruck verleihen. Dies kann z.B. mitentscheiden, ob Eltern ihre bestehenden Überzeugungen (z.B. Mädchen sind in Mathematik nicht so begabt) ernsthaft in Frage stellen und für eine Beratung hinsichtlich einer gezielten Lernförderung offen sind.

In einem weiteren Bereich wurde inzwischen die Bedeutung der Emotionen von Lehrpersonen erkannt: in der Schul- und Unterrichtsentwicklung. Wird die Bedeutung von Initiativen, Innovationen und Reformen von den Lehrpersonen zwar intellektuell nachvollzogen, aber nicht 'erfühlt', so kommt es mitunter zu Widerständen bei ihrer Umsetzung. Es kann durchaus auch sein, dass Emotionen als 'Beurteilungsfilter' wirken (Hargreaves 1998a, van Veen & Sleegers 2009).

4. Emotionen sind wichtig für die Gesundheit von Lehrpersonen
Unter 1 bis 3 wird die Bedeutung von Emotionen vor allem für den pädagogischen Auftrag der Lehrperson beschrieben. Dies würde jedoch zu kurz greifen. Deshalb fragen wir: Was machen die Emotionen mit der Lehrperson? Das Emotionsmanagement, auch 'Emotionsarbeit' genannt, dient nämlich nicht nur dem Lernen der Schüler und Schülerinnen und der Interaktion in Schule und Unterricht, sondern auch der Lehrperson selbst. Beim Emotionsmanagement geht es nicht primär um Kontrolle (im Sinne einer Unterdrückung) von Emotionen, sondern um einen bewussten Umgang mit ihnen.
Forschungsarbeiten vorwiegend aus der Gesundheitspsychologie zeigen, dass der Umgang mit Emotionen sowohl als Risikofaktor als auch als Gesundheitsressource fungieren kann (z. B. Hascher 2007, Hascher & Baillod 2008, Sieland 2007). Einerseits mag ein Überhang negativer Emotionen im beruflichen Alltag zu innerer Kündigung sowie Burnout und ernsthaften gesundheitlichen Beschwerden führen (Sosnowsky 2007, Wilhelm, Dewhurst-Savellis & Parker 2000). Andererseits gibt es erste Hinweise darauf, dass positive Emotionen nicht nur das Wohlbefinden eines Menschen und seine psychische Gesundheit (Becker 1982), sondern auch die physische Gesundheit schützen und stärken (Stock & Badura 1995). Freude über – auch kleine – Erfolgserlebnisse oder über eine gelungene Kooperation im Kollegium und auch Zufriedenheit, wenn der Unterricht gut gelingt oder sich die Beziehung zu den Schülern und Schülerinnen positiv gestaltet, erweisen sich möglicherweise als eine Kraftquelle für Körper und Seele.

5. Emotionen beeinflussen die individuelle Entwicklung im Lehrberuf
Emotionale Erfahrungen sind eng mit motivationalen und kognitiven Prozessen verknüpft. Wie oben bei den Schülern und Schülerinnen dargestellt, können positive und negative Emotionen unterschiedliche Wirkungen haben. Obschon bisher empirische Studien dazu fehlen, ist anzunehmen, dass die Emotionen einer Lehrperson ihre Arbeit direkt und systematisch beeinflussen, indem z. B. positive Emotionen die kognitive Leistungsfähigkeit im Unterricht erweitern oder die Lehrperson dazu motivieren, anspruchsvolle Ziele mit ihren Schülern und Schülerinnen anzustreben (Sutton & Wheatley 2003). In einer positiven Haltung trauen Lehrpersonen sich und den Lernenden mehr zu. Es ist auch davon auszugehen, dass solche Aufgaben, die eine Lehrperson mit Freude verrichtet, mit grossem Engagement und einem hohen Durchhaltevermögen erledigt werden (Frenzel, Götz & Pekrun 2008). Werden im beruflichen Handeln jedoch häufig negative Emotionen erlebt, so kann dies zu mangelnder Konzentrationsfähigkeit oder Schuldzuweisungen an Schüler und Schülerinnen führen (Sutton 2007).

Nicht nur für den Unterricht, sondern auch für die gesamte berufliche Entwicklung sind Emotionen von Relevanz (z. B. Day & Quing 2009, Liljestrom et al. 2007, van Veen & Lasky 2005). Emotionen zeichnet eine 'Offenbarungsqualität' aus (Schutz et al. 2007), das heisst, sie sind ein Ausdruck des beruflichen Selbstverständnisses von Lehrpersonen. Werden Lehrer und Lehrerinnen nun häufig mit Situationen konfrontiert, die von ihren Überzeugungen, Erwartungen und Motiven abweichen, führt dies zu negativen Emotionen – beispielsweise sind Lehrpersonen enttäuscht und nehmen es mitunter persönlich, wenn die Schüler und Schülerinnen ihre Lernangebote und ihre Unterstützung nicht annehmen, sondern es vorziehen, nur das absolut Nötigste in Schule und Unterricht zu investieren. Solche Erfahrungen beeinträchtigen in der Folge die Entwicklung der beruflichen Identität, insbesondere wenn Lehrpersonen ihren Bildungsauftrag ernst nehmen (Carlyle & Woods 2002). Dementsprechend berichtet Hargreaves (2000) davon, dass Lehrpersonen in der Sekundarstufe eine grössere emotionale Distanz zu Schülern und Schülerinnen aufweisen würden, was auch zu einer grösseren Entfremdung vom Beruf führen kann. Liljestrom et al. (2007) konnten dieses Ergebnis allerdings nicht bestätigen.

5.3.2 Spezifische Emotionen: Angst und Zufriedenheit

Welche Emotionen erleben Lehrpersonen und wie entstehen diese? Es gibt derzeit nur wenige Untersuchungen, die dazu beitragen, diese Fragen konkret und verlässlich zu beantworten. Zu wenig ist über die emotionalen Erfahrungen von Lehrpersonen bekannt. Insgesamt scheinen im Berufsalltag – die Lehrer und Lehrerinnen wurden retrospektiv befragt – vor allem drei Basisemotionen, nämlich Freude, Ärger und Angst, erlebt zu werden (Frenzel & Götz 2007, Frenzel et al. 2008). Zu bedenken ist allerdings, dass negative Emotionen besonders gut erinnert werden. Dies zeigt sich auch in anderen Studien, in denen Lehrpersonen von Frustration, Ärger und Angst berichten (z. B. Sutton 2007). In den folgenden Ausführungen stellen wir sowohl eine negative (= Angst) als auch eine positive Emotion (= Zufriedenheit) und deren Bedeutung für Lehrpersonen zusammenfassend dar.

5.3.2.1 Angst

Die Angst einer Lehrperson kann viele Ursachen haben: Angst vor Konflikten mit Kindern und Jugendlichen, Angst vor Vergleichen im Kollegium, Angst davor, Fragen von Lernenden nicht beantworten zu können, Angst vor der Verantwortung hinsichtlich der Bildungslaufbahn von Schülern und Schülerinnen, Angst davor, den Erwartungen der Eltern nicht gerecht zu werden etc. (Jehle & Krause 1994, Peez 1983). Aus diesen Beispielen wird deutlich, dass ein Grossteil der Ängste aus der Sorge resultiert, in Konflikte verstrickt zu werden, bestimmte Situationen nicht meistern zu können, den hohen Ansprüchen im Lehrberuf nicht gewachsen zu sein oder den eigenen Erwartungen bzw. den Erwartungen der Akteursgruppen im Kontext der Schule nicht zu entsprechen (Raether 1982). Dazu tragen auch organisatorische bzw. materielle Bedingungen der Schule (Terhart, Czerwenka, Ehrich,

Jordan & Schmidt 1994) oder die Meinung der Gesellschaft bei, wenn sie eine ambivalente Haltung gegenüber dem Lehrberuf einnimmt (Seidel & Jehle 1998).
Die Definition von Angst als „eine spezifische, kognitiv vermittelte Emotion im Rahmen einer Stressepisode" (Stöber & Schwarzer 2000, S. 189) verdeutlicht, dass Angst auf der Basis von negativen Bewertungsprozessen entsteht, welche die (ungenügende) Performanz in den Mittelpunkt rücken. Die Person fühlt sich aufgrund einer Beurteilung der Situation und ihren eigenen Kompetenzen in ihrem Selbstwert bedroht. Schwarzer (2000) betont deshalb drei Angstformen, die im Lehrberuf besonders zu berücksichtigen sind:
– die Existenzangst (z. B. sich im Beruf nicht zu bewähren)
– die Leistungsangst (z. B. im Unterricht nicht 'richtig' zu reagieren)
– die soziale Angst (z. B. vor der ungenügenden Wertschätzung durch Schüler und Schülerinnen, Kollegen und Kolleginnen, Eltern).

Insgesamt besehen scheinen vor allem Probleme und Konflikte mit Kindern und Jugendlichen Angst bei Lehrpersonen auszulösen. Weidenmann (1978) subsumiert, welche Aufgaben im Umgang mit den Schülern und Schülerinnen zu bewältigen sind: die Qualifikation, die Selektion, die Integration und die Interaktion. Werden diese nicht oder unzureichend erledigt, so kann dies zur Belastung werden und zu Angst führen (siehe auch Temmel 1993). Es wird dabei darauf verwiesen, wie wichtig die Kontakte im Kollegium, mit der Schulleitung und mit den Eltern sind (Katschnig 2004).
Erfahrungen oder Vorstellungen von Versagen und Konflikten beängstigen alle Menschen. Solche Ängste sind verständlich und nachvollziehbar. Sie sind nicht – wie von Jendrowiak und Kreuzer (1980) vorgeschlagen wurde – einfach auf eine ungenügende Ausbildung zurückzuführen, sondern müssen als Hinweise für die hohe Belastung im Lehrberuf wahrgenommen werden. Diese können allerdings bei unerfahrenen oder ungenügend ausgebildeten Lehrpersonen höher sein. Angst signalisiert, dass eine Situation als sehr unangenehm wahrgenommen wird. Sie ist daher als eine wichtige Information zu verstehen. Es ist davon abzuraten, sie zu pathologisieren, es sei denn, die Angstreaktionen erweisen sich als übertrieben, dauerhaft oder sehr häufig, sodass eine Angsterkrankung angenommen werden muss.

5.3.2.2 Zufriedenheit

Zur Zufriedenheit von Lehrpersonen lässt sich auf viele Jahre intensiver Forschung zurückblicken (siehe im Überblick Bieri 2006). Eine wichtige Erkenntnis aus diesen Arbeiten liegt darin, dass Zufriedenheit nicht gleich Zufriedenheit ist. Dies hat damit zu tun, dass Menschen ihre aktuelle Situation im Beruf damit vergleichen, wie sie sich ihrer Meinung nach gestalten *sollte*, also mit ihren Erwartungen und Ansprüchen. Abhängig von diesen Bewertungsprozessen kann Zufriedenheit durch unterschiedlichste Rahmenbedingungen entstehen oder auch verhindert werden. Beispielsweise ist eine Lehrperson zufrieden, dass sie eine kleine Klasse hat, da dies ihrer Meinung nach eine höhere Unterrichtsqualität ermöglicht. Eine andere Lehrperson erachtet ihre Arbeitsbedingungen als unzumutbar, da sie mit einer 50%-Anstellung vier Tage an der Schule unterrichten muss und ist dementsprechend unzufrieden. Fallen solche Vergleiche häufig negativ aus, können daraus Veränderungen des individuellen Anspruchsniveaus resultieren.

Im Verlauf der beruflichen Entwicklung verfestigen sich bestimmte Bewertungstendenzen und führen zu unterschiedlichen Ausprägungen oder Typen der Berufszufriedenheit. Bruggemann, Groskurth und Ulich (1975) unterscheiden zwischen drei Formen, die kurz charakterisiert seien (siehe auch Hascher 2007):

- Bei der *stabilisierten Berufszufriedenheit* fällt der Vergleich zwischen Erwartungen und Realität in der Regel positiv aus. Der 'Ist'-Zustand entspricht dem 'Soll' oder übertrifft diesen sogar. Das Anspruchsniveau bleibt unverändert hoch. Die Lehrpersonen sehen sehr wohl Probleme und Schwierigkeiten ihres Berufs, insgesamt überwiegen aber klar die positiven Aspekte.
- Manche Menschen flüchten sich in die sog. *Pseudoberufszufriedenheit*. Bei ihnen weicht der Ist-Zustand vom Soll zwar negativ ab, die berufliche Situation wird aber trotzdem positiv bewertet, da sie verfälscht wahrgenommen wird. So werden beispielsweise das Klassenklima und die Beziehung zu den Schülern und Schülerinnen von Lehrpersonen in Pseudozufriedenheit deutlich besser eingeschätzt werden, als es der Realität entspricht.
- Die *resignative Berufszufriedenheit* basiert auf einem Ist-Soll-Vergleich, der eigentlich negativ ausfällt. Wenn aber daraufhin das Anspruchsniveau gesenkt wird, kann ein neuer Vergleich gezogen werden, der sich nun als relativ positiv erweist und zu Zufriedenheit führt. Solche Vergleiche nennt man 'downward-comparisons': Die aktuelle Situation wird – häufig unbewusst – mit noch schlechteren Situationen verglichen. Eine resignativ zufriedene Lehrperson kann sich z.B. sagen, dass die Arbeitsbedingungen an anderen Schulen noch schlechter sind oder dass andere Kollegen und Kolleginnen noch weniger gut mit den Schülern und Schülerinnen zurecht kommen.

Es stellt sich nun die Frage, welche Faktoren für die Zufriedenheit von Lehrpersonen besonders wichtig sind. Oder anders formuliert: Welche Kriterien werden für die o.g. Vergleiche angelegt? Aufgrund zahlreicher Studien (im Überblick siehe Bieri 2006, S. 309) kann davon ausgegangen werden, dass für Lehrpersonen drei Aspekte besonders entscheidend sind: die Qualität der Arbeit mit den Schülern und Schülerinnen, das Ausmass der psychischen Belastung und die Möglichkeiten zur Selbstverwirklichung.

5.3.3 Lehr- und Lernziel: Emotionale Kompetenzen im Lehrberuf

Die Anforderungen an den Lehrberuf und die Komplexität des Arbeitsfelds nehmen zu. Dies kann zu Stress und in beanspruchenden Situationen auch zu Burnout führen (z.B. Hillert & Schmitz 2004, Kramis-Aebischer 1996). Daneben gilt es, die alltäglichen Emotionen von Lehrpersonen zu beachten.

Aufgrund der Qualifikations- und Selektionsfunktion der Schule in einer an Leistungen orientierten Gesellschaft lassen sich negative Emotionen nicht gänzlich vermeiden. Täglich kommt es in der Schule zu Erfahrungen, die mit Enttäuschung, Ärger, Unzufriedenheit, Trauer oder Frustration einhergehen. Negative Emotionen entspringen oft dem Spannungsfeld von Lernen und Leisten, Kooperation und Wettbewerb, Erfolg und Misserfolg. Diesem Spannungsfeld sind Lehrpersonen jedoch nicht hilflos ausgeliefert, denn sie besitzen ein hohes Mass an Gestaltungsmöglichkeiten. So können sie gezielt an der Bereitstellung einer positiven Lehr-Lernumgebung arbeiten.

Um Schule und Unterricht zu einem emotional positiven Lernkontext zu machen, bedarf es folglich Lehrpersonen, die mit den Emotionen der Schüler und Schülerinnen ebenso wie mit den eigenen Emotionen kompetent umgehen können. Während einerseits die Schüler und Schülerinnen bei der Entwicklung emotionaler Kompetenzen zu unterstützen sind, ist es wichtig, dass Lehrpersonen auch mit und an ihren eigenen Emotionen arbeiten. Für die Stärkung der emotionalen Kompetenzen im Beruf können Lehrpersonen an zwei Aspekten ansetzen (siehe auch Hascher 2007):

- Die Betonung von Erlebnissen der Freude und Zufriedenheit (z. B. Erfahren und Ausleben von Freude über eine interessant gestaltete Unterrichtsstunde, über die regen Nachfragen der Schüler und Schülerinnen, über den guten Zusammenhalt in der Klasse etc.).
- Die Entwicklung von Bewältigungsstrategien zum Umgang mit Emotionen wie Wut, Unzufriedenheit und Frustration (z. B. Verringerung des Anspruchsniveaus, Erhöhung der Kontrollierbarkeit der Situation durch gezielte Planung und Reflexion, Gespräche im Freundeskreis und im Kollegium, Peer-Coaching und Ko-Teaching).

Lehr-Lern-Situationen lassen sich verbessern, wenn Lehrpersonen sowohl die Emotionen der Schüler und Schülerinnen als auch ihre *eigenen* Emotionen ernst nehmen und einen pädagogischen Umgang mit ihnen entwickeln (Hascher & Krapp 2009). Sie können damit einerseits vorbeugen, dass Emotionen latent und möglicherweise kontraproduktiv wirken, andererseits können sie auch dafür sorgen, dass das positive Potenzial, das Emotionen inne wohnt, nicht ungenutzt bleibt.

5.4 Zusammenfassung

Obschon die Bedeutung der Emotionen für Schule und Unterricht noch längst nicht in der ihr zustehenden Tragweite erkannt und in der nötigen Differenziertheit erforscht ist, lässt sich bereits heute mit Überzeugung festhalten: Emotionen sind wichtige Einflussfaktoren auf die Bildungsprozesse der Schüler und Schülerinnen sowie die Arbeitsqualität von Lehrern und Lehrerinnen. Sie entstehen häufig in der Interaktion zwischen Lehrenden und Lernenden und beeinflussen sich gegenseitig. Ganz generell kann festgehalten werden, dass negative Emotionen wie Wut, Frustration, Hilflosigkeit oder Scham, die als unangenehm erlebt werden, sich eher negativ auf das Lernen und Lehren auswirken.

Positiven Emotionen wie Freude, Stolz, Zufriedenheit, die mit angenehmen Erfahrungen verbunden sind, können dagegen eher pädagogisch erwünschte Effekte

zugesprochen werden. Sie erleichtern sowohl das Lernen als auch das Lehren.
Die in diesem Text vorgestellten Erkenntnisse zu Emotionen und Lernen bzw. Lehren sollten zeigen, wie wichtig künftig eine explizite Berücksichtigung von Emotionen in Schule und Unterricht ist. Emotionen können zwar schnell wieder verfliegen und in Vergessenheit geraten, werden sie aber häufig, intensiv oder lang anhaltend erlebt, dann hinterlassen sie mitunter tiefe Spuren in den Biografien der Lernenden und der Lehrenden. Dies erweist sich bei negativen Emotionen als sehr problematisch.

Jedenfalls ist zu vermeiden, dass Schüler und Schülerinnen eine gleichgültige Haltung gegenüber der Schule einnehmen, obschon dies in der unmittelbar negativ erlebten Situation als eine sinnvolle Lösung erscheinen mag. Emotionale Distanzierung oder Entfremdung birgt letztlich die Gefahr, dass sich Schüler und Schülerinnen nicht nur von der aktuellen schulischen Lernsituation, sondern generell vom Lernen abkehren.

Unterricht wird von Lehrpersonen und Schülern und Schülerinnen gemeinsam gestaltet. Findet dieser in einer angenehmen Atmosphäre, in der positive Emotionen überwiegen, statt, so ist der Erfolg zwar noch nicht garantiert, aber es sind zumindest sehr gute Voraussetzungen für gelingende Prozesse des Lehrens und Lernens gegeben.

Literatur

Abele, Andrea. (1996). Zum Einfluss positiver und negativer Stimmung auf die kognitive Leistung. In Jens Möller & Olaf Köller (Hrsg.), *Emotionen, Kognitionen und Schulleistung* (S. 91–111). Weinheim: Beltz.

Abele, Andrea. (1999). Motivationale Mediatoren von Emotionseinflüssen auf die Leistung: Ein vernachlässigtes Forschungsgebiet. In Matthias Jerusalem & Reinhard Pekrun (Hrsg.), *Emotion, Motivation und Leistung* (S. 31–50). Göttingen: Hogrefe.

Abele-Brehm, Andrea E. & Gendolla, Guido H.E. (2000). Motivation und Emotion. In Jürgen Otto u. a. (Hrsg.), *Emotionspsychologie. Ein Handbuch* (S. 297–305). Weinheim: Beltz.

Aebli, Hans. (1980). *Denken: Das Ordnen des Tuns. Band 1: Kognitive Aspekte und Handlungstheorie.* Stuttgart: Klett-Cotta.

Becker, Peter. (1982). *Psychologie der seelischen Gesundheit. Band 1.* Göttingen: Hogrefe.

Bieg, Sonja & Mittag, Waldemar (2009): Die Bedeutung von Unterrichtsmerkmalen und Unterrichtsemotionen für die selbstbestimmte Lernmotivation. *Empirische Pädagogik. 23* (2), 117–142.

Bieri, Thomas. (2006). *Lehrpersonen: Hoch belastet und trotzdem zufrieden?* Bern: Haupt.

Brandstätter, Veronika & Otto, Jürgen H. (Hrsg.). (2009). *Handbuch der Allgemeinen Psychologie: Motivation und Emotion* (2. Auflage). Göttingen: Hogrefe.

Brehm, Marion. (2004). Emotionsmanagement – Emotionale Balance im Arbeitsleben. In Matthias Meifert. & Mathias Kesting (Hrsg.), *Gesundheitsmanagement im Unternehmen. Konzepte – Praxis – Perspektiven* (S. 1999–215). Berlin / Heidelberg: Springer.

Bruggemann, Agnes, Groskurth, Peter & Ulich, Eberhard. (1975). *Arbeitszufriedenheit.* Bern: Huber.

Carlyle, Denise & Woods, Peter. (2002). *Emotions of teacher stress.* Stoke-on-Trent: Trentham.

Day, Christopher & Qing, Gu. (2009 i. P.). Teacher emotions: Well being and effectiveness. In Paul Schutz, Paul A. & Michalinos Zembylas (Eds.), *Advances in teacher emotion research: The impact on teachers' lives.* New York: Springer.

Deci, Edward L. & Ryan, Richard M. (1993). Die Selbstbestimmungstheorie der Motivation und ihre Bedeutung für die Pädagogik. *Zeitschrift für Pädagogik. 39* (2), 223–238.

Eder, Ferdinand. (2007). *Das Befinden von Kindern und Jugendlichen in der österreichischen Schule*. Innsbruck: Studienverlag.

Edlinger, Heidrun & Hascher, Tina. (2008). Von der Stimmungs- zur Unterrichtsforschung: Überlegungen zu Wirkungen von Emotionen auf schulisches Lernen und Leisten. *Unterrichtswissenschaft, 36* (1), 55–70.

Emmer, Edmund T. & Stough, Laura M. (2001). Classroom management: A critical part of educational psychology with implications for teacher education. *Educational Psychologist. 36*, 103–112.

Fend, Helmut. (1997). *Der Umgang mit der Schule in der Adoleszenz. Aufbau und Verlust von Lernmotivation, Selbstachtung und Empathie*. Bern: Hans Huber.

Frenzel, Anne C. & Götz, Thomas. (2007). Emotionales Erleben von Lehrkräften beim Unterrichten. *Zeitschrift für Pädagogische Psychologie, 21*, 283–295.

Frenzel, Anne C., Götz, Thomas & Pekrun, Reinhard. (2008). Ursachen und Wirkungen von Lehreremotionen: Ein Modell zur reziproken Beeinflussung von Lehrkräften und Klassenmerkmalen. In Michaela Gläser-Zikuda & Jürgen Seifried (Hrsg.), *Lehrerexpertise* (S. 187–208). Münster: Waxmann.

Gläser-Zikuda, Michaela. (2001). *Emotionen und Lernstrategien in der Schule. Eine empirische Studie mit qualitativer Inhaltsanalyse*. Weinheim & Basel: Beltz.

Götz, Thomas & Frenzel, Anne C. (2006). Phänomenologie schulischer Langeweile. *Zeitschrift für Entwicklungspsychologie und Pädagogische Psychologie, 38* (4), 149–153.

Götz, Thomas, Frenzel, Anne C. & Haag, Ludwig. (2006). Ursachen von Langeweile im Unterricht. *Empirische Pädagogie, 20* (2), 113–134.

Götz, Thomas, Frenzel, Anne C. & Pekrun, Reinhard. (2007). Regulation von Langeweile im Unterricht. *Unterrichtswissenschaft, 35* (4), 312–333.

Götz, Thomas, Pekrun, Reinhard, Zirngibl, Anne, Jullien, Simone, Kleine, Michael, vom Hofe, Rudolf & Blum, Werner. (2004). Leistung und emotionales Erleben im Fach Mathematik. Längsschnittliche Mehrebenenanalyse. *Zeitschrift für Pädagogische Psychologie, 18* (3/4), 201–212.

Hagenauer, Gerda. (2009). *Die Lernfreude in der Sekundarstufe 1. Ihre Veränderung und ihre Determinanten*. Unveröffentlichte Dissertation: Universität Salzburg.

Hargreaves, Andy. (1998a). The emotions of teaching and educational change. In: Hargreaves, Andy u.a. (Eds): *International handbook of educational change* (p. 558–575). Dordrecht: Kluwer Academic Publishers.

Hargreaves, Andy. (1998b). The emotional practice of teaching. *Teaching and Teacher Education, 14*, 835–854.

Hargreaves, Andy. (2000). Mixed emotions: teachers' perceptions of their interactions with students. *Teaching and Teacher Education, 16*, 811–826.

Hascher, Tina. (2004a). *Wohlbefinden in der Schule*. Münster: Waxmann.

Hascher, Tina. (2004b). (Hrsg.). *Schule positiv erleben*. Bern: Haupt.

Hascher, Tina. (2005). Emotionen im Schulalltag: Wirkungen und Regulationsformen. *Zeitschrift für Pädagogik, 51* (5), 611–625.

Hascher, Tina. (2007). Gesund im Unterricht – gesund durch den Unterricht. In LCH Schweiz (Hrsg.), *Balancieren im Lehrberuf* (S. 47–49). Zürich: Verlag LCH – Bildung Schweiz.

Hascher, Tina. (2008). Quantitative and qualitative research approaches to assess student well-being. *International Journal of Educational Research, 47*, 84–96.

Hascher, Tina. (2009). Emotionen und Lernen. In Heinrich Ganthaler, Heinrich u.a. (Hrsg.): *Rationalität und Emotionalität*. S. 81–96. Wien & Münster: Lit.

Hascher, Tina & Baillod, Jürg. (2008). Gesundheitsmanagement in der Schule. In Rödiger Voss (Hrsg.), *Innovatives Schulmanagement* (S. 85–101). Gernsbach: Deutscher Betriebswirte-Verlag.

Hascher, Tina & Krapp, Andreas. (2009). Emotionale Voraussetzungen der Entwicklung der Professionalität von Lehrenden. In Olga Zlatkin-Troitschanskaia u.a. (Hrsg.), *Lehrprofessionalität – Bedingungen, Genese, Wirkungen und ihre Messung* (S. 365–376). Weinheim & Basel: Beltz.

Hänze, Martin. (2000). Schulisches Lernen und Emotion. In Jürgen Otto u.a. (Hrsg.), *Emotionspsychologie. Ein Handbuch* (S. 585–594). Weinheim: Beltz.

Helmke, Andreas. (1993). Die Entwicklung der Lernfreude vom Kindergarten bis zur 5. Klassenstufe. *Zeitschrift für Pädagogische Psychologie, 7* (2/3), 77–86.

Hillert, Andreas & Schmitz, Edgar. (Hrsg.). (2004). *Psychosomatische Erkrankungen bei Lehrerinnen und Lehrern.* Stuttgart: Schattauer.

Holler-Nowitzki, Birgit & Meier, Ulrich. (1997). Langeweile. (K)ein Thema für die Unterrichtsforschung. *Pädagogik, 9,* 31–34.

Hüne, Hans-Martin & Mühlhausen, Ulf. (1997). Überraschungsoffenheit. Gegen langweiligen Unterricht. *Pädagogik, 9,* 20–25.

Izard, Carrol E. (1994). *Die Emotionen des Menschen.* Weinheim: Beltz.

Järvelä, Sanna. (2008). Application of qualitative and quantitative methods to enrich understanding of emotional and motivational aspects of learning. *International Journal of Educational Research, 47,* 79–83.

Jehle, Peter & Krause, Pau. (1994). *Berufsbezogene Angst von Lehrerinnen und Lehrern: eine epidemiologische Pilotstudie.* Frankfurt am Main: Deutsches Institut für Internationale Pädagogische Forschung.

Jendrowiak, Hans-Werner & Kreuzer, Karl Josef. (1980). *Lehrer zwischen Angst und Auftrag.* Düsseldorf: Schwann.

Katschnig, Tamara. (2004). *Angst, Belastungen und Humor bei Lehrerinnen und Lehrern. Eine theoretische Auseinandersetzung und eine empirische Studie in Österreich.* Band 17 der Reihe Schule-Wissenschaft-Politik. Frankfurt a. M.

Kelchtermans, Geert. (1996). Teacher vulnerability: Understanding its moral and political roots. *Cambridge Journal of Education, 26* (3), 307–323.

Kleinginna, Paul R. & Kleinginna, Anne M. (1981). A categorized list of emotion definitions, with suggestions for a consensual definition. *Motivation and Emotion, 5,* 345–379.

Kramis-Aebischer, Kathrin (1996): *Streß, Belastungen und Belastungsverarbeitung im Lehrberuf.* Bern: Haupt.

Krapp, Andreas. (2002). Structural and dynamic aspects of interest development: Theoretical considerations from an ontogenetic perspective. *Learning and Instruction, 12,* 383–409.

Krapp, Andreas. (2005). Emotionen und Lernen. Beiträge der Pädagogischen Psychologie. *Zeitschrift für Pädagogik, 51* (5), 603–609.

Krapp, Andreas & Hascher, Tina. (erscheint 2010). Lehreremotionen. In Ewalt Terhart u. a. (Hrsg.), *Handbuch der Forschung zum Lehrberuf.* Münster: Waxmann.

Kunter, Mareike, Tsai, Yi-Miau, Klusmann, Uta, Brunner, Martin, Krauss, Stefan & Baumert, Jürgen. (2008). Students' and mathematics teachers' perception of teacher enthusiasm and instruction. *Learning and Instruction, 18,* 468–482.

Lasky, Sue. (2005). A sociocultural approach to understanding teacher identity, agency and professional vulnerability in a context of secondary school reform. *Teaching and Teacher Education, 21* (8), 899–916.

Lewalter, Doris. (2005). Der Einfluss emotionaler Erlebensqualitäten auf die Entwicklung der Lernmotivation in universitären Lehrveranstaltungen. *Zeitschrift für Pädagogik, 51* (5), 642–655.

Liljestrom, Anna, Roulston, Kathryn & deMarrais, Kathleen. (2007). 'There's no place for feeling like this in the workplace': Women teachers' anger in school settings. In Paul A. Schutz & Reinhard Pekrun (Eds.), *Emotion in education* (p. 275–309). San Diego, CA: Academic Press.

Lohrmann, Katrin. (2008). *Langeweile im Unterricht.* Münster: Waxmann.

Meyer, Debra K. (2009 i. P.): Entering the emotional practices of teaching. In Paul A. Schutz & Zembylas, Michalinos (Eds.), *Advances in teacher emotion research: The impact on teachers' lives.* New York: Springer.

Meyer, Debra K. & Turner, Julianne C. (2007). Scaffolding emotions in classrooms. In Paul A. Schutz & Pekrun, Reinhard (Eds.), *Emotion in education* (p. 243–257). San Diego, CA: Academic Press.

Otto, Jürgen H., Euler, Harald A. & Mandl, Heinz. (2000). (Hrsg.). *Emotionspsychologie.* Weinheim: Psychologie Verlags Union.

Peez, Helmut. (1983). Angst als Begleiter im Lehrerleben. Berufsbezogene Ängste in der Selbstwahrnehmung und im Urteil der Schüler. *Bayerische Schule, 2,* 15–18.

Pekrun, Reinhard. (1998). Schüleremotionen und ihre Förderung: Ein blinder Fleck der Unterrichtsforschung. *Psychologie in Erziehung und Unterricht, 44* (3), 230–248.

Petermann, Franz & Wiedebusch, Silvia. (2008). *Emotionale Kompetenz bei Kindern* (2. Aufl.). Göttingen: Hogrefe.

Raether, Wulf. (1982). *Das unbekannte Phänomen Lehrerangst.* Freiburg: Herder.

Scherer, Klaus R. (1987). Toward a dynamic theory of emotion. The component process model of affective states. *Geneva Studies in Emotion and Communication, 1* (1), 1–98.

Schnabel, Kai. (1998). *Prüfungsangst und Lernen.* Münster: Waxmann.
Schutz, Paul A., Aultman, Lori P. & Williams-Johnson, Meca R. (2009 i. P.). Educational psychology perspectives on teacher's emotions. In Paul A. Schutz & Michalinos Zembylas (Eds.): *Advances in teacher emotion research: The impact on teachers' lives.* New York: Springer.
Schutz, Paul A., Cross, Dionne I., Hong, Ji Y. & Osbon, Jennifer N. (2007). Teacher identities, beliefs, and goals related to emotions in the classroom. In Paul A. Schutz & Reinhard Pekrun (Eds.): *Emotion in education* (223–240). San Diego, CA: Elsevier.
Schutz, Paul A., Hong, Ji Y., Cross, Dionne I. & Osbon, Jennifer N. (2006). Reflections on investigating emotion in educational activity settings. *Educational Psychology Review, 18,* 343–360.
Schwarzer, Ralf. (2000). *Streß, Angst und Handlungsregulation.* Stuttgart: Kohlhammer.
Seibert, Norbert, Wittmann, Helmut, Zöpfl, Helmut & Igerl, Franz. (1994). *Humor und Freude in der Schule* (2. Aufl.). Donauwörth: Auer.
Seidel, Wolfgang. (2008). *Emotionale Kompetenz. Gehirnforschung und Lebenskunst.* Heidelberg: Spektrum.
Seidel, Gerhard & Jehle, Peter. (1998). Ursachen berufsbezogener Ängste bei Lehrerinnen und Lehrern im Urteil von Lehramtsstudierenden. Ein Vergleich mit den Urteilen von Lehrkräften. *Empirische Pädagogik, 12* (1), 29–47.
Sieland, Bernhard. (2007). Wie gehen Lehrkräfte mit Belastungen um? Belastungsregulierung zwischen Entwicklungsbedarf und Änderungsresistenz. In Martin Rothland (Hrsg.), *Belastungen und Beanspruchung im Lehrberuf* (S. 206–226). Wiesbaden: Verlag für Sozialwissenschaften.
Singer, Kurt. (2009). *Die Schulkatastrophe. Schüler brauchen Lernfreude statt Furcht, Zwang und Auslese.* Weinheim & Basel: Beltz.
Sosnowsky, Nadia. (2007). Burnout – Kritische Diskussionen eines vielseitigen Phänomens. In Martin Rothland (Hrsg.), *Belastungen und Beanspruchung im Lehrberuf* (S. 119–139). Wiesbaden: Verlag für Sozialwissenschaften.
Sparfeldt, Jörn R., Buch, Susanne R., Schwarz, Friederike, Jachmann, Jennifer & Rost, Detlef H. (2009). 'Rechnen ist langweilig' – Langeweile in Mathematik bei Grundschülern. *Psychologie in Erziehung und Unterricht, 56* (1), 16–26.
Spies, Kordelia. (1990). Einfluss von Emotionen auf die Ziel- und Handlungsauswahl. *Zeitschrift für experimentelle und angewandte Psychologie, 37* (1), 124–152.
Steiner, Claudia. (1997). *Emotionale Kompetenz.* München: Deutscher Taschenbuch Verlag.
Stock, Christiane & Badura, Bernhard. (1995). Fördern positive Gefühle die physische Gesundheit? – Eine Forschungsnotiz. *Zeitschrift für Gesundheitswissenschaft, 3* (1), 74–89.
Stöber, Joachim & Schwarzer, Ralph. (2000). Angst. In Jürgen Otto u. a. (Hrsg.), *Emotionspsychologie. Ein Handbuch* (S. 189–198). Weinheim: Beltz, Psychologie Verlags Union.
Strittmatter, Peter. (1993). *Schulangstreduktion.* Neuwied: Luchterhand.
Sutton, Rosemary. (2007). Teachers' anger, frustration, and self-regulation. In: Paul A. Schutz & Reinhard Pekrun (Eds.), *Emotion in education* (p. 258–273). San Diego: Academic Press.
Sutton, Rosemary. & Wheatley, Karl F. (2003). Teachers' emotions and teaching: A review of the literature and directions for future research. *Educational Psychology Review, 15,* 327–358.
Temmel, Christian. (1993). *Streß im Lehrberuf. Eine österreichweite Studie.* Studienbericht, Gewerkschaft öffentlicher Dienst, Bundessektion Pflichtschullehrer.
Terhart, Ewald, Czerwenka, Kurt, Ehrich, Karin, Jordan, Frank & Schmidt, Hans Joachim. (1994). *Berufsbiographien von Lehrern und Lehrerinnen.* Frankfurt / M.: Lang.
Titz, Wolfram. (2001). *Emotionen von Studierenden in Lernsituationen. Explorative Analysen und Entwicklung von Selbstberichtskalen.* Münster: Waxmann.
Valeski, Tricia N. & Stipek, Deborah J. (2001). Young children's feelings about school. *Child Developmen, 72* (4), 1198–1213.
Van Veen, Klaas & Lasky, Sue. (2005). Emotions as a lens to explore teacher identity and change: Different theoretical approaches. *Teaching and Teacher Education, 21* (8), 895–898.
Van Veen, Klaas & Sleegers, Peter. (2009 i. P.). Teachers' emotions in a context of reforms: To a deeper understanding of teachers and reform. In Paul A. Schutz & Michalinos Zembylas (Eds.), Advances *in teacher emotion research: The impact on teachers' lives.* New York: Springer.
Von Hentig, Hartmut. (1987). *'Humanisierung'. Eine verschämte Rückkehr zur Pädagogik? Andere Wege zur Veränderung von Schule.* Stuttgart: Klett-Cotta.

Von Salisch, Maria. (2002). Emotionale Kompetenz entwickeln: Hintergründe, Modellvergleich und Bedeutung für Entwicklung und Erziehung. In Maria von Salisch (Hrsg.), *Emotionale Kompetenz entwickeln* (S. 31–49). Stuttgart: Kohlhammer.

Weidenmann, Bernhard. (1978). *Lehrerangst. Ein Versuch, Emotionen aus der Tätigkeit zu begreifen.* München: Ehrenwirth.

Weiß, Hans Joachim. (1989). *Prüfungsangst.* München: Lexika.

Wenger, Marion, Jones, F. Nowell & Jones, Margaret H. (1962): Emotional behavior. In Douglas K. Candland (Ed.), *Emotion, bodily change* (p. 3–10). Princeton, NJ: Van Nostrand.

Wilhelm, Kay, Dewhurst-Savellis, Jodie & Parker, Gordon. (2000). Teacher stress? An analysis of why teachers leave and why they stay. *Teachers and Teaching: Theory and Practice, 6* (3), 291–304.

Witcher, Ann E., Onwuegbuzie, Anthony J. & Minor, Lynn C. (2001). Characteristics of effective teachers: perceptions of preservice teachers. *Research in the Schools, 8* (2), 45–57.

Anregungen zur Reflexion

1. Welche emotionale Qualität hat Ihr Unterricht? Bitte analysieren Sie, in welchen Bereichen Auslöser für negative Emotionen beim Lernen vorkommen könnten.
2. Wie und wodurch unterstützen Sie bei Ihren Schülern und Schülerinnen die Entwicklung positiver Emotionen beim Lernen?
3. Welche Emotionen erleben Sie überwiegend beim Unterrichten? Was macht Ihnen Freude, was belastet Sie?
4. Wodurch liesse sich Ihr Erleben positiver Emotionen steigern?

Weiterlesen

Edlinger, Heidrun & Hascher, Tina. (2008). Von der Stimmungs- zur Unterrichtsforschung: Überlegungen zu Wirkungen von Emotionen auf schulisches Lernen und Leisten. *Unterrichtswissenschaft, 36* (1), 55–70.

In diesem Text versuchen die Autorinnen, die Erkenntnisse der Stimmungsforschung mit Ergebnissen der empirischen Unterrichtsforschung zum Zusammenhang Stimmung / Emotionen und Lernen / Leisten zu verbinden.

Hascher, Tina. (2004b). (Hrsg.). *Schule positiv erleben.* **Bern: Haupt.**

Dieses Herausgeberwerk enthält Beiträge zum emotionalen Erleben von Kindern und Jugendlichen in der Schule, wobei das schulische Wohlbefinden im Mittelpunkt steht. Die Texte befassen sich mit dem Konzept des Wohlbefindens, mit dessen Bedingungsfaktoren und mit dessen Funktion auf das Lernen und die Leistung

Frenzel, Anne C., Götz, Thomas & Pekrun, Reinhard. (2008). Ursachen und Wirkungen von Lehreremotionen: Ein Modell zur reziproken Beeinflussung von Lehrkräften und Klassenmerkmalen. In Michaela Gläser-Zikuda & Jürgen Seifried (Hrsg.), *Lehrerexpertise* **(S. 189–209). Münster: Waxmann.**

In diesem kurzen, aber anspruchsvollen Text wird vor allem der Frage nachgegangen, wodurch Emotionen von Lehrern und Lehrerinnen ausgelöst werden. Die Autorin und Autoren stellen dazu ein eigenes 'Modell zu reziproken Zusammenhängen zwischen Lehreremotionen, Unterrichtshandeln und Unterrichtszielen' (S. 196) vor sowie zwei Studien, mit deren Hilfe sie dieses Modell überprüft haben.

Krapp, Andreas & Hascher, Tina (erscheint 2010). Lehreremotionen. In Ewald Terhart, Hedda Bennewitz & Martin Rothland (Hrsg.), *Handbuch der Forschung zum Lehrberuf.* **Münster: Waxmann.**

Dieser Handbuchartikel eröffnet einen umfassenden Blick auf die Thematik der Emotionen von Lehrern und Lehrerinnen: Er gibt einen kurzen Überblick über die Entwicklung der Forschung, stellt dann konzeptuelle Überlegungen, einschlägige Theorien und Modelle vor. Anschliessend werden (neuere) Forschungsansätze zur Entstehung und Wirksamkeit der Emotionen von Lehrpersonen präsentiert.

GOTTFRIED BIEWER

6. INKLUSIVE PÄDAGOGIK ALS UMGESTALTUNGSPROZESS DES LEHRENS UND LERNENS

Herausforderungen und Grenzen für Schulsystem und Lehrkräfte

6.1 Das Konzept der Inklusiven Pädagogik

6.1.1 Entstehung und internationale Verbreitung

Bei Inklusiver Pädagogik ('inclusive education') handelt es sich um einen Bildungsdiskurs mit nordamerikanischen, britischen und skandinavischen Wurzeln, der mittels der Dokumente internationaler Organisationen zunehmend weltweit und unabhängig von nationalen und kulturellen Gegebenheiten propagiert, in Bildungssystemen übernommen oder adaptiert wird. Die Bedeutung angloamerikanischer Positionen und internationaler Organisationen in diesem Diskurs spiegelt sich auch in der gewählten Referenzliteratur für diesen Handbuchbeitrag wider. Doch was ist Inklusive Pädagogik und in welchem Kontext ist dieses Konzept entstanden?
Inklusion und Exklusion fanden zur Beschreibung von Prozessen gesellschaftlicher Differenzierung bereits in der soziologischen Systemtheorie von Niklas Luhmann Verwendung (Luhmann 2003, S. 226 ff.). Der für Belange des Bildungswesens verwendete Begriff der Inklusion geht aber auf Übernahmen aus politikwissenschaftlichen Kontexten durch die nordamerikanische Pädagogik der späten 1980er Jahre zurück und deckt sich nur teilweise mit dem Luhmannschen Verständnis.
Die ersten bildungswissenschaftlichen Verwendungen sind nicht eindeutig zu belegen. Bei einer Konferenz zu Integrationsfragen in Kanada im Jahre 1988 soll er für den Schulbereich erstmals in konzeptioneller Absicht benutzt worden sein (Hoyningen-Süess & Liesen 2007, S. 421). Der Umstand, dass er in den nachfolgenden Jahren im englischsprachigen Raum eine rasante Verbreitung gefunden hat, spricht dafür, dass er wichtigen neuen, damals aktuellen Inhalten Ausdruck verlieh. Während 'inclusion' selbst in den angelsächsischen Standard-Wörterbüchern der (Sonder-) Pädagogik der 1980er Jahre noch nicht zu finden war, konnte er sich in der ersten Hälfte der 1990er Jahre erst in den USA und mit leichter zeitlicher Verzögerung in Grossbritannien und den übrigen englischsprachigen Ländern (insbe-

sondere Kanada und Australien) durchsetzen. Er besetzte die thematischen Felder der bisherigen Begriffe 'mainstreaming' (USA) und 'integration' (UK und Commonwealth-Staaten), womit die Aufnahme von Schülerinnen und Schülern mit einem speziellen Erziehungs- und Bildungsbedarf in die reguläre Schule gemeint war (Biewer 2000).

'Inclusion' und 'inclusive education' wurden und werden in schulpädagogischer Literatur häufig synonym verwendet. Für die weltweite Verbreitung spielte die Erklärung der UNESCO-Konferenz von Salamanca eine erhebliche Rolle (UNESCO 1994). Hier wurden 'inclusion' und 'inclusive schools' erstmals in international prominentem Rahmen einem globalen Publikum nahe gebracht. Die genannten Begriffe wurden in der deutschen Fassung der Salamanca-Erklärung durch die Österreichische UNESCO-Kommission 1996 noch mit 'Integration' und 'integrative Schule' übertragen. Dass es sich bei dem Begriffswechsel von 'integration / mainstreaming' zu 'inclusion' auch um inhaltliche Veränderungen handelte, wurde damals auch in Unkenntnis der Diskussion englischsprachiger Länder nicht realisiert. Erst einige Jahre später kam es zu inhaltlichen Aufarbeitungen des Begriffswechsels in deutschsprachigen Fachzeitschriften (Biewer 2000, Hinz 2002). Mittlerweile haben sich Inklusion, inklusive Schule und Inklusive Pädagogik auch in den Diskussionen in Deutschland (Biewer 2009), Österreich (Grubich 2005) und der Schweiz (Liesen, Hoyningen-Süess & Bernath 2007) durchsetzen können. Auch aktuell ist mit Erstaunen feststellbar, dass in Fachkontexten überwundene Fehlübersetzungen, mit der Übertragung des Artikels 24 der UN-Konvention über die Rechte von Menschen mit Behinderung, eine Neuauflage erfahren. Auch hier haben sich die genannten Länder auf eine amtliche Textübertragung geeinigt, die für den englischen Begriff 'inclusion' den Terminus 'Integration' wählt.

6.1.2 Begriffliche Klärungen

Das Konzept der 'inclusive education' existiert in unterschiedlichen Versionen, die an einzelnen Punkten übereinstimmen. Es finden sich aber auch inhaltliche Modifikationen bis hin zu deutlichen Veränderungen in unterschiedlichen Verwendungszusammenhängen. Gemeinsam ist den Lesarten, dass die in der Schule beobachtbare Verschiedenheit der Schülerschaft nicht als Erschwernis für den Unterricht, sondern als Chance für die Entwicklung, Bildung und Erziehung der Schülerinnen und Schüler betrachtet wird, Heterogenität also eine positive Bewertung erfährt (Florian 2007).

Dieser Gedanke ist ähnlich auch im deutschsprachigen Ansatz einer 'Pädagogik der Vielfalt' (Prengel 2006) angelegt, hier aber beschränkt auf die Verschiedenheit der Kulturen, Geschlechter und Begabungen. Trotz inhaltlicher Affinitäten geht Inklusive Pädagogik bezüglich der Zielgruppen deutlich über dieses Konzept hinaus. Ein deutschsprachiges Lehrbuch definiert Inklusive Pädagogik wie folgt: „Inklusive Pädagogik bezeichnet Theorien zur Bildung, Erziehung und Entwicklung, die Etikettierungen und Klassifizierungen ablehnen, ihren Ausgang von den

Rechten vulnerabler und marginalisierter Menschen nehmen, für deren Partizipation in allen Lebensbereichen plädieren und auf eine strukturelle Veränderung der regulären Institutionen zielen, um der Verschiedenheit der Voraussetzungen und Bedürfnisse aller Nutzer / innen gerecht zu werden." (Biewer 2009) Verschiedentlich ist nachzulesen, dass Inklusive Pädagogik eher den Prozess der Veränderung von Schule und Unterricht bezeichnet, als das Endprodukt desselben (Ainscow 2007, Peters 2007).

Die Perspektive der Rechte der Kinder spielt eine zentrale Rolle für die Begründung Inklusiver Pädagogik (Rioux 2007). Dabei wird zwischen den Rechten auf Zugang zu den Bildungsinstitutionen ('access') und den Rechten innerhalb der institutionalisierten Bildung ('equity') unterschieden (Florian 2008, S. 202).

Die Zielgruppe von 'inclusive education' wurde in den vergangenen Jahren ausgeweitet. In der Erklärung von Salamanca (UNESCO 1994) war primär von Schülerinnen und Schülern mit 'special educational needs' die Rede, womit sie in erster Linie die bisher sonderpädagogisch adressierte Gruppe von Kindern mit Behinderungen und Lern- und Verhaltensproblemen im Blick hatte. Nur am Rande wurde auch auf Strassenkinder und Kinder aus indigenen Minderheiten hingewiesen. Die 'Guidelines for Inclusion' (UNESCO 2005, S. 11) brachten eine deutliche Ausweitung der Zielgruppe, so dass weiterhin auch Kinder aus sprachlichen, religiösen und ethnischen Minderheiten, HIV-Waisen, Flüchtlingskinder, Kinderarbeiter, Kindersoldaten und weitere benachteiligte und randständige Gruppen genannt werden. Aktuelle Veröffentlichungen nennen alle Kinder als Zielgruppen einer Inklusiven Pädagogik, womit die ursprüngliche eher sonderpädagogisch adressierte Klientel nur noch eine Gruppe innerhalb der Vielfalt der Schülerschaft darstellt.

6.1.3 Inklusive Pädagogik als Schulreformprogramm

Inklusive Pädagogik wird auch verwendet als komplexes normatives Konzept der Schulentwicklung und Standardisierung im internationalen Rahmen. Der in den späten 1990er Jahren in England von einer Arbeitsgruppe unter Leitung von Tony Booth und Mel Ainscow entwickelte 'Index for Inclusion' (Booth & Ainscow 2002) stellt ein Instrument zur Organisationsentwicklung für inklusive Schulen dar, bei dem Lehrkräfte im Zusammenwirken mit Eltern, Schulverwaltungen und z. T. Wissenschaftlerinnen und Wissenschaftlern die gestaltenden Akteure sein sollen. Als zentrale Begriffe nennen die Autoren Inklusion, Barrieren und Ressourcen für Lernen und Teilhabe sowie Unterstützung für Vielfalt ('support for diversity') (ebd., S. 2).

Der mit Unterstützung der UNESCO international verbreitete 'Index for Inclusion' ist mittlerweile in vierzig Sprachen übersetzt und beeinflusst die weltweite Umsetzung des Konzepts der Inklusiven Pädagogik in die schulische Praxis massgeblich (Boban 2009, S. 87). Er wurde um eine Version für den Vorschulbereich ergänzt (Booth, Ainscow & Kingston 2004) und führt aktuell auch zu Konzepten inklusiver Gemeindeentwicklungen. Es ist daher sinnvoll, sich Aufbau und Inhalte des 'Index for Inclusion' sowie die Vorschläge für institutionelle Umgestaltungen anzusehen.

Das Dokument zielt auf die Schaffung inklusiver Kulturen, die Etablierung inklusiver Strukturen und die Entwicklung inklusiver Praktiken (Boban 2009). Diese sind jeweils in umfangreichen Indikatorenlisten beschrieben. Sie können dazu dienen, den aktuellen Entwicklungsstand an einzelnen Schulen zu erheben und geben dabei gleich die möglichen Optionen für Veränderungsprozesse an.

Die Organisierung von Lernprozessen im Unterricht im Sinn einer inklusiven Praxis wird unter mehreren Indikatoren erhoben. So soll der Unterricht nach Meinung der Verfasser des Index für die Teilnahme *aller* Kinder geplant und auch zu einem Verständnis von Vielfalt hinführen. Schülerinnen und Schüler werden in die Lernplanung einbezogen und praktizieren kollaborative Lernstrategien. Lehrpersonen lernen, planen und begutachten partnerschaftlich, auch Disziplin im Klassenzimmer soll von gegenseitigem Respekt geprägt sein (Booth & Ainscow 2002, S. 41).

Nachdem sich eine Gruppe (z.B. ein Lehrerkollegium) dazu entschieden hat, mit dem 'Index for Inclusion' zu arbeiten, können in einem vierstufigen Prozess die Schulsituation beleuchtet, ein inklusives Schulprogramm entwickelt, Prioritäten gesetzt und Veränderungsprozesse danach reflektiert werden. Diese Zyklen können bei Bedarf von Neuem beginnen, so dass es sich hier um ein Instrument permanenter Schulentwicklung handelt, dass zu einer fortlaufenden Korrektur und Optimierung von Schulprogrammen und deren Umsetzung führen kann.

Die Zielsetzungen des 'Index for Inclusion' sehen sich im Einklang mit globalen Normierungsprozessen. Mit Artikel 24 der im Mai 2008 in Kraft getretenen UN Konvention über die Rechte behinderter Menschen erhält die Inklusion im Bildungswesen für Länder, die die Konvention und das ergänzende Fakultativprotokoll unterzeichnet haben, eine erhöhte Verbindlichkeit, die zur Umsetzung in nationales Recht und zur juridischen Einklagbarkeit führt (Arnardóttir & Quinn 2009). Konkrete Umsetzungsvorschläge werden nicht nur auf europäischer Ebene, sondern auch weltweit propagiert. Ein vom Commonwealth Sekretariat publiziertes Buch stellt eine Vielzahl von länder- und kulturspezifischen Adaptionen anhand konkreter Projekte dar (Rieser 2008). Die Darstellung nimmt nicht auf wissenschaftliche Untersuchungen Bezug, liefert aber mit der beigelegten Film-DVD viel Anschauungsmaterial und mit zahlreichen Hinweisen zu Online-Ressourcen die Möglichkeit für Lehrkräfte, sich zusätzliches Wissen anzueignen. Die Botschaft, die das Werk mit der breiten geografischen Streuung vorgestellter Projekte über zahlreiche Entwicklungsländer, städtische Armutsgebiete ('slums') aber auch hochentwickelte Länder übermittelt, lautet, dass 'inclusive education' im schulischen Bereich nicht von dem Vorhandensein materieller und personeller Ressourcen abhängig ist, sondern von der Bereitschaft Kinder mit besonderen Problemlagen am Unterricht der jeweiligen Sprengelschule partizipieren zu lassen.

6.2 Forschungsergebnisse zu inklusivem Unterricht

Die weitgehenden Reformvorschläge Inklusiver Pädagogik eröffnen aber Fragen nach den Umsetzungsmöglichkeiten in Schule und Unterricht. Bereits seit Mitte der

1990er Jahre gibt es eine Anzahl von Fallstudien, insbesondere aus Grossbritannien, die Veränderungsprozesse und deren Wirkungen demonstrieren möchten. Einige der Arbeiten betrachten sich als Aktionsforschung ('action research') und sehen wissenschaftliche Forschung als Teil eines Veränderungsprozesses gemeinsam mit den Lehrpersonen der involvierten Schulen (Armstrong &Moore 2004, Howes, Davies & Fox 2009).

6.2.1 Unterrichtsmethoden auf dem Prüfstand

Deutschsprachige Praxismodelle der schulischen Integration von Kindern mit Behinderungen orientierten sich sehr häufig an reformpädagogischen Modellen, wie die Evaluation von Modellversuchen seit den 1970er Jahren zeigte. Es waren vorwiegend Konzepte wie Freie Arbeit (Montessori, Freinet), Wochenplanunterricht (Petersen) oder Projektunterricht, auf die Pädagoginnen und Pädagogen zurückgriffen, die versuchten Lernsituationen in heterogenen Gruppen in den Griff zu bekommen (Heimlich 2007). Es handelt sich hier um jahrzehntealte Modelle, die aber für integrativen Unterricht gute Dienste leisteten.

Weniger bekannt und entsprechend seltener rezipiert sind in deutschsprachigen Ländern Vorschläge aus dem angloamerikanischen Raum, die weniger in spezifischen Erziehungstheorien gründen, dafür aber versuchen Lehrkräften problem- und lösungsorientierte Vorschläge anzubieten. Dies erfolgt z. B. mittels systematischer Aufarbeitungen der Erfahrungen von Lehrkräften in Schulklassen (Westwood 2007), aber auch über Zusammenstellungen der Ergebnisse einschlägiger wissenschaftlicher Studien.

Mitchell (2008) beschreibt in seinem für Wissenschaftlerinnen, Wissenschaftler und Lehrkräfte gleichermassen interessanten Buch, vierundzwanzig Strategien, die sich seiner Meinung nach im inklusiven Unterricht wie auch in sonderpädagogischen Angeboten bewährt haben. Er zählt dazu die Qualität der unmittelbaren räumlichen Umgebung, das Klassenklima, die Vermittlung von Strategien des individuellen Lernens an Kinder und vielerlei Formen der Verhaltenssteuerung und der Verhaltensmodifikation. Es handelt sich laut Mitchell bei den von ihm analysierten Methoden ausnahmslos um theoriebasierte Lehrstrategien, deren Effektivität in empirischen Studien nachgewiesen wurde, die in englischsprachigen peer-reviewten Journals publiziert sind.

Meta-Analysen, die sich in numerischen Indikatoren niederschlagen, führen zu einer Bewertung der Qualität der Strategien für den inklusiven Unterricht, die Mitchell in einer Skala von 0 (ungeeignet) bis 4 Sternen (hervorragend geeignet) bewertet. Die von ihm dargestellten Strategien finden sich im oberen Spektrum dieser Skala. Mitchell unterstellt, dass Schülerinnen und Schüler mit und ohne besondere Problemlagen von qualitativ hochwertigem Unterricht gleichermassen profitieren (ebd., 6f.). Für Kinder mit 'special needs' lässt er nur wenige eigene spezifische Lehrmethoden gelten und grenzt diese auf blinde, gehörlose und intellektuell beeinträchtigte Schülerinnen und Schüler als Zielgruppe ein.

6.2.2 Die Lernumgebung

Die Gestaltung des Klassenraumes als der physikalischen Lernumgebung wird in ihrer Bedeutung von Lehrkräften oft unterschätzt. Die Schulraumgestaltung ist ein Feld, das zur Unterrichtserleichterung beitragen kann und bei dem die Gestaltungsmöglichkeiten von Lehrkräften gross sind. Gleichzeitig unterbleiben oft die vorhandenen Möglichkeiten durch Unwissenheit oder Gedankenlosigkeit. Effektives Lernen und Freude am Unterricht entwickeln sich eher in ansprechend eingerichteten, fortwährend gepflegten Klassenzimmern, die angemessen ausgeleuchtet, ruhig und gut belüftet sind (Mitchell 2008, S. 92). Loreman, Deppeler und Harvey (2005, 178 ff.) nennen neben der räumlichen Zugänglichkeit des Unterrichtsraum auch die interne Erreichbarkeit relevanter Zonen für Kinder mit Bewegungs- und Sinnesbeeinträchtigungen im Schulhaus und im Klassenzimmer als grundlegende Voraussetzung inklusiven Unterrichts. Es sind nicht selten reformpädagogisch orientierte Schulen (z.B. nach Montessori), die Wert auf eine durchdachte Schulraumgestaltung legen (Biewer 2001).

Für die Einrichtung des Klassenzimmers gibt es konkrete Ratschläge (Mitchell 2008, S. 93). So können dank der Anordnung von Möbeln und anderen Einrichtungsgegenständen unerwünschte störende Bewegungsströme unterbleiben. Die Gruppierung von Lerngegenständen nach Sachgegenständen und ihre abgestimmte Anordnung erleichtern Schülerinnen und Schülern das Auffinden geeigneten Unterstützungsmaterials. Raumteiler und Möbel sollten beweglich sein, um unterschiedliche und sich wandelnde Unterrichtserfordernisse zu unterstützen. Gleichzeitig sollte den Schülerinnen und Schülern mit Beeinträchtigungen Rechnung getragen werden. Dazu gehört die räumliche Barrierefreiheit, wenn Schülerinnen und Schüler mit motorischen Behinderungen die Klasse besuchen. Auch auf Sinnesschädigungen lässt sich Rücksicht nehmen, wenn z.B. schwerhörige Schülerinnen oder Schüler vorn mit voller Blickkontaktmöglichkeit zur Lehrperson sitzen.

6.2.3 Resultate kognitiven Lernens und Vermittlung sozialer Fähigkeiten

Eine Unterrichtsmethode, die speziell auf die Unterrichtsresultate im Sinn von Lerndefiziten zielt, wird als 'Direkter Unterricht' bezeichnet ('direct instruction'). Gemeint ist damit das Beheben von Lerndefiziten bei einzelnen Lernern, unmittelbar nachdem diese festgestellt wurden (Wember 2007, S. 437 f.). Es ist eine Unterrichtsform, die sich gegen eine eher passive Haltung des Abwartens und Wachsenlassens wendet. Sie wendet sich damit gegen Förderungen der Lernvoraussetzungen, zugunsten der Beeinflussung des Zielverhaltens selbst. Direkter Unterricht verlangt eine gezielte Diagnose der Lernschwierigkeiten, was erlaubt, pädagogische Interventionen passgenau vorzunehmen. Für die Lehrkraft resultieren daraus Typen methodischen Vorgehens wie tägliche Wiederholung und Hausaufgabenkontrolle, schrittweise Vermittlung neuer Lerninhalte, angeleitete Übung, Feedback und Fehlerkorrektur, eigenständige Übungen und regelmässige Wiederholungen (ebd., S. 441). Auch wenn 'direct instruction' zu den besonders wirkungsvollen Unterrichtsmethoden für Schülerinnen und Schüler mit besonderen Problemlagen gezählt wird, so gibt es doch auch einige kritische Anmerkungen. Lehrkräfte können sie erst in einem längeren fortlaufenden Prozess etablieren und sie ist in weiten Teilen auch lehrmaterialgebunden und daher auch von der vorhandenen Lehrmaterialausstattung abhängig (Mitchell 2008, S. 193). Trotz durch Studien nachgewiesener Wirksamkeit dieser hochgradigen Strukturierung des Lernprozesses nach vorausgegangener differenzierter Analyse der Lernprobleme, können auch negative Aspekte am Direkten Unterricht gesehen werden. Die nicht vorhandenen Möglichkeiten der Schülerinnen und Schüler Lernwege individuell zu suchen und Lernaktivitäten selbstständig zu gestalten, sind dem Erwerb von langfristig tragfähigen 'learning skills' möglicherweise wenig zuträglich.

Das in zahlreiche Sprachen übersetzte aber in der pädagogischen Öffentlichkeit deutschsprachiger Länder weitgehend unbekannte Lehrerfortbildungsprogramm 'Special Needs in the Classroom' der UNESCO gilt als eines der ersten Lehrerbildungskonzepte, das die inklusive Schule über die Unterrichtsreform in der Regelschule anstreben wollte. Es unterscheidet zwischen der individualen und der curricularen Orientierung im Unterricht (UNESCO 1993). Die individuale Perspektive sieht Lernprobleme in der Person der Schülerin beziehungsweise des Schülers mit seinen Defiziten. Die curriculare Perspektive hat dagegen Lehrplan und Lehrtätigkeiten im Blick, die der Schülerin oder dem Schüler nicht angemessen oder angepasst sind (Ainscow 1994, S. 17 ff.). Ausgehend von dieser Argumentation werden die Rollen im Prozess der Schulentwicklung neu verteilt. Es ist in jedem Falle die Schule, und somit auch die Lehrkraft in ihrem Unterricht, die klassenbezogene Lösungen finden muss, und nicht zu aussondernden Massnahmen greifen darf.

6.3 Die veränderte Rolle der schulischen Akteure

Nicht nur der 'Index for Inclusion' (Booth & Ainscow 2002) macht konkrete Vorschläge, die alle in das schulische Geschehen involvierten Personen tangieren. Es gibt mittlerweile ein breite Literatur, die solche Änderungsprozesse mittels Fallstudien dokumentiert oder aber in quantitativen oder qualitativen empirischen Studien analysiert.

6.3.1 Lehrpersonen

Thoma und Rehle (2009) stellen acht Fallstudien von Kindern dar, die trotz ihrer Behinderung im Rahmen von Einzelintegration Grundschulen in Bayern besuchen. Am Beispiel gelungener und gescheiterter Integration zeigen sie die Netzwerke auf, die hier wirksam sind. Das Buch gibt auch die Erfahrungen der involvierten Lehrkräfte wieder. Die inklusive Orientierung der Beteiligten insbesondere Schulleitungen sowie der Klassenlehrerinnen und –lehrer sehen Thoma und Rehle als die wichtigste Komponente an. Im Wertesystem der Klassenlehrkraft sehen sie eine zweifache Wirkung. Einerseits wirke es zurück auf das Verhalten der Schülerinnen und Schülern, andererseits nehme es Einfluss auf die Planung und Gestaltung des Unterrichts. „Wo das Vorbild und die Einstellung der Klassenlehrkraft *für* [Hervorhebung im Original, G. B.] Inklusion stand, da zog diese Werthaltung Kreise: die anderen Kinder der Gruppe und Schule, weitere Lehrkräfte, Schulpersonal, die anderen Klasseneltern und sogar Personen aus dem weiteren Kreis verloren ihre Scheu"... „Wo dagegen die inklusiven Wertüberzeugungen noch nicht vorhanden waren," ... „da tauchten vielfache Gründe auf, warum diese Integration nicht gelingen könne" (ebd., S. 174).

Quicke (2008, S. 73 ff.) beschreibt in einer Arbeit, die er als „Autoethnografie" bezeichnet, auch Fälle misslungener Inklusion. Die grösste Gefahr sieht er, wenn Schulverwaltungen 'inclusion' propagieren, die in Wahrheit Budgetkürzungen intendieren.

Vieles ist aber mit der Person der Lehrkraft, ihren Einstellungen und Kompetenzen verbunden. Das Arbeiten im Team stellt ein bei Lehrpersonen weit verbreitetes Rollenmodell in Frage. Sollen die Möglichkeiten inklusiven Unterrichts realisiert werden, gilt es Abschied zu nehmen vom Modell der Lehrperson, die mit ihrer Klasse alleine ist und für diese auch die alleinige Verantwortung trägt. 'Collaborative teaching' steht für diese neue Einbindung der Lehrtätigkeit in Gruppenaktivitäten. Der Begriff bezeichnet die zielorientierte, zeitlich begrenzte Teamarbeit mit mehreren Gruppen, die mit ihrer speziellen Expertise zu Problemlösungen beitragen können (Mitchell 2008, S. 60). Mögliche Kollaborationspartner für inklusiven Unterricht können für die Klassenlehrkraft Sonderpädagoginnen bzw. -pädagogen, Medizinerinnen und Medizinern, pädagogische Assistenzkräfte und auch die Eltern sein.

Mit 'co-teaching' oder 'cooperative teaching' ist das gemeinsame Unterrichten zweier gleichberechtigter Lehrkräfte gemeint (wie z. B. einem Regelschul- und einem Sonderschulpädagogen). Dies kann die Übernahme der Verantwortung beider Lehrkräfte für alle Kinder beinhalten. Zu nennen ist hier aber auch die Beratung der Lehrkräfte durch mobile Pädagogische Dienste, die es ermöglicht, Information und Hilfestellung bei spezifischen Problemlagen zu erhalten, welche die Klassenlehrkraft überfordern. Hilfestellung können aber auch semiprofessionelles Personal oder pädagogische Assistenzkräfte im Unterricht leisten. Es handelt sich hier um Kräfte mit eingeschränkter pädagogischer Ausbildung, die allerdings im Unterschied zu den Beratern ihre Unterstützungstätigkeit direkt in der Klasse und am Kind leisten. Institutionalisierte schulweite Teams, welche die Schulleitung und andere wichtige Akteure des Lehrerkollegiums sowie Fachkräfte mit speziellen pädagogischen und therapeutischen Kenntnissen umfassen, sollen nicht nur praktische und wirksame Hilfe leisten, sondern auch Pädagoginnen und Pädagogen bei schwierigen Lagen ermutigen (ebd. 62ff).

6.3.2 Schülerinnen und Schüler

Das gemeinsame Lernen von Schülerinnen und Schülern in Kooperation miteinander fördert die Beziehungen untereinander und kann gleichzeitig Lehrerfolge nachhaltig sichern. Wenn Schülerinnen und Schüler sich gegenseitig unterstützen, um gemeinsame Ziele zu erreichen, wird von „kooperativem Lernen" gesprochen (Souvignier 2007, S. 453). Peer Tutoring kann als Spezialfall kooperativen Lernens betrachtet werden.

'Peer support' und 'Peer tutoring' bezeichnen Formen der Involvierung Gleichaltriger in Instruktionsprozesse, welche die aktive Auseinandersetzung mit dem Lernstoff fördern. Souvignier beschreibt die mehrperspektivischen Wirkungen treffend wie folgt: „Dass die Schüler sich Sachverhalte mit eigenen Worten erklären und beim gegenseitigen Erklären die Inhalte noch einmal selbstständig strukturieren, führt zu einem höheren Wissenszuwachs. In der Auseinandersetzung mit ihren Lernpartnern können sie dabei soziale Kompetenzen wie Kommunikationsfähigkeit, Perspektivenwechsel, Zuhören, Kompromissfähigkeit, Geduld, Hilfeleistung und Kritikfähigkeit einüben." (Ebd., S. 452)

Mitchell (2008, S. 52) versteht unter 'peer tutoring' eine Unterrichtssituation, in der eine Schülerin oder ein Schüler ('tutor') unter der Aufsicht der Lehrkraft einer anderen Person ('tutee') eine Lernerfahrung vermittelt. Verbreitete Formen sind 'cross age tutoring' (bei Altersunterschieden der Inhaber beider Rollen) und 'class wide tutoring' (als Unterrichtsform, bei der jede Schülerin und jeder Schüler einer Klasse die Rolle eines 'tutors' bzw. 'tutees' innehat) (Bond & Castagnera 2006).

'Peer tutoring' ist als assistierende Lehrtätigkeit wie kaum eine andere durch zahlreiche wissenschaftliche Studien erforscht. Peer-Tutoring eignet sich eher für Lerngegenstände, deren Beherrschung zusätzliche Übung erfasst, weniger für das Erlernen neuer Inhalte, Techniken und Methoden. Das Training von Lesefähigkeiten ist ein häufig beschriebenes Anwendungsfeld (Kourea, Cartledge & Musti-Rao 2007). Mitchell (2008, S. 52) betont aber, dass es in jedem Unterrichtsfach, auch z. B. Mathematik, Naturwissenschaften oder Sport geeignete Anlässe gäbe.

Von 'peer-tutoring' profitieren Tutees, Tutoren und auch die Lehrkraft (Mitchell 2008, S. 53). Auch Schülerinnen und Schüler, die selbst Lernprobleme aufweisen, können gegenüber jüngeren die Rolle der Lehrenden einnehmen. Gordon (2005, S. 4) nennt als Gruppen, die besonders von Peer tutoring profitieren neben Kindern mit schweren Behinderungen, auch solche mit sozialen Benachteiligungen, Lernstörungen, Sprachverzögerungen und Hyperaktivitäten.

6.3.3 Eltern

Der 'Index for Inclusion' schlägt vor, die Eltern in die Schulentwicklung mit einzubinden (Booth & Ainscow 2002, S. 27 ff.). Dies soll bereits dadurch geschehen, dass sich Eltern an der Erstellung von Fragebögen beteiligen. Dabei sollen z. B. Vorschläge der Eltern erhoben werden, welche Veränderungen die Schule durchführen kann, um eine Unterstützung der Lernprozesse zu erreichen und die Schulfreude zu erhöhen. In der Indikatorenliste des 'Index for Inclusion' wird z. B. erhoben, ob die Schule die Eltern willkommen heisst, ob sie die Schule als 'ihre' Einrichtung betrachten und ob Eltern und Lehrkräfte respektvoll miteinander umgehen (ebd. S. 42).

Mitchell (2008, S. 68 ff.) sieht die Beziehung der Lehrkraft zu den Eltern durch zwei komplementäre Zielbereiche gekennzeichnet: dem partnerschaftlichen Umgang, aber auch dem Erkennen von Unterstützungsbedarf. Die in Mitchells Buch nachfolgend genannten Beratungs- und Trainingsaktivitäten stellen aber eine Erweiterung der Lehrerrolle hin zu Beratungsaktivitäten dar, denen Regelschullehrpersonen vermutlich selten entsprechen können.

6.4 Unterrichtsreform und neue Problemlagen

6.4.1 Permanente Schulreform als Rahmenbedingung von Unterricht

Der Anspruch eine Inklusiven Pädagogik ist ein sehr weitgehender, indem er sich auf jede Schule an jedem Ort bezieht und dem unterrichtlichen Alltagsgeschehen eine entscheidende Bedeutung einräumt. Der Anspruch ist kein geringerer als die Veränderung jeder Schule an jedem Ort (Biewer 2005).
Im Unterschied zu vorausgegangenen Modellen schulischer Integration, die eher auf die freiwillige Mitarbeit interessierter und engagierter Lehrkräfte und Eltern setzten, sind hier die Akteure aller schulischen Bildungsinstitutionen angesprochen. Es sind keinen neuen Lehrkräfte, sondern die bereits jetzt aktiven Personen mit ihren Vorurteilen und fachlichen Defiziten im Bereich der Unterrichtung heterogener Lerngruppen.
Grant (2009) sieht bezogen auf Schulen in England und Wales Versuche als gescheitert an, weitgehende Reformen von der Schulverwaltung gegenüber den Lehrkräften durchzusetzen, wenn aufgrund unterschiedlicher Perspektiven weder Zielsetzung noch Motivation geteilt werden.

6.4.2 Chancengerechtigkeit versus Leistungsorientierung

Die Forderung nach 'inclusive education' steht in der nordamerikanischen Pädagogik schon seit Jahren neben Versuchen die Qualität und die Effektivität des Unterrichts zu heben. Villa und Thousand (2005, 8 f.) sehen beide Zielrichtungen eng miteinander verbunden. Wenn Kinder mit besondern Problemlagen in die Schule eingegliedert werden sollen, müsse sich die Qualität von Unterricht erhöhen. Von einem besseren Unterricht profitierten aber alle Kinder, nicht nur solche mit Behinderungen, auch Kinder mit durchschnittlichen und weit überdurchschnittlichen Begabungen. Dieses Argument ist in der englischsprachigen Literatur häufig zu lesen. Es gibt aber auch gegenteilige Interpretationen des Verhältnisses. Dyson und Callannaugh (2007) sehen in der britischen Bildungspolitik von 'new labour' mit

ihrer gleichzeitigen Forderung nach Inklusion und Hebung von Leistungsstandards zwei potentiell gegensätzliche Positionen gleichermassen propagiert.
Einige Arbeiten versuchen über die Darstellung konkreter Beispiele zu dokumentieren, dass die Forderung nach Vereinbarkeit beider Dimensionen in der schulischen Praxis durchaus möglich ist. Unter dem Titel 'Achievement and Inclusion in School' stellen Black-Hawkins, Florian & Rouse (2007) vier Fallstudien von Schulen vor, denen sie unterstellen, beide Ansprüche gleichermassen erfolgreich erfüllt zu haben, allerdings auf unterschiedlichen Wegen und mit entsprechenden Schwerpunktsetzungen (Ainscow 2007).

6.4.3 Lernbedarf und Lehrkompetenz

Die Forderung nach Berücksichtigung der Bedarfslagen von Kindern mit Behinderungen hat weitgehende Auswirkungen auf den schulischen Alltag. Trivial erscheinende Hinweise über die Anordnung von Möbeln im Klassenzimmer sind gleichermassen hilfreich für Kinder mit Sehschädigungen wie mit Aufmerksamkeitsstörungen (Loreman, Deppeler & Harvey 2005, S. 179 ff.). Auch die Anordnung von Sitzgruppen im Klassenzimmer kann unterschiedliche Lernmethoden befördern. So werden leistungsgemischte Sitzgruppen eher Hilfestellungen im Sinne eines Peer-Tutorings ermöglichen als leistungshomogene Gruppen.
Pädagogische Alltagshandlungen, die in Form von Routinen ablaufen, können Bildungsprozesse erleichtern oder behindern.
Winzer und Mazurek (2005, S. 643) sehen breite Zustimmung bei den Akteuren des Bildungswesens zu philosophischen Grundlagen Inklusiver Pädagogik wie der Gewährung von Bürgerrechten und Chancengerechtigkeit ('equity'). Massive Emotionen und Widerstände stellen sie aber bei Lehrkräften wie Eltern fest, wenn der Anspruch zur Umstrukturierung gemäss den genannten Prinzipien tatsächlich an die Schule herangetragen wird.
Aufgrund des Anspruchs der grundlegenden Veränderung der Regelschule und der Delegation der wichtigsten Aufgaben in die Hand der Lehrperson spielen Aus-, Fort- und Weiterbildung eine zentrale Rolle für jegliche Umsetzung in die pädagogische Praxis. Dies trifft in besonderem Masse für die Sekundarstufe zu, in der aufgrund des ausgeprägten Fachlehrerprinzips ein Bewusstsein für die pädagogische Dimension der Lehrtätigkeit geringer ausgeprägt ist als im Primarstufenbereich (Howes, Davies & Fox 2009). Jordan, Schwartz und McGhie-Richmond (2009) stellen fest, dass wenig darüber bekannt ist, über welche Kompetenzen Lehrpersonen genau verfügen müssen, um effektiv in inklusiven Klassen zu unterrichten.
Für den Bereich der Weiterbildung der Lehrerinnen und Lehrer an allgemeinen Schulen stellt sich vordringlich das Problem, wie Kompetenzen für den Unterricht mit heterogenen Gruppen vermittelt werden können. Das Lehrerfortbildungsprogramm 'Special Needs in the Classroom' der UNESCO sieht die Lehrerfortbildung gar als Angelpunkt für die Umgestaltung der Schule (Ainscow 1994). Florian (2008) schlägt vor, als Ausgangspunkt die bereits vorhandenen Praktiken zu untersuchen und davon ausgehend Unterrichtsveränderungen zu entwickeln.

6.5 Kommentar und Ausblick

Bei der Betrachtung der internationalen Diskussion ergeben sich eine ganze Reihe ungelöster Frage, oder auch Dilemmata, wie sie Norwich (2008) in seiner Auseinandersetzung mit den Debatten in England, den USA und den Niederlanden analysiert. Dabei sind es vorwiegend Fragen der Bezugsgruppe Inklusiver Pädagogik, des Lehrplans und der institutionellen Verortung des Bildungsprozesses, die vielfältige und inkonsistente Antworten produzieren. Inklusive Pädagogik hat ihren Platz im Kontext einer deutschsprachigen Bildungswissenschaft, die stärker als die angelsächsischen Länder zur Systematisierung von Diskursen und Theorien neigt, noch nicht ganz gefunden. Manch einer mag sie als eine reformorientierte normative Pädagogik betrachten, deren Realisierungschancen eng mit Innovationen des Unterrichts verbunden sind. Eine Debatte steht in den deutschsprachigen Ländern vermutlich erst am Anfang. Aufgrund der Präsenz des Begriffs in internationalen Diskursen ist sie aber unvermeidlich. Mit ihrem politischen Anspruch hat Inklusive Pädagogik das Potential Lehrkräfte und Eltern für ihre Ziele einzunehmen und zu mobilisieren. Die Forderung einer umfassenden Änderung von Schule zwingt auch diejenigen Lehrkräfte zur Stellungnahme, für die die Hebung der Position benachteiligter Kinder kein vordringliches Ziel ist. Mit den Inhalten einer Inklusiven Pädagogik steht in den Debatten über Standardisierungen im Bildungswesen auch das Prinzip der Chancengerechtigkeit ('equity') neben Leistungsmessung ('accountability') im Fokus der Diskussion.

Dass Inhalte, Ziele und Formen des Unterrichts in deutschsprachigen Ländern wieder grundlegend hinterfragt werden, nach Jahren eher verhaltener oder unterbliebener Schulreformen und folgenloser Gesamtschul- und Integrationsdebatten, sollte auch diejenigen engagierten Pädagogen freuen, die den Zielen einer Inklusiven Pädagogik eher skeptisch gegenüberstehen oder an den Realisierungsmöglichkeiten zweifeln.

Literatur

Ainscow, Mel. (1994). *Special Needs in the Classroom. A Teacher Education Guide.* London, Bristol, Paris: Jessica Kingsley and UNESCO.

Ainscow, Mel. (2007). From Special Education to Effective Schools for All: A Review of Progress so Far. In Florian, Lani (Hrsg.), *The SAGE Handbook of Special Education* (p. 146–159). London, Thousand Oaks, New Delhi: Sage.

Armstrong, Felicity & Moore, Michelle. (Hrsg.). (2004). *Action Research for Inclusive Education. Changing Places, Changing Practice, Changing Minds.* London, New York: Routledge.

Arnardóttir, Oddný M. & Quinn, Gerard. (Hrsg.). (2009). *The UN Convention on the Rights of Persons with Disabilities.* Leiden, Boston: Nijhoff.

Biewer, Gottfried. (2000). 'Inclusive Schools' – Die Erklärung von Salamanca und die internationale Integrationsdebatte. *Gemeinsam leben, 8* (4), 152–155.

Biewer, Gottfried. (2001). *Vom Integrationsmodell für Behinderte zur Schule für alle Kinder.* Neuwied, Berlin: Luchterhand.

Biewer, Gottfried. (2005). 'Inclusive Education' – Effektivitätssteigerung von Bildungsinstitutionen oder Verlust heilpädagogischer Standards? *Zeitschrift für Heilpädagogik, 56* (3), 101–108.

Biewer, Gottfried. (2009): *Grundlagen der Heilpädagogik und Inklusiven Pädagogik*. Bad Heilbrunn: Klinkhardt (UTB).
Black-Hawkins, Kristine, Florian, Lani & Rouse, Martin. (2007). *Achievement and Inclusion in Schools*. London, New York: Routledge.
Boban, Ines (2009): Multiperspektivität – eine Qualität der inklusiven Schule der Vielfalt. In Andrea Strachota, Gottfried Biewer, & Wilfried Datler. (Hrsg.), *Heilpädagogik: Pädagogik bei Vielfalt. Prävention – Interaktion – Rehabilitation.* (S. 85–104). Bad Heilbrunn: Klinkhardt.
Bond, R. & Castagnera, E. (2006). Peer supports and inclusive education: An underutilized resource. *Theory into Practice, 45* (3), 224–229.
Booth, Tony & Ainscow, Mel (2002). *Index for inclusion. Developing Learning and Participation in Schools. [deutsche Fassung: Index für Inklusion. Lernen und Teilhebe in der Schule der Vielfalt entwickeln. Entwickelt von Tony Booth und Mel Ainscow. Übersetzt, für deutschsprachige Verhältnisse bearbeitet und herausgegeben von Ines Boban und Andreas Hinz (2003). Halle: Martin-Luther Universität]*. Bristol: CSIE.
Booth, Tony, Ainscow, Mel & Kingston, Denise (Hrsg.). (2004). *Index for Inclusion. Developing Play, Learning and Participation in Early Years and Childcare.* Bristol: CSIE [deutsche Fassung: Booth, Tony / Ainscow, Mel / Kingston, Denise (2006): Index für Inklusion. (Tageseinrichtungen für Kinder) Lernen, Partizipation und Spiel in der inklusiven Kindertageseinrichtung entwickeln.]. Frankfurt: GEW.
Dyson, Alan & Gallannaugh, Frances. (2007). National Policy and the Development of Inclusive Scholl Practices: A Case Study *Cambridge Journal of Education, 37* (4), 473–488.
Florian, Lani. (Hrsg.). (2007). *The SAGE Handbook of Special Education*. London, Thousand Oaks, New Delhi: Sage.
Florian, Lani. (2008). Special or inclusive education: future trends. *British Journal of Special Education, 35* (4), 202–208.
Gordon, Edward E. (2005). *Peer Tutoring: A Teacher's Resource Guide*. Lanham: Scarecrow Education.
Grant, Nick. (2009). Schools of little thought: Why change management hasn't worked. *Improving Schools, 12* (1), 19–32.
Grubich, Rainer (2005). *Inklusive Pädagogik. Beiträge zu einem anderen Verständnis von Integration*. Aspach: Innsalz.
Heimlich, Ulrich. (2007). Didaktik des gemeinsamen Unterrichts. In Jürgen Walter & Franz B. Wember, (Hrsg.), *Sonderpädagogik des Lernens. Band 2. Handbuch Sonderpädagogik* (S. 357–375). Göttingen et al: Hogrefe.
Hinz, Andreas. (2002). Von der Integration zur Inklusion – terminologisches Spiel oder konzeptionelle Weiterentwicklung? *Zeitschrift für Heilpädagogik, 53* (9), 354–361.
Howes, Andy, Davies, Sue M.B. & Fox, Sam. (2009). *Improving the Context of Inclusion. Personalising Teacher Development Through Collaborative Action Research.* London, New York: Routledge.
Hoyningen-Süess, Ursula & Liesen, Christian. (2007). Inklusionsforschung: Möglichkeiten und Grenzen. In Franz Rumpler,& Peter Wachtel (Hrsg.), *Erziehung und Unterricht – Visionen und Wirklichkeiten* (S. 421–425). Würzburg: VDS.
Jordan, Anne, Schwartz, Eileen & McGhie-Richmond, Donna. (2009). Preparing teachers for inclusive classrooms. *Teaching and Teacher Education, 25* (4), 535–542.
Kourea, Lefki , Cartledge, Gwendolyn & Musti-Rao, Shobana. (2007). Improving the Reading Skills of Urban Elementary Students Through Total Class Peer Tutoring. *Remedial and Special Education, 28* (2), 95–107.
Liesen, Christian, Hoyningen-Süess, Ursula & Bernath, Karin (Hrsg.). (2007). *Inclusive Education: Modell für die Schweiz? Internationale und nationale Perspektiven im Gespräch.* Bern: Haupt.
Loreman, Tim, Deppeler, Joanne & Harvey, David. (2005). *Inclusive education: a practical guide to supporting diversity in the classroom.* Abingdon, New York: Routledge.
Luhmann, Niklas. (2008). *Soziologische Aufklärung 6. Die Soziologie und der Mensch.* Wiesbaden: VS.
Mitchell, David. (2008). *What Really Works in Special and Inclusive Education: Using Evidence-Based Teaching Strategies.* London, New York: Routledge.
Norwich, Brahm. (2008): *Dilemmas of Difference, Inclusion and Diversity. International perspectives and future directions.* London, New York: Routledge.

Peters, Susan. (2007). Inclusion as a Strategy for Achieving Education for All. In Lani, Florian (Hrsg.), *The SAGE Handbook of Special Education* (p. 117–130). London, Thousand Oaks, New Delhi: Sage.

Prengel, Annedore. (2006). *Pädagogik der Vielfalt. Verschiedenheit und Gleichberechtigung in Interkultureller, Feministischer und Integrativer Pädagogik* (3 Aufl.). Wiesbaden: VS.

Quicke, John. (2008). *Inclusion and Psychological Intervention in Schools. A Critical Autoethnography.* Dordrecht: Springer.

Rieser, Richard. (2008). *Implementing Inclusive Education. A Commonwealth Guide to Implementing Article 24 of the UN Convention on the Rights of People with Disabilities.* London: Commonwealth Secretariat.

Rioux, Marcia. (2007). Disability Rights in Education. In Lani, Florian (Hrsg.), *The SAGE Handbook of Special Education* (p. 107–116). London, Thousand Oaks, New Delhi: Sage.

Souvignier, Elmar .(2007). Kooperatives Lernen. In Jürgen Walter, J.& Franz. B. Wember (Hrsg.), *Sonderpädagogik des Lernens. Band 2. Handbuch Sonderpädagogik* (S. 452–568). Göttingen, Bern, Wien, Paris, Oxford, Prag, Toronto, Cambridge, Amsterdam, Kopenhagen: Hogrefe.

Thoma, Pius & Rehle, Cornelia. (Hrsg.). (2009). *Inklusive Schule. Leben und Lernen mittendrin.* Bad Heilbrunn: Klinkhardt.

UNESCO. (1993). *Special Needs in the Classroom. Teacher Education Resource Pack. Student Materials.* Paris: UNESCO.

UNESCO. (1994). *The Salamanca Statement and Framework for Action on Special Needs Education. Access and Quality. Salamanca, Spain, 7–10 June 1994.* Paris: UNESCO.

UNESCO. (2005). *Guidelines for Inclusion. Ensuring Access to Education for All.* Paris: UNESCO.

Villa, Richard A. & Thousand, Jacqueline S. (Hrsg.). (2005): *Creating an Inclusive School* (2. Aufl.). Alexandria: ASCD.

Walter, Jürgen & Wember, Franz B. (Hrsg.). (2007): *Sonderpädagogik des Lernens. Band 2. Handbuch Sonderpädagogik.* Göttingen et al: Hogrefe.

Wember, Franz B. (2007). Direkter Unterricht. In Jürgen Walter & Franz B. Wember, F. B. (Hrsg.), *Sonderpädagogik des Lernens. Band 2. Handbuch Sonderpädagogik* (S. 437–451). Göttingen, Bern, Wien, Paris, Oxford, Prag, Toronto, Cambridge, Amsterdam, Kopenhagen: Hogrefe.

Westwood, Peter S. (2007). *Commonsense Methods for Children with Special Educational Needs* (5 Aufl.). London, New York: Routledge.

Winzer, Margaret & Mazurek, Kas (2005): Current Reforms in Special Education: Solution or Delution? In Joseph, Zajda (Hrsg.), *International Handbook on Globalisation, Education and Policy Research* (p. 643–658). Dordrecht: Springer.

Anregungen zur Reflexion

1. Ist eine Entwicklung hin zur Inklusiven Schule, die von Schulaufsicht, Lehrkräften und Eltern getragen wird, Ihrer Meinung nach denkbar?
2. Die deutschsprachigen Länder haben eine Gliederung der Sekundarstufe nach vermeintlichen Begabungstypen als Regelfall. Inwieweit hemmt diese Gliederung die Entwicklung von Schulen hin zu Inklusion?
3. Über welche Kompetenzen sollten Lehrkräfte verfügen, um ihren Unterricht im Sinne einer Inklusion vulnerabler oder marginalisierter Schülerinnen und Schüler umzugestalten?

Weiterlesen

Biewer, Gottfried. (2009). *Grundlagen der Heilpädagogik und Inklusiven Pädagogik.* **Bad Heilbrunn: Klinkhardt (UTB).**

Das als Studienbuch konzipierte Werk verknüpft den Ansatz Inklusiver Pädagogik angelsächsischer Provenienz mit dem Theoriebestand der Heil- und Sonderpädagogik deutschsprachiger Länder, wobei es auf die unterschiedlichen Entwicklungslinien in mehreren Sprachräumen und neu entstandene Problemlagen hinweist.

Florian, Lani. (Hrsg.). (2007). *The SAGE Handbook of Special Education*. London, Thousand Oaks, New Delhi: Sage.
Auch wenn es sich laut Titel um ein 'Handbook of Special Education' handelt, dominiert durch die Auswahl von Themen und Beiträgern der Ansatz einer 'inclusive education'. Ausgehend von der Verbindung eines sozialwissenschaftlich und bildungsphilosophisch begründeten Zugangs zu Phänomenen wie Lernstörungen und Behinderungen, umfasst das Buch auch eine breite Darstellung von Lehr- und Lernstrategien sowie Diskussionen aktueller Entwicklungen.

Mitchell, David. (2008). *What Really Works in Special and Inclusive Education: Using Evidence-Based Teaching Strategies*. London, New York: Routledge.
Das Buch dürfte vor allem Pädagogen ansprechen, die an einer Kombination evidenzbasierter Forschung mit praktischen Ratschlägen zur Gestaltung des Schulalltags interessiert sind. Besonderes Lob verdient die leserfreundliche überlegte didaktische Aufbereitung der 24 vorgestellten Unterrichtsstrategien. So beginnt jedes der Kapitel mit einer Darstellung der wesentlichen inhaltlichen Merkmale der jeweiligen Strategie und der zugrunde liegenden Theorien. Danach folgen inhaltliche Ausführungen auf der Grundlage vorliegender Forschungsergebnisse. Auf der Grundlage evaluativer Studien werden negative und positive Komponenten kritisch diskutiert und es erfolgt eine abschließende Bewertung.

Rieser, Richard. (2008). *Implementing Inclusive Education. A Commonwealth Guide to Implementing Article 24 of the UN Convention on the Rights of People with Disabilities*. London: Commonwealth Secretariat.
Das Buch stellt 'inclusive education' mit den wesentlichen strukturellen Aspekten als globalen Ansatz vor, der in entwickelten Ländern, Schwellenländern und Entwicklungsländern gleichzeitig als Option für zukünftige Entwicklungen gelten sollte. Durchgängiger Bezugspunkt ist der Rechtsanspruch auf 'inclusive education' der sich aus Artikel 24 der UN-Konvention über die Rechte von Menschen mit Behinderungen ergibt. Lokale Realisierungen werden durch zwei beiliegende DVDs dargestellt mit zahlreichen Film-Beispielen aus England, Indien, Kanada, Südafrika, Zambia, Uganda und anderen Commonwealth-Staaten.

Weitersurfen

http://inclusion.uwe.ac.uk/csie/index.htm
CSIE – Centre for Studies on Inclusive Education
Auf dieser Seite finden sich zahlreiche Hinweise und Dokumente zu britischen Aktivitäten zu 'inclusion' und Texte zum Downloaden.

http://www.eenet.org.uk/
EENET – Enabling Education Network.
Info-Netzwerk der Universität Manchester zu 'inclusive education' mit vielen Informationen zu weltweiten Entwicklungen. Hier kann auch der Text des Index for Inclusion in zahlreichen Sprachen (auch in Deutsch) heruntergeladen werden.

http://www.unesco.org/en/inclusive-education/
UNESCO – Inclusive Education:
Über diese Seite erschliessen sich Informationen, Texte und Berichte über weltweite Aktivitäten in Kooperation mit der UNESCO zur Implementierung von 'inclusive education'.

Henning Pätzold

7. Verantwortungsdidaktik

7.1 Verantwortung und Didaktik

7.1.1 Einführung: Ein Beispiel

Eine typische Unterrichtssituation: Ein Lehrer im Sozialkundeunterricht hat von den Schülern in Gruppen Wahlprogramme im Hinblick auf die Position der Parteien zur Bildungspolitik auswerten lassen. Die Schüler haben ihre Ergebnisse zusammengetragen, innerhalb der Gruppen dokumentiert und in einer Präsentationsphase vorgestellt. Nachdem die Ergebnisse diskutiert wurden, zeigt der Lehrer gegen Ende der Stunde – und mit Blick auf die bald anstehende schriftliche Überprüfung – noch einmal eine Übersicht, in der die bildungspolitischen Positionen übersichtlich in einer Synopse dargestellt werden. Anhand dieser Folie fasst er sie zur Ergebnissicherung noch einmal zusammen. Von der Folie hat er Kopien mitgebracht, damit die Schülerinnen und Schüler während der Zusammenfassung nicht durch das Abschreiben in Anspruch genommen sind.
Man kann ein solches fiktives Unterrichtsbeispiel nach vielerlei Kriterien diskutieren – von der Frage, wie aussichtsreich die Auswertung von Wahlprogrammen in Gruppenarbeit sei, über die, als wie lohnend sich hierbei das Thema Bildungspolitik erweise bis dazu, ob das Abschreiben von einer Folie der Konzentration eher abträglich oder zuträglich sei. In unserem Fall soll es aber nur um die Frage gehen, wer für was Verantwortung übernimmt, genauer: welche Verteilung von Verantwortung durch die Handlungen kommuniziert wird: Die Schülerinnen und Schüler verantworten in einem derartigen Arrangement zunächst die Präsentation ihrer Ergebnisse (und nehmen diese Verantwortung oft erkennbar wahr). Über die Diskussion (Aufbau, Leitung usw.) ist im Beispiel nichts gesagt, vielleicht war auch hier die Beteiligung der Schüler gross und der Lehrer hat die Rolle eines zurückhaltenden Moderators eingenommen. Damit sind, bezogen auf die Fragestellung wie auch weitere mit dem Programmvergleich intendierte Lernziele, bereits Ergebnisse geschaffen worden. Manches war verständlich, manches weniger. Vielleicht entstand der Eindruck, dass es mancher Partei besser als einer anderen gelang, eine bildungspolitische Position überhaupt fasslich darzustellen. Wohl mag auch der Eindruck entstanden sein, dass eine Gruppe ihre Arbeitszeit nicht sehr effektiv genutzt hat und nun die Ergebnisse bezüglich einer Partei unvollständig sind. Durch die Zusammenfassung werden aber die letztgenannten Punkte ausgeglichen. Das hat den Vorteil, dass für die bevorstehende Überprüfung alle Aspekte des Themas noch

einmal in einer einheitlichen Verarbeitungstiefe behandelt worden sind. Gleichzeitig hat es aber den Nachteil, dass der Lehrer damit die Verantwortung für die inhaltliche Bearbeitung der Fragestellung wieder zu sich zurück nimmt, nachdem sie in der Gruppenarbeitsphase, der Präsentation und der Diskussion ja explizit an die Lerngruppe übergeben worden ist. Wenn es um die Ergebnissicherung geht, erscheinen die Resultate der Gruppenarbeit plötzlich unverbindlich und unsicher, sie müssen scheinbar durch die 'richtige' Zusammenfassung des Lehrers ersetzt werden. Es ist, als wenn dieser sich zwar in der Lage sieht, zu verantworten, dass die Schüler sich 'selbstverantwortlich' mit einem Thema befassen, nicht aber möchte er verantworten, dass sie sich auf die dabei gewonnenen Ergebnisse auch verlassen.

7.1.2 Das Verhältnis von Verantwortung und Didaktik

Das Beispiel soll nicht dazu verwendet werden, nun eine Darstellung davon zu geben, wie man es vermeintlich besser machen müsste. Vielmehr geht es darum, Verantwortung und ihre Verteilung zunächst überhaupt als didaktische Dimension zu erschliessen. In den allgemeindidaktischen Modellen der deutschsprachigen Pädagogik findet man traditionell Kategorien, nach denen unterrichtliches (und seltener auch ausserunterrichtliches) Geschehen in eine modellhafte Ordnung gebracht wurde (vgl. z. B. Arnold, Pätzold 2007, S. 100 f.). Verantwortung hat in diesen Darstellungen keinen systematischen Ort, obwohl sie sicher eine Rolle spielt und von den Autoren mitunter auch explizit angesprochen wird. So findet sich zwar im „vorläufigen Perspektivschema" der kritisch-konstruktiven Didaktik (Klafki 1985, S. 215) keine direkte Bezugnahme auf Verantwortung. In Klafkis Bildungstheorie jedoch, die seinem didaktischen Modell zugrunde liegt, ist sie zentral, insofern er Bildung im Anschluss an Erich Weniger bestimmt als den „Zustand, in dem man Verantwortung übernehmen kann" (Klafki 1965, S. 131). Auch in neueren Modellen wie der 'Ermöglichungsdidaktik' (Arnold, Gómez Tutor 2007) spielt Verantwortung bei der Modellierung von Unterrichtsprozessen eine Rolle, allerdings wird sie auch hier nicht *systematisch* reflektiert und handlungspraktisch verortet. Es wird zwar eingeräumt, dass Lernende Verantwortung übernehmen müssten, gleichzeitig fehlt aber – theoretisch wie praktisch – der Bezug auf die Tatsache, dass diese nicht beliebig unter den Akteuren geteilt werden kann. Die Lernenden sollen zwar 'irgendwie' Verantwortung für ihren Lernprozess übernehmen, aber spätestens wenn es um die Ergebnisse dieses Prozesses geht, lassen die Lehrenden ungern los und es scheint, „als würden die bisherigen didaktischen Ansätze – und damit auch die allgemeindidaktische Tradition – nicht der erkenntnissuchenden Kraft der Subjekte vertrauen" (Schüssler 2003, S.84) und, damit verbunden, daran zweifeln, dass diese in wesentlichen Fragen des Lernens Verantwortung übernehmen könnten.

7.1.3 Verantwortung und Beratung – ein Alternativmodell?

Es ist interessant, festzustellen, dass im (ebenfalls pädagogisch bearbeiteten) Handlungsfeld der Beratung die Verteilung von Verantwortung der in 'normalem' Unterricht beinahe spiegelbildlich gegenüber steht. Während im Unterricht zwar Verantwortung für den Prozess durch die Lernenden übernommen wird (in verschiedensten Formen 'selbst gesteuerten' Lernens), wird die Verantwortung für die Ergebnisse ungern abgegeben. Ein / e Berater / in hingegen übernimmt Verantwortung für die Gestaltung des Prozesses, überlässt die Verantwortung für den Umgang mit den Ergebnissen (und dazu zählt in unterrichtlichen Situationen auch der Bereich der Ergebnis*sicherung*) jedoch dem Gegenüber. Ein wesentlicher Unterschied zur Schulsituation liegt dabei darin, dass Beratung, zumindest in ihrer idealen Form, freiwillig wahrgenommen wird. Dennoch wird das Konzept Beratung mitunter generell als Orientierung für pädagogisches Handeln in Institutionen verwendet, gerade weil es sich in eine Beziehung zu selbst gesteuertem Lernen und eigenverantwortlichem Arbeiten bringen lässt (vgl. Klein 2005, S. 14, Pätzold 2009a). Die Art, wie die Vorstellungen von Verantwortung im Falle der Beratung einerseits und dem Unterricht andererseits auseinander fallen, erscheint charakteristisch für die pädagogischen Annäherungen an Verantwortung. Sie lassen sich leichter verstehen, wenn man den Begriff Verantwortung zunächst analytisch genauer fasst.

7.2 Wer, was, wovor – Dimensionen von Verantwortung

Verantwortung wird in der Literatur häufig als dreistellige Relation beschrieben: Jemand verantwortet etwas gegenüber einem anderen. Diese drei Kategorien erlauben bereits eine erste Analyse. Im obigen Beispiel etwa verantwortet der Lehrer die Präsentation der Zusammenfassung gegenüber den Schülerinnen und Schülern. Scheinbar nimmt er für sich in Anspruch, auch die Richtigkeit und Vollständigkeit des im Unterricht angesprochenen gegenüber jenen zu verantworten. Unklar bleibt dabei allerdings beispielsweise der Massstab für Richtigkeit und Vollständigkeit. Deshalb erscheint es sinnvoll, die drei Dimensionen entsprechend einem Vorschlag von Lenk und Maring (2001, S. 570) um drei weitere zu ergänzen: Verantwortung unterliegt einem normativen Kriterium, geschieht gegenüber einer (vorgestellten oder realen) Sanktionsinstanz und spielt sich immer innerhalb eines bestimmten Handlungsbereichs ab. Der Handlungsbereich in unserem Beispiel ist der Unterricht, die Richtigkeit des dort Gesagten wird nach den einschlägigen, curricular relevanten Quellen (etwa Fachtexten) beurteilt usw.
Jede Situation, in der Verantwortung eine Rolle spielt, lässt sich nach diesen Kategorien untersuchen, ohne allerdings immer zu einer einfachen Darstellung zu gelangen. Das liegt vor allem daran, dass die Kategorien mehrfach besetzt sein können. So verantwortet eine Lehrerin die Auswahl der Inhalte gegenüber den Lernen-

den (z. B. nach Massgabe der Verständlichkeit), gegenüber den Kolleginnen und Kollegen (es muss ein bestimmtes Ausgangsniveau für nachfolgende Klassenstufen erreicht werden), gegenüber den Eltern (bestimmte Inhalte erscheinen diesen als besonders wichtig, andere als vernachlässigbar) und so fort (vgl. Abbildung 1). In der Tat liefern bildungstheoretisch orientierte didaktische Modelle ja gerade Verfahren, um diese Frage 'verantwortlich' zu bearbeiten, d.h. den Ansprüchen der Lernenden ebenso gerecht zu werden wie etwa gesellschaftlichen und auch materialen Voraussetzungen.

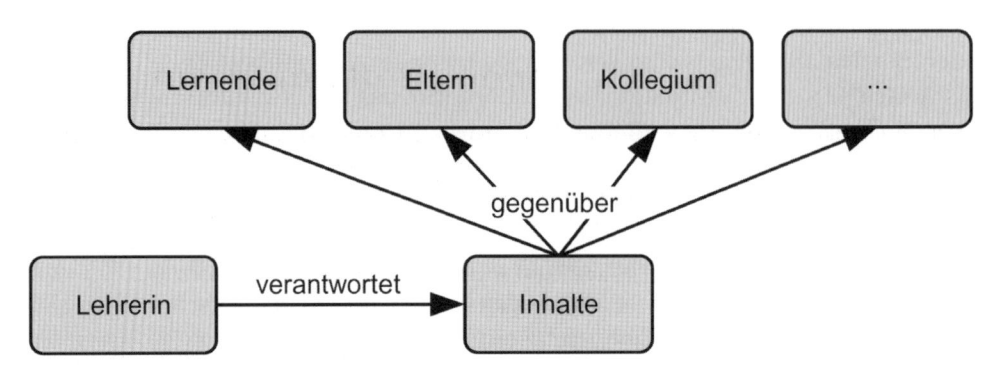

Abb. 1 Adressaten von Verantwortung am Beispiel der Inhalte

Die Vervielfachung der Kriterien bei der Betrachtung von Verantwortung stellt ein Problem dar: Wie lässt sich ausdrücken, dass die Lehrerin bei der Verantwortung der Wahl der Inhalte gegenüber unterschiedlichen Adressaten auch unterschiedliche Kriterien anwenden wird? Zum einen muss man hier den Verantwortungsgegenstand weiter differenzieren (Richtigkeit der Inhalte, Relevanz der Inhalte, curriculare Stellung der Inhalte, ...), zum anderen geraten die oben genannten weiteren Relationsstellen wieder in den Blick: In unserem Fall sind es unterschiedliche normative Kriterien, nach denen die Auswahl der Inhalte gegenüber den Adressaten zu verantworten ist: Ein Kollege etwa würde auf die Einhaltung des Lehrplans pochen, die Eltern würden das Kriterium der Zukunftsbedeutung möglicherweise höher bewerten usw.

Obwohl Verantwortungsbetrachtungen also zu recht komplizierten Darstellungen führen können, kann es sich lohnen, systematisch danach zu fragen, wie Verantwortung in einer pädagogischen Situation verteilt ist – vor allem, wenn es darum geht, eine komplexe Situation geordnet zu planen oder zu reflektieren. So beruhen schulische Konflikte (im Kollegium, gegenüber der Schulleitung oder auch im Klassenzimmer) nicht selten darauf, dass die Akteure unterschiedlicher Auffassung darüber sind, wer wem gegenüber für was verantwortlich ist, ohne dass diese Verantwortungsbeziehungen hinreichend transparent besprochen werden.

Aus didaktischer Sicht gibt es einige Standardsituationen, die einerseits regelmässig vorkommen und für die andererseits die Verantwortungsperspektive besonders ergiebig ist. Drei von ihnen – ausgewählt aus den Bereichen Planung,

Durchführung und Bewertung – sollen in den folgenden Abschnitten angesprochen werden.

7.3 Verantwortungsbeziehungen im Unterricht

7.3.1 Planungsverantwortung: Inhalts- und Methodenwahl

Die Planung von Unterricht gehört zu den zentralen didaktischen Themen und ist Gegenstand einer unüberschaubaren Vielfalt von Literatur. Das liegt nicht nur daran, dass Planung tatsächlich eine zentrale Aufgabe von Lehrerinnen und Lehrern ist. Planung erschliesst sich auch viel einfacher als die Durchführung von Unterricht der Systematisierung, weil hier der Zeitfaktor (scheinbar) keine so grosse Rolle spielt. Während im eigentlichen Unterrichtsgeschehen immer wieder sofort reagiert werden muss, steht für Planung Zeit zur Verfügung, um alternative Möglichkeiten zu entwickeln und gedanklich zu erproben. Tatsächlich stimmt das natürlich nur zum Teil; zwar muss man sich bei der Planung in der Regel nicht unmittelbar für eine Lösung entscheiden (und dann mit den Folgen leben), aber natürlich steht auch nicht beliebig viel Zeit zur Verfügung und didaktische Überlegungen, die auf die Praxis zielen, müssen dem gerecht werden. So lieferte seinerzeit die curriculare Didaktik (Möller 1995) ein in seiner Stringenz bemerkenswertes Verfahren zur Auswahl von Inhalten, gleichwohl bestand wenig Anlass zur Hoffnung, dass ein Lehrer oder eine Lehrerin diesen Aufwand zur Vorbereitung einer von zahlreichen Unterrichtsstunden regelmässig betreiben würden.

Andere Konzepte der Auswahl von Inhalten, etwa der nach wie vor in seiner theoretischen Qualität nicht überbotene Ansatz der bildungstheoretischen und kritisch-konstruktiven Didaktik (Klafki 1965, 1985), liefern ebenfalls Orientierungen bei der Planung von Unterricht, aber auch sie verweisen bei der Frage, wie in Konfliktsituationen entschieden werden kann, 'nur' auf übergeordnete Kategorien (etwa diejenige der Bildung). Hier geht es nun um die Überlegung, wie sich die Planung – speziell, die Auswahl von Inhalten und Methoden – aus der Verantwortungsperspektive darstellen.

Das oben angeführte Beispiel liefert dabei eine erste Orientierung: Offensichtlich gibt es bei der Wahl der Inhalte unterschiedliche Adressaten, denen gegenüber man Verantwortung übernimmt. Im Idealfall sollte ein Curriculum natürlich so beschaffen sein, dass es diese Perspektiven gleichermassen berücksichtigt, praktisch kann aber nicht unbedingt davon ausgegangen werden. Für eine verantwortungsvolle Entscheidung wäre also zu prüfen, welche normativen Kriterien in Bezug auf die Adressaten in Frage kommen (vgl. Tabelle 1).

Tab. 1 Verantwortungen bei der Inhaltsauswahl

Lehrperson übernimmt Verantwortung für die Inhalte gegenüber …	Adressat	Normative Kriterien
	Lernende	• Vorbereitung auf zu bewältigende Lebenssituationen • antizipiertes Interesse • Wünsche
	Eltern	• Vorbereitung auf zu bewältigende Lebenssituationen • Auftrag (ggf. über die Institution vermittelt) • Kulturell begründete Erwartungen
	Kollegin Kollege	• Lehrplan (Vorbereitung auf zukünftige Unterrichtsthemen) • Schwierigkeit der Themen • institutioneller Auftrag

Die Tabelle zeigt, dass gegenüber den unterschiedlichen Akteuren jeweils entsprechende normative Kriterien angewandt werden. Diese sind dabei aus den juristisch oder gesellschaftlich legitimierten Ansprüchen der jeweiligen Adressaten abgeleitet. So herrscht in einem Kollegium in der Regel die legitime Erwartung, dass vermeintlich schwierige Themen dann behandelt werden, wenn sie durch den Lehrplan vorgegeben sind, und kein Kollege derartige Themen vermeidet und regelmässig anderen zur Bearbeitung überlässt. Natürlich wird ein Lehrer in der Regel auch der Auffassung sein, dass die Schule auf zu bewältigende Lebenssituationen vorzubereiten habe, und er kann dies auch Kollegen gegenüber deutlich machen. Aber dieses Interesse ist rechtlich gar nicht und gesellschaftlich nur schwach abgesichert: Formal agieren Lehrerinnen und Lehrer als Teil der Institution Schule und in institutioneller Hinsicht liegt die Verantwortung für die lebenspraktische Relevanz der Inhalte nicht bei den Lehrenden sondern soll bereits durch die entsprechende Gestaltung der Lehrpläne gesichert werden.[1]

Die normativen Kriterien unterscheiden sich aber nicht nur hinsichtlich der ihnen zugrunde liegenden Legitimation, sondern auch in Bezug auf ihre Konkretheit. So enthält ein Lehr- oder Bildungsplan offensichtlich eine wesentlich klarere Normierung zu bearbeitender Inhalte als die vergleichsweise vage Orientierung an zu bewältigenden Lebenssituationen. Ersterer liefert nicht zuletzt einen Katalog notwendig zu bearbeitender Inhalte – einen gleichermassen gültigen Katalog von Lebensereignissen, auf deren Bewältigung vorzubereiten wäre, gibt es hingegen nicht. Die Curriculumtheorie, die Ende der 1960er Jahre diese Orientierung entwickelt hat, um sie einer normativen und dezisionistischen Inhaltsplanung entgegen zu stellen, gibt allerdings zumindest Hinweise hierzu, indem sie das normative

---

[1] In anderen Bereichen des Bildungssystems ist das anders. In der Erwachsenenpädagogik etwa gibt es kaum gesellschaftlich anerkannte zentrale Akteure zur Bestimmung 'geeigneter' Inhalte (vgl. Pätzold 2009b); entsprechend ist die Verantwortung für diesen Bereich hier bei den Lehrenden verortet.

Kriterium weiter entfaltet: Ein Gegenstand kann danach beurteilt werden, welche Stellung er innerhalb des Gesamtthemas hat (das entspricht etwa der Frage danach, wie bedeutsam er für das Weiterlernen ist), er kann auf seine Funktion bei der Bewältigung spezifischer Lebenssituationen hin befragt werden (Lernende versuchen oft, dieser Norm Geltung zu verschaffen mit der saloppen Frage, 'wozu machen wir das eigentlich') und er kann danach beurteilt werden, inwieweit er etwas für das „Weltverstehen, d. h. Für die Orientierung innerhalb einer Kultur und für die Interpretation ihrer Phänomene" (Robinsohn 1975, S. 47) leistet. In dem Masse, in dem ein Lehrender gegenüber den Lernenden und den Eltern Verantwortung für die Inhalte des Unterrichts übernimmt, sollte er zu diesen Fragen eine Position haben. Das aber bringt augenscheinlich die Schwierigkeit mit sich, vorauszusagen, was etwa typische Zukünftige Lebenssituationen sind, auf die vorzubereiten wäre. Die Möglichkeit, hier sachgerecht zu entscheiden, ist begrenzt. Da man aber redlicherweise nur für das Verantwortung übernehmen kann, was man auch beeinflussen kann, sind auch die Möglichkeiten der Verantwortungsübernahme hier limitiert. Einen Ausweg bietet hier die Möglichkeit, andere an der Entscheidung zu beteiligen, und zwar insbesondere diejenigen, die mit den Ergebnissen leben müssen. Die nicht selten floskelhaft geäusserte Forderung nach der Einbeziehung von Schülerinnen und Schülern (aber auch Eltern) bei der Planung von Unterricht erfährt hier also eine verantwortungstheoretische Begründung und Orientierung. Dort, wo rechtlich verbindliche Vorgaben Freiräume offen lassen, besteht Raum für Eltern, Schülerinnen und Schüler, Verantwortung für die Themen des Unterrichts zu übernehmen und damit nicht weniger zu leisten, als die Lehrenden in der Auswahl relevanter Gegenstände zu unterstützen. Auf die Wünsche der Lernenden einzugehen bedeutet also nicht in erster Linie, sich an ihren situativen Handlungszielen zu orientieren, sondern ihnen eine Mitverantwortung für die Auswahl der Lerngegenstände – und damit auch für die 'Folgen' des Lernens – zu übertragen. Neben die inhaltliche Planung des Unterrichts tritt die Frage nach den Methoden. Dabei kristallisiert sich in der jüngeren didaktischen Diskussion immer deutlicher heraus, dass die von Paul Heimann postulierte „Interdependenz" (vgl. Schaub, Zenke 2004, S. 358) am angemessensten ist, um das Verhältnis der beiden Entscheidungsfelder zu beschreiben. Das gilt insbesondere unter den Bedingungen der 'zweiten Moderne', wo die Gesellschaft stabilisierende Wirkung von Inhalten abgenommen hat (vgl. van der Loo, van Reijnen 1992; Fischer 2007). Vieles von dem, was zu Inhalten gesagt wurde, ist also auch auf die Methodenfrage übertragbar. Ein wichtiger Unterschied besteht jedoch darin, dass Methodenentscheidungen in sehr grossem Umfang beeinflussen, wie die Verteilung von Verantwortung in einer Lehr-Lern-Situation wahrgenommen wird.

7.3.2 Durchführungsverantwortung: Interaktion und Methodik

Unterrichtsmethoden sind Formen der systematischen Gestaltung von (Inter-)Aktion in Lehr-Lern-Prozessen. Die zentrale Rolle, die sie hier spielen, geht darauf zurück, dass sie das inhaltliche, die Lerngegenstände, mit dem sozialen Geschehen verbinden. Methoden begründen sich immer sowohl aus den Lerngegenständen und -zielen als auch aus der sozialen Situation im Kurs. Indem sie das soziale Miteinander strukturieren, haben sie besondere Relevanz für Fragen der Verantwortung. So transportiert das 'gelenkte Unterrichtsgespräch', eine der geläufigsten Unterrichtsmethoden, relativ deutlich eine bestimmte Vorstellung der Verteilung von Verantwortung: Indem der Lehrende den Kommunikationsprozess lenkt, übernimmt er Verantwortung für die 'Richtung' des Gesprächs. Zwar verantwortet jeder einzelne Beteiligte seine Beiträge, allerdings nicht unmittelbar gegenüber den anderen am Gespräch Beteiligten (wie es in einer normalen Unterhaltung der Fall ist), sondern vermittelt durch einen Lehrenden, der durch eigene Interventionen ('das gehört aber nicht mehr zu unserem Thema') nicht nur Bewertungen in fachlicher Hinsicht vornimmt, sondern auch mit Bezug auf das durch ihn gelenkte Gespräch. Die Verteilung von Verantwortung ist hier – genauer betrachtet – nicht wesentlich anders als bei einem Vortrag: Die inhaltliche Verantwortung, und zu erheblichen Teilen auch die für die grundsätzliche Möglichkeit der Beteiligten, das Wort zu ergreifen, liegt beim Lehrenden. Bildhaft gesprochen besteht die Rolle der Beteiligten darin, das Material zu liefern, aus dem der Lehrende ein Gespräch schafft.[2] Anders verhält es sich bei einer Unterrichtsdiskussion, bei der der Lehrende über längere Strecken auf Interventionen ganz verzichtet. Hier verantworten die Beteiligten gegenüber einander, was sie sagen (oder nicht sagen), wenngleich auch diese Verantwortung überformt wird, wenn der Lehrende gleichzeitig als Bewertungsinstanz seine Sicht der Qualität der Beiträge registriert.

In Phasen der Schüleraktivität ist zumindest die Absicht, dass die Lernenden selbst Verantwortung für ihre Arbeit und deren Ergebnisse übernehmen. Werden sie aufgefordert, etwas 'alleine' oder 'in Gruppen' zu tun, so bedeutet das formal, dass der Lehrende sie an dieser Stelle nicht beeinflussen wird und sie also auch für das Ergebnis selbst einstehen müssen. Diese Verteilung von Verantwortung wird aber nur dann Realität, wenn Eingriffe des Lehrenden tatsächlich auf ein Minimum beschränkt werden und die Lernenden die Konsequenzen ihrer Leistung nicht in einer Bewertung sondern möglichst in realen Folgen erleben, etwa in Form von Anerkennung durch die anderen Lernenden.

Die Verteilung von Verantwortung hängt also mit der Verteilung von Aktivität im Unterricht zusammen, ist aber nicht streng an diese gekoppelt. Sind die Lernenden aktiv, kann das bedeuten, dass sie in erheblichem Umfang Verantwortung übernommen haben. Das Beispiel des gelenkten Unterrichtsgesprächs zeigt aber, dass das nicht unbedingt der Fall sein muss. Stets wird die Verteilung von Verantwortung aber über die Methodenwahl (mit) vermittelt.

Im Zusammenhang mit der Methodik ist auch noch einmal die Frage der Ergebnissicherung anzusprechen. In Modellen wie der Lernschleife des Handlungsorientierten Unterrichts (Arnold, Müller 1993; Arnold, Pätzold 2007, S. 110) wird darauf

---

[2] Das mag als etwas zugespitzte Darstellung dieser Unterrichtsmethode erscheinen und soll weniger dazu dienen, das Unterrichtsgespräch als Methode zu kritisieren, als deutlich zu machen, welche Bedeutung es hat, in welchem Umfang ein solches Gespräch *gelenkt* wird.

hingewiesen, dass eine Präsentationsphase wesentlicher Bestandteil eines Unterrichts mit Binnendifferenzierung ist. Hieraus wird häufig der Schluss gezogen, dass am Ende einer Arbeitsphase, in der Kleingruppen sich mit je eigenen Aufgaben beschäftigen, die Ergebnisse im Plenum vorgestellt und oft durch den Lehrenden kommentiert werden – oder, wie im oben geschilderten Beispiel, sogar unmittelbar durch diesen eine eigene Zusammenfassung erfolgt. Auch hierin liegt allerdings eine spezifische Form von Verantwortungsverteilung, die sich wiederum insbesondere dadurch auszeichnet, dass dem Lehrenden eine Art 'Endkontrolle' obliegt, in der er oder sie die Arbeitsergebnisse der Lernenden kommentieren und bewerten kann.[3] Hierbei gibt es wiederum Spielräume. Der Lehrende kann – wie oben im Beispiel – selbst eine Zusammenfassung geben, er kann die Präsentation der anderen kommentieren, er kann aber auch eine Präsentationsform vorschlagen, bei der seine Einflussmöglichkeiten begrenzt sind, z. B. in einer Methode wie dem Themenmarkt, wo die Lernenden ihre Ergebnisse gleichzeitig in Form von Ständen präsentieren die von den anderen – etwa wie bei einer Messe – besucht werden. Auch hier erschliessen sich unterschiedliche Dimensionen von Verantwortung. Dadurch aber, dass hier mit 'Richtigkeit der Inhalte' oder der Sanktion 'Notengebung' diese beiden Relationsstellen eine besondere Bedeutung bekommen, sollen sie nun mit aufgeführt werden. Es lohnt sich, an dem Beispiel der Präsentation die Verantwortungsbeziehungen noch einmal genauer zu analysieren.

Tab. 2 Verantwortung in Bezug auf Schülerpräsentationen (Auswahl)

Verantwortungsträger, -gegenstand	Adressat	normatives Kriterium	Sanktion
Lernende übernehmen Verantwortung für Inhalte gegenüber …	anderen Lernenden	Richtigkeit	mitunter soziale Sanktionen
		Unterhaltungswert	soziale Sanktionen
	Lehrperson	Richtigkeit	Notengebung (z. B. Insbes. Noten für die Präsentation
Lehrperson übernimmt Verantwortung für Inhalte gegenüber …	anderen Lernenden	Richtigkeit	mitunter soziale Sanktionen
	Kolleginnen und Kollegen	Vollständigkeit	soziale (und z. T. dienstrechtliche Sanktionsmöglichkeiten
	Eltern	Nützlichkeit	–

---

[3] Natürlich ist das nicht der einzige Grund für eine plenare Ergebnispräsentation. Insbesondere geht es hier auch darum, dass die Lernenden an den Ergebnissen der anderen Gruppen teilhaben und ihre eigenen Resultate durch die Veröffentlichung zur Diskussion stellen können.

Betrachtet man nun unterschiedliche Methoden der Präsentation, so zeigt sich, dass diese bestimmten Dimensionen von Verantwortung besser gerecht werden als anderen und deshalb eine entsprechende Verteilung von Verantwortung nahe legen:

In einer *Präsentation* wie im Eingangsbeispiel dargestellt übernimmt der Lehrende umfassende Verantwortung für die Inhalte. Gleichzeitig verhindert er auf diese Weise allerdings, dass die Lernenden Verantwortung übernehmen, die über die individuelle Verantwortung für die Richtigkeit der Inhalte mit Bezug auf die Sanktion durch Noten hinaus.

In einem *Themenmarkt* hat der Lehrende während der Präsentation wenig Möglichkeiten, Einfluss auf die Inhalte und damit Verantwortung für sie zu übernehmen. Allerdings kann er im Nachhinein Korrekturen anbringen oder auf Lücken hinweisen. Damit kann er in jeder der drei in Tabelle 2 unten dargestellten Dimensionen Verantwortung übernehmen – verbunden mit der Nebenwirkung, dass die Lernenden sich hierauf möglicherweise einstellen in der Erwartung stets erfolgender Korrekturen weniger Verantwortung übernehmen.

In themengleichen Gruppenarbeiten (und in anderen Methoden wie dem 'Gruppenpuzzle', vgl. Arnold, Pätzold 2007, S. 111) kann sich auch die abschliessende Präsentation auf Gruppenebene abspielen. Da der Lehrenden dann höchstens partiell daran teilnehmen kann, liegt hier die Verantwortung für alle inhaltlichen Dimensionen bei den Lernenden. Weder hat der Lehrende die Möglichkeit, Fehler zu korrigieren, noch können die Ergebnisse unmittelbar benotet werden. Damit entsteht allerdings eine Situation, in der Lernende davon abhängig sind, dass ihre Mitlernenden in ihrer Gruppe die Inhalte richtig präsentieren – was mit Blick auf spätere Verwendungssituationen innerhalb und ausserhalb der Schule nicht ganz unproblematisch ist. Deshalb erscheint es angemessen, in einem solchen Fall durch eine plenare Runde abzuschliessen, in der für jeden individuell die Möglichkeit besteht, zu überprüfen, ob er oder sie die Inhalte richtig verstanden hat und auf welchem Wege Unklarheiten und Lücken eventuell noch ausgeglichen werden können.

Die Analyse der Verteilung von Verantwortung ist aber nur die eine Seite der verantwortungsdidaktischen Betrachtung. Hinzu kommt auch hier die Frage, wer die Verantwortung für die Methodenentscheidung selbst übernimmt. Auch das erfordert Transparenz, etwa bezüglich der Folgen einer Entscheidung. So können die Lernenden wünschen, dass der Lehrende selbst eine Zusammenfassung liefert, weil sie sich verbindliche Aussagen zur Vorbereitung einer Prüfung wünschen. Sollte der Lehrende das nicht wollen (etwa weil er für die Lernenden Raum schaffen möchte, selbst Verantwortung zu übernehmen), so muss er deutlich machen, auf welche Weise diese beiden Ziele in Einklang zu bringen sind und gegebenenfalls mit den Lernenden aushandeln, welche Vorgehensweise für alle Beteiligten akzeptabel ist.

Am Beispiel der Rolle von Bewertungen zeigt sich, dass Konflikte zwischen Sanktionsformen bei der Verteilung von Verantwortung ebenfalls eine erhebliche Rolle spielen können. Der Aspekt der Bewertung unter Berücksichtigung von Verantwortung soll deshalb im folgenden Abschnitt genauer betrachtet werden.

7.3.3 Bewertungsverantwortung: Notengebung, Rückmeldung, Assessment

Kaum ein Bereich der Schulpädagogik ist einer so andauernd kontroversen Diskussion ausgesetzt, wie die Ziffernnoten und weiter gehende Formen quantitativer Leistungsbeurteilung. Neben der schon klassisch zu nennenden Kritik an der Qualität von Notenurteilen (vgl. Ingenkamp 1971) geraten heutzutage zunehmend schulübergreifend eingesetzte Bewertungssysteme in den Blick, die Schülerleistungen in Form von standardisierten Tests erfassen und deren Ergebnisse zur Begründung zum Teil weit reichender Entscheidungen herangezogen werden. Ein Beispiel waren die Auswirkungen der PISA-Erhebungen (insbesondere der Ländervergleiche), die auch den Zensurenkritiker Ingenkamp noch einmal zu Einspruch herausforderten (vgl. Ingenkamp 2002). Dabei werden die Wirkungen und Nebenwirkungen solcher Untersuchungen immer deutlicher (vgl. Bos, Schwippert 2003, auch Cortina, Koinzer, Leschinski 2009) – womit sich nicht zuletzt die Frage nach der Verantwortung für den Umgang mit den Ergebnissen stellt (vgl. Arnold, Pätzold 2004). Vor diesem Hintergrund lohnt es sich, noch einmal einen Blick auf die Aufgaben schulischer Bewertung zu werfen und die damit verbundener Verantwortungsstrukturen zu untersuchen. In der Literatur (vgl. Wengert 2008) findet man als Funktionen der Notengebung die Sozialisierungsfunktion, die Rückmeldefunktion (i.d.R. gegenüber den Lernenden), die Berichtsfunktion (gegenüber weiteren Beteiligten und ggf. der Öffentlichkeit), eine Anreiz- bzw. umgekehrt Disziplinierungsfunktion, die Funktion der Berechtigung, Zuteilung und Selektion sowie die Funktion der Prozesskontrolle. Daneben kann Beurteilung auch in den Dienst sachfremderer Funktionen genommen werden, z. B. das absichtsvolle Unterlaufen von Standards, die Durchsetzung materielle Interessen usw. Diese werden aber – im Gegensatz zu aus pädagogischer Sicht ebenfalls sachfremden Funktionen wie der Disziplinierung – allgemein als unzulässig wahrgenommen. Die Analyse unter Verantwortungsperspektive soll hier auch nur exemplarisch mit Bezug auf zwei Funktionen durchgeführt werden, die die Unterschiedlichkeit der Resultate deutlich macht.

7.3.3.1 Selektion

Selektion ist ein Handlungsbereich, in dem Notenurteile, aber auch andere Formen der individuellen und aggregierten Leistungsbeurteilung Anwendung finden. Auf individueller Ebene beeinflussen sie Bildungswege und berufliche Möglichkeiten, Einzelner unmittelbar, etwa indem sie zur Wahl bestimmter Bildungsgänge berechtigen oder davon ausschliessen. Aggregierte Leistungstests wirken mitunter selektiv auf der organisatorischen Ebene, indem bestimmte Personen von bestimmten Bildungsinstitutionen ausgeschlossen werden, weil deren mutmasslich unterdurchschnittliche Leistung für jene negative Folgen haben würde. Dokumentiert sind diese Effekte teilweise im Zusammenhang mit dem High Stakes Testing in den USA (Jacob 2009), im Zuge eines Ausbaus der Large Scale Assessments als bildungspolitisches *Steuerungs*instrument wären vergleichbare Effekte auch in Deutschland denkbar. Betrachten wir Notenurteile innerhalb des Handlungsbereichs Selektion, so ergeben sich recht unterschiedliche Verantwortungsbeziehungen:

- Gegenüber einem Schüler verantwortet eine Lehrerin, dass die Notenentscheidung nicht zu einem Ausschluss von Bildungsmöglichkeiten führt, die ihm angemessen wären.
- Gegenüber einer nachfolgenden Bildungsinstanz, einem beruflichen Qualifikationsangebot oder ähnlichem verantwortet sie, dass der Schüler in dem bewerteten Sachbereich die Leistungen erbringt, die für dieses Angebot vorausgesetzt werden.
- Gegenüber der Gesellschaft übernimmt sie aber auch die Verantwortung, die grundsätzliche Beschränkung des Zugangs zu bestimmten Bildungsgängen oder beruflichen Möglichkeiten aufrecht zu erhalten.

Diese Ziele sind nicht immer völlig zu vereinbaren und erschwerend kommt hinzu, dass in ihnen mitunter unterschiedliche normative Kriterien angewandt werden. Das Notenurteil im ersten Fall erfüllt eine prognostische Funktion. Die Lehrerin muss abschätzen, ob der Schüler mit bestimmten Leistungen in einem bestimmten Bildungsgang Aussichten auf Erfolg hat. Im zweiten Fall liegen Kriterien vor: Ein bestimmter Notendurchschnitt berechtigt dazu, eine bestimmte Schulform zu besuchen, unabhängig davon, ob die Lehrerin der Auffassung ist, dass der individuell betroffene Schüler die entsprechenden Leistungen dort erbringen kann und wird. Im dritten Fall geht es um die Durchsetzung einer überindividuellen Verteilungsnorm. Ein Beispiel wäre die Situation, in der bereits vor Durchführung einer Leistungsüberprüfung ein Verteilungsschlüssel feststehen würde (etwa die Normalverteilung), in den die faktischen Ergebnisse eingeordnet werden. Praktisch findet sich diese Norm etwa in der Idee, nur einer festen Quote (z. B. der oberen 20 %) eines Studienjahrgangs den Übertritt von einem Bachelor- in einen Masterstudiengang zu gestatten.[4] Die Beispiele korrespondieren auffällig mit den in der Notengebung vorfindlichen Bezugsnormen (vgl. Wengert 2008): Das erste Beispiel legt die Anwendung einer individuellen Bezugsnorm nahe (eine hohe Leistungssteigerung in der jüngeren Vergangenheit mag beispielsweise eine optimistische Prognose begründen). Dem zweiten Beispiel wäre eine kriterienorientierte Bezugsnorm angemessen, denn es geht hier ausschliesslich darum, zu überprüfen, ob Kriterien erfüllt sind. Im dritten Beispiel schliesslich wird eine soziale Bezugsnorm angewandt, d. h. die Resultate des Einzelnen werden in Relation zu einer Bezugsgruppe betrachtet. Es braucht kaum darauf hingewiesen zu werden, dass bei einer einzigen vorliegenden Leistung jede Bezugsnorm zu einer anderen Bewertung führen kann.

---

[4] Diese Idee wurde diskutiert, ist aber, wie es scheint, im Moment in Deutschland vom Tisch (BMBF 2009).

7.3.3.2 Berichtsfunktion

Bewertungen dienen auch dazu, der Öffentlichkeit Aufschluss über die Leistung in der Regel öffentlich finanzierter Bildungseinrichtungen zu geben. Das gilt für individuelle Noten (die dann zusammengefasst werden, etwa in einer Quote der erfolgreichen Abiturienten), noch deutlicher aber für übergreifende Tests wie PISA und IGLU. Gerade die oben angesprochene öffentliche Diskussion um den Umgang mit entsprechenden Assessment-Ergebnissen liefert ein Beispiel für unterschiedliche Beurteilungen von Verantwortlichkeit.

- Gegenüber den Einzelschulen übernimmt die erhebende Institution die Verantwortung, in fördernder Weise Rückmeldung über Leistungen, spezifische Stärken und Defizite zu geben.
- Gegenüber der Gesellschaft übernimmt sie die Funktion, Aufschluss über die Gesamtleistung des Bildungssystems und seiner Glieder zu geben.
- Gegenüber den Individuen besteht die Verantwortung, einzelne Laufbahnentscheidungen im Rahmen des Möglichen zu unterstützen.

Auch hier liegen aus der Betrachtung unterschiedliche Handlungen nahe: Für die erste Funktion wäre eine vertrauliche Rückmeldung der Daten einer Schule, ggf. zusammen mit Vergleichswerten ähnlicher Schulen, Regionen usw. sinnvoll. Die Verantwortung gegenüber der Öffentlichkeit kann über aggregierte Gesamtberichte wahrgenommen werden, wie es etwa bei PISA geschehen ist (und, bereits bei den Länderberichten der PISA-Erhebung, auch methodisch nicht unumstritten war, vgl. Bos, Schwippert 2003). Der Erwartung des Individuums würde am besten durch möglichst präzise Darstellungen der Leistungen innerhalb einzelner Institutionen entsprochen, also durch einrichtungsbezogene Rankings, wie sie auf nationaler und internationaler Ebene für Universitäten bereits vorliegen. Eben diese Universitätsrankings zeigen allerdings auch die Schwierigkeiten, die mit einem solchen Ansatz verbunden sind, etwa die mitunter sehr geringe Validität (vgl. Lindblad 2008).

7.3.3.3 Bewertung und Verantwortung

Die Bewertung durch Ziffernnoten und Large-Scale-Assessments führt in ein komplexes Geflecht von Verantwortung. Betrachtet man die beiden oben angeführten Beispiele, so wird diese Verwobenheit deutlich, gleichzeitig bleibt die Frage nach dem Umgang damit aber unbeantwortet. Das ist kein Charakteristikum des gewählten Beispiels – auch mit Blick auf die anderen Funktionen der Notengebung käme man zu ähnlichen Ergebnissen. Vielmehr zeigt sich hier die grundsätzliche Idee des Ansatzes einer Verantwortungsdidaktik: Es geht ihr nicht darum, Verantwortungsprobleme aufzulösen, sondern – wie eingangs gesagt, Verantwortung als zentrale Dimension didaktischen Handelns systematisch in Planung, Entscheidung und Reflexion einzubeziehen. Sie stellt gewissermassen, im Sinne Heimanns, ein Handlungsfeld dar.[5]

Für die systematische Berücksichtigung von Verantwortung ist das Notenbeispiel auch deshalb von besonderer Bedeutung, weil einzelne Autoren bereits früh darauf hingewiesen haben, dass Ziffernnoten einer Form von 'Verantwortungsabwehr' (Keller 1996, Grotlüschen 2008) Vorschub leisten. So verweist Ingenkamp auf Wagenscheins Argumentation, dass „in der Notenfreudigkeit Angst vor Verantwortungsbewusstsein und Selbstbetrug [liegt]. Die Note erhalte einen vom Beurteiler gelösten Eigenwert, wenn er sie gegeben und damit die Verantwortung abgeschoben habe" (Ingenkamp 1971, S. 25).

Es ist also zu fragen, wie dieser Abwehr bzw. diesem Abschieben entgegengewirkt werden kann. Ein Weg zu einer Antwort liegt dabei in der Betrachtung von Verantwortung als Entscheidungsfeld. Indem die oben dargestellten Verantwortungsverhältnisse, gerade weil sie miteinander nur zum Teil vereinbar sind, Entscheidungen verlangen, ist es angezeigt, diese Entscheidungen bewusst und verantwortungstheoretisch reflektiert zu treffen. Ob die Verantwortung gegenüber dem Lernenden derjenigen gegenüber der Gesellschaft in einem Handlungsbereich vor- oder nachgeordnet wird, kann nicht pauschal bestimmt werden, sondern erfordert eine Entscheidung. Indem man hierbei Transparenz herstellt (vgl. Bönsch 1996), ist zunächst die Notwendigkeit zur Übernahme von Verantwortung unter den Bedingungen möglicher Konflikte sichtbar gemacht. In der Logik des obigen Zitats läge es nun, den „vom Beobachter gelösten Eigenwert" zurückzuholen – sei es, indem sie auf andere Weise gefunden wird, sei es, indem man sie durch etwas anderes ersetzt. Letzteren Weg gehen manche alternative Schulen (z.B. die Waldorfschulen), aber auch staatliche Schulen (etwa die Grundschulen Schwedens) seit Jahrzehnten. Aber auch dort, wo Noten gegeben werden (müssen), können sie auf unterschiedliche Weise zustande kommen. Eine oft diskutierte Möglichkeit besteht darin, die Lernenden am Zustandekommen des Urteils zu beteiligen, sei es durch die Berücksichtigung von Selbsteinschätzungen oder durch die Beteiligung an der Festsetzung von Kriterien und ihrer Gewichtung. Am bisher Gesagten sollte deutlich werden, dass auch dies ein aussichtsreiches Verfahren ist, mit der Verantwortungsthematik umzugehen. Insbesondere schafft sie Raum, in dem die Lernenden selbst Verantwortung für die Bewertung ihrer Leistung übernehmen – ein Umstand, der sich in der Schule ansonsten fast gar nicht, ausserhalb der Schule dafür in zahllosen beruflichen und privaten Situationen findet und entsprechend durch die Schule vorbereitet werden sollte.

---

[5] Daneben spielen Verantwortungsstrukturen auch als Bedingungen didaktischen Handelns eine Rolle – die Notwendigkeit, Selektionsentscheidungen zu treffen, ist hierfür ein Beispiel. Diese Dimension hier mit zu berücksichtigen würde jedoch den Rahmen sprengen. Überdies wird sie in vielerlei Hinsicht, wenn auch oft mit anderen Begriffen, bereits in etablierten didaktischen Modellen berücksichtigt, etwa in Form gesellschaftlicher Rahmenbedingungen oder schultheoretischer Aussagen zu Funktionen der Schule (vgl. Fend 2006).

7.4 Zusammenfassung und Ausblick

Verantwortungsdidaktik zielt darauf ab, Verantwortung zur systematischen Planungs- und Reflexionskategorie didaktischen Handelns zu machen. Der Blick wird dabei insbesondere auf jene Aspekte von Verantwortung gelegt, in denen Entscheidungen möglich sind. Hier dient die Kategorie Verantwortung zur Analyse und Begründung von Entscheidungen. Ein zentrales, bildungstheoretisch zu begründendes Anliegen ist es dabei, Lernende darin zu unterstützen, selbst umfassend Verantwortung für ihr Denken und Handeln und dessen Folgen zu übernehmen. Gleichwohl geht es nicht darum, Verantwortung möglichst umfassend und pauschal abzugeben – das Beispiel der Notengebung hat etwa gezeigt, dass die Verantwortung, die ein beurteilender Lehrer gegenüber seinen Kollegen hat, kaum an die Lernenden delegiert werden kann. Auch kommt es vor, dass Lernende von sich aus berechtigterweise Verantwortung zurückweisen. In jedem Fall aber lässt sich Transparenz darüber darstellen, wie welche Verantwortung zwischen den Akteuren verteilt ist. Das eingangs skizzierte Modell von Lenk und Maring liefert hierzu ein analytisches Raster.

Wie andere neuere didaktische Entwürfe (etwa die Ermöglichungsdidaktik, vgl. Arnold, Gómez Tutor 2007, Schüssler 2003, oder die konstruktivistische Didaktik, vgl. Reich 2003) bezeichnet Verantwortungsdidaktik kein geschlossenes didaktisches Modell in der Art etwa der curricularen Didaktik Möllers, der kritisch-konstruktiven Didaktik Klafkis oder der lehrtheoretischen Didaktik von Schulz. Sie kann aber mit jedem der neueren Ansätze in Beziehung gesetzt werden, indem etwa Rückgriffe auf das umfassende Methodenarsenal der konstruktivistischen Didaktik aus verantwortungdidaktischer Perspektive in einen neuen Begründungszusammenhang gestellt werden. Es scheint aus meiner Sicht aber auch bedenkenswert, ob Verantwortung nicht einen generellen Ausgangspunkt für didaktische Entscheidung und Reflexion bieten kann. Hierfür spricht nicht zuletzt die Möglichkeit, den Verantwortungsbegriff, bildungstheoretisch zu fundieren. Dazu wäre das Konzept jedoch – insbesondere hinsichtlich verfügbarer Schemata und 'Tools' zur Anwendung – weiter auszubauen.

Für konkretes unterrichtliches Handeln erscheint das Konzept der Verantwortung jedoch auch unmittelbar anwendbar. Jede didaktische Handlung kann daraufhin befragt werden,

- welche Verteilung von Verantwortung sie transportiert und welche sie erfordert,
- wie diese mit den Lehrintentionen zusammen passen und
- welche alternativen Entscheidungen hinsichtlich der Verteilung und Wahrnehmung von Verantwortung möglich sind.

Die Fähigkeit, mit Verantwortung umzugehen, wird damit zu einem grundlegenden Bestandteil pädagogischer Professionalität. Pädagogisches Handeln erfordert es, Situationen mit Blick auf Verantwortung gestalten zu können, aber auch, die Grenzen fremder und eigener Verantwortung zu kennen.

Ein zentraler Aspekt von Verantwortung kommt in der bisherigen Darstellung hingegen kaum vor: Letztlich streben Bildungsinstitutionen, so sie dem Bildungsbegriff verpflichtet sind, die Entwicklung umfassender Verantwortlichkeit beim Adressaten an. Stets sind sie nur vorbereitende Einrichtungen, in denen Fähigkeiten angelegt werden sollen, die dann auch ausserhalb des Lernkontexts verantwortlich eingesetzt werden können. Im Kleinen zielt man etwa auf den verantwortlichen Umgang mit anvertrauten Arbeitsmaterialien, im Verhältnis zu Kollegen usw., im Grossen auf die Fähigkeit, die im Sinne des ‚Prinzips Verantwortung' (Jonas 1982) im Umgang mit den immer riskanteren Errungenschaften einer „technologischen Zivilisation" (ebd.) bei Entscheidungen stets auch deren langfristige Folgen in die Überlegungen einzubeziehen. Diese Ziele sind ebenso ambitioniert wie aus Sicht der ökologischen und sozialen Bedingungen der Welt unbedingt anzustreben. Sie lassen sich aber meines Erachtens selbst kaum in klarer Weise, etwa durch ihre Curricularisierung, im unterrichtlichen Handeln verankern. Dennoch könnte eine verantwortungstheoretische Fundierung didaktischen Handelns *auch* dazu beitragen, dass die 'Fähigkeit, Verantwortung zu übernehmen' sich in einer Weise ausbildet, die im Zusammenspiel mit der Inhaltlichkeit der Fächer auch zu diesem Ziel beiträgt.

Literatur

Arnold, Rolf; Gómez Tutor, Claudia. (2007). *Grundlinien einer Ermöglichungsdidaktik. Bildung ermöglichen – Vielfalt gestalten.* Augsburg: Ziel.

Arnold, Rolf; Müller, Hans-Joachim. (1993). Handlungsorientierung und ganzheitliches Lernen in der Berufsbildung. 10 Annäherungsversuche. *Erziehungswissenschaft und Beruf, 4,* 323–333.

Arnold, Rolf & Pätzold, Henning. (2007). *Schulpädagogik kompakt.* 3. Aufl., Berlin: Cornelsen Verlag Scriptor.

Arnold, Rolf; Pätzold, Henning. (2004). PISA und Erwachsenenbildung. Verlockungen und offene Fragen. *Literatur- und Forschungsreport Weiterbildung, 4,* 9–17.

BMBF (Bundesministerium für Bildung und Forschung) (2009). *Bologna-Reform weiter entwickeln.* Pressemitteilung 171. ›http://www.bmbf.de/_media/press/pm_20090707-171.pdf‹ [29.9.2009].

Bönsch, Manfred. (1996). *Didaktisches Minimum. Prüfungsanforderungen für LehramtsstudentInnen.* Neuwied: Luchterhand.

Bos, Wilfried; Schwippert, Knut. (2003). The Use and Abuse of International Comparative Research on Student Achievement. *European Educational Research Journal, 4,* 559–573.

Cortina, Kai; Koinzer, Thomas; Leschinsky, Achim. (2009). Nachwort – eine international informierte Prognose zur Entwicklung privater Schulen in Deutschland. *ZfPÄD, 5,* 747–754.

Grotlüschen, Anke. (2008). Verantwortung und Verantwortungsabwehr bei der Zusammenarbeit mit bildungsfernen Schichten. In: Henning Pätzold (Hrsg.), *Verantwortungsdidaktik.* Baltmannsweiler: SchneiderVerlag Hohengehren.

Jacob, Brian A. (2009). *Test-based Accountability and Student Achievement.* An Investigation of Differential Performance on NAEP and State Assessments, ‹http://www.closup.umich.edu/research/workingpapers/papers/closup-wp-17-test-based-accountability.pdf› [9.5.2009].

Keller, Monika. (1996): Verantwortung und Verantwortungsabwehr. *Zeitschrift für Pädagogik, 1,* 71–81.

Fischer, Monika (2007). *Raum und Zeit. Die Formen des Lernens Erwachsener aus modernisierungstheoretischer Sicht.* Baltmannsweiler: SchneiderVerlag Hohengehren.

Fend, Helmut. (2006). *Neue Theorie der Schule.* Wiesbaden: Verlag für Sozialwissenschaften.

Ingenkamp, Karlheinz. (1971). Einführung in den Themenkreis. In: ders. (Hrsg.), *Die Fragwürdigkeit der Zensurengebung* (S. 9–33). 2. Auflage. Weinheim u.a.: Julius Beltz.

Ingenkamp, Karlheinz. (2002). Die veröffentlichte Reaktion auf PISA – ein deutsches Trauerspiel. *Empirische Pädagogik, 3,* 409–418.

Klafki, Wolfgang. (1985). *Neue Studien zur Bildungstheorie und Didaktik.* Weinheim, Basel: Beltz.

Klafki, Wolfgang. (1965). *Studien zur Bildungstheorie und Didaktik.* Weinheim: Beltz.

Lindblad, Sverker. (2008). Navigating in the Field of University Positioning: on international ranking lists, quality indicators and higher education governing. *European Educational Research Journal, 4,* 438–450.

Klein, Rosemarie; Reutter, Gerhard. (2005). Begründung für Lernberatung und konzeptionelles Verständnis. In: Rosemarie Klein & Gerhard Reutter (Hrsg.), *Die Lernberatungskonzeption* (S. 11–28). Baltmannsweiler: Schneider Verlag Hohengehren.

Möller, Christine. (1995). Die curriculare Didaktik. In: Herbert Gudjon, Rita Teske & Rainer Winkel (Hrsg.), *Didaktische Theorien* (S. 63–77). 8. Aufl. Hamburg: Bergmann und Helbig.

Pätzold, Henning. (2009a). Lernberatung. In: Rolf Arnold, Ekkehard Nuissl & Sigrid Nolda (Hrsg.), *Wörterbuch Weiterbildung* (S. 256) . Bad Heilbrunn: Klinkhard.

Pätzold, Henning (2009b): Inhalte. In: Rolf Arnold, Ekkehard Nuissl & Sigrid Nolda (Hrsg.), *Wörterbuch Weiterbildung* (S. 256). Bad Heilbrunn: Klinkhard.

Reich, Kersten. (2003). *Konstruktivistische Didaktik. Lehr- und Studienbuch mit Methodenpool.* 3. Auflage. Weinheim: Beltz.

Robinsohn, Saul B. (1975 / 1969). *Bildungsreform als Revision des Curriculum.* 5. Auflage. Neuwied: Luchterhand.

Schüßler, Ingeborg. (2003). Ermöglichungsdidaktik – eine didaktische Theorie? In: Rolf Arnold & Ingeborg Schüßler (Hrsg.), *Ermöglichungsdidaktik. Erwachsenenpädagogische Grundlagen und Erfahrungen* (S. 67–97). Baltmannsweiler: Schneider Verlag Hohengehren.

van der Loo, Hans & van Reijen, Willem. (1992). *Modernisierung. Projekt und Paradox.* München: dtv.

Wengert, Hans-Gert (2008): Leistungsbeurteilung in der Schule. In: Gislinde Bovet & Volker Huwendiek (Hrsg.), *Leitfaden Schulpraxis. Pädagogik und Psychologie für den Lehrberuf* (S. 324–349). 5. Aufl. Berlin: Cornelsen.

Anregungen zur Reflexion

1. Welche Methoden sind Ihrer Ansicht nach besonders geeignet, damit Lernende die Verantwortung für die Qualität ihrer Arbeitsergebnisse selbst übernehmen?
2. Stellen Sie sich vor, Sie würden Unterricht konsequent nach dem Modell von Beratung gestalten. Was würde sich ändern, was bliebe gleich? Welche Schwierigkeiten würden verschwinden, welche neuen auftreten?
3. Wie verteilt sich Ihrer Ansicht nach die Verantwortung für den Lernerfolg zwischen Schülerinnen, Schüler, Lehrpersonen, Eltern und ggf. anderen? Würden Ihre Schülerinnen und Schüler (Kolleginnen und Kollegen, andere) die gleiche Antwort geben?
4. Sehen Sie sich den Bildungs- und Erziehungsauftrag des für Ihr Land gültigen Schulgesetzes an. Welche Verantwortung wird da wem zugeschrieben? Wo deckt sich die normative Regelung mit der schulischen Praxis, wo nicht?
5. Überlegen Sie sich Standard- bzw. Routinesituationen im Unterricht (Begrüssung, Beginn einer Klassenarbeit, Mitteilung mündlicher Noten, Angeben der Hausaufgaben usw.). Drückt sich in der Art, wie Sie derartige Situationen gestalten, eine bestimmte Form von Verantwortungsverteilung aus? Stimmt diese mit Ihren Vorstellungen überein?

Weiterlesen

Arnold, Rolf; Gómez Tutor, Claudia. (2006). *Grundlinien einer Ermöglichungsdidaktik. Bildung ermöglichen – Vielfalt gestalten.* **Augsburg: Ziel.**
Im Konzept der Ermöglichung, das ursprünglich von Carl Rogers in die Diskussion eingeführt wurde, steckt eine Vielzahl von Bezügen zu Fragen der Verantwortung. Arnold und Gómez Tutor erschliessen dieses Konzept für didaktisches Handeln.

Pätzold, Henning. (Hrsg.). (2008). *Verantwortungsdidaktik. Zum didaktischen Ort der Verantwortung in der Erwachsenenbildung.* **Baltmannsweiler: SchneiderVerlag Hohengehren.**
In diesem Band ist Verantwortung aus erwachsenenpädagogischer Sicht weiter ausgeleuchtet. Die Autorinnen und Autoren des Bandes liefern dabei jedoch auch allgemeine Sichtweisen, die auf die Schulpädagogik an vielen Stellen anwendbar sind.

Klafki, Wolfgang. (1985). *Neue Studien zur Bildungstheorie und Didaktik.* **Weinheim: Beltz.**
Klafkis theoretisch tiefe und umfassende Fundierung des Bildungsbegriffs für die Schule und die darauf aufbauende Didaktik stellen nach wie vor einen inspirierenden Bezugspunkt für pädagogisches Handeln dar. Zum Thema Verantwortung finden sich hier zahlreiche Anregungen.

Weitersurfen

http://www.interkulturelle-waldorfschule.de
Ein Beispiel, wie mit gegenwärtigen Herausforderungen verantwortlich umgegangen werden kann, liefert die erste interkulturelle Waldorfschule in Deutschland. Hier zeigen sich mehrere Dimensionen von Verantwortung praktisch im Schulleben.

http://www.die-bonn.de/asem/asemppt0933.pdf
Neben Verantwortung spielt international der Begriff accountability – die Zuschreibung von Leistungen von Bildungsinstitutionen – eine wichtige Rolle. Der Link weist auf Vortragsfolien des Autors, in denen beide Konzepte miteinander in Beziehung gebracht werden.

http://de.wikipedia.org/wiki/Ethik
Der Wikipedia-Artikel zur Ethik ist nicht nur in die Kategorie der 'lesenswerten Artikel' aufgenommen worden, er liefert auch einen sehr guten Überblick über die Ethik, die für Betrachtungen von Verantwortung einen wichtigen Hintergrund bietet.

Perspektiven

Diethelm Wahl

8. Der Advance Organizer: Einstieg in eine Lernumgebung

8.1 Warnung

Die Wahrscheinlichkeit, dass Sie den nachfolgenden Beitrag nicht verstehen werden, ist hoch. Diese Annahme ist leider begründet. Konkrete Erfahrungen in der Lehrerbildung wie in der Erwachsenenbildung lassen verzweifeln. In den subjektiven Theorien von Lehrenden scheint es unverrückbar fest verankert zu sein, dass zu Beginn eines Lernprozesses so wenig wie möglich vorweggenommen werden darf, um der Neugiermotivation, dem Überraschungseffekt und dem elementaren Bedürfnis aller Lernenden, sich jeden Inhalt mit hoher Anstrengungsbereitschaft selbst 'erarbeiten' zu wollen, nicht entgegen zu wirken. Deshalb schwört die Welt der Lehrenden auf eine Motivationsphase beim Einstieg, ausgehend von der nicht hinterfragten Annahme, Motivation sei der bedeutsamste Faktor im Lernprozess. Nach dem derzeitigen Stand der Forschung ist dies falsch. In der Rangfolge wichtiger, den Lernprozess beeinflussender Faktoren steht die Motivation weit hinten, gerade noch unterboten von den Lernstrategien. Erbärmliches Schlusslicht sind die Metakognitionen, also jene besonders kostbaren Formen der selbstgesteuerten Planung, Überwachung und Bewertung von Lernprozessen, die teilweise sogar negativ mit dem Lernerfolg korrelieren (vgl. hierzu die Habilitationsschrift von Klaus Konrad 2004). Die Motivation bringt es auf durchschnittliche Korrelationen mit dem Lernerfolg von $r = .30$, was einer gemeinsamen Varianz von weniger als 10 % entspricht (vgl. hierzu beispielsweise die Metaanalysen von Köller & Baumert 2002, S. 777 ff.). Die Intelligenz spielt eine schillernde Rolle. Zu Beginn der Beschäftigung mit einer Thematik ist sie wichtig, weil sie hilft, Informationen zu entschlüsseln. Die Korrelationen liegen bei $r = .50$, was einer gemeinsamen Varianz von etwa 25 % mit dem Lernerfolg entspricht. Je weiter der Lernprozess voran schreitet, desto mehr treten fachspezifische Kenntnisse an die Stelle der Intelligenz. Je nach Untersuchung gehen die Korrelationen zurück auf Werte zwischen $r = .30$ und kleiner (vgl. Wahl, Weinert & Huber 2006, S. 214). Das Expertentum tritt also an die Stelle der Intelligenz. Die Intelligenz wird unwichtig. Wichtigster Faktor im Lernprozess scheinen die bereichsspezifischen Vorkenntnisse zu sein. Sie hängen mit dem Lernerfolg meist zwischen $r = .50$ und $r = .70$ zusammen, was einer gemeinsamen Varianz von etwa 25 % bis 50 % entspricht (vgl. Helmke & Weinert 1997; Köller & Baumert 2002). Im Gegensatz zur abnehmenden Bedeutung der Intelligenz und der geringen Bedeutung von Lernmotivation und Lernstrategien haben im Verlauf eines Lernprozesses die sich anhäufenden Fachkenntnisse bzw. die steigende Expertise eine zunehmende Bedeutung. Wenn also nachgewiesen ist, dass Personen mit guten Vorkenntnissen besonders erfolgreich lernen – Klauer (1993) nennt dies den Matthäuseffekt in Anlehnung an Matthäus 13,12 „Wer hat, dem wird gegeben" – dann wäre die logische Konsequenz, dafür zu sorgen, dass die Lernenden mit einem möglichst hohen themenbezogenen Kenntnisstand in einen Lernprozess eintreten (vgl. Krause & Stark 2006). Denn das böte die Garantie für einen möglichst hohen Lernzuwachs. Doch dazu müsste man gleich zu Beginn eines Lernprozesses die Lernenden mit zentralen Informationen füttern. Man müsste alles vorwegnehmen und auf der Basis exzellenter Vorkenntnisse in den Lernprozess eintreten. Das Instrument hierfür gibt es. Es ist der Advance Organizer. Doch dieser wird entweder vehement abgelehnt, weil er der Tod auf blosse Motivation setzender Einstiege ist. Oder er wird missverstanden als eine besonders schicke, bebilderte Agenda, die einen Namen trägt, der nicht jedermann geläufig ist. Dietrich Dörner (1992) hat in seinem Buch 'Die Logik des Misslingens' deutlich gemacht, dass es neue Ideen häufig nicht schaffen, menschliches Handeln zu beeinflussen – wohl aber das Sprechen. Offensichtlich ist ein „Zugewinn an Eloquenz" (Dörner 1992, S. 304) bei unverändertem Handeln das entscheidende Ergebnis von Lehrerbildung und Erwachsenenbildung. In diesem Zusammenhang machen wir die leidvolle Erfahrung, dass eine Aufzählung der kommenden Inhalte („und dann reden wir über …"), ohne dabei relevante Informationen vorweg zu nehmen, plötzlich (und fälschlich) als 'Advance Organizer' bezeichnet wird. Insgesamt scheint es so zu sein, dass die Anzahl derer recht gering ist, die das Konzept 'Advance Organizer' wirklich so verstehen, wie es gemeint ist. Sie könnten eine dieser Ausnahmen sein.

8.2 Der motivierende Einstieg

Bei einer meiner Unterrichtshospitationen kam es zu folgender unvergesslichen Episode. Im Sachunterricht der Primarschule sollte sich jede Schülerin und jeder Schüler aus Holzstückchen ein kleines Floss bauen, dessen Schwimmtauglichkeit anschliessend in einem nahe gelegenen Bach getestet werden konnte. Menschen ohne Pädagogikstudium und ohne Lehramtsexamina könnten auf die naive Idee kommen, in dieser interessanten Aufgabe mit Konstruktion und Erprobung stecke so viel Anreiz, dass man die Lernenden gar nicht eigens motivieren müsse. Weit gefehlt. Die von mir hospitierte Lehrkraft hielt sich zu Beginn der Lektion im Flur auf. Mit dem Glockenzeichen stürzte sie ins Klassenzimmer, warf sich vor der Tafel auf den Fussboden und rief: „Ich ertrinke, ich ertrinke!" Vor den Augen der staunenden Klasse kraulte sie pantomimisch zum Pult, zog sich daran hoch und rief: „Gott sei Dank. Eine Insel. Ich habe es gerade noch geschafft!" In einem laut gesprochenen inneren Monolog betrachtete sie danach ihre glückliche Rettung und meinte abschliessend: „Ich wäre nicht in Lebensgefahr geraten, wenn ich ein Floss gehabt hätte!" Danach folgten die Zielangabe: „Wir bauen ein Floss", die Arbeitsanweisung und die Herstellung. Ohne diesen Einstieg, so ist zu vermuten, hätte den Schülerinnen und Schülern sicherlich die erforderliche Bastelmotivation gefehlt und die Lektion wäre völlig missglückt! – In krassem Gegensatz zum Mythos des 'motivierenden Einstiegs' gründet sich die Idee des Advance Organizer konsequent auf die Ergebnisse der Lehr-Lern-Forschung und strebt eine völlig neue Form des Einsteigens in eine Thematik an.

8.3 Der Begriff

Die Grundidee, Lernprozesse mit 'Organisationshilfen' transparent und nachhaltig zu gestalten, stammt von David Ausubel (1974). Sein doppelbändiges Werk 'Psychologie des Unterrichts' hat ein Hauptanliegen: Den Lernenden soll mit besonders klarem und verständlichem Einführungsmaterial der Einstieg in die jeweilige Thematik erleichtert werden (1974, S. 159). Die vorausgehende Strukturierung soll dabei umfassender, allgemeiner und abstrakter sein als die folgenden Inhalte. Ausubel verspricht sich davon einige positive Konsequenzen (1974, S. 147f): Erstens sollen die Vorkenntnisse der Lernenden mobilisiert werden; zweitens sollen sinnvolle Verknüpfungen zwischen schon vorhandenem und neuem Wissen ermöglicht werden; drittens soll damit Verstehen angebahnt und mechanisches Auswendiglernen vermieden werden. Ausubel gibt dem Verfahren den Namen 'Advance Organizer'. Damit ist eine im Voraus ('in advance') gegebene Lernhilfe gemeint. Diese soll die Inhalte organisieren und strukturieren ('organizer'). Es handelt sich folglich um einen 'organizer in advance', also eine früh im Lernprozess vermittelte Expertenstruktur. (Da die Wortschöpfung 'Advance Organizer' für unsere Ohren recht ungewöhnlich klingt, wird daraus oftmals irrtümlich ein 'advance**d** organizer' gemacht, also eine 'fortschrittliche' Struktur. Diese Verwechslung ist sogar in etlichen Lexika und manchen wissenschaftlichen Aufsätzen zu finden.) Bisher ist noch kein angemessener deutscher Begriff für 'Advance Organizer' gefunden worden. Bei manchen Autorinnen und Autoren finden sich recht unbefriedigende deutsche Bezeichnungen wie 'Ankerbegriffe' 'Luftaufnahme', 'Inhalte aus der Vogelperspektive' oder 'vorbereitende Organisationshilfe'. Bis ein prägnanter deutscher Begriff gefunden ist, bezeichnen wir das Verfahren zwar umständlich, dafür aber inhaltlich zutreffend, als 'eine früh im Lernprozess vermittelte Expertenstruktur' oder als 'eine im Voraus gegebene Themenvernetzung' oder einfach als 'Advance Organizer'. Inhaltlich angemessen wären Wortschöpfungen wie 'Verständnis-Anbahner', 'Grundlagen-Leger', 'Wissens-Vernetzer' oder 'Zusammenhangs-Schaffer', doch klingen diese recht gewöhnungsbedürftig. Mit dem Lernarrangement 'Advance Organizer' sind mehrere Paradoxien verbunden. Vielleicht ist das ein Grund für die zahlreichen Missverständnisse. Erstens erscheint es paradox, zu Beginn eines Lernprozesses alle wesentlichen Inhalte in ihrer grundlegenden Vernetzung vorwegzunehmen. Das klingt wie eine Überforderung der Lernenden. Wie können Lernende in 10 bis 15 Minuten etwas verstehen, dessen Vermittlung viele Stunden, manchmal auch Wochen benötigt? Und umgekehrt: ist es nicht paradox, einer Expertin oder einem Experten die Aufgabe aufzubürden, sie bzw. er möge einen schwierigen Sachverhalt – wie etwa Radioaktivität, eine Weltreligion, den ökologischen Landbau usw. – in wenigen Worten so einfach darstellen, dass auch Personen ohne die entsprechenden Voraussetzungen das Wesentliche daran verstehen? Das klingt wie eine Überforderung der Lehrenden. Paradox erscheint auch die Aufgabe, Novizenstrukturen mit Expertenstrukturen zu verbinden. Hat nicht jede Novizin und jeder Novize eine andere bereichsspezifische Vorkenntnisstruktur? Und wenn ja, würde dann nicht jede Lernende und jeder Lernende einen anderen, speziell auf ihr bzw. ihn zugeschnittenen 'Advance Organizer' benötigen? Ist es nicht ebenfalls paradox, einerseits aktive, selbstgesteuerte Lernprozesse zu fordern und andererseits an deren Beginn bereits die fertige Lösung in Form eines 'Advance Organizers' zu setzen, also das durch eine Expertin oder einen Experten vorzugeben, was die Novizen eigenständig erarbeiten sollen? Derartige Widersprüche lassen viele Lehrende resignieren. Die Idee des 'Advance Organizers' wird entweder als praktisch nicht einlösbar verworfen oder die Idee wird umgedeutet: 'Advance Organizer' wird als neumodischer Begriff für eine ausführlich kommentierte, bebilderte Agenda verstanden, weil man sich eine andere Funktion nicht vorstellen kann. Im Gegensatz zur 'Osterhasenpädagogik', bei der die Lehrpersonen ihr Wissen verstecken, um es von den Lernenden suchen zu lassen, geht es bei einem 'Advance Organizer' darum, zu Beginn des Lernprozesses ganz offen die gesamten Inhalte vor den Lernenden auszubreiten. Jedoch nicht in Form einer blossen Aufzählung der einzelnen Teilthemen, dadurch würde kein wirkliches Verständnis angebahnt, sondern vielmehr in ihrem inhaltlichen Zusammenhang. Dabei ist es entscheidend, dass die wesentlichen Grundgedanken mit hoher Verständlichkeit präsentiert werden. Nur dann kann ein tragfähiges Vor – Verständnis entstehen, das die subjektive Auseinandersetzung mit der vermittelten Thematik erleichtert. Im Grunde ist ein 'Advance Organizer' eine Brücke. Er verbindet die jeweils einzigartigen bereichsspezifischen Vorkenntnisstrukturen mit der sachlogischen Struktur der zu vermittelnden Inhalte. Ein 'Advance Organizer' kann als didaktisch inszenierte Verbindung zwischen Novizenstrukturen und Expertenstrukturen aufgefasst werden. Damit die Lernenden erkennen können, welche Beziehungen zwischen ihren subjektiven Theorien und den angebotenen Wissensbeständen bestehen, brauchen sie möglichst von Anfang an eine gut nachvollziehbare Übersicht über das, was auf sie zukommt. Erst diese vorauslaufende Themenvernetzung macht es ihnen möglich, erkennen zu können, ob und in welcher Weise die zur Vermittlung anstehenden Inhalte zur Lösung ihrer Probleme beitragen können.

8.4 Wirkungen

Wenn es gelingt, besagte 'Brücke' zwischen den einzigartigen Vorkenntnisstrukturen und den für alle gleichen Expertenstrukturen zu schlagen, dann sind eine ganze Reihe positiver Auswirkungen zu erwarten:

Erhöhtes Interesse. Die Lernenden können durch einen 'Advance Organizer' von den ersten Minuten einer Thematik an erkennen, welche Bedeutung die Inhalte für sie selbst haben. Das weckt Interesse, sofern die Inhalte relevant für die eigenen Fragestellungen sind.

Gerichtete Aufmerksamkeit. Im Verlaufe eines Lernprozesses schwankt die Aufmerksamkeit der Lernenden. Das ist ganz natürlich, denn Aufmerksamkeit ist ein Akt, der willentlich hergestellt werden muss und der anstrengt (v. Cranach, 1983, Gerbig-Calcagni 2009). Aufgrund eines 'Advance Organizers' erfahren die Lernenden, welche Teilthemen ganz besonders wichtig für sie sind. Entsprechend können sie ihre Aufmerksamkeit ganz bewusst auf diese Bereiche lenken. Das für sie Wesentliche wird dadurch mit erhöhter Wachheit mitvollzogen.

Gesteigerte Selbstwirksamkeit. Mit einem 'Advance Organizer' wird erreicht, dass die Lernenden von Anfang an verstehen können, um was es geht. Die zu vermittelnden Inhalte sind kein 'Buch mit sieben Siegeln', sondern vielmehr etwas, das Sinn macht und das man begreifen kann. Dadurch entsteht das Gefühl, den Anforderungen gewachsen zu sein. Die Lernenden schreiben sich selbst die Kompetenz zu, die auf sie zukommenden Aufgaben bewältigen zu können. Man bezeichnet die subjektiven Theorien über die eigenen Fähigkeiten auch als 'Selbstwirksamkeit' bzw. 'eigene Wirksamkeit' (Flammer 1990) in Anlehnung an den von Bandura (1977, 1997) geprägten Begriff 'self – efficacy'. Bandura (1986) definiert: „Self-efficacy is the belief in one's capabilities to organize and execute the sources of action required to manage prospective situations" und meint damit, dass der Glaube an die Fähigkeit, zukünftige Situationen durch eigenes Handeln erfolgreich bewältigen zu können, im Zentrum der Anstrengungskalkulation steht. Der 'Advance Organizer' führt damit zu einem erhöhten Kräfteeinsatz im Lernprozess, weil er die Aussicht auf eine erfolgreiche Bewältigung steigert. Auch die Lehr-Lernforschung zeigt, dass die Befürchtung von Lehrkräften, das Vorwegnehmen relevanter Inhalte führe zum Absinken der Motivation, empirisch nicht haltbar ist. Die Motivation steigt.

Bessere Orientierung der Lernenden. Gerade dann, wenn es um längere Phasen selbstgesteuerten Lernens geht, ist es für einen fruchtbaren Lernprozess wichtig, eine grobe Orientierung zu haben. Auch für kooperative Lernprozesse, in denen gruppendynamische Aspekte immer wieder die inhaltlichen Aspekte überlagern, ist es hilfreich, die Übersicht zu behalten. Der 'Advance Organizer' bietet eine Orientierung, ohne die einzelnen Lernschritte vorwegzunehmen. Besonders wichtig sind 'Advance Organizers' beim E-Learning, weil Lernende hier über lange Strecken alleine arbeiten. Ohne derartige Strukturierungshilfen laufen die Lernprozesse leicht ins Leere (vgl. Sauter 2005).

Bessere Orientierung der Lehrenden. Hat eine Lehrperson ihre Expertenstruktur zu einer Thematik rekonstruiert und in Form eines 'Advance Organizers' didaktisch aufbereitet, so hat sie ein besonders klares Bild von der sachlichen Struktur der Thematik und von den anzustrebenden Lernzielen. Das hilft ihr, überlegt zu planen und zielorientiert zu unterrichten. Lehrkräfte, die von uns im Erstellen von

'Advance Organizers' geschult wurden, berichten von einer erleichternden Wirkung für Unterrichtsvorbereitung, -durchführung und Leistungsbewertung.

Besseres Behalten. Ein 'Advance Organizer' bietet früh im Lernprozess die Chance, die zu vermittelnden Inhalte in ihrem Gesamtzusammenhang verstehen zu können. Er vernetzt die wesentlichen Grundgedanken auf nachvollziehbare Weise. Dieses Wissensnetz können die Lernenden zweifach nutzen. Erstens können sie ihre eigene Vorkenntnis – Struktur auf die dargebotenen Zusammenhänge beziehen und Punkte entdecken, an denen Novizenstruktur und Expertenstruktur miteinander verknüpft werden können. Zweitens können einzelne Details an den allgemeinen Grundgedanken festgemacht werden. Dies ergibt von Anfang an eine gute Ordnung, die den späteren Abruf der einzelnen Inhalte erleichtert.

Weniger Missverständnisse. Lernen wird häufig dadurch erschwert, dass neue Sachverhalte falsch aufgefasst oder dass ähnliche Sachverhalte miteinander verwechselt werden. 'Advance Organizers' helfen den Lernenden, Missverständnisse und Verwechslungen zu verringern, weil sie von Anfang an auf ein grundlegendes Verstehen der Inhalte abzielen.

Besserer Transfer. 'Advance Organizers' sind von ihrem Konstruktionsprinzip her umfassender, allgemeiner und abstrakter als die nachfolgenden Inhalte. Dadurch werden die zentralen Ideen von Anfang an deutlich. Dies erleichtert es den Lernenden, die Sachverhalte auf die eigenen Probleme zu beziehen bzw. Anforderungen zu bewältigen, die über die eigentliche Thematik hinausgehen. Insofern unterstützen 'Advance Organizers' die Entwicklung einzigartiger, kreativer Lösungswege.

8.5 Forschungsergebnisse

Die Idee, Expertenwissen auf wenige nachvollziehbare Grundgedanken zu reduzieren und diese didaktisch so geschickt aufzubereiten, dass Novizen das Wesentliche daran verstehen können, ist schlechthin faszinierend. Viele Forscherinnen und Forscher waren davon angetan und so entstand eine grosse Anzahl empirischer Untersuchungen. Schon im Jahre 1978 analysierte Kozlow in einer Meta – Analyse 77 Untersuchungsberichte aus den Jahren 1960 bis 1977, die sich mit den Effekten von 'Advance Organizers' befassten. Mayer (1979) bezog 44 Studien in seinen Überblick ein, Luiten (1980) gar 135 empirische Arbeiten. Fraser et al. (1987) konnten schliesslich bei ihrer Suche nach Korrelationen und Effektgrössen auf 430 Studien über 'Advance Organizers' zurückgreifen. Auch in den Jahren danach finden sich noch zahlreiche, wenn auch insgesamt weniger werdende empirische Untersuchungen. Welche Ergebnisse brachte diese Forschung?

Grösserer Lernerfolg. Insgesamt tragen Advance Organizers' in einem 'mittleren Ausmass', wie DaRos und Onwuegbuzie (1999) es nennen, zum Lernerfolg bei. Die Tendenz ist dabei eindeutig, auch wenn es einzelne Studien gibt, in denen sich keine Unterschiede im Lernerfolg zeigen (vgl. z. B. Ruthkosky & Dwyer, 1996 oder Mc Eneany 1990). 'Advance Organizers' bewirken besseren sofortigen Lernerfolg, besseres langfristiges Behalten und insbesondere bessere Transferleistungen.

Höhere Motivation. Etliche Studien weisen darauf hin (vgl. z. B. Kim 1990; Lane et al. 1988), dass 'Advance Organizers' eine motivierende Wirkung auf die Lernenden ausüben und dass sie Interesse an den präsentierten Inhalten wecken. Diese Ergebnisse stehen in Widerspruch zu Alltagstheorien, die besagen, dass Transparenz zum Zusammenbruch der Motivation führe und dass es deshalb wichtig sei, Interesse durch Überraschungseffekte zu erzielen.

Bessere Orientierung. Eine Studie von Purdom & Komrey (1992) legt nahe, dass Lernende insbesondere dann von 'Advance Organizers' profitieren, wenn sie kooperativ lernen, weil sie dadurch eine transparente inhaltliche Orientierung erhalten.

Abhängigkeiten von Vorkenntnissen, Fähigkeiten und Inhalten. 'Advance Organizers' wirken sich dann besonders vorteilhaft aus, wenn die Lernenden geringe Vorkenntnisse auf dem betreffenden Gebiet haben. Ebenso sind 'Advance Organizers' besonders hilfreich, wenn die Lernenden wenig Fähigkeiten, Kompetenzen oder unzureichende Lernstrategien besitzen. Schliesslich ist die Wirkung von 'Advance Organizers' dann besonders gross, wenn die Inhalte selbst entweder sehr schwierig und/oder gering strukturiert sind. Lernende sind in diesen Fällen besonders für verständliche inhaltliche Orientierungen dankbar (vgl. z. B. Edgar & Shepherd 1983, Mayer 1979).

Verbessertes Chunking. Es ist lange bekannt, das der Mensch nur 5 bis 9 Informationen bzw. 5 bis 9 'chunks' (das sind 'Brocken' oder 'Klumpen' von Informationen) in einer Bewusstseinsspanne aufnehmen kann. Die magische Zahl 7 plus minus 2 muss jedoch differenzierter betrachtet werden. Handelt es sich um sinnfreies Material wie Zahlen- oder Buchstabenfolgen, dann kommen wir schnell an unsere Kapazitätsgrenzen, weil beispielsweise jede Zahl einen 'Brocken' bzw. einen chunk darstellt. Handelt es sich jedoch um Inhalte, zu denen wir Vorwissen besitzen, dann gilt: je umfangreicher das Vorwissen, desto grösser die 'Brocken' bzw. die 'chunks', die gebildet werden können. Gedächtniskünstler trainieren es bei sinnfreiem Material, möglichst grosse chunks zu bilden, was in Grenzen möglich ist. Expertinnen und Experten, also Personen mit erheblichen Kenntnissen auf einem Gebiet, müssen das chunking nicht trainieren. Sie bilden automatisch deutlich grössere 'chunks', weil sie die präsentierten neuen Inhalte gut mit ihren in einem semantischen Netzwerk gespeicherten umfangreichen Vorkenntnissen verknüpfen können. Novizinnen und Novizen, also Lernende mit geringen Vorkenntnissen, sind dazu weniger in der Lage. Ihre 'Brocken' sind kleiner. Wenn ein 'Advance Organizer' Vorkenntnisse schafft – und genau hierfür ist dieses Lernarrangement konzipiert – dann können die Lernenden hinterher einzelne Informationen besser untereinander verknüpfen und damit grössere 'Brocken' bzw. umfangreichere chunks bilden. Das hilft ihnen, in der gleichen Zeit nicht nur mehr Informationen aufzunehmen, sondern diese besser zu vernetzen. In anderen Worten: sie können die Inhalte besser verstehen!

8.6 Konstruktionsprinzipien

Wie sollte ein 'Advance Organizer' beschaffen sein und wie kann man ihn erstellen? Die Wirkung von 'Advance Organizers' hängt nicht zuletzt von ihren Konstruktionsprinzipien ab (vgl. Klosters & Winne 1989). Nur mündlich vorgetragene 'Advance Organizers' bzw. solche in Textform erweisen sich grafischen bzw. bildlichen bzw. video-unterstützten 'Advance Organizers' in der Regel unterlegen (vgl. Herron et al. 1998, Kenny et al. 1991, Kooy 1992, Luiten, 1979, Tajika et al. 1988). Basierend auf derartigen Untersuchungen über 'Advance Organizers', ergänzt durch mittlerweile zehnjährige eigene Erfahrungen mit diesem Verfahren in Primarschulen, Sekundarschulen, Hochschuldidaktik und Erwachsenenbildung, haben wir eine Reihe von Konstruktionsprinzipien entwickelt, die nun dargestellt werden sollen.

8.6.1 Erstellen einer Expertenstruktur

Bevor ein 'Advance Organizer' als didaktische inszenierte Verbindung zwischen Novizenstrukturen und Expertenstruktur ausgearbeitet werden kann, ist es erforderlich, die Expertenstruktur als solche zu explizieren. Diese Voraussetzung mag trivial erscheinen, ist es aber bei näherer Hinsicht nicht ganz. Während Anfängerinnen und Anfänger mehr wissen, als sie können, scheint es bei Expertinnen und Experten gerade umgekehrt zu sein: Sie können mehr als sie wissen (vgl. Neuweg 2004). Deshalb haben Expertinnen und Experten ein Problem: Wie können sie das, was ihnen klar und selbstverständlich erscheint, anderen zugänglich machen? Die Expertenforschung zeigt (vgl. z. B. Bromme 1992, Rheinberg et al. 2001, Wahl 1991), dass ein besonderes Merkmal des Expertenwissens in einer hochgradigen Integration von Informationen besteht, die im Expertenansatz als 'Verdichtung' bezeichnet wird. Deshalb 'sehen' Expertinnen und Experten häufig mit dem Problem zugleich die Lösung. Sie besitzen zwar ein reichhaltiges bereichsspezifisches Wissen, das gut geordnet ist, aber sie können es nicht in jedem Fall ohne weiteres entfalten. Deshalb besteht der erste Schritt zur Konstruktion eines 'Advance Organizers' im Visualisieren der Expertenstruktur. Dabei hat sich folgendes Vorgehen bewährt: Die Expertin oder der Experte sammeln zunächst die für das entsprechende Gebiet relevanten Begriffe. Beim Thema 'Radioaktivität' wären dies Sachverhalte wie biologische Wirkung, Marie Curie, schwere Verbrennungen, Veränderungen des Blutbilds, Arten von Strahlung, Helium Kerne, Elektronen, Positronen, elektromagnetische Wellen, radioaktiver Zerfall, Atomkern, Kernkraftwerke, C14 – Methode usw. Beim Thema 'Ökologischer Landbau' wären dies Begriffe wie Anbinden der Tiere, Amputationen, gentechnische Erzeugnisse, artgemässe Haltung, Besatzdichte, Leguminosen, mechanische Unkrautregulierung, pflanzeneigene Abwehrkräfte, Wirkungskette, geschlossener Betriebsablauf, vielseitige Fruchtfolge usw. Beim Thema 'Comparisons' im Fach Englisch wären dies irregular comparisons, comparisons with 'than', comparisons with '(not) as … as', comparisons of adjectives with 'er'/'est', with more/most' usw. Beim Notieren der Begriffe kommt es nicht auf deren Reihenfolge an. Es werden einfach die relevanten Sachverhalte gesammelt. Je nach Thema wird die Zahl der relevanten Begriffe recht unterschiedlich sein. Insofern kann keine verbindliche Zahl genannt werden. Unsere Erfahrungen weisen jedoch darauf hin, dass mehr als 40 Begriffe in der Regel die Adressaten überfordern. Zahlreiche gelungene 'Advance Organizers' enthalten zwischen 15 und 20 Begriffen. Mit einer solchen Zielvorstellung könnte man in die Sammelphase gehen und dann der Situation entsprechend die Anzahl anpassen. Ist die Sammelphase abgeschlossen, dann kommt die eigentliche und zugleich anspruchsvolle Aufgabe: Die Inhalte sollen in ihrem Zusammenhang dargestellt werden. Flexibelstes Verfahren hierfür ist die Struktur – Lege – Technik (genauer beschrieben in Wahl 2006, S. 176–184). Die Begriffe werden dabei auf einzelne Kärtchen geschrieben und so lange verschoben, bis eine Struktur entsteht, die als 'Expertenstruktur' gelten kann. Es ist auch möglich, auf einem leeren Blatt Papier eine Struktur zu entwickeln, in der alle gesammelten Begriffe in ihrem sachlogischen Zusammenhang enthalten sind. Erfahrungsgemäss benötigt man dafür mehrere Anläufe. Nicht empfehlenswert ist es, die Expertenstruktur als Mindmap anzulegen. Bei dieser von Buzan (1974) entwickelten Technik kommen die wechselseitigen Vernetzungen der einzelnen Sachverhalte in der Regel nur unzureichend zum Ausdruck.

8.6.2 Problemstellung

'Advance Organizers' sollen Interesse wecken, motivieren und die Aufmerksamkeit auf sich ziehen. Hierfür ist eine möglichst spannende Problemstellung hilfreich. Beim Thema 'Emotionsregulation bei Lehrerinnen und Lehrern' kann man mit Grafiken einsteigen, die zeigen, wie der Puls von Lehrkräften während eines Unterrichtsvormittags ständig zwischen 60 und 120 Schlägen je Minute pendelt, die Lautstärke der Stimme zwischen 45 Dezibel (spricht mit normaler Stimme) und 95 Dezibel (schreit) variiert. Beim Thema 'Sportpsychologische Betrachtung von Rückschlagsportarten am Beispiel Tischtennis' kann man mit einer Behauptung einsteigen, die durch wissenschaftliche Messungen von Ball – Geschwindigkeiten und Reaktionszeiten belegt ist: 'Es ist nahezu unmöglich, Tischtennis zu spielen. Kommt ein Ball beispielsweise mit 110 km / h auf mich zu, dann fliegt er schon 10 Meter weit, bis ich aufgrund meiner Reaktionszeit von 0,2 bis 0,3 Sekunden überhaupt reagieren kann. Er fliegt weitere 10 Meter, bis ich ausholen und zurückschlagen kann (Bewegungszeit). Folglich müssen sich beide Spieler bzw. Spielerinnen jeweils mindestens 20 Meter hinter den Tisch stellen, um überhaupt Tischtennis spielen zu können!' Erfahrungsgemäss lachen die Adressaten über diese Aussage, weil sie aus Erfahrung wissen, dass dem nicht so ist. Dennoch ist physikalisch gesehen alles an dieser Behauptung korrekt. Jetzt ist zu klären, und das ist eine der zentralen Aussagen dieses 'Advance Organizers', warum man trotzdem schnellen Rückschlagsport betreiben kann. – Beim Thema 'Relativitätstheorie' kann man mit dem sogenannten 'Zwillingsparadox' als Problemstellung beginnen. Der eine Zwilling begibt sich auf eine sehr schnelle Reise durch das All, nahe der Lichtgeschwindigkeit, der andere bleibt auf der Erde zurück. Als das Raumschiff wieder zurückkehrt, ist der auf der Erde zurückgebliebene Zwilling um viele Jahre älter als sein Bruder. Stimmt das überhaupt? Und wenn ja, wie ist das zu erklären? – Für viele Themenbereiche lassen sich spannende oder verblüffende Problemstellungen entwickeln. Dass sich Expertinnen und Experten hierbei besonders schwer tun, soll nicht verschwiegen werden. Denn für sie ist ja aufgrund ihres Expertenwissens eigentlich alles klar. Es bedarf also einiger Kreativität sowie der Fähigkeit, sich in die Rolle von Novizinnen und Novizen zu versetzen, um zu motivierenden Ausgangsfragen zu kommen. Wenn es gelingt, eine zur Diskussion anregende Problemstellung zu finden, so kann man den 'Advance Organizer' selbst wieder als ein Sandwich aufbauen: Man nennt zuerst den Titel des 'Advance Organizers' und stellt die Problemfrage, danach schiebt man beispielsweise eine Vergewisserungsphase ein, in der die Adressaten über die Problemfrage etwa in Partnergesprächen wenige Minuten diskutieren, nimmt dann Diskussionsbeiträge auf und schliesst daran den eigentlichen 'Advance Organizer' an. Dies zeigen die nachstehenden beiden Beispiele:

Ein 'Advance Organizer' aus der Lehrerbildung, als Sandwich aufgebaut
Thema: *Umgang mit den eigenen Emotionen (Emotionsregulation)*

Kollektive Phase: Lehrperson zeigt drei Grafiken. Auf der ersten ist die stark variierende Pulsfrequenz einer Lehrperson zu sehen, die über 5 Lektionen hinweg aufgezeichnet wurde. Auf der zweiten Grafik ist über die gleiche Zeit der Schallpegel der Stimme der Lehrkraft aufgezeichnet, der gleichermassen extrem schwankt. Auf der dritten Grafik finden sich Ursachen für die Dienstunfähigkeit bei 3000 Lehrkräften. 52% scheiden nach Angaben des Deutschen Ärzteblatts (2004) durch Depressionen und Burnout aus dem Schuldienst aus.
Zeitbedarf: etwa 3 Minuten

Gelenkstelle: Lehrperson moderiert Vergewisserungsphase an

Vergewisserungsphase: In einer kurzen Selbstreflexion thematisieren die Teilnehmenden zum Beispiel in Partnerarbeit die eigenen Belastungen im Schulalltag, ausgehend von Situationen des Ärgers, der Enttäuschung, der Überforderungen oder der Hektik.
Zeitbedarf: etwa 3 bis 5 Minuten

Gelenkstelle: Kommunikation über erlebte Belastungen

Advance Organizer | 195

Kollektive Phase: Advance Organizer zum Thema
Die Lehrperson erläutert die physiologischen Grundlagen der Emotionsregulation und zeigt mit Entspannung, Stoppcodes und Stressimpfung drei professionelle Wege für Lehrkräfte auf.
Zeitbedarf: 10 bis 12 Minuten

Ein 'Advance Organizer' aus der Sekundarstufe I, als Sandwich aufgebaut
Thema: *Islam*

Kollektive Phase: Lehrperson zeigt ein Bild oder einen Filmausschnitt von den Leichtathletik-Weltmeisterschaften. Zu sehen ist eine Sprinterin aus einem islamischen Land, die bei einem 100 m Lauf von Kopf bis Fuss bekleidet ist im Gegensatz zu den knapp bekleideten anderen Sportlerinnen. Alternativ kann die Lehrperson auch Bilder oder Filmausschnitte zeigen einer iranischen Frauen-Fussballmannschaft, die gleichermassen in Ganzkörperanzügen spielt.
Zeitbedarf: etwa 3 Minuten

Gelenkstelle: Lehrperson moderiert Vergewisserungsphase an

Vergewisserungsphase: Die Schülerinnen und Schüler sprechen über die zu den vertrauten Vorstellungen von Sprinterinnen und Fussballspielerinnen stark kontrastierenden Eindrücken und suchen nach Erklärungen.
Zeitbedarf: etwa 3 bis 5 Minuten

Gelenkstelle: Kommunikation über die Eindrücke

Kollektive Phase: Advance Organizer zum Thema
Die Lehrkraft erläutert die Herkunft des Begriffes 'Islam', die Entstehung und aktuelle Verbreitung dieser Weltreligion, einige Gemeinsamkeiten und Unterschiede zum Christentum sowie das Rollenverständnis von Frauen und Männern.
Zeitbedarf: 10 bis 12 Minuten

8.6.3 Mehrfachcodierung

Sind Begriffe gesammelt, Expertenstruktur expliziert und Problemstellung gefunden, so kann an die didaktische Ausarbeitung des 'Advance Organizers' gegangen werden. Ziel ist es, die Expertenstruktur so verständlich zu machen, dass der angezielte Teilnehmerkreis möglichst gut begreifen kann, um was es geht. Da die Teilnehmenden sicherlich sehr unterschiedliche bereichsspezifische Vorkenntnisse haben, ist es wichtig, mit möglichst vielfältigen 'Verständlich-Machern' zu arbeiten. Dazu gehört, dass man die zentralen Fachbegriffe in einfachen Worten erläutert und mit Beispielen versieht. Führt man im Islam-Organizer den Begriff 'von einer Religion geprägtes Rollenverständnis von Männern und Frauen' ein, so sollte man diesen nicht nur abstrakt umschreiben, sondern man sollte vertraute Beispiele heranziehen, an denen die Grundgedanken klar werden. Man könnte hierbei Personen wählen, die den Schülerinnen und Schülern aus ihrem konkreten Umfeld persönlich bekannt oder als Rollenträger vertraut sind. Man könnte Beispiele aus den Medien berichten usw.

Beispiele machen theoretische Begriffe wie 'Radioaktivität', 'Ökologischer Landbau', 'Lineare Gleichung', 'Genitivattribut' oder 'Stoppcodes' auch für solche Novizinnen und Novizen verständlich, die wenig Vorkenntnisse besitzen. Beispiele knüpfen an Bekanntes und Vertrautes an und haben deshalb die Eigenschaft, das Verstehen zu unterstützen. Abstraktes wird in der jedermann bekannten Alltagswelt angesiedelt. Das erlaubt es, die theoretischen Aussagen mit den konkreten Erfahrungen zu vernetzen. Beispiele sind leicht zu generieren. Es ist nicht schwierig, einen 'Advance Organizer' mit interessanten Beispielen anzureichen. Beispiele sind eine wichtige Brücke zwischen dem Vorwissen der Lernenden und dem Expertenwissen der Lehrperson. Noch eindrücklicher als eine verständliche Wortwahl und vertraute Beispiele sind Episoden. Episoden sind Erlebnisse oder Geschehnisse, die den gesamten Kontext mittransportieren. Es sind Geschichten, die interessant sind und die man sich gut merken kann. Im 'Radioaktivitäts – Organizer' könnte ich beispielsweise erzählen, wie im Anschluss an die Katastrophe in Tschernobyl auch im scheinbar fernen Deutschland radioaktive Regenfälle niedergingen. Die Menschen erlebten dies als bedrohlich und reagierten darauf. So konnte ich zufällig in einem Supermarkt beobachten, wie ein Physiklehrer mit einem Geigerzähler in der Hand Salat einkaufen wollte. Der Geigerzähler fing zur Überraschung der Umherstehenden tatsächlich zu ticken an. Das Personal wurde aufmerksam und drängte mit grossem Lamento den Physiklehrer aus dem Supermarkt hinaus, um den Absatz des Kopfsalates nicht zu gefährden. Beim Islam-Organizer könnte ich von konkreten Begegnungen mit Menschen anderer Weltreligionen erzählen, etwa von einer Ägyptenreise. Beim Organizer zum Umgang mit den eigenen Emotionen könnte ich von mir bekannten Lehrkräften und deren emotionalen Ausbrüchen berichten. Im 'Comparisons'-Organizer' könnte man eindrückliche oder lustige Begebenheiten erzählen, in denen falsche Anwendungen zu kuriosen Situationen geführt haben usw. Bei der Entwicklung jedes 'Advance Organizers' kann man sich fragen, ob es eindrucksvolle Geschichten gibt, die man sich gut merken kann und die einen Teil der Grundgedanken auf eine verständliche Art und Weise wiedergeben. Episoden sind sicherlich nicht bei jedem 'Advance Organizer' möglich, aber doch weitaus häufiger realisierbar, als man beim ersten Hinsehen glaubt. Auch Vergleiche oder Analogien mögen helfen, eine Brücke von den vielfältigen Novizenstrukturen zur Expertenstruktur zu schlagen. So kann man beim 'Advance Organizer' zur Relativitätstheorie zum Erläutern der Relativität der Raumzeit die Perspektivität der Wahrnehmung als Analogie wählen. Wenn Menschen weit von uns entfernt sind, dann wirken sie klein, obwohl sich ihre wahre Gestalt nicht verändert hat. Misst man auf Fotografien nach, sind tatsächlich weiter entfernte Personen objektiv kleiner als Personen, die näher beim Fotografen stehen. Das sind vertraute Erfahrungen, über die sich niemand wundert. Wenn man entsprechend Raum und Zeit operational durch Massstäbe und Uhren definiert, dann ergeben sich analoge relativistische Effekte wie bei der Perspektive. Beim Emotions – Organizer kann man im Bereich des Mentalen Trainings eine 'Impfung' als Analogie wählen. Für bestimmte kritische Situationen kann man sich 'impfen', also 'immun' oder unempfänglich machen, wenn man durch genaue Analysen vorher herausgefunden hat, welches die 'Erreger' sind. Im übertragenen Sinn kann man also von einer 'Stress – Impfung' sprechen, also einem Mentalen Training, das mit Formen des permanenten inneren Sprechens, unterstützt durch professionelle Entspannungsreaktionen, auf bekannte Belastungssituationen gezielt vorbereitet. Bei Vergleichen und Analogien sollte man jedoch stets transparent machen, wie tragfähig diese sind und vor allem, wo die Vergleiche bzw. Analogien 'hinken', also unzutreffende Vorstellungen nahe legen. Auch Farben, Grafiken oder Bilder können zur Verständlichkeit beitragen. Ein 'Advance Organizer' sollte in jedem Fall visuelle Elemente und wo möglich auch 'Eyecatcher' enthalten, also echte 'Hingucker', die das Interesse auf sich ziehen. Im 'Emotions – Organizer' kann dies etwa eine Spritze sein als Symbol für die Stress-Impfung bzw. das Mentale Training; im 'Alpen – Organizer' kann dies ein Bild des Matterhorns sein als Symbol für die Alpen; im Relativitäts-Organizer kann es ein Apfel sein, der auf die Erde fällt (Galileis Mechanik) und der durch die Raum-Zeit-Geometrie fällt (Einstein); im Radioaktivitätsorganizer kann dies das Bild einer Mumie sein, deren Alter mit der C14 – Methode bestimmt wird; im 'Organizer zur quadratischen Gleichung' kann es das Bild einer Halfpipe (Halbröhre) sein, in der Jugendliche Skateboard fahren usw. Insgesamt sollen 'Advance Organizers' den Merkmalen einer guten Visualisierung genügen: Sie sollen gut strukturiert, übersichtlich gestaltet, nicht überladen und die Schrift soll gut lesbar sein; die verwendeten Farben sollen das Erkennen des Wesentlichen unterstützen. Im Gegensatz zu den früher verwendeten 'Advance Organizers', die häufig nur aus geschriebenem oder vorgetragenem Text bestanden, muss heute in Einklang mit den oben zitierten empirischen Ergebnissen besonderer Wert auf grafische und bildliche Darstellungen gelegt werden, um die Grundgedanken verständlich zu machen. In der Visualisierung sind die wichtigen Begriffe enthalten. Ansonsten soll mit geschriebenem Text eher sparsam umgegangen werden. Text gibt es ohnehin genug, denn der 'Advance Organizer' wird ja ausführlich mündlich erläutert.

8.6.4 Entwickelnd präsentieren

Die Adressaten können einen 'Advance Organizer' besonders gut nachvollziehen, wenn dieser Schritt für Schritt entwickelt wird. Die gute alte Wandtafel eignet sich hier vorzüglich. An ihr kann man den 'Advance Organizer' langsam entstehen lassen. Entwickelndes Präsentieren setzt die Geschwindigkeit der Informationsübermittlung herab und sorgt durch den gemächlichen Aufbau für eine bessere Orientierung der Lernenden. Benützt man Folien, so kann man diese aufeinander legen. Benützt man den Beamer, so ergeben sich viele Möglichkeiten zum stufenweisen Aufbau der endgültigen Visualisierung. An der Pinnwand kann man die einzelnen Teile nacheinander anheften. Würden 'Advance Organizers' vom ersten Moment an als Ganzes visualisiert werden, wären sie verwirrend. Das Auge wüsste nicht, wo es sich verankern sollte. Diese Problematik entfällt, wenn die Visualisierung nach und nach entsteht und darüber hinaus die Inhalte begleitend erläutert werden. An zwei Beispielen soll gezeigt werden, wie derartige Etappen beim entwickelnden Präsentieren beschaffen sein können.

Beispiel: 'Emotionsregulation'. Entwickelnde Präsentation in fünf Teilen (Overlay – Foliensatz).
1. Drei Grafiken zu emotionalen Belastungen und deren Auswirkungen (Einstieg)
2. Menschenbild und physiologische Wirkungen
3. Übersicht zu bekannten Entspannungsverfahren (Autogenes Training, Yoga, Muskelentspannung usw.)
4. Übersicht zu neuen Verfahren der Emotionsregulation (Stoppcodes, Stress-Impfung)
5. Einsatzmöglichkeiten bei Lehrenden und Lernenden.

Beispiel: 'Islam'. Entwickelnde Präsentation in sechs Teilen (Beamer).
1. Bilder vom Sprintwettbewerb der Frauen bei der Leichtathletik-WM (Einstieg)
2. Begriff Islam (= Hingabe an Gott)
3. Typische islamische Frau mit Kopftuch; typischer islamischer Mann mit Bart
4. Weltkarte mit farbiger Kennzeichnung der Verbreitung des Islam
5. Bilder von Mekka und Medina
6. Schriftzeichen und Moschee

Um keine Missverständnisse aufkommen zu lassen: Entscheidend ist stets, welcher Text zu den nacheinander eingezeichneten oder eingefügten Visualisierungen gesprochen wird! Dieser sollte in verständlichen Worten die grundlegenden Zusammenhänge erläutern, so dass nach dem Organizer deutlich mehr von der Thematik verstanden wird als vorher. Deshalb sind Advance Organizer als Visualisierung niemals selbsterklärend.

8.6.5 Nicht zu kurz und nicht zu lange präsentieren

Wie lange soll oder darf die Präsentation eines 'Advance Organizers' dauern? Dafür gibt es verständlicherweise keine verbindlichen Angaben. Die Länge eines 'Advance Organizers' hängt von mehreren Faktoren ab: Wer sind die Adressaten?

Welchen Umfang hat das Thema? Wie schwierig sind die Inhalte? Wie gut sind die Vorkenntnisse? usw. So wird ein 'Advance Organizer' zum Thema 'Feuer' im dritten Schuljahr der Primarschule (Neunjährige) sicherlich kürzer ausfallen als ein 'Advance Organizer' zum Thema 'Psychologische Handlungstheorie' für Hauptfachstudierende in Psychologie. Dennoch haben wir die Erfahrung gemacht, dass 'Advance Organizers' mit einer Präsentationsdauer von über 15 Minuten in der Regel zu ausführlich und zu differenziert werden. Je länger die Präsentation, umso schwerer fällt es den Lernenden, die wesentlichen Grundgedanken klar und unmissverständlich zu erfassen. Parallel lässt die Aufmerksamkeit nach. Umgekehrt haben wir die Erfahrung gemacht, dass es sehr kurze 'Advance Organizer' nicht vermögen, ein tragfähiges Vor – Verständnis zu schaffen. Liegen die Präsentationszeiten gar unterhalb von fünf Minuten, so können die Grundgedanken nicht mehr angemessen elaboriert werden: Der 'Advance Organizer' gerät zur 'Agenda'. Wir empfehlen deshalb, bei der Entwicklung eines 'Advance Organizers' von einer mittleren Präsentationszeit von etwa zehn Minuten auszugehen und diese adressaten- und themenspezifisch um einige Minuten zu verlängern bzw. zu verkürzen. In dieser Zeit sind die im vorhergehenden Kapitel erwähnten Problemstellungen nicht enthalten, weil diese ja sandwichartig ausgegliedert (siehe oben) und mit Vergewisserungs- und kurzen Diskussionsphasen verknüpft werden können. Die genannte Präsentationszeit gilt für den Hauptteil des 'Advance Organizers', der gleichsam 'am Stück' vorgetragen wird.

Hier noch eine kleine Warnung zu einem Missverständnis beim Präsentieren von 'Advance Organizers'. Während die Idee des 'Advance Organizers' in Hochschuldidaktik und Erwachsenenbildung gerne aufgegriffen wird, tun sich viele Lehrerinnen und Lehrer mit diesem Verfahren noch recht schwer. Erstens sind sie häufig der Meinung, man dürfe den Schülerinnen und Schülern möglichst keine Informationen am Stück geben, denn das sei verwerflicher Frontalunterricht. Zweitens glauben sie, man könne 'Advance Organizers' zusammen mit den Schülerinnen und Schülern 'erarbeiten'. Und so erleben wir es immer wieder, dass recht komplexe Expertenstrukturen in wenigen Minuten im fragend-entwickelnden Unterrichtsgespräch entstehen. Unter mehrfacher Hinsicht ist das blanker Unsinn und wir raten dringend davon ab, so zu verfahren. Wären Novizinnen und Novizen tatsächlich in der Lage, eine Expertenstruktur in kurzer Zeit zu entwickeln, dann müsste man sie als hochgradige Experten bezeichnen. Wenn man einer Lehrkraft über die Schulter schaut, wenn sie – wie im Kapitel über die Konstruktionsprinzipien ausgeführt – ihre Expertenstruktur entwickelt, dann ist dies eine mühevolle Arbeit, die häufig bis zu einer Stunde dauert. Den gleichen Vorgang mit einer Schulklasse zu durchlaufen, der die wesentlichen bereichsspezifischen Vorkenntnisse fehlen, und dafür nur wenige Minuten zu benötigen, das ist ein verbales Scheingefecht, bei dem die Lehrperson stark lenkt und die Beiträge der Schülerinnen und Schüler nur benützt, um die vorher festgelegte Struktur zu erzeugen. Die Lernenden erleben sich dabei als 'Marionetten' (De Charms 1968, 1979), was Lernmotivation und Selbstwertgefühl untergräbt. Novizinnen und Novizen können prinzipiell keine 'Advance Organizers' entwickeln. Was sie stattdessen tun können, das zeigt Hugi (1991) in seinen Überlegungen zur Bedeutung der Vorwissensorganisation beim Lernen. Er schlägt vor, dass die Lernenden vor dem Einstieg in ein neues Thema ihr bereichsspezifisches Wissen sammeln und grafisch anordnen. Er weist empirisch nach, dass dies ein äusserst fruchtbares Vorgehen ist. Kognitive Landkarten, von den Lernenden erstellt, sind ohne Zweifel höchst lernwirksame Verfahren. Aber sie sind natürlich keine 'Advance Organizers', was Hugi klar herausstellt (ebd., S. 184 ff.).

8.6.6 Verfügbar machen

Wichtig ist es, den Lernenden den 'Advance Organizer' in einer bleibenden Form zur Verfügung zu stellen. Meistens geschieht dies in Form einer Kopie. Andere Medien sind ebenfalls möglich. In manchen Fällen kann es sinnvoll sein, im Raum dauerhaft ein Plakat zu platzieren, auf dem der 'Advance Organizer' in ansprechender Grösse abgebildet ist. Ziel des Verfügbarmachens ist es, den Lernenden beim Voranschreiten im Thema eine ständige Orientierung zu ermöglichen. Beim Einstieg in einzelne Lektionen kann die Lehrperson darüber hinaus verdeutlichen, in welcher Beziehung die Teilthemen zum Gesamtthema stehen. Auf diese Weise wird die auf zentrale Grundgedanken reduzierte Expertenstruktur zu einem wichtigen Ordnungsinstrument während des gesamten Lernprozesses. Viele Lehrpersonen geben eine Kopie des Advance Organizers im Anschluss an die Problemstellung aus. Sie nützen die eingeschobene Phase, in der sich die Lernenden in Einzel- oder Partnerarbeit mit dem aufgeworfenen Problem auseinandersetzen und legen währenddessen jeder Person eine Kopie an den Platz. Während der folgenden Präsentationsphase werden die Lernenden aufgefordert, in die Kopie zusätzliche Begriffe oder Symbole mit aufzunehmen, also die vorgegebene Visualisierung durch eigene Notizen zu ergänzen, zu erweitern, zu differenzieren. Dadurch folgen sie der Präsentation aktiver als bei blossem Zuhören, was zu einem besseren Verständnis und zu höheren Behaltenseffekten führt. Im weiteren Verlauf der Lehrplaneinheit sollte die Kopie des Advance Organizers jedoch immer unwichtiger werden. An Bedeutung gewinnen sollten die von den Lernenden erstellten kognitiven Landkarten wie etwa Mindmaps, Concept Maps, Strukturlegetechniken oder Netzwerk (vgl. Mandl & Fischer 2000, Wahl 2006, S. 176 ff.). Ziel kann und darf es nicht sein, die im Organizer eingefrorene Expertenstruktur auswendig zu lernen bzw. schlicht zu übernehmen. Vielmehr sollen die Lernenden immer wieder versuchen, das von ihnen Verstandene in selbst konstruierten Zusammenhängen zu vernetzen, sei dies optisch (z. B. in einer gelegten Struktur) oder akustisch (z. B. mit der Methode Netzwerk siehe Wahl 2006, S. 181 f.) oder noch besser in einer Kombination von Visualisierung und anschliessender Verbalisierung.

8.7 Von der Absicht zum Handeln

Nehmen wir jetzt den unwahrscheinlichsten Fall an: Sie haben den Text bis hierher gründlich gelesen und Sie haben ihn darüber hinaus auch noch verstanden. Wunderbar. Aber leider ist damit noch nicht viel gewonnen. Gewonnen haben Sie erst dann, wenn Sie die eine oder andere Idee als Anregung in das eigene Handeln übernehmen. Deshalb möchte ich Sie dazu ermuntern, darüber nachzudenken, ob in Ihrer eigenen Lehrpraxis Advance Organizers einen Platz bekommen könnten. Und wenn ja, dann rasch ans Werk!

Literatur

Ausubel, David Paul. (1974). *Psychologie des Unterrichts*. Band 1 und 2. Weinheim: Beltz.
Bandura, Albert. (1977). Self – efficacy: Towards a unifying theory of behavioral change. *Psychological Review, 84*, 191–215.
Bandura, Albert. (1979). *Sozial – kognitive Lerntheorie*. Stuttgart: Klett.
Bandura, Albert. (1997). *Self – efficacy: The exercise of control*. New York: Freeman.
Buzan, Tony. (1974). *Use Both Sides of Your Brain*. New York: Dutton.
Buzan, Tony & Buzan, Barry. (1997). *Das Mind-Map-Buch*. Landsberg: Verlag moderne Industrie
Cranach, Mario von. (1983). Über die bewusste Repräsentation handlungsbezogener Kognitionen. In Leo Montada, Kurt Reusser & Gerhard Steiner (Hrsg.), *Kognition und Handeln* (S. 64–76). Stuttgart: Klett-Kotta.
Cranach, Mario von et al. (1983). *Die Organisation zielgerichteter Handlungen: Ein Forschungsbericht*. Bern: Psychologisches Institut der Universität Bern.
DaRos, Denise & Onwuegbuzie, Anthony. (1999). The Effect of Advance Organizers on Achievement in Graduate – Level Research Methodology Courses. *National Forum of Applied Educational Research Journal Electronic, 12* (3), 83–91.
De Charms, Richard. (1968). *Personal Causation*. New York: Academic Press.
De Charms, Richard. (1979). *Motivation in der Klasse*. München: Moderne Verlagsgesellschaft.
Dörner, Dietrich. (1992). *Die Logik des Misslingens*. Reinbek bei Hamburg: Rowohlt.
Edgar, Susan & Shepherd, Margaret. (1983). *The Use of Advance Organizers to Aid Learning and Recall*. Technical Report 34. New York: Columbia University.
Flammer, August. (1990). *Erfahrung der eigenen Wirksamkeit*. Bern: Huber.
Fraser, Barry, Walberg, Herbert, Welch, Wayne & Hattie, John (1987). Synthesis of Educational Productivity Research. *International Journal of Educational Research, 11* (2), 145–252.
Gerbig-Calcagni, Irene. (2009). *Wie aufmerksam sind Studierende in Vorlesungen und wie viel können sie behalten?* Unveröff. Dissertation. Weingarten: Pädagogische Hochschule.
Helmke, Andreas. (1992). *Selbstvertrauen und schulische Leistung*. Göttingen: Hogrefe.
Helmke, Andreas. (2002). *Unterrichtsqualität*. Kallmeyer: Seelze.
Helmke, Andreas. & Weinert, Franz. (1997). Bedingungsfaktoren schulischer Leistungen. In Franz Weinert (Hrsg.), *Psychologie des Unterrichts und der Schule* (S. 71–176). Göttingen: Hogrefe.
Herron, Carol., York, Holly, Cole, Steven & Linden, Paul. (1998). A Comparison Study of Student Retention of Foreign Language Video: Declarative versus Interrogative Advance Organizer. *Modern Language Journal, 82* (2), 237–247.
Hugi, Rolf. (1991). *Die Bedeutung der Vorwissensorganisation beim Lernen*. Universität Freiburg, Schweiz: Dissertation.
Kenny, Richard. (1994). The effectiveness of instructional orienting activities in computer-based instruction. *Canadian Journal of Educational Communications and Technology, 23* (3), 161–187.
Kim, Soo-Youn. (1990). *Zur Vertiefung des Textverstehens: Elaborationseffekte von Advance Organizers und selbstgestellten Fragen*. Universität Heidelberg: Dissertation.
Klauer, Karl-Josef. (1993). Trainingsforschung: Ansätze, Theorien, Ergebnisse. In Karl-Josef Klauer (Hrsg.), *Kognitives Training* (S. 15–63). Göttingen: Hogrefe.
Kloster, Aldona & Winne, Philip. (1989). The Effects of Different Types of Organizers on Students' Learning from Text. *Journal of Educational Psychology, 81* (1), 9–15.
Koeller, Olaf & Baumert, Jürgen. (2002). Entwicklung schulischer Leistungen. In Rolf Oerter & Leo Montada (Hrsg), *Entwicklungspsychologie*. Weinheim: Beltz.
Kozlow, Michael James. (1978). *A Meta-Analysis of Selected Advance Organizer Research Reports from 1960–1977*. Ohio State University: Dissertation.

Krause, Ulrike-Marie & Stark, Robin. (2006). Vorwissen aktivieren. In: Mandl, Heinz & Friedrich, Helmut Felix (Hrsg.), Handbuch Lernstrategien. Göttingen: Hofgrebe, 38–49.

Lane, David et al. (1988). The Relationship of Student Interest and Advance Organizer Effectiveness. *Contemporary Educational Psychology, 13* (1), 15–25.

Luiten, John et al. (1980). A Meta – Analysis of the Effects of Advance Organizers on Learning and Retention. *American Educational Research Journal, 17* (2), 211–218.

Mandl, Heinz & Fischer, Frank. (2000) (Hrsg.). *Wissen sichtbar machen. Wissensmanagement mit Mapping Techniken.* Göttingen: Hogrefe.

Mayer, Richard. (1979). *Twenty Years of Research on Advance Organizers. Technical Report Series in Learning an Cognition.* Report Nr. 79-1. Santa Barbara: California University.

McEneany, John. (1990). Do Advance Organizers Facilitate Learning? A Review of Subsumption Theory. *Journal of Research and Development in Education, 23* (2), 89–96.

Neuweg, Georg Hans. (2004). *Könnerschaft und implizites Wissen.* Münster: Waxmann.

Purdom, Daniel & Komrey, Jeffrey. (1992). *A Comparison of Different Instructor Intervention Strategies in Cooperative Learning Groups at the College Level.* Paper presented at the Annual Meeting of the American Educational Research Association. San Francisco.

Rheinberg, Falko., Bromme, Rainer., Minsel, Beate, Winteler, Adi. & Weidenmann, Bernd. (2001). Die Erziehenden und Lehrenden. In Andreas Krapp & Bernd Weidenmann (Hrsg.), *Pädagogische Psychologie* (S. 271–355). Weinheim: Beltz.

Ruthkosky, Kathleen & Dwyer, Francis. (1996). The Effect of Adding Visualization and Rehearsal Strategies to Advance Organizer in Long-Term Retention. *International Journal of Instructional Media, (23),*1, 31–40.

Sauter, Werner. (2005). Das Konzept des Blended Learning in der betrieblichen Weiterbildung – Handlungsorientiertes Lernen und Neue Medien in der betrieblichen Bildung. In Anne Huber (Hrsg.). *Vom Wissen zum Handeln – Ansätze zur Überwindung der Theorie – Praxis – Kluft in Schule und Erwachsenenbildung* (S. 131–143). Tübingen: Ingeborg Huber.

Tajika, Hidetsugu et al. (1988). Effects of Pictoral Advance Organizers on Passage Retention. *Contemporary Educational Psychology, 13* (2), 133–139.

Wahl, Diethelm., Weinert, Franz & Huber, Günter. (2006, Neuauflage). *Psychologie für die Schulpraxis.* Osnabrück: Sozio-Publishing.

Wahl, Diethelm. (2006). *Lernumgebungen erfolgreich gestalten.* Bad Heilbrunn: Klinkhardt.

Anregungen zur Reflexion

1. Welche inneren Widerstände steigen in Ihnen gegen die Zumutung auf, zu Beginn der Vermittlung einer neuen Thematik zunächst einmal alles in Form einer Themenvernetzung vorweg zu nehmen?
2. Für welche Ihrer Themen bieten sich 'Advance Organizers' eher an, für welche weniger?
3. Fallen Ihnen Beispiele, Episoden und Analogien ein, mit denen Sie eine Thematik 'im Voraus' verständlich machen könnten?
4. Wie könnten Sie in sandwichartiger Form Vorkenntnisse schaffen? (Wie würde die Problemstellung aussehen? Wie könnte der Arbeitsauftrag für die subjektive Auseinandersetzung mit der Problemstellung aussehen? Wie lange sollte die subjektive Auseinandersetzung dauern? Wie lange wäre der darauf folgende 'Advance Organizer'? Würden Sie nach dem 'Advance Organizer' lieber mit einer Interessenerhebung fortfahren oder lieber mit der Klärung grundlegender Begriffe in Form einer Sortieraufgabe? Welche Inhalte würden Sie als erste im Anschluss an den Einstieg behandeln wollen?)

Weiterlesen

Speziell zur Thematik 'Advance Organizer' kann im Moment (noch) keine weiterführende Literatur empfohlen werden ausser meinem Buch 'Lernumgebungen erfolgreich gestalten' (2006, Klinkhardt), weil der 'Advance Organizer' als seit 1974 in Deutschland bekanntes Lehr-Lern-Arrangement meines Wissens sonst nirgends in dieser systematisierenden Weise aufgegriffen und weiter entwickelt wurde.

Markus Lermen

9. Nutzung von Medien in der Schule: Notwendigkeit und Möglichkeiten

Der Einsatz von Medien wie z. B. die Verwendung von Büchern, Tafeln etc. ist bereits seit deren Aufkommen ein fester Bestandteil in schulischen Lehr- Lernprozessen. Inzwischen haben sich mit der Entwicklung der digitalen Medien (Computer und Internet) veränderte Perspektiven und Notwendigkeiten für den Unterricht ergeben. Die neueren Informations- und Kommunikationstechnologien haben in der heutigen Gesellschaft einen enormen Bedeutungszuwachs erlangt und sind integraler Bestandteil der gesellschaftlichen Wirklichkeit (vgl. u. a. Jörissen, Marotzki 2009). Dadurch stellen sich neue Anforderungen sowohl an die Heranwachsenden als auch an die Schule. Gleichzeitig bietet diese Medienwelt „dem intelligent Auswählenden hervorragende Informations- und Kommunikationsmöglichkeiten" (Potthoff 2003, S. 173), welche in Bezug auf die digitalen Medien derzeit in der Schule noch besser ausgeschöpft werden könnten.

Im vorliegenden Beitrag gehe ich vor diesem Hintergrund den Fragen nach, aus welchen Gründen die Integration von digitalen Medien für schulische Lehr- und Lernprozesse immer wichtiger wird, welche aktuellen Ansätze im schulischen Unterricht derzeit diskutiert werden und wie sie sich umsetzen lassen.

Daraus ergibt sich folgender Aufbau: Im ersten Teil wird es nach der Klärung grundlegender Begriffe um den Stellenwert und die Notwendigkeit der Integration digitaler Medien in der Schule gehen, welche sich aus der veränderten Bedeutung von Medien in der Gesellschaft ergibt. Im zweiten Teil stelle ich theoretische Konzepte vor, wie Medien sinnvoll und nachhaltig in die Schule integriert werden können und welche Auswirkungen dies für die Schule und den Unterricht hat. Im Anschluss daran führe ich im dritten Teil konkrete Beispiele, Anregungen und Entwicklungsperspektiven an.

9.1 Medien und deren Bedeutung

Mediendidaktische und medienpädagogische Überlegungen zum Einsatz von Medien in den schulischen Unterricht betreffen alle Arten von Medien. Der Schwerpunkt der folgenden Darstellung liegt auf der Betrachtung neuer, digitaler Medien. Für die Nutzung traditioneller Medien – wie z. B. Tafel, Tageslichtprojektor, Unterrichtsfilm, Zeitung und Zeitschrift – werden im Serviceteil weiterführende Hinweise gegeben.

9.1.1 Begriffsbestimmungen und -abgrenzungen

In einer engen Begriffsauffassung kann von Medien als Hilfsmittel in organisierten Lehr- und Lernprozessen gesprochen werden. Dies schliesst das Verständnis von (Unterrichts-)Medien in einer Doppelfunktion sowohl als *Lehr*mittel als auch als *Lern*mittel mit ein (vgl. Kerres 2001), d. h. sie können sowohl Lernobjekte als auch Hilfsmittel sein. Lernobjekte sind reale Gegenstände, mit denen Lernende direkt umgehen können (z. B. durch Beobachtung oder Handhabung), während Hilfsmittel dazu dienen, andere Lernobjekte zugänglich zu machen oder zu erzeugen (vgl. von Martial, Ladenthin 2005).

Im heutigen Sprachgebrauch werden seit den 1980er Jahren mit dem Terminus 'Neue Medien' die mit Hilfe des Computers und des Internets realisierten digitalen Medien bezeichnet. In Abgrenzung dazu lassen sich die traditionell im Unterricht verwendeten Medien wie Buch und Schultafel, aber auch Film und Overhead-Folien als *traditionelle* oder „analoge" (Moser 2005, S. 3) Unterrichtsmedien bezeichnen. Als einheitlichere Bezeichnung soll im Folgenden der Begriff 'digitale Medien' verwendet werden, um die Computerbasierung und die damit verbundene Digitalisierung zur Herstellung und Distribution der so genannten »neuen Medien« zu betonen (vgl. u. a. Herzig, Grafe 2007). Zentrales Prinzip dieser Mediengruppe ist neben der Digitalisierung die sogenannte Medienkonvergenz, d. h. dass „traditionelle Medien mit modernen immer mehr zusammen[wachsen]. Zeitungen haben eine Onlineausgabe, Fernsehsendungen haben ihre Internetseiten" (Jörissen, Marotzki 2009, S. 7). Typisches Beispiel dafür ist das Mobiltelefon, welches sich immer mehr zu einem Multifunktionsgerät entwickelt. Übergreifend wird für das Lehren und Lernen mit computerbasierten, digitalen Medien von e-Learning gesprochen.

In den letzten Jahren ist zunehmend von 'Web 2.0' bzw. 'Social Web' die Rede. Damit impliziert wird eine Revolution des Internet durch sogenannte 'Social Software' und „eine neue Phase der Etablierung kollektiver Intelligenz" (Jörissen, Marotzki 2009, S. 179). Zentrale Charakteristika dieses sogenannten „Mitmach-Netz[es]" (van Eimeren, Frees 2009, S. 334) sind die Erstellung von Inhalten durch die Nutzenden *(user-generated-content)*, Social Bookmarking, Verschlagwortung *(Tagging)* sowie die zunehmende Vermischung zwischen Anbietenden und Nutzenden (vgl. Kerres 2006). Das 'Social Web' bietet dabei vielfältige Möglichkeiten der Partizipation: „Die Technologie zieht ihren Wert vor allem daraus, dass man mit anderen Menschen kommuniziert und interagiert" (Schmidt, Hasebrink, Paus-Hasebrink 2009, S. 5). Prominente Beispiele sind u. a. das kollaborative Wissensprojekt der Online-Enzyklopädie Wikipedia, Weblogs oder Online-Communities wie 'SchülerVZ' – Programme, welche die Heranwachsenden zunehmend und im Vergleich zu älteren Bevölkerungsgruppen verstärkt verwenden (vgl. MPFS 2008).

9.1.2 Warum digitale Medien in der Schule?

Zur Beantwortung der Frage, warum digitale Medien verstärkt in den schulischen Unterricht einbezogen werden sollen, lassen sich drei zentrale Begründungen finden: die Mediatisierung der Lebenswelt, bildungspolitische Positionen sowie Anforderungen, welche sich aus der Informations- und Wissensgesellschaft ergeben.

9.1.2.1 Mediatisierung der Lebenswelt

Medien haben in der heutigen Gesellschaft eine so grosse Verbreitung gefunden und werden so stark genutzt, dass sie als selbstverständliche Bestandteile der alltäglichen Lebenswelt angesehen werden können. Allein die durchschnittliche tägliche Nutzungsdauer aller Medien (ausser Telefon) beträgt 581 Minuten bei den Erwachsenen ab 14 Jahren bzw. bei Jugendlichen von 14 bis 19 Jahren 455 Minuten (van Eimeren, Frees 2009, S. 348). Die Mediennutzung macht damit einen erheblichen Teil der Freizeitaktivitäten von Heranwachsenden und vor allem auch Erwachsenen aus (vgl. Six 2008).

Dies verdeutlichen u. a. die Ergebnisse der jährlichen KIM- bzw. JIM-Studien des Medienpädagogischen Forschungsverbunds Südwest (vgl. MPFS 2008, 2009)[1]. Gemäss der KIM-Studie können inzwischen 88 Prozent aller Kinder im Alter von 6 bis 13 Jahren im elterlichen Haushalt auf einen Computer zugreifen, 85 Prozent verfügen über einen Internetanschluss, ein Fernseher ist sogar in jedem Haushalt vorhanden. Zudem verfügt bereits die Hälfte aller 6- bis 13-Jährigen über ein eigenes Mobiltelefon (vgl. MPFS 2009). Bei den 12- bis 19-Jährigen verfügen bereits etwa 95 Prozent über ein eigenes Mobiltelefon, knapp 60 Prozent über einen eigenen PC und ca. die Hälfte über einen eigenen Internetzugang (vgl. MPFS 2008). Die Befragungen bestätigen auch, dass für diese Gruppen das Internet im Sinne der angesprochen Medienkonvergenz als 'All-in-one-Medium' immer wichtiger wird und die Funktionen von traditionellen Medien integriert. Insgesamt kann das Mobiltelefon inzwischen als das Statussymbol Nummer 1 bei Jugendlichen angesehen werden (vgl. ebd.).

Auch die Ergebnisse der repräsentativen *ARD/ZDF-Onlinestudie 2009* verdeutlichen, dass die „Habitualisierung der Internetnutzung" (van Eimeren, Birgit, Frees 2009, S. 345) voranschreitet und dass für Jugendliche das Internet inzwischen den gleichen Stellenwert wie TV und Hörfunk besitzt.

Dementsprechend lässt sich festhalten, dass digitale Medien aus der heutigen Lebenswelt und den Freizeitaktivitäten der Heranwachsenden nicht mehr wegzudenken sind und deren Sozialisationsumwelt und Alltagsaktivitäten nachhaltig bestimmen (vgl. Six 2008). Damit verbunden sind veränderte medienbezogene Erziehungs- und Bildungsaufgaben. Inzwischen kann – im Gegensatz zu früheren Einschätzungen – davon ausgegangen werden, dass „isoliert ist, wer nicht am Social Web teilnimmt" (Schmidt, Hasebrink, Paus-Hasebrink 2009, S. 15) und sich nicht an sozialen Netzwerken oder Instant-Messenger-Diensten beteiligt. Digitale Medien machen somit einen wichtigen Teilaspekt der jugendlichen Sozialisation aus.

---

[1] Der Medienpädagogische Forschungsverbund Südwest (URL: http://www.mpfs.de) führt seit 1998 mit der JIM-Studie (JIM – Jugend, Information, (Multi-)Media) im jährlichen Turnus eine Basisstudie zum Umgang von 12- bis 19-Jährigen mit Medien und Information durch.

9.1.2.2 Medien- und bildungspolitische Positionen

Während traditionelle Medien zum schulischen Alltag gehören, ist dies in Bezug auf digitale Medien noch nicht der Fall: „Es mangelt nach wie vor an der Infrastruktur und an den organisatorischen Rahmenbedingungen in den Bildungseinrichtungen sowie an den medienpädagogischen Qualifikationen der pädagogischen Fachkräfte [mangelt]." (Manifest 2009, S. 1)

Auch im Vergleich zur Situation in den skandinavischen und angelsächsischen Ländern ist die Nutzung im Unterricht in Deutschland deutlich unterrepräsentiert, wie etwa die PISA-Studien verdeutlichen (vgl. Moser 2005). Insgesamt kann nur von einem Anteil von etwa 10–30 Prozent der Lehrenden an Schulen ausgegangen werden, die Computer und Internet regelmässiger einsetzen (vgl. Schaumburg, Seidel 2009).

Dabei wird der verstärkte Einsatz von digitalen Medien in der Schule und im Unterricht von unterschiedlichen Seiten unterstützt bzw. gefordert. Beispielsweise wird in einem Arbeitspapier der Europäischen Kommission zur Europäischen i2010-Initiative 'An der Informationsgesellschaft teilhaben' davon ausgegangen, dass nutzergerechte Informations- und Kommunikationstechnologien unverzichtbar sind (Kommission der Europäischen Gemeinschaften 2007). Aus medienpädagogischer Sicht wird im 'Medienpädagogischen Manifest' (2009) unter dem Titel 'Keine Bildung ohne Medien' eine nachhaltige Verankerung von Medienpädagogik und medienpädagogischer Grundbildung in allen Bildungsbereichen gefordert.

Insgesamt kann aus den zahlreichen Initiativen abgeleitet werden, dass eine umfassende Förderung der Medienpädagogik auf den unterschiedlichsten Ebenen angestrebt werden sollte. Ziel ist insbesondere die Überbrückung des 'Digital Divide'. Dies wird umso wichtiger, da ein Grossteil an Informationsquellen zunehmend im Internet zur Verfügung steht.

Aus medienpädagogischer Perspektive ergibt sich daraus als Aufgabe für die Schule die Unterstützung des Aufbaus einer angemessenen Medienkompetenz, um den sich schnell wandelnden Anforderungen einer medial geprägten Gesellschaft gerecht werden zu können. Entsprechend bedarf es einer Neuorientierung der schulischen Medienpädagogik und damit gleichzeitig einer „Neubestimmung der Bildungs- und Erziehungsaufgaben der Schule im Medienbereich" (Spanhel 2008, S. 507).

9.1.2.3 Schule und Unterricht in der Informations- und Wissensgesellschaft

Der dritte Aspekt betrifft die Verbreitung der Informations- und Kommunikationstechnologie in der Berufs- und Arbeitswelt. Vor allem der Dienstleistungssektor und die Informationstechnologien sind nicht mehr ohne den Einsatz der neuen Medien denkbar. Nach Moser (2005) existieren lediglich einige wenige Handwerksberufe, welche ohne die Nutzung von Computern auskommen.

Nicht zuletzt aufgrund der enormen Entwicklungsraten im Bereich der Digitalisierung benötigen Lernende und auch Lehrende vermehrt grundlegende Kompetenzen statt fester Wissensbestände, um mit den raschen Veränderungszeiten mithalten zu können. Durch den leichten und schnellen Zugang zu einer Vielzahl an Informations- bzw. Wissensbeständen werden Fertigkeiten notwendig, diese qualitativ unterschiedlichen Bestände zu sichten, die umfangreiche Stofffülle zu bewältigen und kritisch zu hinterfragen.

Inzwischen zeichnet sich ab, dass eine nicht angemessene Nutzung der digitalen Medien Auswirkungen auf das spätere Erwerbsleben haben kann. Eine im Juli 2009 veröffentlichte, vom Bundesverbraucherministerium (BMELV) in Auftrag gegebene dimap-Studie belegt beispielsweise, dass Unternehmen bei Personaleinstellungen immer öfter das Internet nach privaten Informationen zu den Bewerbern durchsuchen[2].

Dabei ist nicht davon auszugehen, dass Jugendliche über adäquate medienpädagogische Kompetenzen verfügen, nur weil sie in einer mediatisierten Welt aufwachsen – wie z. B. eine 2009 veröffentlichte Studie der Landesanstalt für Medien Nordrhein-Westfalen (LfM) belegt (vgl. Schmidt, Hasebrink, Paus-Hasebrink 2009). Zum Beispiel fehlen angemessene Strategien, um dem relativ verbreiteten Phänomen des Online-Mobbing zu begegnen. Auch die Ergebnisse der KIM- und JIM-Studien deuten darauf hin, dass Kinder und Jugendliche zwar über eine breiten Zugang zu Medien verfügen, sich der daraus resultierenden Gefährdungen und Risiken oftmals aber nicht bewusst sind (vgl. MPFS 2008, 2009).

Medienkompetenz[3] – als Schlüsselbegriff der pädagogischen Debatte – wird zunehmend wichtiger, um den derzeitigen Anforderungen begegnen zu können. Hier ist ein Ansatzpunkt für schulische Medienarbeit gegeben, da die Schule gerade hinsichtlich des Erwerbs einer umfassenden Medienkompetenz eine wichtige Rolle spielt. Die primären Sozialisationsinstanzen – Eltern und Peergroup – können diese Funktion nur bedingt erfüllen, da beide Gruppen u. a. häufig selbst nicht über angemessene Kompetenzen verfügen. Aufgabe der Schule wird in Zukunft in Folge dessen immer mehr sein, entsprechende Kompetenzen zu vermitteln. Dazu zählt auch eine angemessene Beratung der Eltern in medienpädagogischen Fragen.

9.1.3 Resümee

Aus den vorgestellten Ergebnissen lässt sich u.a. schlussfolgern, dass die bisherigen Strategien im Umgang mit Medien durch die Digitalisierung an ihre Grenzen stossen. Bewahrpädagogische Konzepte[4] sind aufgrund der Mediatisierung der

---

[2] URL: http://www.bmelv.de/cln_102/SharedDocs/Standardartikel/Verbraucherschutz/Internet-Telekommunikation/UmfrageARbeitgeberInternetnutzungPersonalauswahl.html, letzter Aufruf am 30.09.2009

[3] Unter dem Begriff 'Medienkompetenz' werden Kompetenzen zur kritischen Nutzung, Bewertung und Gestaltung von Medien verstanden. Dies beinhaltet, dass sie mehr umfasst als die Fähigkeit zur Bedienung entsprechender Medien. Damit wird die Frage aufgeworfen, „welche Fähigkeiten [...] den Heranwachsenden vermittelt werden [müssen], damit sie auch außerhalb der Schule die Medien zur Bereicherung ihrer Erfahrungs-, Entwicklungs- und Lebensmöglichkeiten in angemessener Weise nutzen und evtl. schädliche Einwirkungen erkennen und vermeiden können (Spanhel 2008, S. 510).

[4] Der bewahrpädagogische Ansatz „bezeichnet ein Verhalten, das Heranwachsende vor Gefährdungen beschützen und Schonräume der Kindheit und Jugend bewahren will" (Hoffmann 2008, S. 42).

Lebenswelt in Zeiten des Internets nicht mehr aufrecht zu erhalten (vgl. Hoffmann 2008). So wird z. B. durch ein Handy-Verbot an Schulen die dahinter stehende Problematik nicht gelöst, sondern lediglich verlagert.

Stattdessen wird inzwischen die aktive Mediennutzung der Schülerinnen und Schüler viel stärker in den Blick genommen. In den Vordergrund treten Fragen der Medienkompetenz – ein übergreifendes Konzept, mit dessen Hilfe die Teilhabe des Menschen an einer medial geprägten Gesellschaft mit dem Ziel einer „sinnvollen, reflektierten und verantwortungsbewussten Nutzung der Medien" (Manifest 2009, S. 1) gewährleistet werden soll.

Damit verbunden ist als ein weiteres wichtiges Ergebnis die Abkehr von monokausalen Wirkungsmodellen. Die Medienwirkungsforschung hat deutlich gezeigt, dass die Wirkungen, die ein Medium auf einen Jugendlichen hat, wesentlich von seinem sozialen Umfeld bestimmt werden (vgl. u. a. Six 2008). Sowohl bei der Mediennutzung als auch bei den sich daraus ergebenden Wirkungen sind zahlreiche Einflussfaktoren und komplexe Wirkungszusammenhänge ausschlaggebend (ebd.). Lineare Kausalzusammenhänge und eine Abstempelung von Medien als „Sündenböcke" (Hoffmann 2008, S. 47), wie sie häufig als alltagstheoretische oder populärwissenschaftliche Erklärungsmuster herangezogen werden, greifen entsprechend zu kurz. Aus medienpädagogischer Sicht erscheint es vielmehr notwendig, die sich verändernde (mediale) Kindheit zu berücksichtigen und entsprechende Ansätze in den schulischen Unterricht zu integrieren.

9.2 Lerntheoretische Überlegungen

Betrachtet man die Debatten um die Nutzung von Medien in Lehr- und Lernprozessen während der letzten hundert Jahre, so lässt sich feststellen, dass mit der Entwicklung und Einführung neuer Medientechnologien zumeist die Hoffnung auf eine Verbesserung des Lehrens und Lernens verbunden war. Ob es sich dabei um die Entwicklung der ersten Hörbücher, die Verbreitung des Fernsehens, die Entstehung der Computertechnologie oder aktuell um die Entwicklung des Web 2.0 handelt – stets wurden und werden wiederkehrende Hoffnungen auf eine Verbesserung des Lehrens und Lernens in den Bereichen des Aus- und Weiterbildungssystems angeführt.

Entscheidend für die Lernwirksamkeit neuer Medien ist allerdings die konkrete Einbettung in das Unterrichtsgeschehen. Es sollte weniger die Technik als vielmehr die methodisch-didaktische Realisierung im Vordergrund stehen (Primat der Didaktik), zu der im Folgenden einige Hinweise gegeben werden.

9.2.1 Lerntheoretische und mediendidaktische Konzepte

Die lerntheoretischen Grundlagen des Einsatzes von Medien im Unterricht haben sich in den letzten 30 Jahren grundlegend gewandelt. Während zu Beginn der Entwicklung digitaler Medien noch behavioristische Vorstellungen vom Lehren und Lernen und entsprechend basierte Programme (z. B. Übungs- und Trainingsprogramme nach dem Muster des programmierten Unterrichts) dominierten, werden seit Beginn dieses Jahrtausends vornehmlich konstruktivistische Lehr- und Lerntheorien propagiert (vgl. Schaumburg; Seidel 2009). Gemäss dieser Vorstellungen steht das aktive und selbstgesteuerte Lernen im Vordergrund, in welchem die Lernenden explorativ und expressiv arbeiten sollen und können (vgl. Wedekind 2008). Vor diesem Hintergrund werden andere Anforderungen an die Medien und auch an deren Nutzungsmöglichkeiten gestellt. Mit dem Einbezug des Konstruktivismus geht ein Perspektivenwechsel einher, bei welchem nicht mehr die Vermittlungsfunktion der Medien im Vordergrund steht, sondern vielmehr die Ermöglichung und Initiierung von aktiv-konstruktiven Lernaktivitäten durch Lernangebote (vgl. Kerres 2001).

Eng verbunden mit konstruktivistischen Überlegungen in Bezug auf das Lernen mit digitalen Medien ist das Lernumgebungskonzept, welches sich seit den 1980er Jahren etabliert hat (vgl. Tulodziecki 2005). Dieses Konzept beruht darauf, dass „[…] Lernen nicht als Prozess der Vermittlung von Kenntnissen, Fähigkeiten und Fertigkeiten von einem Lehrenden oder einem Lehrsystem an Lernende zu betrachten ist. Lernen soll vielmehr als aktive Auseinandersetzung von Lernenden mit ihrer Lernumgebung gestaltet werden." (Ebd., S. 5f.)

Anknüpfungspunkte ergeben sich dabei an Ansätze des situierten und problembasierten Lernens sowie an handlungsorientierte Konzepte, wie sie z. B. in den konstruktivistisch basierten Ansätzen des Cognitive Apprenticeship oder der 'Anchored Instruction' zu finden sind. Charakteristische Merkmale sind die Verwendung komplexer Ausgangsprobleme, welche zugleich als realistisch und lebensnah empfunden werden sollen, multiple Perspektiven sowie die Artikulation und Reflexion neu erworbenen Wissens (vgl. Eichelberger et al. 2008). Die Grundidee des Anchored Instruction-Ansatzes liegt in der Verwendung 'narrativer Anker' in Form von authentischen Problemsituationen. Typisches Beispiel ist die Videoserie der zwölf 'Abenteuer des Jasper Woodbury'[5]. Mit Hilfe der narrativen Anker soll das Interesse der Lernenden geweckt, ihnen die eigenständige Identifizierung und Definition von Problemen ermöglicht sowie die Aufmerksamkeit auf das Wahrnehmen und Verstehen dieser Probleme gelenkt werden. Von zentraler Bedeutung ist das bereits vorhandene Wissen der Lernenden sowie die Einbeziehung lebenspraktischer Zusammenhänge (vgl. Straka, Macke 2003). Der Ansatz des 'Cognitive Apprenticeship' ist vor allem auf die individuellen Bedürfnisse der einzelnen Lernenden ausgerichtet, denen ein grosses Mass an Unterstützung zukommen soll. Das Modell ist ein Ausbildungsprinzip, welches sich an die klassische Meisterlehre des Handwerks (z. B. die Ausbildung in einer Schneiderei) anlehnt. Lernen erfolgt durch Beobachten ('modeling'), Anleiten ('coaching') und schrittweises Annähern ('scaffolding' und 'fading') und ist auf das Handeln von Experten ausgerichtet (vgl. ebd.).

---

[5] http://peabody.vanderbilt.edu/projects/funded/jasper/Jasperhome.html, letzter Zugriff am 30.09.2009.

Als eine übergreifende Leitidee bzw. ein integratives Konzept gelten Blended Learning-Ansätze. Hierbei gilt es – im Sinn des englischen 'to blend' (verschneiden) – eine möglichst optimale Mischung zwischen vielerlei Lernformen zu finden, um so Vorteile der internetbasierten und der traditionellen Lernformen zu kombinieren und Synergieeffekte zu schaffen. Dies betrifft sowohl die methodische Gestaltung und die Lern- bzw. Sozialformen als auch den Medieneinsatz (vgl. Lermen 2008).
Der Einsatz von digitalen Medien in der Schule – vor allem in jüngeren Jahrgängen – wird allerdings auch von mehreren Autoren kritisiert, wie z. B. von Hartmut von Hentig (2002). Bemängelt wird v.a. das „Fehlen von Grunderfahrungen in zentralen Lebensbereichen" (Potthoff 2003, S. 175), d.h. der Verlust von Primärerfahrungen sowie eine soziale Vereinsamung der Lernenden (vgl. Hentig 2002). Häufig wird daher für einen (medien-)pädagogischen Schutzraum in der Schule plädiert, um so den Kindern und Jugendlichen einen unmittelbaren, ganzheitlichen Lebens- und Erfahrungsraum zuzusichern. Allerdings verfügt bereits ein Grossteil der Kinder und Jugendlichen über eigene Medien, so dass eine Bewahrpädagogik nicht mehr realisierbar und auch sinnvoll erscheint. Es geht vielmehr darum, den Heranwachsenden eine selbstbestimmte und kompetente Mediennutzung zu ermöglichen. Dazu bedarf es einer altersgerechten und gezielten Förderung entsprechender Medienkompetenzen, welche an die Besonderheiten und Bedürfnisse der Zielgruppe angepasst ist.
Aus lerntheoretischer Sicht ist v.a. bedeutsam, dass die spezifischen Potentiale und Einsatzmöglichkeiten des Lernens und Lehrens mit digitalen Medien herausgestellt werden und eine andere Art des Lernens postuliert wird, wie im Folgenden Kapitel aufgezeigt wird.

9.2.2 Medien und Schulentwicklung

Obwohl die Erwartungen an die Einführung eines neuen Mediums üblicherweise hoch sind und waren, ändert sich die Situation im Klassenzimmer auch mit der Nutzung von digitalen Medien nicht automatisch. Derzeit liegen eindeutige empirische Ergebnisse zum Lernen mit digitalen Medien noch kaum in repräsentativer Form vor, u.a. deshalb, weil ihr Einsatz im Fachunterricht bisher noch nicht sehr ausgeprägt ist. Sie werden zumeist nur in speziellen Fächern (ITG[6]) oder von einzelnen Lehrenden, aber nicht integrativ oder fächerübergreifend verwendet. Selbsteinschätzungen deuten allerdings darauf hin, dass positive Lernwirkungen vorhanden sind. Von entscheidenderer Bedeutung für eine lernförderliche Integration ist beim Einsatz von digitalen Medien allerdings die gleichzeitige Veränderung der Lehr- und Lernkultur und eine damit zusammenhängende Entwicklung neuer bzw. Anpassung bereits vorhandener didaktischer und methodischer Formen (vgl. Herzig; Grafe 2007).

---

[6] Die 'informationstechnische Grundbildung' (ITG) wurde zu Beginn der 1980er Jahre in Deutschland in der Sekundarstufe I weitläufig eingeführt, um den Computer „als Gegenstand und Werkzeug im Schulunterricht fest [zu verankern]" (Schaumburg; Seidel 2009, S. 360).

9.2.3 Anderes Lernen durch digitale Medien

Einzelinitiativen von Lehrkräften im Sinne einer Unterrichts- oder Personalentwicklung reichen in der Regel nicht aus, die Nutzung digitaler Medien nachhaltig zu etablieren. Eine innovative Einführung neuer Medien beinhaltet eine Perspektiverweiterung von der isolierten Nutzung einzelner Medien hin zu einer umfassenden Organisationsentwicklung, welche die Ebenen der Personal-, Unterrichts- und Organisationsentwicklung umfasst. Nur so lässt sich sicherstellen, dass durch die Einbindung digitaler Medien in den Unterricht kein Mehr*aufwand* für die Lehrenden, sondern ein Mehr*wert* für alle Beteiligten erreicht werden kann. Dies umfasst die Kooperation aller an der Erziehung beteiligten Instanzen sowie die Anknüpfung an einen generellen 'Wandel der Lernkultur' bzw. ein 'anderes Lernen' (Kerres 2001).

In dieser Konsequenz wird in einem Prozess der Organisationsentwicklung Schule als Ganzes erfasst, wobei eine Orientierung an einem Medienkonzept als Leitbild erfolgen sollte (vgl. Arnold, Kilian, Lermen 2008). Die Formulierung eines Leitbildes bietet die Möglichkeit einer Verständigung auf gemeinsame Ziele und einer institutionellen Verankerung. Diese strategische Ausrichtung ist u. a. auch deshalb sinnvoll und notwendig, weil die prozesshafte Etablierung digitaler Medien von der Kooperationsbereitschaft sämtlicher Beteiligten und auch vom institutionellen Umfeld abhängig ist.

Einen wichtigen Beitrag zur Schul- und Unterrichtsentwicklung bietet der Einsatz von digitalen, aber auch von traditionellen Medien in Bezug auf die Individualisierung von Unterricht. Eine effektive Nutzung von Computer und Internet kann den vornehmlich standardisierten Unterrichtsverlauf auflockern und den Schülerinnen und Schülern Möglichkeiten bieten, individuell nach den eigenen Bedürfnissen zu lernen und zu arbeiten. Dazu eignen sich unterschiedlichste Lern- und Fördersoftware oder Recherchemöglichkeiten im Internet. Dies bezieht auch Raumkonzepte mit ein: Um eine individuelle Nutzung der digitalen Medien zu ermöglichen, ist eine Abkehr von speziellen Schulungs- und Arbeitsräume hin zu Medienecken notwendig, auf welche die Schülerinnen und Schüler bei Bedarf jederzeit zugreifen können.

Insgesamt sind mögliche Massnahmen zur Vermittlung von Medienkompetenz (als qualifikatorische Grundanforderung und pädagogische Leitidee) dementsprechend von übergreifenden Schulentwicklungsprozessen abhängig und festigen gleichzeitig den gesellschaftlichen Auftrag von Schule. Digitale Medien können somit als Herausforderung für Schule und Unterricht betrachtet werden, der es mit angemessenen Konzepten zu begegnen gilt. Die Durchführung (medien-)pädagogischer Tage an Schulen mit der Möglichkeit Leitbilder zu formulieren bietet hier einen interessanten Ansatzpunkt.

9.3 Anregungen und Entwicklungsperspektiven

Ein wichtiger Bestandteil des Erziehungs- und Bildungsauftrags von Schule und Lehrenden wird zunehmend darin bestehen, mit den Lernenden „alternative *Medienhandlungsmuster* aufzubauen und einzuüben" (Spanhel 2008, S. 507). Dies schliesst selbstverständlich auch die Nutzung von und die Auseinandersetzung mit traditionellen Medien mit ein. Als „Königsweg der Medienpädagogik" (Wagner 2004, S. 176) gilt inzwischen die *aktive Medienarbeit*, d. h. die aktiv-konstruktive Auseinandersetzung mit Medien: „Dazu darf Medienpädagogik nicht in den Medienwelten vor allem Gefährdungen ausmachen, von denen es Kinder und Jugendliche zu bewahren gilt, sondern muss 'Vorhaben' ermöglichen (Adolf Reichwein), Projekte eröffnen, Erfahrungsräume anbieten." (Hoffmann 2008, S. 49). Somit stehen beim Einsatz digitaler Medien im Unterricht weniger spezifisch medienpädagogische oder mediendidaktische Fragestellungen im Vordergrund als vielmehr genuin pädagogisch-didaktische Aspekte. Wesentliche Merkmale eines solchen umfassenden Lernkulturwandels sind die Abkehr von der Dominanz lehrerzentrierten Unterrichts und die Hinwendung zu offenen, schülerzentrierten Unterrichtsformen, in welchen die Lernenden aktiv einbezogen werden (vgl. Arnold & Gómez Tutor 2007), was sich beispielsweise durch die Arbeit in konkreten Medienprojekten realisieren lässt. Dies bezieht u. a. die aktive Mediengestaltung z. B. durch die Erstellung eigner Medienprodukte (z. B. Filme, Nachrichtenbeiträge, ...) mit ein. Durch die digitalen Medien ergeben sich dabei einfachere Produktions- und Distribuierungsmöglichkeiten z. B. in Form von Podcasts – wie u. a. die zahlreich vorhandenen Beiträge im Internet belegen. Aktive Medienarbeit beinhaltet zudem, sich kritisch mit Medieninhalten auseinanderzusetzen und diese zu diskutieren und zu problematisieren.

Als typische Verwendungsformen computerbasierter Medien lassen sich mehrere Typen für den Bereich des Lehrens und Lernens unterscheiden: Präsentations- und Visualisierungssoftware, Drill- und Testsoftware (z. B. Vokabeltrainer), Tutorensysteme (Sprachtrainer, Übungen zur Mathematik), Simulationen (z. B. Wirtschaftssimulationen) sowie Mikrowelten und Modellbildung (vgl. von Martial & Ladenthin 2005). Diese 'Einzellösungen' lassen sich relativ problemlos auch in traditionelle Unterrichtssettings integrieren und beruhen auf unterschiedlichen lerntheoretischen Annahmen.

Mittlerweile gibt es einen reichhaltigen Fundus an entsprechender Unterrichtssoftware, allerdings in unterschiedlicher Qualität (siehe Literatur, kommentierte Literatur). Ein Beispiel für eine Übungssoftware im Bereich Mathematik (Grundschule) ist die Lern- und Fördersoftware '2weistein: Lernen – Trainieren – Spielen' (Brainmonster Studios, http://www.2weistein-training.de/). Die Software wurde bereits mehrfach ausgezeichnet (u. a. LARA EDUCATION AWARD 2009) und in Zusammenarbeit mit dem ADHS-Zentrum München entwickelt, so dass auch spezielle Übungen zur Förderung von Konzentrations- und Merkfähigkeit integriert sind.

Inzwischen werden auch didaktische Mittel bzw. spezielle *Online-Methoden* entwickelt, welche mit Hilfe der üblichen Tools des Internets genutzt werden können. Dazu zählen Webquests, Fallbeispiele, Online-Rollenspiele, Online-Diskussionen, Online-Quiz (z. B. HotPotatoes), E-Tivities. Die Mehrzahl dieser Methoden sind in traditionellen Lehr- und Lernsituationen anwendbar, können aber auch online durchgeführt werden. Gemeinsam ist ihnen, dass „sie zu einer neuen Lernkultur passen, in der schüleraktivierenden und auf Kooperation angelegten Methoden ein hoher Stellenwert zukommt" (Wagner 2004, S. 177). Das Web 2.0 mit den niedrigschwelligen Möglichkeiten zu partizipieren bietet hierfür zahlreiche Anknüpfungspunkte aus der medialen Lebenswelt der Heranwachsenden (vgl. Kerres 2006). Mit diesen partizipativen und kooperativen Ansätzen lassen sich Flexibilität und Problemlösungsverhalten sowie Teamfähigkeit fördern, welche als Basiskompetenzen für eine lebenslange Lernfähigkeit gelten (vgl. Eichelberger et al. 2008). Demgegenüber steht, dass das Internet bislang fast ausschliesslich als Informationsquelle in der Schule genutzt wird (vgl. Schaumburg & Seidel 2009). Wichtig für die Lehrenden ist es, durch ein breites Spektrum an Methoden eine methodische Vielfalt zu gewährleisten und so auch die weiteren Potenziale des Internets zu nutzen. Es darf auch nicht vergessen werden, dass „Lehrende […] ausserdem in Bezug auf die Verwendung digitaler Medien eine wichtige Vorbild- und Multiplikatorenfunktion [haben]" (Wedekind 2008, S. 28).

Eine interessante und für die Schülerinnen und Schüler motivierende Nutzungsvariante ist die Teilnahme an speziellen Wettbewerben für Medienprodukte, welche sich inzwischen etabliert haben[7].

Vielfache Anregungen in Bezug auf den Einsatz von Medien im Sinne einer Schul- bzw. Unterrichtsentwicklung und auf eine andere Art des Unterrichtens lassen sich bei etlichen Reformpädagogen wie z. B. Célestin Freinet oder Hugo Gaudig finden, welche insbesondere die Bedeutung des selbstgesteuerten Lernens und der Handlungsorientierung für den Unterricht betonen (vgl. Potthoff 2003, Eichelberger et al. 2008).

Die Nutzung digitaler Medien in der Schule ohne die übergreifenden Zusammenhänge der Schulentwicklung und des Lernkulturwandels zu betrachten, blendet zentrale Gesichtspunkte aus. Es scheint, dass nur aus dieser Perspektive die Potentiale der digitalen Medien angemessen ausgeschöpft werden können. Hemmend auf eine nachhaltige Medienintegration wirkt sich dagegen das Festhalten an typischen Merkmalen der traditionellen schulischen Lernkultur bzw. Organisationsstruktur wie z. B. die Rhythmisierung im 45-Minuten-Takt oder die strikte Fächertrennung aus (vgl. Arnold & Gómez Tutor 2007). Einen grossen Einfluss scheinen neben dieser Anpassung der organisatorischen Rahmenbedingungen die vorhandenen Überzeugungen und Einstellungen der Lehrerinnen und Lehrer zu besitzen – sowohl was das Lehren und Lernen mit digitalen Medien anbelangt als auch was

---

[7] Ein anregendes Beispiel ist der seit 2005 jährlich stattfindende Handyclipwettbewerb »Ohrenblick« (URL: http://www.ohrenblick.de/).

deren Bereitschaft zur Realisierung von schülerzentriertem, konstruktivistischem Unterricht betrifft.

9.4 Resümee

> „Die Computer werden nicht die Lehrer verdrängen,
> aber diejenigen, die nicht damit umgehen können"
> (Studienseminar Koblenz)

Die Entwicklung von Medienkompetenz gehört zu den wichtigen Aufgaben von Schulen und anderen Bildungseinrichtungen. Eine adäquate Nutzung insbesondere digitaler Medien beruht dabei auf einer Anpassung der Lernmethoden und der Gestaltung von Lernsituationen im Sinne einer neuen Lernkultur, so dass die sich bietenden Potentiale auch ausgeschöpft werden können. Allerdings muss beim Einsatz der Neuen Medien im Sinn einer neuen Lernkultur darauf geachtet werden, dass sich die neuen Formen nicht an einer Nachbildung tradierter Lernformen mit multimedialen Mitteln orientieren dürfen. Ihr Potential liegt vielmehr in einem grundlegend anderen Lernen, welches sich an den Kriterien für ein nachhaltiges Lernen orientieren muss. Dann ist auch die Voraussetzung dafür gegeben, dass durch den Einsatz digitaler Medien nicht weitere *Be*lastungen, sondern eine *Ent*lastung der Lehrenden eintreten kann.

Derzeit erscheint das Konzept einer aktiven Medienarbeit am aussichtsreichsten, um bei den Schülerinnen und Schülern umfassende und kritische Medienkompetenzen zu entwickeln. Gleichzeitig ergibt sich dadurch eine Chance für die Unterrichtsentwicklung, beinhaltet die Nutzung von Mobiltelefonen, Web 2.0-Anwendungen und Internet doch einen idealen Ansatzpunkt des didaktisch bedeutsamen Prinzips des Lebensweltbezugs. Bislang ist zu beobachten, dass digitale Medien „zur Lebenswelt der Jugendlichen [gehören] – aber nicht zu ihrer 'Lernwelt'" (Kerber 2008, S. 26). Eine fehlende Berücksichtigung von digitalen Medien in der Schule vernachlässigt einen zentralen Bereich der Lebenswelten von Kindern und Jugendlichen und blendet eine zentrale Entwicklungsaufgabe aus. Adäquater erscheint es, digitale Medien als aktuelle Herausforderung für Schule und Unterricht und als Instrument der und für die Schulentwicklung zu begreifen. So lässt sich auch die bereits alte pädagogische Leitidee umsetzen, die Schülerinnen und Schüler jeweils dort abzuholen, wo sie sich befinden.

Für eine lernförderliche Integration von digitalen Medien in die Schule wird es entscheidend sein, wie die damit zusammenhängenden Schulentwicklungsprozesse u. a. im Hinblick auf eine neue Lernkultur realisiert werden können (vgl. Spanhel 2008). Gute Ansatzmöglichkeiten bietet dabei z. B. die derzeit angestrebte Etablierung von Ganztagsschulen.

Literatur

Arnold, Rolf & Gómez Tutor, Claudia (2007). *Grundlinien einer Ermöglichungsdidaktik. Bildung ermöglichen – Vielfalt gestalten.* Augsburg: ZIEL.
Arnold, Rolf, Kilian, Lars & Lermen, Markus (Hrsg.). (2008). *Medienkompetenz* (Qualitätssicherung an Schulen, Bd. 3). Baltmannsweiler: Schneider Verlag.
Eichelberger, Harald et al. (2008). *Reformpädagogik goes eLearning: neue Wege zur Selbstbestimmung von virtuellem Wissenstransfer und individualisiertem Wissenserwerb.* München [u.a.]: Oldenbourg.
Hentig, Hartmut von. (2002). *Der technischen Zivilisation gewachsenen bleiben. Nachdenken über die Neuen Medien und das gar nicht allmähliche Verschwinden der Wirklichkeit.* Weinheim; Basel: Beltz Verlag.
Herzig, Bardo & Grafe, Silke. (2007). Digitale *Medien in der Schule: Standortbestimmung und Handlungsempfehlungen für die Zukunft.* Studie zur Nutzung digitaler Medien in allgemein bildenden Schulen in Deutschland. Bonn: Deutsche Telekom AG.
Hoffmann, Bernward. (2008). Bewahrpädagogik. In Uwe Sander u.a. (Hrsg.), *Handbuch Medienpädagogik* (S. 42–50). Wiesbaden: VS, Verl. für Sozialwiss.
Jörissen, Benjamin & Marotzki, Winfried. (2009): *Medienbildung – Eine Einführung.* Bad Heilbrunn: Klinkhard.
Kerber, Michael. (2008). Gefahr der Internetnutzung. Was tun bei Grenzüberschreitungen? *Pädagogik, 60* (5), 26–29.
Kerres, Michael. (2001). *Multimediale und telemediale Lernumgebungen – Konzeption und Entwicklung.* 2., vollst. überarb. Auflage. München; Wien: Oldenbourg.
Kerres, Michael. (2007). Mediendidaktische Potenziale von Web 2.0-Lernportalen. *Grundlagen der Weiterbildung / Praxishilfen.* 68. Ergänzungslieferung. Neuwied.
Kommission der Europäischen Gemeinschaften (2007). *An der Informationsgesellschaft teilhaben. Europäische i2010-Initiative zur digitalen Integration.* Brüssel.
Lermen, Markus. (2008). *Digitale Medien in der Lehrerbildung. Rahmenbedingungen, Einflussfaktoren und Integrationsvorschläge aus (medien-)pädagogischer Sicht.* Baltmannsweiler: Schneider-Verl. Hohengehren.
Martial, Ingbert von & Ladenthin, Volker. (2005). *Medien im Unterricht: Grundlagen und Praxis der Mediendidaktik.* 2., korr. und überarb. Auflage. Baltmannsweiler: Schneider-Verl. Hohengehren.
Medienpädagogisches Manifest. (2009). *Keine Bildung ohne Medien!* [WWW Dokument] Magdeburg 23.03.2009. [URL: http://www.dgfe.de/ueber/sektionen/sektion12/mp/Medienpaedagogisches_Manifest_Juli_2009.pdf, letzter Aufruf am 30.09.2009]
Moser, Heinz. (2005). Die Schule auf dem Weg zum eTeaching: Analoge und digitale Medien aus der Sicht von Lehrpersonen. *MedienPädagogik, (6),* [www.medienpaed.com], 1–20.
MPFS – Medienpädagogischen Forschungsverbund Südwest. (2008). *JIM 2008 – Jugend, Information, (Multi-) Media.* Basisstudie zum Medienumgang von 12- bis 19-Jährigen in Deutschland. Stuttgart.
MPFS – Medienpädagogischen Forschungsverbund Südwest. (2009). *KIM 2008 – Kinder + Medien, Computer + Internet.* Basisstudie zum Medienumgang 6- bis 12-jähriger. Stuttgart.
Potthoff, Willy (2003). *Einführung in die Reformpädagogik: von der klassischen zur aktuellen Reformpädagogik.* 4. aktual. Auflage. Freiburg: Verlag Potthoff.
Schaumburg, Heike; & Seidel, Thomas. (2009). Online-Lernen in der Schule. In Ludwig Issing & Ludwig J. Paul Klimsa (Hrsg.), *Online-Lernen. Handbuch für Wissenschaft und Praxis* (S. 359–366). München: Oldenbourg Wissenschaftsverlag.
Schmidt, Jan-Hinrik, Hasebrink, Uwe & Paus-Hasebrink, Ingrid. (2009). *Heranwachsen mit dem Social Web. Zur Rolle von Web 2.0 – Angeboten im Alltag von Jugendlichen und jungen Erwachsenen.* Hamburg; Salzburg.
Six, Ulrike. (2008). Medien und Entwicklung. In Rolf Oerter & Leo Montada (Hrsg.): *Entwicklungspsychologie* (S. 885–909), vollst. überarb. Auflage. Weinheim [u.a.]: Beltz PVU.
Spanhel, Dieter. (2008). Schule und traditionelle Medien. In Uwe Sander u.a. (Hrsg.), *Handbuch Medienpädagogik* (S. 505–511). Wiesbaden: VS, Verl. für Sozialwiss..

Straka, Gerald A. & Macke, Gerd. (2003). *Lern-Lehr-Theoretische Didaktik*. 2. Auflage. Münster [u.a.]: Waxmann.

Tulodziecki, Gerhard. (2005). Zur Situation der Medienpädagogik in der Bundesrepublik Deutschland. *MedienPädagogik* [www.medienpaed.com], *6*, 1–44.

van Eimeren, Birgit &Frees, Beate. (2009). Der Internetnutzer 2009 – multimedial und total vernetzt? (Ergebnisse der ARD / ZDF-Onlinestudie 2009). *Media Perspektiven, 7*, 334–348.

Wagner, Wolf-Rüdiger. (2004). *Medienkompetenz revisited: Medien als Werkzeuge der Weltaneignung: ein pädagogisches Programm*. München: kopaed.

Wedekind, Joachim. (2008). Medienkompetenz für (Hochschul-) Lehrende. *Zeitschrift für e-learning, 2*, 24–37.

Anregungen und Reflexionen

1. Können Sie Auswirkungen, welche sich aus der Mediatisierung der Lebenswelt von heutigen Jugendlichen ergeben, in Ihrem Umfeld erkennen?
2. Wie könnte eine konkrete Medienprojektarbeit zum Thema Internetsicherheit gestaltet sein?
3. In welchen Themen bzw. Fächern bietet sich der Einsatz von digitalen Medien besonders an? In welchen nicht?
4. Welche konkreten Fertigkeiten und Kompetenz benötigen Heranwachsende, um sachgerecht mit den Medien umgehen zu können?
5. Wie können Benachteiligungen durch unterschiedliche Zugangsmöglichkeiten zu den Medien in der Schule kompensiert werden?

Weiterlesen

Martial, Ingbert von & Ladenthin, Volker. (2005). *Medien im Unterricht: Grundlagen und Praxis der Mediendidaktik.* **2., korr. und überarb. Auflage. Baltmannsweiler: Schneider-Verl. Hohengehren.**

Das Buch bietet einen umfangreichen Überblick über jene Medien, die in Lehr- und Lernprozessen eingesetzt werden können. Dabei werden vornehmlich traditionelle Medien vorgestellt, deren Besonderheiten und Einsatzmöglichkeiten in kompakter Form dargestellt werden.

Sander, Uwe, von Gross, Friederike & Hugger, Kai-Uwe. (Hrsg.). (2008): *Handbuch Medienpädagogik.* **Wiesbaden: VS, Verl. für Sozialwiss.**

Im umfangreichen Sammelband werden die unterschiedlichen Bereiche der Medienpädagogik anschaulich erläutert und umfassend dargestellt. Die einzelnen Aspekte werden von namhaften Autoren auf wenigen Seiten gut lesbar zusammengefasst.

Eichelberger, Harald, Laner, Christian, Kohlberg, Wolf Dieter, Stary, Edith & Stary, Christian. (2008). *Reformpädagogik goes eLearning: neue Wege zur Selbstbestimmung von virtuellem Wissenstransfer und individualisiertem Wissenserwerb.* **München [u.a.]: Oldenbourg.**

Lesenswerte Einführung in die Grundgedanken unterschiedlicher Reformpädagogen, wobei die Parallelen und Anknüpfungspunkte zu heutigen Ansätzen des e-Learning aufgezeigt werden. Die Überlegungen werden dabei konsequent in Form eines konkreten Praxisbeispiels illustriert.

Issing, Ludwig J. & Klimsa, Paul (Hrsg.) (2009). *Online-Lernen. Handbuch für Wissenschaft und Praxis.* **München: Oldenbourg Wissenschaftsverlag.**

In dem aktuellen Sammelband werden die die Facetten des Online-Lernens in den unterschiedlichen Bildungsinstitutionen in kompakten Kapiteln beleuchtet. Der Band bietet einen umfassenden Blick auf die theoretischen Konzepte sowie deren praktische Umsetzung.

Weitersurfen

http://www.dgfe.de/ueber/sektionen/sektion12/mp/Medienpaedagogisches_Manifest_Juli_2009.pdf
In diesem Dokument werden die bildungspolitischen Forderungen der zentralen medienpädagogischen Einrichtungen in Deutschland vorgestellt.

http://www.sodis.de/
Eine umfangreiche und begutachtete Sammlung bietet die Datenbank »SODIS – Neue Medien im Unterricht«. Datenbank der deutschen Länder und Österreichs für Medien in der Bildung.

http://www.mediaculture-online.de/
Das Portal für Medienpädagogik und Medienkultur enthält vielfache Hinweise zum Einsatz unterschiedlichster Medien in verschiedensten Bereichen und z. B. konkrete Hinweise auf aktuelle Wettbewerbe.

http://www.schulprojekt-mobilfunk.de/
Das Schulprojekt Mobilfunk des IZMF bietet Materialien für kreativen Unterricht (z. B. Unterrichtshefte und Arbeitsblätter für Sekundarstufe I und II), mit deren Hilfe ein verantwortungsvoller Umgang erlernt werden soll.

http://www.internauten.de/
Der 'Internauten Medienkoffer' für Schulen (3.–6. Klasse) enthält Unterrichtseinheiten und Unterrichtsmaterialien in unterschiedlichster Form v.a. rund um das Thema Sicherheit im Internet.

http://www.zartbitter.de/
Zartbitter bietet Materialen (z.B. Theaterstücke) gegen Handygewalt und sexuelle Übergriffe im Internet.

Sandra Brandt

10. Geschlechtersensibles Lehren und Lernen: Anregungen für den Mathematikunterricht

Als Mathematiklehrerin auf der Sekundarstufe I werde ich mit der Situation konfrontiert, dass Schülerinnen von sich aus sagen: „Ich verstehe Mathematik nicht. Aber ich bin ja auch ein Mädchen." In diesem Beitrag sollen Einblicke in Verschiedenheiten und Gemeinsamkeiten der Gender-Perspektiven im Allgemeinen und im Speziellen im Mathematikunterricht beleuchtet werden. Geschlechtsspezifische Aussagen als Lehrperson im Unterricht kritisch zu analysieren und verborgene Geschlechterrelevanz in anscheinend geschlechtsneutralen Aussagen zu entdecken, wird ein Ziel in diesem Beitrag sein. Unsere soziale Umwelt – wie beispielsweise Eltern, Lehrpersonen – vermittelt uns bereits in der Kindheit geschlechtsspezifische Verhaltensmuster, Werte und Normen, die als gegeben zu betrachten sind und dadurch reproduziert werden. Geschlechterrollen und Erwartungen verfestigen sich (Buchmayer 2008). Wenn Lehrpersonen geschlechterkompetent lehren (wollen), müssen sie eine geschlechtergerechte Sprache verwenden, welche beide Geschlechter sichtbar und hörbar macht (Spiess 2008).
Mathematik ist ein Teil unserer Kultur. Sie ist eine Schlüsselqualifikation für naturwissenschaftliche, technische und wirtschaftswissenschaftliche Fachrichtungen. Wissenschaften wie Mathematik, Physik oder Chemie bevorzugen bis heute die Männer. An Beispielen wie den Einstellungen zu Mathematik und dem fachbezogenen Leistungsselbstkonzept soll gezeigt werden, wie sich die Lehr- und Lernkultur in Mathematik unterschiedlich auf die Geschlechter auswirkt. Zum Schluss werden Beispiele genannt, wie Mathematikunterricht verändert werden kann, um Mädchen und Jungen gleichermassen gerecht zu werden. Die schuldidaktische Forschung hat gezeigt, dass eine gendersensible Lehre beiden Geschlechtern zugutekommt (Curdes 2007a, 2007b).
Mädchen haben häufig andere Interessen als Jungen (Kinski 1995). Interessen sind aber von grosser Bedeutung für die Entwicklung von Fähigkeiten, weil sie geistige Tätigkeiten auf einen spezifischen Gegenstandsbereich festlegen (Schiefele, Hausser & Schneider 1979; Srocke 1989).
Dieser Beitrag bezieht sich inhaltlich auf Genderansätze in Unterricht und Forschung und ist so aufgebaut, dass er Genderwissen über Geschlechterverhältnisse und Forschungsansätze im Fachgebiet Mathematik und Methodenkompetenz vermittelt als auch konkrete Handlungskonzepte aufzeigt.

10.1 Geschlecht: Begriffserklärungen

Traditionelle Bilder von Frauen und Männern beinhalten Zuschreibungen von klar abgrenzbaren Geschlechterrollen. Die Geschlechterforschung geht heute davon aus, dass Männlichkeit und Weiblichkeit im Zusammenhang mit sozialen Interaktionen hervorgebracht werden.

10.1.1 Das sex-gender-Konzept

In den 1970er Jahren kam die Unterscheidung zwischen sex (als biologisches Geschlecht) und gender (als soziales Geschlecht) auf (Grünewald-Huber & Gunten 2009). Dieses sex-gender-Konzept hat einen bedeutungsvollen Stellenwert in der Genderforschung. Die Geschlechter sind Rollen, die gesellschaftlich konstruiert werden (Schleier 2007). Gender – oder eben das in sozialen Interaktionen hergestellte Geschlecht – ist in den Alltag eingeschrieben. Bestimmungen des sozialen Geschlechts erfolgen immer situativ, kontextspezifisch, sind variabel und veränderbar.

Eng mit dem sex-gender-Konzept verbunden und im heutigen Schulunterricht gefordert, ist der Erwerb von Genderkompetenz bei den Lehrpersonen. Grossen Stellenwert in den heutigen Diskussionen besitzt Genderkompetenz als Schlüsselqualifikation (Bildungskommission Nordrhein-Westfalen 1995; Grünewald-Huber & Gunten 2009). Allerdings ist der Begriff Genderkompetenz weder eindeutig definiert noch klar umschrieben, sondern wird in unterschiedlicher Weise diskutiert.

10.1.2 Die Genderkompetenz

Genderkompetenz ist die Synthese von Kenntnissen, Fähigkeiten und Fertigkeiten, die durch Erkenntnisprozesse angeeignet und erprobt wird. Der Ansatz von Metz-Göckel und Roloff (2002) versteht unter Genderkompetenz das Wissen, in Verhalten und Einstellungen von Frauen und Männern soziale Festlegungen im Alltag zu erkennen und die Fähigkeit, mit dieser so damit umzugehen, dass beiden Geschlechtern neue und vielfältige Entwicklungsmöglichkeiten eröffnet werden.
Genderkompetentes Handeln im Unterricht verfolgt das Ziel der individuellen und gesellschaftlichen Auseinandersetzung mit Geschlechterkonstruktionen und bildet den Ausgangspunkt für die Gleichstellung von Frau und Mann. Dieses Handeln setzt allerdings die Einsicht in das Geschlechterverhältnis voraus, das beispielsweise seinen Ausdruck in der Arbeitsteilung der Geschlechter findet. Die Bereitschaft der Rekonstruktion sozialer Konstruktionen von Geschlecht sowie das Erkennen von Ungleichheiten zwischen Frauen und Männern ist hierbei von zentraler Bedeutung (Riesen 2006; Rosenkranz-Fallegger 2009).
Didaktische Genderkompetenz bedeutet, allen Schülerinnen und Schülern in gleicher Weise viel zuzutrauen und keine Geschlechterunterscheidungen wie beispielsweise Begabung im Fach Mathematik zu machen. In diesem Zusammenhang sind auch winzige Signale wichtig, wie etwa die gerechte Verteilung von Aufmerksamkeit in Unterrichtssituationen (Spiess 2008). Durch gendersensiblen Unterricht

entwickeln Schülerinnen und Schüler Genderkompetenz (Dudeck & Jansen-Schulz 2006).

Zusammenfassend kann festgehalten werden, dass Genderkompetenz bei Lehrpersonen das Wissen über Geschlechterverhältnisse und deren Ursachen umfasst sowie die Fähigkeit, dieses Wissen anzuwenden und darüber zu reflektieren.

10.2 Geschlechtsspezifische Verhaltensweisen in der Mathematik

10.2.1 Geschlechtsspezifische Verhaltensweise – Sozialisation

Technikbeherrschung wird in der westlichen Gesellschaft noch immer mit Männlichkeit gleichgesetzt, Fürsorglichkeit hingegen mit Weiblichkeit (Plaimauer 2008). Da Mädchen aufgrund häuslicher geschlechtsspezifischer Sozialisation weniger Erfahrung im Umgang mit Geräten und Apparaturen als die Jungen besitzen, ist ihre Ausgangslage für den mathematischen Bereich im Unterricht unterschiedlich (Benke & Stadler 2008; Hannover & Bettge 1993; Tobies 2008). Hannover und Bettge (1993) erkennen den Grund für diese Verhaltensweisen nicht nur in der Sozialisation, sondern auch im mangelnden Interesse der Mädchen an mathematischen Fächern. Ungleiches kann nicht mit Gleichem gleich gefördert werden. Das Zugehen auf den einzelnen Schüler und die einzelne Schülerin muss folglich dort stattfinden, wo die Gesellschaft das Selbstwertgefühl der Mädchen oder Jungen angreift (Benke & Stadler 2008). Spüren die Schülerinnen, dass eine Mathematiklehrperson weniger von ihnen erwartet, so kann das wiederum Auswirkungen auf das Interesse haben (Tobies 2008). Studien zum mathematischen Problemlösen von Schülerinnen und Schülern haben gezeigt, dass der Erfolg beim Problemlösen nicht ausschliesslich von den kognitiven Fähigkeiten einer Person abhängt (Grigutsch, Raatz & Törner 1998). Für das Mathematiklernen gilt nach Pehkonen (1993, 1995), dass die Lernerfahrungen die Vorstellungen prägen und umgekehrt die Vorstellungen sich auf das Lernverhalten auswirken. Frühere Erfahrungen einer Schülerin oder eines Schülers mit dem Mathematiklernen wirken ausnahmslos auf der Ebene der Vorstellungen meistens unbewusst. Wenn das Mädchen oder der Junge das mathematische Wissen verwendet, sind daran auch die Vorstellungen über Mathematik beteiligt. Es gibt mehrerlei gesellschaftliche Erwartungen und Mythen, wie beispielsweise dass Mathematik nichts für Mädchen sei, die ebenfalls auf die mathematische Tätigkeit der Lernenden über das Vorstellungssystem wirken (Pehkonen 1995). Mädchen erwarten von ihrer Umwelt nur wenig soziale Anerkennung für ein Engagement im mathematischen Bereich. Dies könnte damit zusammenhängen, dass das Geschlechtsrollenstereotyp bei Mädchen im Vergleich zu Jungen weniger Gemeinsamkeiten mit einem mathematisch-naturwissenschaftlich-technischen Berufsstereotyp aufweist (Hannover, Scholz & Laabs 1992). Offenbar können Mädchen erzielte Leistungen in männlichen Domänen nicht gut in soziale

Anerkennung umsetzen wie Jungen (Heller 1990) und meiden daher bewusst oder unbewusst diese Bereiche. Weil der Sozialisationshintergrund der Mädchen zu wenig berücksichtigt wird, ist der Mathematikunterricht oftmals weniger geeignet, um die Mädchen zu motivieren (Jahnke-Klein 2001). Für die Mädchen ist es wichtig zu wissen, in welchen Zusammenhang sie das Gelernte einsetzen können. Es geht ihnen in der Mathematik mehr um eine gute Vermittlung durch die Lehrperson, während bei den Jungen die Verständlichkeit stärker betont wird. Viele Mädchen empfinden den Mathematikunterricht irrelevant oder gar als verlorene Lebenszeit oder gehen davon aus, dass ihr zukünftiger Beruf wenig mit Mathematik zu tun haben wird (Beermann, Heller & Menacher 1992; Drudes 2007a; Frank, 2003; Jahnke-Klein 2001; Stage, Kreinberg, Eccles & Becker 1985). Sowohl die Mädchen als auch die Jungen vermuten eine grössere Nützlichkeit der Mathematik für das männliche Geschlecht (Boswell 1985).

10.2.2 Geschlechtsspezifische Verhaltensweise – mathematische Fähigkeiten

Ist das Mathematische tatsächlich das Gegenteil von Weiblichkeit? Die Annahme einer geringeren mathematischen Begabung der Frauen ist weit verbreitet und hat eine lange Geschichte. Doch in etlichen Studien konnte festgestellt werden (Jahnke-Klein 2001), dass die Mädchen bei der Bearbeitung mathematischer Probleme ebenso gut wie die Jungen abschneiden, sofern ihnen genügend Zeit zur Verfügung gestellt wird. Mädchen überlegen länger, während die Jungen die Aufgaben sofort angehen und Lösungsansätze ausprobieren. Beim Interesse an Mathematik und in Leistungstests (z. B. TIMSS oder PISA) gibt es allerdings Geschlechterdifferenzen (Curdes 2007a). Die grössten Leistungsunterschiede lassen sich im Bereich des Problemlösens, des Abrufs und Anwenden von Faktenwissen, des Heranziehens eines mentalen Modells sowie bei bestimmten Testaufgaben zum räumlichen Denken feststellen (Frank 2003; Kinski 1995; Menacher 1994). Hier schneiden die Mädchen etwas schlechter ab als die Jungen. Tiedemann und Faber (1994) weisen in ihrer vierjährigen Längsschnittstudie nach, dass in den ersten Grundschuljahren Mädchen deutlich bessere Rechenfertigkeiten zeigen als Jungen. Ab der vierten Klasse wird bei der Beurteilung mathematischer Leistungen die Rechenfertigkeit durch Fähigkeiten wie Verständnis mathematischer Begriffe und anwendungsbezogenes Problemlöseverhalten abgelöst. Darin scheinen die Jungen besser zu sein.

10.3 Leistungen und Selbstkompetenzüberzeugung der Schülerinnen und Schüler in der Mathematik

10.3.1 Leistungen der Schülerinnen und Schüler in der Mathematik

In der vierten Klasse können die Mädchen ihren Leistungsvorsprung in Mathematik gegenüber den Jungen nicht mehr halten. Und ab Ende der Grundschulzeit gleichen sich die Leistungen der Schülerinnen – mit Ausnahme der Rechenfertigkeiten – in allen Bereichen (Geometrie, Problemlösefähigkeit usw.) an die der Schüler an oder fallen sogar dahinter zurück (Marshall & Smith 1987). Die Überlegenheit der Jungen in den mathematischen Leistungen tritt erst im Sekundarbereich – im Alter von etwa 14 Jahren – auf (Keller 1998; Rustemeyer & Jubel 1996).
Es zeigt sich, dass Schülerinnen häufig ihre Leistungsfähigkeit in Mathematik schwächer einschätzen als Schüler und dies sogar bei gleicher schulischer Leistung. Von zentraler Bedeutung für die Beschreibung des Zusammenhangs von Selbsteinschätzung und Leistungshandeln in der Mathematik ist die Attribution von Erfolg und Misserfolg. Dass sich Jungen in Mathematik höhere Fähigkeiten zuschreiben als Mädchen ist bekannt. Dies ist angesichts der besseren Leistungen der Jungen ab Mittelstufe beziehungsweise Beginn der Pubertät im Schulfach Mathematik auch nachvollziehbar.

10.3.2 Selbstkompetenzüberzeugung der Schülerinnen und Schüler in der Mathematik

Nach Keller (1998) ist die mathematische Leistung vom Vertrauen in die eigene mathematische Begabung abhängig. Bei einer Befragung von 6'600 Mädchen und Jungen stellt Keller (1998) fest, dass androgyn und maskulin orientierte Mädchen und Jungen ein höheres Selbstvertrauen in ihre mathematische Begabung haben und in der Folge höhere Mathematikleistungen erbringen (im Gegensatz zu Mädchen und Jungen, die feminin oder indifferent orientiert waren). Dieser Befund deckt sich mit Noseks, Banajis und Greenwalds (2002) Feststellungen. Mädchen weisen umso negativere Einstellungen gegenüber Mathematik auf, je stärker sie sich mit der eigenen Geschlechterrolle identifizieren. Schülerinnen trauen sich bei mathematischen Aufgaben weniger eine erfolgreiche Problemlösung zu als die Schüler (Bettge 1992; Deaux 1984; Rustemeyer 1988). In einem männlich stereotypisierten Fach wie Mathematik zeigen Schülerinnen bei gleichen Noten häufig ein negativeres Leistungsselbstkonzept als Schüler (Curdes 2007b). Beim Attributionsverhalten hat die Forschung Geschlechterunterschiede zu ungunsten der Mädchen besonders in männlich stereotypisierten Fächern gefunden (Curdes, Jahnke-Klein, Lohfeld, Wiebke & Pieper-Seier 2003; Rustemeyer & Jubel 1996; Tiedemann & Faber 1995). Schülerinnen erklären sich mathematische Erfolge seltener als Schüler mit ihren eigenen Fähigkeiten und führen gleichzeitig Misserfolge im Fach Mathematik häufiger auf mangelnde Fähigkeiten zurück. Jungen dagegen erklären mathematische Misserfolge mit mangelnder Anstrengung oder einfach mit Pech, Erfolge im Fach Mathematik dagegen mit eigenen Fähigkeiten (Curdes 2007b). Keller (1998) betont, dass sich die Geschlechterunterschiede in den Mathematikleistungen bei Schülerinnen und Schülern der siebten bis neunten Klasse vollständig durch Unterschiede im Selbstvertrauen erklären lassen. Solche ungünstigen Attributionsmuster der Mädchen wirken sich auf die Lern- und Leistungsmotivation aus und führen nicht selten zu einem Verhaltensmechanismus der sogenannten erlernten Hilflosigkeit (Seligman 1975). Fragt man nach der Selbsteinschätzung bezüglich der Mathematiknote generell und in Bezug auf die Prüfung, beurteilen sich Mädchen schlechter als Jungen und erwarten auch eine schlechtere Note. Mädchen führen in der Befragung vor einer Prüfung die erwartete Leistung auf eine gute Vorbereitung zurück. Dieser Befund ist mit dem grossen Lernaufwand, den die Mädchen nach eigener Aussage für den Mathematikunterricht und auch die Mathematikarbeit aufwenden, kongruent. Unter dem Eindruck der gerade geschriebenen Prüfung spielt dann allerdings diese Lernvorbereitung keine Rolle mehr für die Unterscheidung zwischen den Geschlechtern. In dieser Situation kommt die Begabungsattribution zum Zuge: Mädchen halten sich für weniger begabt in Mathematik als Jungen. Nachdem die Prüfung, bei der sich die Noten der Mädchen und Jungen im Durchschnitt nicht unterscheiden, zurückgegeben ist, treten Unterschiede zwischen der Schülerin und dem Schüler vor allem in der Schwierigkeitsattribution auf, indem die Mädchen die erzielte Note eher auf die Leichtigkeit der gestellten Mathematikaufgaben zurückführen als Jungen. Bei dieser Befundlage ist es nicht weiter erstaunlich, dass Jungen im Vergleich zu Mädchen mehr Freude und Spass am Fach Mathematik haben, das Fach insgesamt für relevanter halten, es eher nicht abwählen würden und sich vorstellen könnten, einen Beruf zu ergreifen, der mathematisches Wissen voraussetzt (Rustemeyer & Jubel 1996).

10.4 Einstellungen von Lehrpersonen über Mathematik

10.4.1 Wahrnehmung der Lehrperson

Die Wahrnehmung von Unterschieden zwischen den Bedürfnissen von Mädchen und Jungen spielt erst in neuerer Zeit eine Rolle in der Lehrerinnen- und Lehrerausbildung (Jahnke-Klein 2001). Die Vorstellung über Mathematik und auch die Einschätzung der eigenen mathematischen Fähigkeiten entfalten sich durch die in der Schule gemachten Erfahrungen mit Mathematik und durch die dort vermittelten Auffassungen der Lehrpersonen. Die Lehrperson lehrt nicht nur mathematische Inhalte, sondern auch ihr persönliches Bild von Mathematik sowie ihre Vorstellungen über die Leistungsfähigkeit von Mädchen und Jungen im Fach Mathematik.

Eine geschlechterstereotype Wahrnehmung von Begabungsunterschieden im Schulfach Mathematik weisen mehrere Studien nach: Schüler werden bei gleicher Leistung häufiger als Schülerinnen als mathematisch begabt eingeschätzt (Beerman, Heller & Menacher 1992; Jahnke-Klein 2001). Nicht nur die Lehrperson schätzt die Mathematikbegabung der Mädchen geringer ein als die der Jungen, sondern auch Eltern, Schülerinnen und Schüler (Grünewald-Huber & Gunten 2009; Menacher 1994). Damit beginnt ein Mechanismus von Erwartung und Erwartungserfüllung zu spielen, der nur zu durchbrechen ist, wenn die Wirkung nicht länger für die Ursache gehalten wird. Eine Untersuchung im Grundschulbereich zeigt (Faulstich-Wieland 1996), dass Lehrpersonen die Anzahl der Schüler mit Mathematikleistungsschwäche unterschätzen, hingegen die Zahl der Schülerinnen überschätzen. Den Jungen scheint auf der Grundlage des Geschlechterrollenstereotyps gleich ein Bonus in Mathematik gegeben zu werden. Der Zürcher Erziehungswissenschafter Stöckli (1997) hat die Klasseninteraktion von Lehrern und Lehrerinnen im Fach Mathematik verglichen und ist zum Resultat gekommen, dass das Ungleichgewicht bei männlichen Lehrpersonen besonders markant sei. Bei ihnen fallen nur 27 Prozent der lobenden Reaktionen auf Mädchen. Mädchen lernen in der Schule nicht, ihre besseren Leistungen im späteren Berufsleben zu verwerten.

10.4.2 Folgen der Wahrnehmung von Lehrpersonen

Jungen sind für die Lehrpersonen mathematisch begabter als die Mädchen. Dies hat zur Folge, dass dem Schüler eher zugetraut wird, schwierige Probleme alleine zu lösen und den Mädchen schnellere Hilfe angeboten wird (Beerman, Heller & Menacher 1992; Jahnke-Klein 2001). Die Schülerinnen lassen sich durch die Einstellungen der Lehrperson stärker beeinflussen als die Jungen, weil die Mädchen stärker personenorientiert sind (Jahnke-Klein 2001). Eine von Meyer und Dickhäuser (1998) in der Grundschule durchgeführte Untersuchung kommt zum Ergebnis, dass Mädchen stärker von dem wahrgenommenen Urteil der Lehrperson beeinflusst werden als von den tatsächlich erzielten Noten. Die Korrelation zwischen der Einschätzung der Lehrperson und der Selbsteinschätzung ist nur bei den Mädchen signifikant (Jahnke-Klein 2001).
Geschlechterstereotype scheinen nur schwer veränderbar zu sein. Es gilt aber wahrzunehmen, wie die Begabung und Wissbegierde von Mädchen als weiblicher Fleiss fehlinterpretiert wird (Grünewald-Huber & Gunten 2009; Popp 1997). Auf die Jungen wirken sich bisherige gesellschaftliche Bevorzugung etwa in Form von höherer Begabungszuschreibung und die männliche Sozialisation zunehmend als Nachteil aus. Der Geniebonus hemmt wichtige Entwicklungsschritte. Denn wer sich in der Schule überschätzt, sei es bezüglich den eigenen Lernvoraussetzungen oder den erbrachten Leistungen, ist in der Regel weniger leistungsbereit, was Auswirkungen auf die effektiven Leistungen hat. Jungen laufen Gefahr, selbstbezogen zu werden und übermässig stark nach Anerkennung zu streben. Werden die Jungen in dieser Situation einseitig als Opfer wahrgenommen, werden überfällige

Einstellungs- und Verhaltensänderungen und damit auch bessere Leistungen der Jungen erschwert oder verunmöglicht (Grünewald-Huber & Gunten 2009).

10.5 Handlungsmöglichkeiten der Lehrperson im Mathematikunterricht

10.5.1 Lerninhalte

Geschlechtergerechter Unterricht knüpft an unterschiedliche Kompetenzen von Mädchen und Jungen und nicht an ihre Defizite an. Geschlechtsspezifische Interessen, Vorerfahrungen sowie Vorkenntnisse müssen bei der Auswahl von Lerninhalten berücksichtigt werden. So spricht zum Beispiel Anbindung an Technik, Macht, Herrschaft, Kontrolle, Wettbewerb eher Jungen an, während die Motivation der Mädchen eher auf den Kontext Mensch, Umwelt, Natur, Gesundheit, Fragen der Zukunftsbewältigung gerichtet ist. Für Schulbücher bedeutet dies konkret, dass in den Beispielen und Aufgaben die Interessensgebiete von Jungen und Mädchen gleichermassen berücksichtigt werden müssen (Curdes 2007a). Insgesamt ist darauf zu achten, dass die unterschiedlichen Lebenswelten und Leistungen von Frauen und Männer aus der Vergangenheit und in der Gegenwart als gleich wichtig und gleichwertig im Mathematikunterricht thematisiert werden. Der Sinn des Gelernten muss sichtbar gemacht werden, indem Bezüge der Mathematik zu anderen Fachdisziplinen und zum alltäglichen Leben hergestellt und die Vielfältigkeit von Mathematik aufgezeigt werden (Tobies 2008).

10.5.2 Methoden und Organisationsformen

Methoden und Organisationsformen von Unterricht müssen bezüglich ihrer unterschiedlichen Wirkung auf Mädchen und Jungen hinterfragt werden. Bei Partnerarbeit und Gruppenarbeit wirken sich die besser entwickelte Kooperationsfähigkeit der Mädchen, die Konzentrationsfähigkeit und Zielstrebigkeit, aber auch ihr Wohlverhalten positiv aufs Lernen aus. Einzelne Jungen tun sich bei der Präsentation von Ergebnissen leichter. Mädchen müssen für einen Vortrag oder eine PowerPoint Präsentation zu Beginn mehr ermutigt werden. Bei Projektarbeiten, bei denen über einen längeren Zeitraum ein regelmässiger Arbeitsaufwand zu leisten ist, tun sich Mädchen leichter. Besonders stark zeigen sich diese Unterschiede in der Pubertät. Hier nützt beiden Geschlechtern der zeitweise Unterricht in geschlechtshomogenen Gruppen, weil er bei den Mädchen gezielt an ihren Kompetenzen ansetzen kann und die Jungen dank Fehlens des weiblichen Publikums von Imponiergehabe entlastet (Frank 2003). Mädchen haben im Mathematikunterricht Angst davor, ausgelacht zu werden. Das ist ein weiterer wichtiger Grund dafür, dass Mädchen im monoedukativen Unterricht im Durchschnitt bessere Leistungen bringen und sich mehr für 'männliche' Fächer interessieren. Insbesondere trauen sie sich in geschlechtshomogenen Gruppen mehr zu fragen, wenn sie etwas nicht verstanden haben (Tobies 2008). Dabei muss Eltern, Schülerinnen und Schülern vermittelt werden, dass es sich hier um neue Lernchancen und nicht um Trennung in dumme Mädchen und böse Buben handelt (Frank 2003).

10.5.3 Einstellung gegenüber dem Fach Mathematik

Die Lehrperson muss ihr Handeln den Lernenden gegenüber daraufhin überprüfen, ob sie Mädchen und Jungen wirklich gleich behandelt, beide Geschlechter mit dem Lerninhalt anspricht und Leistungen objektiv wahrnimmt (Tobies 2008). Insgesamt erweist es sich als förderlich, die unterschiedlichen Sichtweisen von Schülerinnen und Schüler zuzulassen, diese zu diskutieren und nicht abzutun. Eine positive Auseinandersetzung mit Fehlern unterstützt den Erkenntnisprozess. Das Zulassen von Umwegen und das bewusste Anregen einer Suche nach alternativen Lösungswegen fördern die kreativen Fähigkeiten und das Selbstvertrauen der Schülerinnen und Schülern in ihre mathematischen Fähigkeiten. Dies dient zugleich nachweislich dem Interesse am Fach und der Lernfreude. Das Selbstvertrauen in die eigenen Fähigkeiten kann durch das bewusste Organisieren von Erfolgserlebnissen gefördert werden – auch für Jungen (Jungwirth 1990; Tobies 2008). Tobies (2008) schlägt vor, Jungen besonders für kooperatives Verhalten zu loben, um das entsprechende Selbstbewusstsein zu fördern sowie zugleich ein positives Sozialverhalten zu erreichen. Mädchen dürfen nicht nur für Fleiss und Wohlverhalten, sondern müssen vor allem auch für ihre Begabung gelobt werden. Schlechte Leistungen sollten vermehrt mit ungenügender Vorbereitung, hingegen nicht mit mangelndem Talent erklärt werden (Labudde 2008).
Das Selbstbild von Mädchen in Mathematik kann durch das Bekanntmachen von weiblichen Vorbildern gestützt werden. Häufig sind die im Verlaufe der Geschichte herausragenden Mathematikerinnen wenig bekannt und werden von ihren männlichen Kollegen in den Schatten gestellt (Brandt 2008; Tobies 2008). Ein geschlechtergerechter Mathematikunterricht weist somit auf Leistungen von Frauen und Wissenschaftlerinnen hin (Brandt 2008; Spiess 2008) und problematisiert Stereotypen.

10.5.4 Prüfung

Geschlechtersensibler Unterricht muss die Leistungen, deren Attribuierung und das sich geschlechterunterschiedliche entwickelnde Selbstkonzept mit in die Überlegung der pädagogischen Praxis einbeziehen (Plaimauer 2008). Das geringe Selbstvertrauen der Schülerinnen in ihre mathematischen Fähigkeiten führt in Prüfungssituationen besonders dann zu schlechteren Leistungen, wenn eine hohe Unsicherheit über Anforderungen und Leistungsbewertungskriterien im Test besteht. Diese Unsicherheit zusammen mit geringem Selbstvertrauen führt oft zu Prüfungsangst. Unter dem Einfluss dieser Prüfungsangst können keine optimalen Leistungen erzielt werden. Prüfungen müssen demnach so vorbereitet werden, dass Klarheit über die Anforderungen – Aufgabentypen, Frageformen, Bewertungskriterien – herrscht. Es sollten effektive Vorbereitungshilfen wie Theorie, Übungsaufgaben und Beispiele gegeben werden (Strittmatter 1997).

10.5.5 Mathematiksprache

In der Mathematikdidaktik wird eine stärkere Versprachlichung des Mathematikunterrichts gefordert (Gallin & Ruf 1993; Niederdrenk-Felgner 1997), denn die stark formalisierte Fachsprache in der Mathematik bereitet sowohl Jungen als auch Mädchen Schwierigkeiten. Fehlendes Verständnis dieser Mathematiksprache führt unter anderem zu den beobachteten mangelnden Grundkenntnissen, da Inhalte nicht wirklich verstanden werden. Die Übersetzung mathematischer Inhalte in die eigene Sprache fördert das Verstehen von Zusammenhängen und festigt das Gelernte. Gleichzeitig werden so die Annäherung an ein mathematisches Problem aus vielen Sichtweisen und ein positiver Umgang mit Fehlern gefördert. Da Schülerinnen ein positives Selbstkonzept in Bezug auf ihre sprachliche Leistung haben und kommunikative Arbeitsweisen bevorzugen, fördert ein stärker auf Sprache gerichteter Zugang zur Mathematik die positive Einstellung zur Fachdisziplin (Curdes 2007b). Wichtig in der Unterrichtssprache der Lehrperson ist der Gebrauch männlicher und weiblicher Formen.

10.6 Zusammenfassung

Je älter die jeweiligen wissenschaftlichen Veröffentlichungen sind, desto eher werden Geschlechterdifferenzen im Interesse für Mathematik, in der Erfahrung in Mathematik, im Selbstvertrauen, in der Selbsteinschätzung, in der Einschätzung und im Verhalten der Lehrperson und der Eltern, in den Lern- und Denkstilen sowie im räumlichen Vorstellungsvermögen gefunden. Das räumliche Vorstellungsvermögen mit Aufgaben über geistige Rotationen und Raumwahrnehmungen gilt als ein Merkmal, welches starke Unterscheidungen der Geschlechter zulässt. Ab dem 14. Lebensjahr ist jedoch durchgängig eine bessere Mathematikleistung bei den Jungen zu beobachten. Es ist wichtig, dass Schülerinnen sowie auch ihr Umfeld Mathematik nicht nur als männliche, sondern auch als weibliche Domäne betrachten, damit das Selbstvertrauen, die Leistung und das Interesse der Mädchen in Mathematik höher werden. Das Selbstvertrauen in die eigene mathematische Leistung hängt sehr mit der Kausalattribution der Leistungsergebnissen zusammen. Insbesondere Schülerinnen brauchen Frauen als Identifikationsbeispiele, um Mathematik als eine zu bewältigende und keinesfalls unweibliche Herausforderung zu erkennen und anzunehmen.

Es ist festzuhalten, dass bestimmte Verhaltensweisen, Selbstwahrnehmung und affektive Einstellungen der Lehrpersonen die Interessen und Leistungen der Schülerinnen und Schüler in Mathematik beeinflussen können. Durch die gesellschaftlich bedingte Geschlechterstereotypisierung stehen die Mädchen und Jungen unter dem Zwang, ihre geschlechtertypische Attraktivität mit ihrer Ausbildung und dem Beruf zu verbinden.

Die wichtigsten Kriterien geschlechterbewussten Unterrichts in der Mathematik lassen sich wie folgt zusammenfassen:
- Berücksichtigung der unterschiedlichen Lerntypen,
- gleichermassen anerkennende Haltung gegenüber den Leistungen von Mädchen, Frauen, Jungen und Männern,
- weniger kontrastierende Vergleiche zwischen Schülerinnen und Schüler zu Gunsten einer stärkeren Differenzierung innerhalb der Geschlechtergruppen,
- sich den Stereotypen bewusst sein (Mädchen = fleissig, Jungen = begabt),
- Verständnis für die Mädchen- und Jungenwelt aufbringen,
- Reflektion der eigenen Arbeit mit Mädchen und Jungen.

Literatur

Beermann, Lilly, Heller, Kurt & Menacher, Pauline. (Hrsg.). (1992). *Mathe: nichts für Mädchen? Begabung und Geschlecht am Beispiel von Mathematik, Naturwissenschaften und Technik.* Bern: Hans Huber.

Benke, Gertraud & Stadler, Helga. (2008). Geschlecht auf der Schulbank: Mädchen und Buben im Physikunterricht. In Maria Buchmayr (Hrsg.), *Geschlechtlernen, gendersensible Didaktik und Pädagogik* (S. 149–162). Innsbruck; Wien; Bozen: Studien-Verlag.

Bettge, Susanne. (1992). Geschlechtsunterschiede in Erfolgserwartungen in Abhängigkeit von der Formulierung von Mathematik-Textaufgaben. *Zeitschrift für Sozialpsychologie, 23*, 46–53.

Bildungskommission Nordrhein-Westfalen. (1995). *Zukunft der Bildung – Schule der Zukunft. Denkschrift der Kommission Zukunft der Bildung – Schule der Zukunft beim Ministerpräsidenten des Landes Nordrhein-Westfalen.* Neuwied: Luchterhand-Verlag.

Boswell, Simon. (1985). The influence of sex-role stereotyping on women's attitudes and achievement in mathematics. In Susan Chipman, Lorelei Brush & Donna Wilson (Eds.), *Women and mathematics* (pp. 175–197). Hillsdale, N.J.: Erlbaum.

Brandt, Sandra. (2008). Wie können Mädchen einen besseren Bezug zur Mathematik aufbauen? In Thomas Rhyner & Beatrice Zumwald (Hrsg.), *Coole Mädchen – starke Jungs; Impulse und Praxistipps für eine geschlechterbewusste Schule* (S. 128–133). Bern: Haupt.

Buchmayr, Maria. (Hrsg.) (2008). Vorwort. In Maria Buchmayr (Hrsg.) *Geschlechtlernen, gendersensible Didaktik und Pädagogik* (S. 7–11). Innsbruck; Wien; Bozen: Studien-Verlag.

Curdes, Beate. (2007a). Unterschiede in den Einstellungen zur Mathematik. In Beate Curdes, Sabine Marx, Ulrike Schleier & Heike Wiesner (Hrsg.), *Gender lehren – Gender lernen in der Hochschullehre. Konzepte und Praxisberichte* (S. 39–61). Oldenburg: BIS-Verlag.

Curdes, Beate. (2007b). Genderbewusste Mathematikdidaktik. In Beate Curdes, Sabine Marx, Ulrike Schleier & Heike Wiesner (Hrsg.), *Gender lehren – Gender lernen in der Hochschullehre. Konzepte und Praxisberichte* (S. 99–125). Oldenburg: BIS-Verlag.

Curdes, Beate, Jahnke-Klein, Sylvia, Lohfeld, Wiebke & Pieper-Seier, Irene (Hrsg.). (2003). Attribution von Erfolg und Misserfolg bei Mathematikstudierenden: Ergebnisse einer quantitativen empirischen Untersuchung. *Journal für Mathematik-Didaktik, 1*, 3–17.

Deaux, Kay. (1984). From individual differences to social categories. Analysis of a decade's research on gender. *American Psychologist, 39*, 103-116.

Dudeck, Anne & Jansen-Schulz, Bettina. (2006). Einleitung. In Anne Dudeck & Bettina Jansen-Schulz (Hg.), *Hochschuldidaktik und Fachkulturen* (S. 11–17). Bielefeld: Universitätsverlag Weber.

Faulstich-Wieland, Hannelore. (1996). Reflexive Koedukation als Gestaltungsprinzip von Bildung. *Gewerkschaft Erziehung und Wissenschaft*, 25–38.

Frank, Elisabeth. (2003). Mathe – Mädchen – Multimedia. In Regine Komoss & Axel Viereck (Hrsg.), *Brauchen Frauen eine andere Mathematik* (S. 119–121). Frankfurt am Main; Berlin; Bern: Peter Lang.

Gallin, Peter & Ruf, Urs. (1996). Sprache und Mathematik in der Schule. Ein Bericht aus der Praxis. *Journal für Mathematik-Didaktik, 1*, 3–33.

Grigutsch, Stefan, Raatz, Ulrich & Törner, Günter. (1998). Einstellungen gegenüber Mathematik bei Mathematiklehrern. *Journal für Mathematikdidaktik, 1*, 3–45.

Grünewald-Huber, Elisabeth & Gunten von Anne. (2009). *Werkmappe. Genderkompetenz.* Zürich. Pestalozzianum.

Hannover, Bettina, Scholz, Peter & Laabs, Hans-Joachim. (1992). Technikerfahrung und mathematisch-naturwissenschaftliche Interessen bei Mädchen und Jungen. Ein Vergleich zwischen Jugendlichen aus den alten und den neuen Bundesländern. *Zeitschrift für Entwicklungspsychologie und Pädagogische Psychologie, 24*, 115–128.

Hannover, Bettina & Bettge, Susanne. (1993). *Mädchen und Technik.* Göttingen: Hogrefe.

Heller, Kurt. (1990). Zielsetzung, Methoden und Ergebnisse der Münchner Längsschnittstudie zur Hochbegabung. *Psychologie in Erziehung und Unterricht, 37*, 85–100.

Jahnke-Klein, Sylvia. (2001). *Sinnstiftender Mathematikunterricht für Mädchen und Jungen.* Baltmannsweiler: Schneider Hohengehren.

Jungwirth, Helga. (1990). *Mädchen und Buben im Mathematikunterricht. Eine Studie über geschlechtsspezifische Modifikation der Interaktionsstrukturen.* Wien: Österreichisches Bundesministerium für Unterricht, Kultur und Sport (BMUK).

Keller, Carmen. (1998). *Geschlechterdifferenzen in der Mathematik: Prüfung von Erklärungsansätzen.* Veröffentlichte Doktorarbeit der Universität Zürich, Zürich.

Kinski, Isolde. (1995). Gibt es bereits in der Grundschule geschlechtsspezifisches Verhalten im Mathematik- und Sachkundeunterricht? *Sachunterricht und Mathematik in der Primarstufe, 10*, 456–460.

Labudde, Peter. (2008, Oktober). Naturwissenschaften und Mathematik gendergerecht unterrichten: Herausforderungen und Chancen. Beitrag an der Gender-Tagung, Rorschach.

Marshall, Sandra & Smith, Julie. (1987). Sex differences in learning mathematics: A longitudinal study with item and error analysis. *Journal of Educational Psychology, 79*, 372–383.

Menacher, Pauline. (1994). Erklärungsansätze für geschlechtsspezifische Interessen- und Leistungsunterschiede in Mathematik, Naturwissenschaften und Technik. *Zentralblatt für Didaktik der Mathematik (ZDM), 1*, 1–11.

Metz-Göckel, Sigrid & Roloff, Christine. (2005). Genderkompetenz als Schlüsselqualifikation. In Internationales Netzwerk Weiterbildung (INET), *Genderkompetenz. Ein Reader für die Praxis* (S. 12–18). Leibzig-Mölkau: INET.

Meyer, Wulf-Uwe & Dickhäuser, Oliver. (1998). *Gender differences in young childrens math ability attribution.* Universität Hildesheim: Abteilung für Psychologie.

Niederdrenk-Felgner, Cornelia. (1997). Mathematik als Fremdsprache. In Kurt Müller, *Beiträge zum Mathematikunterricht* (S. 387–390). Hildesheim: Franzbecker.

Nosek, Brian, Banaji, Mahzarin & Greenwald Anthony. (2002). Math = Male, Me = Female, Therefore Math ≠ Me. *Journal of Personality and Social Psychology, 83*, 44–59.

Pehkonen, Erkki. (1993). Schülervorstellungen über Mathematik als verborgenen Faktor für das Lernen. In Hans-Wolfgang Henn (Hrsg.), *Beiträge zum Mathematikunterricht* (S. 302–306). Hildesheim: Franzbecker.

Pehkonen, Erkki. (1995). Vorstellungen von Schülern zur Mathematik – Begriffe und Forschungsresultate. *Mathematica didactica – Zeitschrift für Didaktik der Mathematik, 18* (1), 35–65.

Plaimauer, Christine. (2008). Geschlechterssensibler Unterricht. Methoden und Anregungen für die Sekundarstufe. In Maria Buchmayr (Hrsg.), *Geschlechtlernen, gendersensible Didaktik und Pädagogik* (S. 51–71). Innsbruck; Wien; Bozen: Studien-Verlag.

Popp, Ulrike. (2007). Geschlechtersozialisation und Gewalt an Schulen In Heinz Günter Holtapples, Wilhelm Heitmeyer, Wolfgang Melzer & Klaus-Jürgen Tillmann (Hrsg.), *Forschung über Gewalt an Schulen. Erscheinungsformen und Ursachen, Konzepte und Prävention* (S. 207–223). Weinheim und München: Juventa.

Riesen, Kathrin van. (2006). Gender als didaktisches Prinzip. In Anne Dudeck & Bettina Jansen-Schulz (Hrsg.), *Hochschuldidaktik und Fachkulturen* (S. 21–29). Bielefeld: Universitätsverlag Weber.

Rosenkranz-Fallegger, Edith. (2009). Gender-Kompetenz: Eine theoretische und begriffliche Abgrenzung. In Brigitte Liebig, Edith Rosenkranz-Fallegger & Ursula Meyerhofer (Hrsg.), *Handbuch Gender-Kompetenz. Ein Praxisleitfaden für (Fach-) Hochschulen* (S. 30–48). Zürich: Hochschulverlag.

Rustemeyer, Ruth. (1988). Geschlechtsstereotype und ihre Auswirkungen auf das Sozial- und Leistungsverhalten. *Zeitschrift für Sozialisationsforschung Erziehungssoziologie, 8*, 115–129.

Rustemeyer, Ruth & Jubel, Angelica. (1996). Geschlechtsspezifische Unterschiede im Unterrichtsfach Mathematik hinsichtlich der Fähigkeitseinschätzung, Leistungserwartung, Attribution sowie im Lernaufwand und im Interesse. *Zeitschrift für Pädagogische Psychologie, 19* (1), 13–25.

Schiefele, Hans, Hausser, Karl, & Schneider, Gerd. (1979). 'Interesse' als Ziel und Weg der Erziehung. Überlegungen zu einem vernachlässigten pädagogischen Konzept. *Zeitschrift für Pädagogische Psychologie, 25* (1), 1–20.

Schleier, Ulrike. (2007). Gender mainstreaming in der Hochschullehre. In Beate Curdes, Sabine Marx, Ulrike Schleier & Heike Wiesner (Hrsg.), *Gender lehren – Gender lernen in der Hochschullehre. Konzepte und Praxisberichte* (S. 15–35). Oldenburg: BIS-Verlag.

Seligman, Martin. (1975). *Helplessness on depression, development, and death.* San Francisco: Freemann.

Spiess, Gesine. (2008). Gender in Lehre und Didaktik an Universitäten – und die Frage nach einer genderkompetenten Lehre. In Maria Buchmayr (Hrsg.) *Geschlechtlernen, gendersensible Didaktik und Pädagogik* (S. 33–49). Innsbruck; Wien; Bozen: Studien-Verlag.

Srocke, Bettina. (1989). *Mädchen und Mathematik.* Wiesbaden: Deutscher Universitäts-Verlag.

Stage, Elizabeth, Kreinberg, Nancy, Eccles, Jacquelynne & Becker, Joanne. (1985). Increasing the participation and achievement of girls and women in mathematics, science, and engineering. In Susan Klein (Ed.), *Handbook for achieving sex equity through education* (pp. 237–269). Baltimore: The Johns Hopkings University Press.

Stöckli, Georg. (1997). *Eltern, Kinder und das andere Geschlecht. Selbstwerdung in sozialen Beziehungen.* Weinheim und München: Juventa.

Strittmatter, Peter. (1997). *Schulangstredukion. Abbau von Angst in schulischen Leistungssituationen.* Neuwied: Luchterhand.

Tiedemann, Joachim & Faber, Günter. (1994). Mädchen und Grundschulmathematik: Ergebnisse einer vierjährigen Längsschnittuntersuchung zu ausgewählten geschlechtsbezogenen Unterschieden in der Leistungsentwicklung. *Zeitschrift für Entwicklungspsychologie und Pädagogische Psychologie, 26*, 101–111.

Tiedemann, Joachim & Faber, Günter. (1995). Mädchen im Mathematikunterricht. Selbstkonzept und Kausalattribution im Grundschulalter. *Zeitschrift für Entwicklungspsychologie und Pädagogische Psychologie, 27* (1). 61–71.

Tobies, Renate. (2008). Mädchen und Jungen in Mathematik und Naturwissenschaften. Diskussion aktueller Forschungsergebnisse. In Maria Buchmayr (Hrsg.), *Geschlechtlernen, gendersensible Didaktik und Pädagogik* (S. 137–147). Innsbruck; Wien; Bozen: Studien-Verlag.

Anregungen zur Reflexion

1. Ist das Fach Mathematik für Sie eine männliche Domäne? Begründen Sie Ihre Antwort.
2. Werden weibliche und männliche Figuren / Personen sach- und lebensbezogen in der Mathematik dargestellt?
3. Werden heutzutage beide Geschlechter im Mathematikunterricht angesprochen?
4. Was fördert Mädchen und was fördert die Jungen im Mathematikunterricht?

Weiterlesen

Brandt, Sandra. (2008). Wie können Mädchen einen besseren Bezug zur Mathematik aufbauen? In Thomas Rhyner & Beatrice Zumwald (Hrsg.), *Coole Mädchen – starke Jungs; Impulse und Praxistipps für eine geschlechterbewusste Schule* (S. 128–133). Bern: Haupt.
In diesem Text stellt die Autorin geschlechtersensible Unterrichtslektionen im Fach Mathematik vor.

Bundesministerium für Bildung und Forschung. (2009). *Mathematikunterricht und Geschlecht. Empirische Ergebnisse und pädagogische Ansätze.* **(Online). Bundesministerium für Bildung und Forschung.**
http://www.bmbf.de/pub/band_dreissig_bildungsforschung.pdf (22.09.2009).
Die vorliegende Studie beschäftigt sich mit zentralen Fragen der Leistungsunterschiede zwischen den Geschlechtern, dem Image des Fachs Mathematik sowie Mathematikunterricht aus Sicht der Schülerinnen und Schüler. Die Studie fasst aktuelle Ansätze zum geschlechtersensiblen Mathematikunterricht sowie gute pädagogische Beispiele zusammen.

Grünewald-Huber, Elisabeth & Gunten von Anne. (2009). *Werkmappe. Genderkompetenz.* **Zürich. Pestalozzianum.**
Diese Werkmappe enthält einen theoretischen Überblick über den aktuellen Stand des Genderdiskurses, einen umfassenden Materialien-, Übungs- und Weiterbildungsteil und eine Bilderserie, die zu spontanen Assoziationen einlädt.

Jahnke-Klein, Sylvia. (2001). *Sinnstiftender Mathematikunterricht für Mädchen und Jungen.* **Baltmannsweiler: Schneider Hohengehren.**
In diesem Buch wird aufgezeigt, dass die Sinnfrage im Mathematikunterricht nicht nur eine Frage der Inhalte, sondern auch der Unterrichtsmethoden und der Unterrichtskultur ist.

Keller, Carmen. (1998). *Geschlechterdifferenzen in der Mathematik: Prüfung von Erklärungsansätzen.* **Veröffentlichte Doktorarbeit der Universität Zürich, Zürich.**
Die Autorin zeigt im Rahmen der Schweizer TIMS-Studie in diesem Buch auf, dass nicht eigentlich das Geschlecht zu den Geschlechterdifferenzen in den mathematischen Leistungen führt, sondern das Selbstvertrauen, das durch das Geschlecht bedingt ist.

Die Autorinnen und Autoren

Die Autorinnen und Autoren

Biewer, Gottfried
Univ. Prof. Dr., seit 2004 Professor für Sonder- und Heilpädagogik der Universität Wien. Vorausgegangen waren langjährige Tätigkeiten als Sonderpädagoge im Schuldienst und als Wissenschaftler unter anderem an den Universitäten München und Gießen. Arbeitsschwerpunkte: Inklusive Pädagogik, international und interkulturell vergleichende Heilpädagogik, Pädagogik bei intellektueller Beeinträchtigung, Berufliche Rehabilitation und Partizipation; Leitung von Projekten des Österreichischen Wissenschaftsfonds (FWF) zur Grundlagenforschung in diesen Bereichen.

Publikationen[1]:
Biewer, Gottfried. (2009). *Grundlagen der Heilpädagogik und Inklusiven Pädagogik*. Bad Heilbrunn: Klinkhardt (UTB).
Strachota, Andrea, Biewer, Gottfried & Datler, Wilfried (Hrsg.). (2009). *Heilpädagogik: Pädagogik bei Vielfalt. Prävention – Interaktion – Rehabilitation*. Bad Heilbrunn: Klinkhardt.
Biewer, Gottfried. (2009). *Vom Integrationsmodell für Behinderte zur Schule für alle Kinder*. Weinheim, Basel: Beltz [unveränderte Neuauflage der Ausgabe des Luchterhand-Verlages von 2001].
Biewer, Gottfried, Luciak, Mikael & Schwinge, Mirella. (Hrsg.). (2008). *Begegnung und Differenz: Menschen – Länder – Kulturen. Beiträge zur Heil- und Sonderpädagogik*. Bad Heilbrunn: Klinkhardt.

Brandt, Sandra
Prof. Dr. rer. soc., hauptamtliche Dozentin an der Pädagogischen Hochschule des Kantons St. Gallen (Erziehungswissenschaft, Zusatzqualifikation Master) und Mentorin. Diplom als Sekundarlehrerin mathematisch-naturwissenschaftlicher Richtung (1995).
Arbeitsschwerpunkte: Gender Studies, Lernpsychologie / Verhaltensmodifikation, Coaching angehender Lehrpersonen, Lehrerinnen- und Lehrerbildung.

Publikationen:
Brandt, Sandra. (2009). Genderkompetenzen im Mathematikunterricht. In Hans-Ulrich Grunder & Adolf Gut (Hrsg.), *Zum Umgang mit Heterogenität in der Schule* (S. 48–66). Hohengehren: Schneider.
Brandt, Sandra. (2008). Wie können Mädchen einen besseren Bezug zur Mathematik aufbauen? In Thomas Rhyner & Beatrice Zumwald (Hrsg.), *Coole Mädchen –*

---

[1] Es handelt sich im Folgenden bei den in dieser Rubrik genannten Titeln jeweils um eine Auswahl.

starke Jungs; Impulse und Praxistipps für eine geschlechterbewusste Schule (S. 128–133). Bern: Huber.

Brandt, Sandra. (2006). *Geschlechterdifferenzen und Mathematik: Historisch-systematische Untersuchung des geschlechterdifferenzierenden Bildungswesens im Fachbereich 'Mathematik' mit Stundentafelnanalysen der Kantone Basel-Stadt und St. Gallen Ende 19. bis Ende 20. Jahrhunderts*. Veröffentlichte Dissertation, Fakultät für Sozial- und Verhaltenswissenschaften der Eberhard-Karls-Universität, Tübingen.

Dubs, Rolf
dipl. Handelslehrer, Dr. oec., Dr.h.c. mult., em. Professor für Wirtschaftspädagogik an der Universität St. Gallen. Ehemals Rektor der Universität St. Gallen. Lehrtätigkeit an der Universität St. Gallen, Wirtschaftsuniversität Budapest, Technische Universität Dresden sowie Harvard University, Stanford University, University of Texas, Austin sowie Michigan State University.

Publikationen:
Dubs, Rolf. (2009). *Lehrerverhalten. Ein Beitrag zur Interaktion von Lehrenden und Lernenden im Unterricht* (2. Aufl.) Zürich: Verlag SKV.
Dubs, Rolf. (2005). *Die Führung einer Schule. Leadership und Management* (2. Aufl.) (2005). Zürich: SKV.

Guldimann, Titus
Prof. Dr., Prorektor Forschung, Entwicklung und Beratung der Pädagogischen Hochschule des Kantons St. Gallen.
Arbeitsschwerpunkte: Lehr-Lernforschung, Professionsforschung, Unterrichts- und Schulentwicklung, Lehrerinnen- und Lehrerbildung.

Publikationen:
Baer, Matthias, Guldimann, Titus, Kocher, Mirjam, Larcher, Susanna, Wyss, Corinne, Dörr, Günter & Smit, Robbert. (2009). Weg zur Expertise beim Unterrichten. Erwerb von Lehrkompetenz im Lehrerinnen- und Lehrerstudium. In: *Unterrichtswissenschaft, 37. Jg.*, Heft 2. 118–144.
Guldimann, Titus. (2008). Verbessern Leistungstests die Schulqualität? *i-Mail, 3/ 08.* 4–8.
Baer, Matthias, Dörr, Günter, Guldimann, Titus, Kocher, Mirjam, Larcher, Susanna, Müller, Peter, & Wyss, Corinne. (2008). Wirkt Lehrerbildung? – Kompetenzaufbau und Standarderreichung in der berufswissenschaftlichen Ausbildung an drei Pädagogischen Hochschulen in der Schweiz und in Deutschland. *Empirische Pädagogik, 22 (3)*, 259–273.
Beck, Erwin, Baer, Matthias, Guldimann, Titus, Bischoff, Sonja, Brühwiler, Christian, Niedermann, Ruth, & Vogt, Franziska. (2008). *Adaptive Lehrkompetenz*. Analyse und Struktur, Veränderbarkeit und Wirkung handlungssteuernden Lehrerwissens. Münster, New York, München, Berlin: Waxmann.

Petko, Dominik & Guldimann, Titus. (2007). Forschung und Entwicklung an Pädagogischen Hochschulen der Schweiz. In: Reinmann, G. & Kahlert, J. (Hrsg.), *Der Nutzen wird vertragt*. ... Bildungswissenschaft im Spannungsfeld zwischen wissenschaftlicher Profilbildung und praktischem Mehrwert. Lengerich, Berlin: Pabst Science Publishers. 101–116.

Hagenauer, Gerda

Dr. Mag., wissenschaftliche Mitarbeiterin in Ausbildung am Fachbereich Erziehungswissenschaft; Paris-Lodron-Universität Salzburg.
Arbeitsschwerpunkte: Emotion, Motivation und deren Auswirkung auf das Lernen und die Leistung; Quantitative Methoden.

Publikationen:

Hascher, Tina & Hagenauer, Gerda. (im Druck). Lernen aus Fehlern. In Christiane Spiel, Ralph Reimann, Barbara Schober & Petra Wagner (Hrsg.), *Bildungspsychologie*. Göttingen: Hogrefe.

Hagenauer, Gerda. (2009). *Die Veränderung der Lernfreude in der Sekundarstufe 1*. Unveröffentlichte Dissertation: Universität Salzburg.

Hagenauer, Gerda. (2008). Träges Wissen. *Journal für LehrerInnenbildung, 8* (4), 47–51.

Hascher, Tina, Hagenauer, Gerda, Kriegseisen, Josef, & Riffert, Franz (angenommen). Lernzirkel im Physik- und Chemieunterricht in der Sekundarstufe 1. *Erziehung und Unterricht*.

Hascher, Tina

Prof., Dr., Professorin für Pädagogik mit Schwerpunkt Schulpädagogik am Fachbereich Erziehungswissenschaft, Paris-Lodron-Universität Salzburg.
Arbeitsschwerpunkte: Empirische Schul- und Unterrichtsforschung; Emotionen und Lernen; LehrerInnenbildung.

Publikationen:

Hascher, Tina & Krapp, Andreas. (2009). Emotionale Voraussetzungen der Entwicklung der Professionalität von Lehrenden. In Olga Zlatkin-Troitschanskaia, Klaus Beck, Detlev Sembill, R. Nickolaus & Regina Mulder (Hrsg.), *Lehrprofessionalität – Bedingungen, Genese, Wirkungen und ihre Messung* (S. 365–376). Weinheim & Basel: Beltz.

Hascher, Tina & Edlinger, Heidrun. (2009). Positive Emotionen und Wohlbefinden in der Schule – ein Überblick über Forschungszugänge und Erkenntnisse. *Psychologie in Erziehung und Unterricht 56*, 105–122

Hascher, Tina. (2005). Emotionen im Schulalltag: Wirkungen und Regulationsformen. *Zeitschrift für Pädagogik, 5*, 610–625.

Hascher, Tina. (Hrsg.). (2004). *Schule positiv erleben. Erkenntnisse und Ergebnisse zum Wohlbefinden von Schülerinnen und Schülern*. Bern u.a.: Haupt.

Hascher, Tina. (2004). *Wohlbefinden in der Schule*. Münster u.a.: Waxmann.

Lermen, Markus

Dr. phil., wissenschaftlicher Mitarbeiter und Dozent am Fachgebiet Pädagogik der Technischen Universität Kaiserslautern sowie Mentor und Gutachter im Fernstudiengang „Erwachsenenbildung" am DISC.
Arbeitsschwerpunkte: Lehrerinnen- und Lehrerbildung, Medien- und Erwachsenenbildung sowie Benachteiligtenförderung.

Publikationen:
Arnold, Rolf, Kilian, Lars & Lermen, Markus. (Hrsg.). (2008). *Medienkompetenz* (Qualitätssicherung an Schulen, Bd. 3). Baltmannsweiler: Schneider Verlag.
Lermen, Markus. (2008). *Digitale Medien in der Lehrerbildung. Rahmenbedingungen, Einflussfaktoren und Integrationsvorschläge aus (medien-)pädagogischer Sicht* (Grundlagen der Berufs- und Erwachsenenpädagogik, Bd. 57). Baltmannsweiler: Schneider Verlag.
Lermen, Markus. (2009). Digitale Medien und Schule – eine andere Perspektive. *Schulleitung heute– Das Praxisjournal für die Schulentwicklung, 3* (13), 1–3.

Pätzold, Henning

Prof., Dr., Leiter des Instituts für allgemeine Pädagogik der Freien Hochschule Mannheim und ausserplanmässiger Professor am Fachbereich Sozialwissenschaften der Technischen Universität Kaiserslautern.
Arbeitsschwerpunkte: Lernforschung, pädagogische Verantwortung, Beratung, (europäische) Erwachsenenbildung, Professionalität.

Publikationen:
Pätzold, Henning. (Hrsg.). (2008). *Verantwortungsdidaktik*. Baltmannsweiler: Schneider-Verlag Hohengehren.
Pätzold, Henning. (2008). *Learning in the world – towards a culturally aware concept of learning*. European Conference on Educational Research (ECER). Full Paper. http://www.eera-ecer.eu/fileadmin/user_upload/Publication_FULL_TEXTS/ECER2008_244_Pätzold.pdf.
Pätzold, Henning. (2008). Vom professionellen Umgang mit Verantwortung. In Thomas Riehm (Hrsg.), *Teilhaben an Schule* (S. 261–272). Wiesbaden: VS.

Rüedi, Jürg

Prof. Dr. phil., hauptamtlicher Dozent an der Pädagogischen Hochschule der Fachhochschule Nordwestschweiz (Erziehungswissenschaft / Sonderpädagogik) und Mentor. Diplom als Sekundarlehrer sprachlich-historischer Richtung (1976) und insgesamt acht Jahre Schulpraxis. Individualpsychologische Psychotherapieausbildung und Praxisbewilligung im Kanton Zürich als nichtärztlicher Psychotherapeut.
Arbeitsschwerpunkte: Lehrerinnen- und Lehrerbildung, Sozialisationsforschung, Pädagogische Interaktion / Klassenführung, Stress und Umgang mit beruflichen Belastungen.

Publikationen:

Rüedi, Jürg. (2008). „Bin am Text Lesen und Fragen Beantworten, lasse mich sehr schnell ablenken ..." Lernstrategien im Lichte fallrekonstruktiver Forschung. In Christiane Maier & Daniel Wrana (Hrsg.), *Autonomie und Struktur in Selbstlernarchitekturen* (S. 171–202). Beiträge der Schweizer Bildungsforschung, Band 1. Budrich: UniPress Ltd. Opladen.

Rüedi, Jürg. (Hrsg.). (2007). *Alfred Adler: Menschenkenntnis* (1927). Göttingen: Vandenhoeck-Ruprecht.

Rüedi, Jürg. (2007). *Disziplin in der Schule. Plädoyer für ein antinomisches Verständnis von Disziplin und Klassenführung.* Bern: Haupt-Verlag. Dritte aktualisierte Auflage.

Schaffner, Ellen
Dr. phil., wissenschaftliche Mitarbeiterin, Universität Potsdam.
Arbeitsschwerpunkte: Lesemotivation und Lesekompetenz; Familiärer Hintergrund und Schulbildung.

Publikationen:

Schaffner, Ellen & Schiefele, Ulrich. (2007). Auswirkungen habitueller Lesemotivation auf die situative Textrepräsentation. *Psychologie in Erziehung und Unterricht, 54*, 268–286.

Schaffner, Ellen & Schiefele, Ulrich. (2007). The effect of experimental manipulation of student motivation on the situational representation of text. *Learning and Instruction, 17*, 755–772.

Schaffner, Ellen & Schiefele, Ulrich. (2008). Familiäre und individuelle Bedingungen des Textlernens. *Psychologie in Erziehung und Unterricht, 55*, 238–252.

Schiefele, Ulrich
Prof. Dr. phil., Professor für Pädagogische Psychologie, Universität Potsdam.
Arbeitsschwerpunkte: Lernen und Motivation im Studium; Lesemotivation und Lesekompetenz; Lehrermotivation und Instruktionsverhalten.

Publikationen:

Schiefele, Ulrich, Streblow, Lilian & Brinkmann, Julia. (2007). Aussteigen oder Durchhalten – Was unterscheidet Studienabbrecher von anderen Studierenden? *Zeitschrift für Entwicklungspsychologie und Pädagogische Psychologie, 39*, 127–140.

Retelsdorf, Jan, Butler, Ruth, Streblow, Lilian & Schiefele, Ulrich. (in press). Teachers' goal orientations for teaching: Associations with instructional practices, interest in teaching, and burnout. *Learning and Instruction*.

Schiefele, Ulrich (2009). Situational and individual interest. In Kathryn R. Wentzel & Allan Wigfield (Eds.), *Handbook of motivation at school* (pp. 197–222). New York / London: Routledge.

Wahl, Diethelm
Prof. Dr. phil., Professor für Pädagogische Psychologie, Pädagogische Hochschule Weingarten.
Arbeitsschwerpunkte: Empirische Lehr-Lern-Forschung, Wissen und Handeln, Subjektive Theorien, Erwachsenenbildung und Hochschuldidaktik.

Publikationen:
Wahl, Diethelm. (2005). *Lernumgebungen erfolgreich gestalten. Vom trägen Wissen zum kompetenten Handeln.* Bad Heilbrunn: Klinkhardt.
Wahl, Diethelm. (1991). *Handeln unter Druck. Der weite Weg vom Wissen zum Handeln bei Lehrern, Hochschullehrern und Erwachsenenbildnern.* Weinheim: Deutscher Studien Verlag. (Habilitationsschrift).
Wahl, Diethelm, Weinert, Franz Emanuel & Huber, Günter. (2006). *Psychologie für die Schulpraxis.* 1. Korrigierte Neuauflage. Osnabrück: Sozio-Publishing.